国家软科学研究计划重大合作项目（2012GXS2B009）及国家林业局林业软科学研究项目（2013－R02）"突破国际贸易壁垒的中国木材合法性认定标准体系研究"、国家林业局发展规划与资金管理司"中国林产品进出口贸易技术标准体系研究（2015－R04）"和国家林业局科学技术司"林业国际标准与主要林产品贸易国林业标准比较研究（2016－R01）"项目提供资助

TECHNICAL STANDARD SYSTEM FOR IMPORT AND
EXPORT TRADE OF CHINESE FOREST PRODUCTS

中国林产品进出口贸易技术标准体系研究

李剑泉 等 ▣ 编著

中国林业出版社

图书在版编目(CIP)数据

中国林产品进出口贸易技术标准体系研究／李剑泉等编著. —北京：中国林业出版社，2016.11

ISBN 978 - 7 - 5038 - 8826 - 7

Ⅰ. ①中… Ⅱ. ①李… Ⅲ. ①林产品—进出口贸易—技术标准—研究—中国 Ⅳ. ①F752.652.4

中国版本图书馆 CIP 数据核字(2016)第 309764 号

责任编辑：于界芬

出版 中国林业出版社(100009　北京西城区刘海胡同 7 号)

网址 lycb. forestry. gov. cn　**电话** 83143542

发行 中国林业出版社

印刷 北京昌平百善印刷厂

版次 2016 年 11 月第 1 版

印次 2016 年 11 月第 1 次

开本 787mm×1092mm　1/16

印张 21.5

字数 532 千字

定价 98.00 元

序

随着经济全球化和贸易自由化进程加快，关税壁垒对林产品国际贸易的影响逐步减弱，技术性贸易措施已成为各国争相采用的维护本国经济利益的重要手段。中国林产品出口面临的贸易技术标准愈发多样与严格，国民对进口林产品可能诱发的环境、安全与质量问题也日益关注，进而推动了对林产品进出口贸易技术标准的需求。为规范林产品进出口行为和促进林产品国际贸易健康发展，确保国内环境安全与居民身体健康，依托现有技术标准及科技进展，构建和完善中国林产品进出口贸易技术标准体系非常重要和必要。

自 2001 年加入 WTO 以来，中国已发展成为世界林产品生产、消费和贸易大国。据统计，我国 2009－2015 年人造板产量 1.15 亿～2.87 亿 m^3，连续 7 年居全球第一；2010－2015 年纸和纸板产量 0.93 亿～1.07 亿 t，连续 6 年居世界首位。2015 年林产品贸易总额 1379 亿美元，比 2000 的 187 亿美元增长了 6.4倍；2004 年中国成为全球第一大工业原木和木浆进口国，2007 年人造板出口、2009 年木家具出口跃居全球首位，近年一直保持在世界前列。

虽然我国林产品贸易保持增长态势，但从全球看，各种不确定因素增多：一是世界经济低速增长成为常态，发达经济体财政货币政策选择空间达到极限，要真正走出危机、步入较快增长轨道还有一个漫长过程；二是众多国家采取各种形式的贸易保护主义政策，极大地限制和影响了林产品国际贸易的持续健康发展；三是近年全世界已有 86 个国家陆续出台禁止或限制原木出口政策，其中包括许多重要的进口木材来源国，增加了我国木材加工业原料供应风险。

同时，我国已成为国际贸易纠纷的重灾区，特别是面临的技术性贸易壁垒形式更加隐蔽、纠纷愈加复杂、损失越来越大。据国家质检总局资料，2014－2015 年中国有 36.1% 和 40.0% 的出口企业遭受到国外技术性贸易措施的影响，企业为适应进口国要求进行技术改进、检验、认证、检疫等新增成本 222.2 亿和 247.5 亿美元，因国外技术贸易措施造成的我国出口产品被国外销毁、扣留、退货等直接损失达 755.2 亿和 933.8 亿美元，同比增加 93.2 亿和 178.6 亿美元，占同期出口额的 3.2% 和 4.1%。开展中国林产品进出口贸易技术标准体系研究，对于促进我国积极主动地参与国际竞争并持续有效地利用全球生态资源、切实可行地捍卫国家利益和维持林产品国际贸易秩序，同时规范国内林产品生产具有十分重要的借鉴参考作用和现实指导意义。

《中国林产品进出口贸易技术标准体系研究》一书，梳理和阐明了中国林产品贸易技术标准体系发展进程，分析和总结了我国外贸主要伙伴国家(美国、日本和英国)与地区(欧盟和北美)林产品贸易及技术标准体系现状特点与全球代表性国际组织或机构(ISO、SGS、FSC 和 SAI)认证工作及经验启示，研究和展示了中国林产品标准及与国际标准之间的差异，着重构建了中国林产品进出口贸易技术标准体系，特别提出了应对国际贸易技术措施的行动策略。本书内容涉及面广，结构完整，重点突出，为读者全面提供了世界林产品贸易技术标准体系相关信息，可为林业主管部门政策调整、经营企业管理决策提供基础数据和科学依据。

本书适宜于林产品加工企业和贸易公司的管理人员及一线工作人员，相关科研教学人员与行业主管领导，农林经济管理及森林经理学和木材加工专业的教师、大学生及研究生等阅读和参考。在中国林业科学研究院林业科技信息研究所李剑泉博士编著的《中国林产品进出口贸易技术标准体系研究》一书即将付梓之际，我欣然作序以贺之。

中 国 科 学 院 院 士
中国林业科学研究院学术委员会主任 研究员

2016 年 9 月于北京

前 言

PREFACE

近年来，中国林业产业与林产品贸易快速发展，既为世界经济发展提供种类繁多的森林产品，也为人类提供了各种生态服务。据统计，2015 年我国林产总值达 5.94 万亿元、与当年 GDP 之比为 8.66%，比 2000 年增长了 15.7 倍，年均增幅达 20.3%、是 GDP 同期增幅的 1.5 倍。同时，我国主要从俄罗斯、东南亚、非洲等地进口木材、木浆和木片等原料，出口木家具、木地板、胶合板等产品到欧美和日本等地。2000－2015 年全国林产品进、出口额分别增长 4.6 倍和 9.2 倍；林产品外贸虽多年处于逆差状态，但在 2006、2009、2013－2015 年实现了顺差。

然而，我国已成为国际贸易纠纷的重灾区。据商务部资料统计，2004－2015 年中国出口产品共遭受贸易救济调查 995 起，涉案总金额约 907.4 亿美元；其中林产品出口遭遇到众多贸易壁垒，出现了美国家具案、加拿大复合地板案、欧盟胶合板反倾销案等典型纠纷，2007－2015 年林产品出口重大案件累计达 123 起，涉及金额 120 多亿美元，给我国造成巨大经济损失。一些国家将本国的失业和贸易逆差归罪于中国，在国际社会捏造和传播中国发展过快消耗全球资源的威胁论。面对我国木材进口持续增长和世界森林资源不断减少的现实，一些国际组织或政府部门认为"中国的木材和粮食进口量剧增，既向世界输出了生态危机，又威胁着全球森林资源，还影响原产国的生态环境"；他们既不顾及中国产品或生态资源出口高于进口的现存事实，也不考虑 FAO 数据库统计的贸易木质林产品种类中并未包括我国大宗出口木家具与木制品等林产品的具体情况，一直并将继续在各种场合就中国的外贸地位特别是木质林产品贸易位居世界第一来说事和发难。同时，众多国际机构、政府部门和非政府组织（NGO）持续高度关注着中国进口木材的变化、分布和对木材原产地的生态影响，特别是中国采取的应对之策。这些负面说辞和误解，不仅构成巨大的国际舆论与外交谈判压力，而且阻碍着中国行业产业和外贸及林产品贸易正常发展。

世界各国竞争优劣势失衡导致贸易纠纷不断爆发，WTO制度存在严重缺陷和国际分工产业利益得失造成贸易争端更加频繁；中国外贸快速增长引起他国保护意识增强使得我国成为国际贸易摩擦的众矢之的，未来中国公司和林产品企业将面对更加严峻的国际贸易环境。并且，我国林产品主要贸易伙伴国，针对全球木材非法采伐及贸易问题相继制定了一系列新法规和政策，如美国通过的《雷斯法修订案》、欧盟出台的《木材法案》、澳大利亚颁布的《非法木材采伐禁止法案》和俄罗斯的《原木法案》等。林产品国际贸易技术性壁垒的凸显，对中国林产品的外贸易造成严重影响。为此，开展中国林产品进出口贸易技术标准体系研究，全面了解林产品国际贸易技术标准体系状况及动态，对于引导主管部门和经营企业实时作出政策和技术调整、及时应对国际贸易技术性壁垒和促进我国林产品进出口持续健康发展具有重大意义。

本书阐述了中国林产品贸易技术标准体系发展进程，分析了我国外贸主要伙伴国家和地区林产品国际贸易及技术标准体系概况与全球代表性国际组织或机构认证经验及启示，区分了中国林产品标准与国际标准之间的差异，着重构建了中国林产品进出口贸易技术标准体系，提出了破解国际贸易技术壁垒的对策建议。本书是在国家软科学研究计划重大合作项目（2012GXS2B009）及国家林业局林业软科学研究项目（2013-R02）"突破国际贸易壁垒的中国木材合法性认定标准体系研究"、国家林业局发展规划与资金管理司项目"中国林产品进出口贸易技术标准体系研究（2015-R04）"和国家林业局科学技术司项目"林业国际标准与主要林产品贸易国林业标准比较研究（2016-R01）"课题成果的基础上进行拓展和完善形成的。成书过程中主要调研了黑龙江省哈尔滨市（木业企业）、广东省广州市（木材市场和家具企业）与中山市（木地板企业）、山东省临沂市（人造板企业）和东营市（造纸及家具企业）、江苏省张家港市（木材市场）、浙江省湖州市（木地板和家具企业）、四川省达州市（木制品企业）和南充市（木家具企业）及成都市（林产品公司与市场）、河北省邢台市（木家具企业）等7省11市25家林产品生产经营企业、3家木材市场和2家林产品电子商务平台。

本书撰写人如下：第一章，李剑泉和田禾；第二章，李剑泉、程强和侯建筠；第三章第一节，李剑泉和仇晓璐；第三章第二节，韩峥、程强和袁月；第三章第三节，玉宝、程强和罗淑政；第三章第四节，李剑泉、田康和陈帅；第三章第五节，谭秀凤、李剑泉和仇晓璐；第三章第六节，程强和李剑泉；第四章第一节，荆涛、谭秀凤和张海波；第四章第二节，田康、田禾和张微；第四章第三节，巨茜、张微和田康；第四章第四节，张微和李剑泉；第五章，李剑泉、玉宝和韩峥；第六章，李剑泉、侯建筠和荆涛；第七章，李剑泉和程强；附录，李剑泉、张微、杨羽昆和虞华强。参考文献由袁月、张微和仇晓璐整理；全书由李剑泉负责统稿、校对和编辑。限于编著者的学识和掌握的资料，不足之处在所难免，恳请各位读者不吝赐教。

在项目申报、课题研究、实地调研和本书编撰过程中，得到了国家林业局发展规划与资金管理司、科学技术司、农村林业改革发展司、调查规划设计院、林产工业规划设计院、中国林业科学研究院、中国林学会、中国家具协会、中国林产工业协会、国家人造板与木竹产品质量监督检验中心，相关省地林业厅(局)、规划院、林科院、林产品质量检验检测中心以及调研市县林业局、木业企业等单位领导的大力指导和支持，并就有关问题提供了宝贵的意见和建议。值此书稿付印之际，谨向指导、协调和帮助我们完成工作任务的有关同志表示衷心的感谢！中国林业科学研究院的研究员刘开玲编审、中国林业出版社的相关编辑对本书的出版提出了细致中肯的修改意见和建议，在此一并表示诚挚的谢意。本书的出版得到了国家项目经费的资助，也在此表示感谢。

编著者

2016 年 9 月于北京

目 录

C O N T E N T S

CONTENTS

第一章

绪　论

自 2001 年加入世界贸易组织(WTO)以来，中国外贸持续发展。WTO 致力于减少并消除各种关税和非关税措施对国际贸易造成的不利影响，构建公平与自由的世界贸易环境。随着全球关税水平的不断下降，配额、许可证等非关税措施对进口的限制作用逐步减弱，而以技术法规、标准、合格评定程序以及动植物卫生和食品安全措施为主要表现形式的技术性贸易措施的负面影响越来越明显。技术性贸易措施主要涉及 WTO《技术性贸易壁垒协定(Agreement on Technical Barriers to Trade)》(TBT 协定)中的技术法规、标准、合格评定程序(TBT 措施)与《实施卫生与植物卫生措施协定》(SPS 协定)中的动物卫生、植物卫生与食品安全措施(SPS 措施)。首先，技术性贸易措施的制定以维护国家安全、保护人类和动植物生命与健康、保护生态环境及消费者权益等为目标，具有合理性；同时，技术性贸易措施的实施客观上会对国际贸易产生一定影响，甚至被用作变相限制进口、进行贸易保护的工具，并日益受到各国关注和重视。据统计，2014－2015 年 WTO 成员国通报了新制/修订的 TBT 措施 1535 项和 1718 项、SPS 措施 1633 项和 1750 项，年通报数量同比有较大幅度的增长(国家质检总局，2015；中国质量新闻网，2016)。我国面临的国际贸易形势非常严峻，出口产品持续遭遇国外不断变化、日趋严格的技术性贸易措施的限制，大批产品被销毁、扣留或退回，导致出口成本增加、竞争能力丧失、传统市场丢失，中国企业特别是林产品企业蒙受的损失巨大。因此，研究和探讨跨越或打破国外技术壁垒的应对措施十分重要。

第一节　研究背景

中国林产品贸易快速增长。2000－2015 年林产品贸易额增长了 6.4 倍，其中出口额增长 9.3 倍、比商品出口总额增长高 13.4%，进口额只增长 4.6 倍、比商品进口总额增长低 29.2%(海关总署，2016)。2015 年我国外贸总额居世界第 2 位，仅次于美国。其中，商品贸易额居首位，服务贸易额列第 2 位，比美国低 38%；商品出口额居首位，商品进口额列第 2 位，比美国低 27%(WTO，2016)。同时，中国林产品贸易在国际上的地位明显上升，但世界形势与环境日趋复杂，我国林产品遭遇的贸易壁垒日益严重。因此，中国急需采取突破林产品贸易壁垒的行动策略，积极应对全球贸易纠纷与国际竞争压力，促进林产品国际贸易和中国外贸可持续发展。

一、中国林产品国际贸易的全球地位

据联合国粮农组织(FAO)林业生产与贸易数据库资料,2000 - 2015 年,中国主要木质林产品(不含木家具、木制品等)贸易额在国际上的比重和地位持续提高。

(一)国际地位上升较快

2000 - 2015 年,中国主要木质林产品贸易额增长了 2.1 倍,其中 2014 年为历史峰值;同时,在亚洲和全球主要木质林产品贸易额中的占比分别增加了 34.7% 和 96.8%,其中,进、出口额分别增长了 1.83 倍和 3.33 倍;2010 年中国主要木质林产品贸易额达 429.7 亿美元,首次超过美国居世界首位;2014 - 2015 年分别上升到 632.6 亿和 583.6 亿美元,继续领跑全球(FAO,2016a)。

(二)进口比重一直过大

我国主要木质林产品国际贸易以进口为主。2000 - 2015 年,我国主要木质林产品进口额在总贸易额中的比重维持在 71.39% ~ 81.01%,是出口额的 2.49 ~ 4.27 倍。同时,进口木质林产品以原木、锯材和纸浆等原料型产品为主,其产品进口额总和在全国主要木质林产品进口总额中的比例不断扩大,由 2000 年的 41.07% 增至 2015 年的 63.28%(FAO,2016a)。

(三)出口集中程度偏高

我国木质林产品出口市场主要集中在美、日、韩、英等国家。2010 - 2015 年,我国主要木质林产品出口的前 5 大市场吸纳了中国 40.69% ~ 46.59% 的出口林产品。其中,美国是中国主要木质林产品的最大出口国,吸纳了中国 11.30% ~ 18.17% 的出口林产品(FAO,2016a)。同时,我国出口林产品以木家具、人造板及纸和纸板为主。2010 - 2015 年,除木家具以外,人造板及纸和纸板的出口额之和在主要木质林产品总出口额中占的比重保持在 90% 左右,其中人造板是出口的最大宗产品,其出口额在全国主要木质林产品出口总额中的比例达 45.47% ~ 50.60%。

二、世界林产品国际贸易环境与形势

随着国际关系重心从大西洋向太平洋转移,亚太地区正逐渐成为推动世界经济复苏及维持和平稳定的中坚力量。新兴经济体和发展中国家仍保持着高于发达国家经济增速的发展态势,并将在全球经济中发挥越来越重要的作用。目前构成林产品国际贸易环境与形势的影响因素有很多,其关键因素仍体现在政治、经济、生态、社会和贸易方面。

(一)国际政治博弈影响巨大

国际森林问题政治谈判给林业投资与贸易带来了机遇和挑战。1992 年《联合国气候变化框架公约》和 1997 年《京都议定书》签署后,全球各国围绕碳排放展开的政治协商和博弈,对林业产生了巨大冲击。森林问题涉及面越来越广,政治敏锐性也不断增强,森林问题已成为国际热点，并直接关系着国家权益和未来发展空间。发达国家在国际政治舞台上强调和主导生态环境问题，而发展中国家需要在国际森林问题谈判中突显话语权。如果不能以形成"双赢"的标准和规则来进行林产品国际贸易，不仅严重制约我国和发展中国家的林业发展，而且将影响到我国经济社会发展对木材和林产品的需求。

(二)世界经济发展增速放缓

经历了2008年全球金融危机重创后，世界经济进入后危机时代，缓和与动荡并存，存在着很多不确定性和不稳定性。近年来，发达国家经济增速显著下滑，中国、印度与俄罗斯等新兴经济体和发展中大国的表现成为形成全球经济多极化的重要力量。虽然目前全球经济呈现复苏态势，但全面发展速度趋缓、持续增长乏力。2010年世界经济增长恢复至3.1%，而2015年全球经济增长只有2.5%。据2015年12月联合国发布的《2016年世界经济形势与展望》报告，预计2016年全球经济增长2.9%。伴随着全球经济发展趋缓、中国经济增速降低、产业结构优化调整的影响，我国林业产业和林产品国际贸易未来发展必然会面临着严峻挑战。

(三)全球生态制约层次加深

自然资源是社会经济发展的物质基础，人类社会可持续发展目前面临着严重的生态危机，如森林资源减少、全球气候变暖、臭氧层破坏、生物多样性锐减、大气污染和酸沉降、水污染和淡水资源缺乏等资源环境问题，严重制约着社会经济发展。据FAO报告，1990年，全球森林面积41.28亿hm^2，森林覆盖率31.6%；2015年，世界森林面积39.99亿hm^2（FAO，2016c），森林覆盖率下降到30.6%。过去25年间，地球森林面积减少速度虽然下降了一半，但减少的趋势仍在持续，由此引发了与森林、林业和贸易相关的众多国际热点问题，全球资源、环境和经济的生态制约层次进一步加深，我国林业对外贸易发展受到了严重影响。

(四)人类社会发展问题突出

快速增长的世界人口挤压着林业和森林的发展空间。人类是森林生态系统的组成部分，全球有16亿人口依赖森林生存。人口快速增长对食品、水和木材等资源的消耗不断增加，而农业、畜牧业和城市化的扩展，导致森林和林业用地明显减少。自1992年联合国环境与发展大会以来，森林可持续经营得到了广泛关注，世界各国对如何采取措施来促进林业可持续发展、维持林产品生产的可持续性进行了广泛的讨论和研究。为了鼓励使用可持续的、合法的木材和木制品，促进森林资源和环境可持续发展，国际社会开始使用绿色采购政策来促进合法木材和认证林产品的使用，这将成为林产品国际贸易的新趋势。

(五)我国外贸形势不容乐观

中国对外贸易顺差和国际纠纷同步增加。1994年以来中国外贸一直处于顺差状态。单从商品贸易额来看，1994-2015年商品贸易顺差总额累计达3.12万亿美元（海关总署，2016）。同时，我国已成为国际贸易纠纷重灾区。2004-2015年中国出口产品共遭受贸易救济调查995起，涉案总金额约907.4亿美元；其中林产品出口遭遇到众多贸易壁垒，出现了美国家具案、加拿大复合地板案、欧盟胶合板反倾销案等典型贸易纠纷，2007 - 2012 年林产品出口主要案件累计 50 起(李剑泉等，2014b)，2013 - 2015 年共计 73 起，2016 年上半年达 22 起，涉及金额超过 100 多亿美元(中国贸易救济信息网，2016)，给我国造成了巨大的经济损失。

贸易保护主义抬头和我国外贸面临压力。技术标准、绿色标签和反倾销、反补贴等各种形式的国际贸易保护主义重新抬头，影响和改变着世界资源配置领域与方向，干扰和阻止着全球范围资源最优化配置选择的实现，严重影响了国际贸易和经济发展，由此引发的市场竞争也更加激烈。经济全球化和贸易自由化进程加快打破了各国竞争平衡并不断引发贸易纠纷，WTO 制度缺陷和国际分工产业利益得失导致贸易摩擦更加频繁，中国外贸快速增长引发他国保护意识增强，造成我国成为国际争端的众矢之的，未来中国公司和林产品企业将面对更加严峻的国际贸易环境和形势。

三、中国面临的贸易壁垒态势及原因

贸易壁垒主要指某国对外国商品和劳务进口所实行的各种限制措施，是一种对国外商品和劳务交换所设置的人为限制。一般分关税壁垒和非关税壁垒 2 类，但表现形式繁多，各国采用的贸易壁垒也层出不穷。某些发达国家利用自身的技术优势对国外产品提出了严格的认证要求，极大地阻碍了发展中国家制成品和深加工产品的出口，而只能出口一些资源性的初级产品，加剧了与发达国家间的经济及贸易发展差距。他们制定的技术标准和绿色标签等形成的贸易壁垒对中国外贸产生的影响进一步加深，中国企业面临的国际贸易和投资环境十分严峻。

(一)林产品出口遭遇到的主要壁垒

在 WTO 推动下，关税高峰、关税升级和关税配额等传统关税壁垒近年在林产品贸易中的作用不断减弱；欧美发达国家多采用非关税措施来约束林产品进口，具体表现在频繁滥用反倾销、技术标准和政策法规等新型手段，已对我国外贸利益造成巨大威胁，影响到中国林产品对外贸易的正常发展，并将我国政府、行业和企业等诸多相关主体卷入到无休止的贸易争端当中。总体上看，这些措施可划分为知识产权、救济措施、技术手段和绿色贸易等共 4 种类型(李剑泉等，2014b)。

1. 知识产权壁垒

知识产权壁垒是指以保护知识产权为名、滥用法律垄断权对国际贸易造成不合理障碍的措施。WTO 规则没有专门针对知识产权壁垒的相关规定，《与贸易有关的知识产权协定(TRIPs)》仅专注于知识产权保护，且对所有国家实施统一标准，这在实践中导致一些WTO 成员，特别是发达国家利用协议中的模糊性条款强化本国知识产权而形成壁垒。常见表现形式有：在相关法律支持下，跨国公司滥用技术优势形成的包括知识产权圈地、专利休眠及技术贸易内部化。知识产权圈地是指跨国公司在知识产权战略指导下，不断在国际范围内申请专利、抢注商标，将高新技术领域的一个个新技术圈进自己的堡垒；专利休眠是指跨国公司大量申请专利而不将其用于授权许可；技术贸易内部化是指跨国公司为保持其在高新技术领域的优势，将知识产权或含有知识产权的商品贸易限定在公司内部，仅在母子公司之间开展。地板锁扣"337"案是中国林产品出口遭受贸易影响最大的一起知识产权壁垒案件(谢怡, 2011)。

2. 贸易救济措施

贸易救济措施是指当进口对一国内产业造成负面影响时，政府所采取的减轻和消除该类负面影响的措施，并得到了 WTO 的许可与规范，包括反倾销、反补贴和保障措施。反倾销是贸易壁垒中采用最多的一种限制措施。全球看，反倾销调查案例在逐年减少，而针对中国的反倾销案例的比例却在增加，我国已连续 15 年成为被反倾销立案最多的国家。其中，美国对我国发起的调查案件数量占第一位。全球反补贴案件数量在减少，但中国骤然成为全球反补贴的最大目标国。美国在 2008 年以后所发起的反补贴案件 100% 涉及中国，认为中国是美国制造业工人失业的罪魁祸首。在林产品补贴方面，WTO 对林业的国内支持和出口补贴制定了基本规则，如一成员对林产品的国内支持或出口补贴不符合规定，即构成对进口林产品的贸易壁垒。

332 常规性事实调查，主要依据《外国—美国 1930 年关税法》第 332 条款，规定 ITC 可应美国总统、众议院、参议院财政委员会或美国贸易谈判代表等的要求，或自行对包括美国与他国行业竞争态势在内的任何涉及关税和贸易的事件，进行 332 调查并出具报告。尽管 332 调查最终报告不包含任何政策建议，也不为总统实施的任何贸易行为提供法律依据，但 332 调查经常成为美国未来启动反倾销、反补贴和保障措施等贸易救济措施的先兆。

3. 技术手段壁垒

技术手段壁垒是指一国出于对人类健康、环境保护、劳工安全、产品质量、防止欺诈、使用安全等方面的考虑，通过标准和制度等措施对进入本国市场的产品所设置的一些强制性或自愿性的技术手段或方法。据 WTO《TBT 协定》，TBT 措施可分为技术法规、标准与合格评定程序共 3 类。

(1)技术法规是指规定强制执行的产品特性或其相关工艺和生产方法(包括管理规定)，以及适用于产品、工艺或生产方法的专门术语、符号、包装、标志或标签要求的法律文件，可以是国家法律、法规、规章，或者其他规范性文件，以及经政府授权由 NGO 制定的技术规范、指南、准则等。

(2)技术标准是指经公认机构批准的、非强制执行的、供通用或重复使用的产品或相关工艺和生产方法的规则、指南或特性文件，包括专门适用于产品、工艺和生产方法的专门术语、符号、包装、标志或标签要求(易海峰, 2012)。

(3)合格评定程序是指任何直接或间接以确定是否满足技术法规或标准中相关要求的程序，包括：抽样、检测和检验程序，符合性评估、验证和合格保证程序，注册、认可和批准以及它们的组合；其方式有认证、认可和相互承认。其中，认证分为管理体系认证和产品质量认证。①管理体系认证是对企业管理水平的认可，注重的是产品生产全过程的控制，包括加工环境条件及相关配套体系的管理，如 IS 9000、ISO 14000 等。②产品质量认证偏重于产品标准及产品的质量，通过检测报告及证书的方式证明本产品的实物质量，包括"自我认证"和"第三方认证"。"自我认证"曾在欧洲各国比较流行，是在贸易双方已对出口方企业的检测条件有了充分认可的基础上进行的，为保证质量需要在贸易过程中对拟出口的产品进行封样(商务部, 2016)。影响较大的当数"第三方认证"，即由授权机构出具证明，认可和证明产品符合技术或标准的规定。许多国家尤其是发达国家都有强制性认证要求，否则不准进入市场。

TBT 措施具有名义上的合理性、形式上的合法性、内容上的复杂性、手段上的隐蔽性与使用上的灵活性等特点(赵明霞,2011)。中国林产品出口所遭遇的技术手段壁垒可分为有害物质含量标准、安全性能和防火性能要求、强制性认证制度等。

4. 绿色贸易壁垒

目前国际上尚无权威定义,笔者认为:绿色贸易壁垒是指进口国以保护人类健康、自然资源和生态环境为由,通过颁布各种环保法规或条例和政策,实施严格产品包装要求,建立繁琐的检验、检疫、认证和审批制度,征收环境关税、黏贴绿色标签,响应消费者负责任购买偏好等方式对进口产品设置的贸易障碍。与技术手段一样,也具有名义上的合理性、形式上的合法性、保护方式的隐蔽性以及做法上的歧视性等特点(朱江梅,2012),表现为推行国际公约、区域进程、集团行动、国家法规、采购政策、行业联盟、绿色关税、市场准入、环境标志、绿色包装、绿色消费、卫生检疫制度等形式。

(二)林产品国际贸易壁垒发展态势

总结和分析中国出口所遭遇壁垒的主要类型及相关案件,林产品贸易纠纷呈现出日趋严重的发展态势。

1. 知识产权意识提高壁垒影响减弱

知识产权壁垒需要相关法律和专利规定的保证,这为合理规避此类壁垒提供了可能。随着出口企业知识产权意识的提高,各行业主动采取多种有效行动和措施避免其影响。地板锁扣"337"案终裁败诉的圣象、菲林格尔和升达3家企业,曾利用德国一项40年前失效的地板锁扣技术,聘请美国地板专家和两家芝加哥公司,据此原理绕道设计出的新产品,试图绕过起诉方的专利限制,并一度被初裁法官认定为不构成侵权。近年来,在国家知识产权局等政府机构的宣传引导和有关产品出口所遭遇知识产权案的警示提醒下,中国林业企业的知识产权意识有了很大提高,知识产权壁垒不再是制约中国林产品出口的主要障碍。地板锁扣"337"案后,中国林产品出口再未出现由知识产权壁垒诱发的重大贸易争端。

2. 双反措施迅速成为壁垒重要形式

目前,中国林产品出口市场主要集中在美、日、韩、英、德等发达国家和环境敏感地区,以木家具、木制品和人造板等少数品种为主。这种模式容易导致大批量单一产品涌入某一特定国家并对当地市场造成冲击,进而损害当地同类产品生产商的利益,进口国必然不断对中国林产品出口实施贸易救济措施。同时,欧美发达国家并不认同中国的市场经济地位,从而在反倾销裁定中的替代国选择上采取不公平做法,人为捏造倾销事实。这些情况叠加起来,使得反倾销、反补贴迅速成为中国林产品出口遭遇壁垒的主要形式。初步统计,2013-2015年中国林产品出口遭遇的73起贸易争端案件中,反倾销案53起、双反案5起,其中美对华林产品出口发起的贸易救济案最多,有反倾销案24起、双反案5起(中国贸易救济信息网,2016)。

3. 技术手段贸易保护作用愈加明显

技术手段壁垒虽只针对技术而言,表面上对所有国家一视同仁,但发达国家在制定相关技术标准时,采用高于发展中国家甚至高于世界平均水平的技术方法,使得大多数国家尤其是发展中国家无力满足其市场准入的有关技术要求,导致发达国家制定的技术标准越高,与发展中国家之间的差距越大,对发展中国家林产品出口的限制作用越强。因此,发达国家有动机也有能力通过不断修订和更新技术标准或要求来限制其他国家出口林产品的准入,不断提高和强化技术手段在贸易保护中的地位和作用。如美国《2008 消费品安全改进法案》降低了木制品表面油漆或表面涂层中的总铅量要求;2006 年欧盟《化学品注册、评估、许可和限制法案》条例对人造板、家具加工过程中使用的胶粘剂、油漆等化工产品做了技术规定;日本农林标准(JAS)要求所有生产商、加工商和经销商都必须按照日本农林水产省制定的质量标识标准来标注产品标签(商务部,2016)。

4. 绿色壁垒成为贸易纠纷主要诱因

绿色贸易壁垒特别是森林认证与木材合法性认定和社会责任认证及碳足迹认证已成为各国林产品出口的主要约束因素。中国林产品主要出口国相继出台实施了一系列法规,要求对进口木材及其制品进行严格的来源合法性认定,完全禁止非法来源木材及其制品贸易,如美国《雷斯法修订案》、欧盟《木材法案》和澳大利亚《木材非法采伐禁令》等。这些法规尽管有利于森林保护,但实际操作复杂且执行成本高昂,从而限制了林产品出口贸易。森林认证则通过市场机制和终端消费者的负责任购买行为来形成一道隐性壁垒,阻止不符合可持续经营要求的林产品进入消费环节,从而间接阻碍林产品国际贸易。社会责任国际组织(SAI)于 1997 年 10 月首次公布社会道德责任标准(SA 8000)并于 2001 年 12 月发表了第 1 个修订版;国际标准化组织(ISO)于 2010 年 11 月和 2013 年 5 月分别发布社会责任指南(ISO 26000)与产品碳足迹核算(ISO/TS 14067:2013)国际标准。SA 8000 认证和 ISO 14067 的逐步推行也会形成新的贸易门槛,增加企业成本和削弱产业竞争力。随着人类环保意识的提高,林产品绿色贸易的重要性日益显现,这必将成为影响经济全球化与贸易自由化进程和诱发国际贸易争端的重要因素之一。

(三)产生国际贸易壁垒的主要原因

我国林产品贸易所遭遇的壁垒种类很多,理论上看,主要原因是在国际分工过程中,进出口国的经济利益分配存在差异,但不同类型壁垒产生的具体原因有别。贸易救济措施发起的原因是进口国相关企业遭受了损害,但对中国林产品出口而言,进口国频发贸易救济的实际原因有两方面:一是外部原因,国际贸易中中国易遭受非市场经济国家的制度歧视,被以市场经济"替代国价格"作基础进行核算,加大了我国出口林产品被裁定为倾销的概率;二是内部原因,我国出口林产品附加值不高、品种差异不大、价格竞争力较强、行业自律不够、大批量出口过易,引发进口国国内相关企业的极度不满而遭到贸易救济调查。技术手段壁垒发生的原因主要是进口国对出口国林产品设置了过高的技术要求。各国产品生产技术不同,技术手段壁垒将长期存在,并随着技术水平和贸易需求提高而变化;各国针对林产品采取的技术性措施会层出不穷,手段也会越来越苛刻(印中华等,2011)。

1. 宏观层面

经济全球化和贸易自由化发展势头强劲、不可逆转,国家间经济联系加深,各国在社会制度、历史背景、消费偏好等方面存在差异,严重影响到国际贸易自由开展和竞争优劣势平衡,导致贸易纠纷不断爆发。WTO 制度存在严重缺陷,国际贸易争端、知识产权纠纷在所难免;相关例外条款的模糊和漏洞,常被贸易保护主义利用,导致贸易摩擦更加频繁。

国际产业分工带来价值链高低端的利益得失。跨国公司推动的全球生产一体化链条中，发达国家往往占据价值链的高端，发展中国家则处于价值链低端，贸易各方对资源的控制不成正比，使得贸易冲突不断。我国外贸快速增长引发其他国家的保护意识提高。2009 年中国商品出口额 1.202 万亿美元，顺差 1960 亿美元，成为世界第一出口大国；2015 年中国商品出口额 2.275 万亿美元，顺差 5930 亿美元。我国外贸的强势成为国际贸易摩擦的众矢之的。同时，中国制造威胁论也在世界范围内蔓延，一些国家将本国的失业和贸易逆差归罪于中国；为了转移矛盾、取悦国民，隐蔽性强的技术手段壁垒自然成为限制他国产品进入的有力工具。

2. 微观层面

技术手段壁垒门槛愈来愈高，发达国家制定的技术标准、规范及合格评定程序，及其衍生的认证标准名目繁多、复杂多变，具有强烈的国家意识的主观性、目的性和苛刻性。我国主要贸易伙伴欧盟、美国、日本更是如此，雷斯法修订案、CARB 甲醛认证，欧盟 FLEGT 进程、CE 认证和木材法案、日本的林业标准化管理（JAS）制度等，使我国林产品出口受到了巨大阻碍。这些外部原因无法掌控，但是，以下内部原因值得引起关注和重视：我国贸易格局不平衡，林产品外贸依存度过高、出口市场过于集中、出口产品比较单一、产业结构不合理、贸易类型偏少、贸易信息不对称、对国际通用标准和管理措施知之甚少、对主要贸易对象国的技术手段缺乏了解，贸易纠纷威胁在所难免；同时，林业企业管理水平低、自我防护意识差、核心技术欠缺、应对策略不完善，没有预警机制，不能及时了解国外市场动态和调整出口战略，从而加大了摩擦中遭受损失的可能性。

四、突破林产品国际贸易壁垒的策略

国际贸易壁垒对中国林业对外投资和林产品出口贸易发展产生的负面影响巨大，如何积极采取科学有效的措施予以应对显得尤为关键。突破国际贸易壁垒是一个系统工程，需要利益相关方的共同努力，全方位、多途径应对，有效维护国家和企业利益。我们应在国家政策、行业协助、企业规范、科研支持和国际合作方面努力工作，特别是尽快建立中国林产品贸易技术标准体系和开展认证工作，维护林产品国际市场正常秩序，保护我国林业涉外企业的合法权益。

（一）完善国际贸易壁垒国家应对机制

林产品贸易壁垒是进口国政府应对林产品国际竞争而采取的战略对策，博弈的主体是政府。如何解决国际贸易纠纷、减少贸易摩擦和维持国际贸易正常秩序，国家层面的应对策略至关重要。中国政府行使公共服务和宏观调控职能，服务企业发展也是责任。政府可通过建立贸易壁垒应对机制、完善国际贸易救济机制、推进林产品标准化管理和加强贸易监管服务建设，来提高和强化政府的服务能力和重要作用，提高林产品质量，奠定应对行动基础。

（二）充分发挥行业协会组织服务功能

行业协会是由行业内相互竞争的企业或区域里跨行业的企业团体自愿组建形成的一种非盈利性社团组织，根据国家法律、政策和协会规章，为会员提供相关服务并制约和协调会员行为，以实现行业或区域经济整体健康有序发展。国外行业协会在应对贸易壁垒过程中发挥着十分重要的作用，既可代表国内某一行业非政府利益集团，根据市场动向和企业要求向政府部门提出调整技术性贸易措施建议，甚至根据政府部门委托负责制定和修改技术法规和标准，还在收集和传递信息、协调企业行为和服务企业发展等方面形成了单一企业及政府部门难以具备的强大正外部经济效应功能。我国应当学习国外先进经验，借鉴发达国家行业协会通常的运作模式，并结合我国实际情况，充分发挥林业行业协会作为政府和企业间的桥梁和纽带作用，建章立制避免企业无序竞争，参与制定技术标准并培训普及相关知识，积极参与国际贸易谈判，真正成为企业代言人；同时，建立网络信息共享平台，形成壁垒应对快速反应机制。

(三) 企业依法维护权利有效防范风险

企业是最直接的利益受损经济主体。企业是否应对和如何应对风险，不仅关系到企业发展，甚至关系到企业的生死存亡。一方面，国际社会对林产品原材料合法性来源和相关技术标准的要求，林业出口企业必须做到林产品生产过程和质量控制全程跟踪，确保突破和跨越林产品贸易壁垒；另一方面，即使林产品出口遭遇了贸易壁垒，企业也应当积极配合相关调查，并采取科学措施积极应对，参与企业应以大局为重、团结一致，以减少行业整体经济损失和降低负面影响。同时，掌握 WTO 相关规则，依法维护企业权益；实行多元化市场战略，拓展国际市场空间；提高贸易产品质量和安全标准，优化出口商品结构；实施境外直接投资林业，突破贸易产地限制；加强专业人才队伍建设，提高风险防范能力。

(四) 强化科研的决策咨询和技术支持

现代科学技术和科研机构的决策咨询与技术支持作用在应对国际贸易壁垒过程中非常重要。科研机构可以随时跟踪最新动态和预测未来趋势，为相关决策提供咨询和技术支持；同时，科学技术的运用可以支撑政府、协会、企业和国际合作作用的高效发挥。因此，需要继续开展国际贸易国别政策和标准体系研究、加强供应链管理及追踪技术和监测预警系统开发以便随时应对林产品国际贸易壁垒。

(五) 深化相关领域的国际交流与合作

中国是全球产业链的主要参与者和林产品国际贸易的重要驱动者，要继续加强全球多边和双边合作与交流，共同开展木材合法性、林产品技术标准研究与实践，提升林产品贸易大国形象和调节能力，保证出口林产品原料来源的合法性和提高质量安全的标准规范；与主要贸易伙伴国加强森林管理和可持续贸易双边合作，协调木材及其制品进出口海关信息，交流公共采购政策、林业法规、技术标准、认证制度方面的经验；与中国林产品国际贸易的主要合作伙伴，如美国、东盟、欧盟、日本、印度、俄罗斯、墨西哥、南非、巴西等，建立国际林产品贸易技术标准联合认证体系；借鉴发达国家经验，与国际社会分享中国林产品贸易技术标准及体系研究成果，并努力与主要贸易伙伴国家或地区达成互认协议和认可机制，建立真正意义上的多边合作互信体系，为中国林产品贸易正常发展创造更有利的环境。同时，加强国际合作交流，阐明中国政府立场；提高国际谈判力度，参与国际规则制定；重视贸易伙伴谈判，促进我国政策的世界认可。

第二节 目的意义

促进绿色贸易是一个长期而复杂的过程，需要通过双边和多边对话，增进理解和互信。适时开展相关研究，切实推出中国自己的林产品贸易技术标准体系并开展认证工作，抢占国际有利地位，提高话语权，这样才能更好地维护我国林产品贸易和林业企业的合法权益。开展中国林产品进出口贸易技术标准体系研究非常必要、重要和迫切，具有完善标准体系的理论意义和突破贸易壁垒的现实作用。

一、主要目的

森林和林产品认证制度的兴起，成为突破国际绿色贸易壁垒的一种重要工具。研究和建立中国林产品进出口贸易技术标准体系，有利于推行林产品贸易认证工作和突破绿色贸易壁垒。

（一）明确中国林产品进出口技术标准体系进展

梳理我国林业行业产业发展概况，总结林业标准组织机构、体系框架、现实问题和工作进展，阐述全国林产品贸易政策与法规和指南进程，总结和提出林产品贸易技术标准状况、体系特点及完善建议，奠定中国林产品进出口贸易技术标准体系研究基础。

（二）了解典型国家或地区林产品标准体系概况

分别研究我国林产品主要国际贸易伙伴美国、日本、英国和欧盟及北美林产品进出口贸易及技术标准发展状况、体系特点、政策趋势、国别经验和工作启示，了解各国各地林产品标准指标及差异和体系概况，为中国林产品进出口贸易技术标准体系建立提供借鉴。

（三）总结主要国际组织或机构认证经验及启示

着重研究具有代表性的国际标准化组织（ISO）、瑞士通用公证行（SGS）、森林管理委员（FSC）和社会责任国际组织（SAI）的基本情况、标准体系、运作程序、认证经验和主要启示，为中国林产品进出口贸易技术标准体系发展提供参考。

（四）分析中国林产品标准及与国际之间的差异

研究和分析中国人造板、木地板、木家具及竹藤制品等代表性林产品的技术标准、特殊化学物质指标及与主要国际标准之间的差异，为中国林产品进出口贸易技术标准体系完善提供依据。

（五）发展中国林产品进出口贸易技术标准体系

建立和发展中国林产品进出口贸易技术标准体系和林产品贸易认证工作体系，明确中国林产品贸易认证体系的发展目标、构建原则和基本依据，提出中国林产品进出口贸易技术标准体系框架，探讨贸易认证实施管理及工作意见，突破国际贸易壁垒和维护中国林业企业合法权益。

二、重要意义

标准是对重复性事物或概念所做的统一规定，基于科学技术和实践经验的综合成果，经有关各方协商一致和主管部门批准后以特定形式发布，作为共同遵守的准则和依据。发达国家制定的产品技术标准包括规格、包装和标签要求、检疫检验制度、生产加工和环保标准。国际上对进出口产品的质量、性能、环保要求、制造过程对劳工权益的保护等方面都会利用相应标准进行规范。由于各国环境要素禀赋不同、林业产业发展水平不同、环境意识偏好不同，国际社会在推动负责任贸易时制定的标准也不相同，这就直接导致了全球林产品质量与安全标准的巨大差异。比较和研究世界主要林产品生产、消费和贸易大国的相关法规、政策、标准和制度，建立和完善中国林产品进出口贸易技术标准体系，对于应对全球贸易纠纷与国际竞争压力、促进林产品国际贸易和中国外贸的可持续发展意义重大。

(一)理论意义

开展中国林产品进出口贸易技术标准体系研究，具有完善标准体系、促进对策研究、奠定方法基础和提供认证参考的理论意义。归纳世界林业(森林)认证类型、总结全球认证体系及林产品标准、梳理国际市场贸易认证体系概况和区分中国林产品标准的国际差异，奠定了建立和完善中国林产品进出口贸易技术标准体系的理论基础，也是开展林产品贸易认证工作、应对国际贸易争端、提高全球气候谈判话语权等对策研究的科学基础和前提条件；研究成果将奠定林产品国际贸易认证方法基础，是应对外交谈判、缓解国际压力的重要手段，对于推动我国林产品进出口贸易和促进全球生态资源持续有效利用十分重要；项目成果还可为相关行业产品贸易认证开展和促进国际贸易提供技术参考与方法支持，促进我国对外贸易和世界经济的持续健康发展。

(二)现实作用

研究林产品技术标准体系和开展贸易认证工作，在争取林业外交话语权、提供国家政策调整依据、指导企业经营决策等突破国际贸易壁垒的具体行动中作用巨大。

(1)为林业外交谈判争取话语权。科学数据是外交谈判中的重要筹码和有力依据，各国在应对全球气候变化、解决国际森林问题和林产品贸易纠纷等谈判中都会考虑自身利益。林产品质量和安全标准的设立可为谈判人员提供我国林产品进出口贸易满足国际市场要求的基础数据，有利于提高话语权和争取更多国家利益。

(2)为国家政策调整提供参考依据。林产品贸易技术标准体系的建立和改进可为科技政策制定、税收政策调整和贸易政策完善提供参考依据，有利于促进林业对外贸易可持续发展和维持林产品国际贸易秩序。

(3)为企业经营决策提供科技指导。建立林产品贸易技术标准体系，刺激企业技术革新、提高标准和调整经营策略，避免林产品质量和安全问题，有利于引导我国林业企业基于技术成本提高出口林产品价格、避免反倾销贸易纠纷和更加积极主动地参与国际竞争并持续有效地利用全球生态资源。

第三节　研究概况

随着经济全球化发展和国际分工加速转移，特别是林产品对外贸易快速成长，世界尤其是我国林产品出口遭遇到的贸易壁垒日趋严重，为打击木材非法采伐和满足绿色贸易条件，国际组织和各国相继进行了森林认证、木材合法性认定、木材追踪体系、林产品绿色采购政策等方面的研究和实践，并取得一定进展。

一、森林认证标准体系

森林认证包括森林经营认证和产销监管链认证。森林经营认证针对森林经营单位，由独立第三方认证机构根据所制定的森林经营标准，按照规定和公认的程序对森林经营绩效进行审核，以证明其达到可持续经营或负责任经营要求的过程；产销监管链认证是对林产品生产加工企业的各个环节，包括从原木的运输、加工到流通整个链条进行跟踪，以确保最终产品来自于经过认证的经营良好的森林。

如今世界上有全球体系、区域体系和国家体系共 3 个层次的森林认证标准体系。全球体系有森林管理委员会（FSC）体系和森林认证认可计划体系（PEFC）；区域体系仅有泛非森林认证体系（PAFC），但未能正式运作；国家体系主要有加拿大标准化协会（CSA）体系、美国可持续林业倡议（SFI）体系、英国森林保护计划（UKWAS）、印度尼西亚生态标签研究所（LEI）体系、马来西亚木材认证委员会（MTCC）体系（中国林业生物质能源网，2016）、巴西森林认证体系（CERFLOR）、中国森林认证体系（CFCC）等（李剑泉等，2013a）。总之，全世界共出现了 20 多种面向国际和国家的不同森林认证体系。他们虽有不同背景且各具特色，但都采用了"美国树园制度（American Tree Farm System）"的两个基本元素：一是需有可遵循的认证原则和标准，二是要依据一定标准定时去现场检查林业操作。林业产业发展中的森林认证应实现三个目的：一是建立林业管理的基本标准；二是提高来自经过认证森林的木制品的认可度；三是提高公众（包括生产者和消费者）对于森林管理的认识（李思彤，2013）。迫于市场压力和适应市场需求，不同政府、行业组织和 NGO 支持的各种森林认证体系，都开发了相应技术规程来规范通过认证森林的木材，并试图将未经认证木材的合法性风险降到最低；但他们之间的差异较大、互认情况非常复杂，也造成了认证体系间的竞争关系。

20 世纪 90 年代初，由于全球环保组织对于热带森林迅速消失的极大关注，同时世界众多大公司的标准化管理体制不断涌现，推动 NGO、环保人士及具有社会和环境责任感的木材销售商与消费者等于 1993 年发起并成立了森林管理委员会（Forest Stewardship Council，FSC），开启了 FSC 森林认证工作的新篇章。FSC 是目前受到市场和 NGO 广泛认可的体系，制定了全球统一的 FSC 原则与标准，并认可认证机构开展认证；各国可成立 FSC 国家倡议组织，在 FSC 原则与标准的框架下制定 FSC 国家标准。

1999 年成立的 PEFC 体系则发展了国家认证体系相互认可的框架，对国家体系进行认可；各个国家可独立发展国家认证体系并寻求国际体系认可，或在国际框架下发展国家体系。

PAFC 由 13 个成员国组成的非洲木材贸易组织发起，制定包括原则、标准和指标的森林可持续经营标准，在喀麦隆、科特迪瓦及加蓬进行实地测试，可作为非洲地区森林认证的基础；但认证体系不完整，也没有明确的认证进程和相应的管理，目前仍未开展相关工作。

二、木材合法认定体系

目前全球还没有公认的合法木材标准和认定体系，各国对合法性的定义和要求也不完全一致。总体看，现行木材合法认定体系的关键原则有 5 条（李剑泉等，2013b）：①采伐权合法；②采伐规划经过审批；③已支付相关税费；④能实现木材追溯性；⑤遵守所在国有关法规及公约条款。同时，认定方法共 5 种：①第三方认证；②政府主导的合法性认定体系；③行业协会认定；④企业自我验证和声明；⑤提供同等效力文件。各国虽以森林认证为主要衡量标准，但常据国情采取灵活有效的应对策略，形成了森林认证文书、木材合法证明和同等效力文件共存的局面。

为了达到欧美市场木材合法性要求，中国企业必须提供合法性证明和实现木材来源可追溯性。借鉴国际经验，企业既可通过森林认证来表明木材合法性，也可通过第三方、行业协会或政府主导的合法性体系来认定木材合法性，还可通过提供一系列合法证件来自行证明或验证木材合法性。目前，森林认证费用高、覆盖范围窄、认证林产品所占比重较小、实际应用限制太多（宋维明等，2010），不能满足国际市场发展需要。因此，木材合法性认定成为林业企业达到合法性和可追溯性的首选方式。

三、木材追踪体系研究

根据现阶段我国社会经济发展水平，中国开展木材合法性认定，需要加强木材合法证件管理和完善木材跟踪体系（林宇洪等，2011）。一般地，企业应提供采伐的法律许可证据、相应采伐限制的具体说明、指定区域采伐木材和采伐率在适合限度范围的证据、木材采购和交纳税费的证据、符合相应 CITES 要求和木材运输文件的证据。在我国森林采伐限额管理制度下，木材采伐证规定了木材采伐的类型、方式、地点、期限、面积、树种、蓄积量、产量及采伐后的更新方式、树种、面积和期限；木材运输证提供了木材合法运输的证明；取得经营资质的企业已有木材加工许可证，办理木材采伐证时要交纳相应税费和育林基金。因此，木材采伐、运输和加工许可证可以证明国产木材的合法身份，只要获得国际认可，就能满足国际市场要求。

然而，经营企业很难收集和提供完整的木材合法性证明。我国林木采伐许可证由县级林业主管部门签发，在办理木材运输证时，需将原有林木采伐许可证交由林业主管部门留存；经过加工后再次办理运输证时，应提交原运输证或木材交易合法证明。这样，加工企业一般仅持有木材运输证。要查验木材采伐许可证，需向当地林业主管部门或林业企业索取，但受权限与职责限制，一般很难查询到。同时，我国木材运输证管理各地还存在差异，很多省产成品、人造板等半成品不需办理木材运输证。虽然在木材运输证中，详细标明了供货单位、购货单位、木材产地、起止地点、运输的树（材）种品名、规格、数量、材积以及有效期限，为实现木材来源的可追溯性提供了可能。但因对木材产地理解不同，大多填写成林产品产地，而不能真实追踪到木材原产地。同时，由于产业高度发达，林产品生产企业供应链十分复杂，如调研的一家人造板公司供应链涉及 80 多个初级加工企业、100 多个林地所有者，很难实现全部木材原料的可追溯性。目前，大部分企业还不能有效区分木材原料来源，急需建立和完善合法木材追踪体系（李剑泉等，2013b）。这个体系通常包括木材采购计划、产销监管链体系、木材原产地监控系统、内部审计程序以及报告反馈机制，能够鉴别合法木材与非法木材、收集合法性证明、追溯木材原料来源和确定林产品原产地。

四、林产品绿色采购政策

相对于立法而言，政府采购政策的出台程序更简单、操作步骤更方便、方向调整更及时、执行效果更明显。作为林产品消费大户，采购政策表明了政府的立场和态度，对林产品的购买行为和消费偏好具有重要引导作用。目前，世界上约26个国家实施了林产品政府绿色采购政策（曹熔珺等，2016），并在不断实践和完善中。比较研究和综合分析主要国家林产品采购政策可知：①政策内涵力度有所不同，主要体现在对林产品合法性和可持续性的定义、界定和区分上；②政策执行主体基本相同，大多是公共机构，包括各级行政部门、事业单位、非政府组织；③政策执行弹性差异较大，既有强制性，也有鼓励性，还有自愿性执行的；④产品范围有所不同，大多数国家涵盖木家具、纸产品和建筑用木材，少数国家不包含某几类木材产品；⑤认可方式略有差异，大多数国家接受和认可森林认证特别是 FSC 和 PEFC 认证产品，多数欧盟国家接受生态标签或 FLEGT 许可，或者合法性认定体系，中国目前只认可环境标志和合法性证明；⑥政策影响实施效果不一，国情差异导致各国政策执行力度、社会接受程度、政策影响评估和执行效果监测很不一样。同时，林产品绿色采购政策正逐渐演变成一种促进森林可持续经营的手段并向世界范围扩展，值得我国借鉴和适时采用。

五、文献述评

提高林产品标准和开展相关认证虽然得到了国际社会的普遍重视与广泛认可，对森林认证、合法性认定、追踪体系和采购政策的研究与应用领域比较深广。但是，从国际贸易角度来探讨和应用技术标准认证的研究还没有，特别是在经济全球化、生态危机化、贸易自由化、摩擦常态化的新形势下，林产品贸易技术标准体系研究不多，缺乏全面的数据和相应的结论，难以支撑林产品贸易认证工作的开展。

发达国家在国际贸易壁垒和气候谈判中依托经济和技术优势力推高标准、生态税、资源税、碳关税等而有意遏制发展中国家的生存与发展权利。同时，中国已经成为世界林产品生产、消费和贸易大国，但林产品国际贸易环境和形势不容乐观，我国林产品出口遭遇到的贸易壁垒日趋严重，中国林业对外合作与林产品国际贸易的系统性风险增大，中国林业企业面临着重重困难。

虽然，近年来我国已经提高了木材及林产品质量与安全标准，以顺应国际贸易趋势，也取得了良好效果。然而，我国林产品在满足国际市场绿色贸易和环保要求方面仍有不少困难和问题，需要及时整理和明确中国林产品进出口贸易技术标准体系进展、归纳和探讨典型地区林产品国际贸易及标准体系概况、研究和总结主要国际组织或机构认证经验及工作启示，分析和展示国际市场林产品认证体系类型及运行特点，深入研究和适时开展中国林产品进出口技术标准体系和贸易认证工作，这对于维护中国林业企业的合法权益和国际贸易秩序、推动全球生态资源的可持续利用和世界经济发展意义重大。

中国林产品国际贸易及技术标准体系进展

Chapter 2　The Progresses of China's Forest Products International Trade and Technical Standard System

林产品是指来自于林地和森林的产品,包括林木产品、林副产品、林区农产品、苗木花卉、木制品、木工艺品、竹藤制品、森林食品、林化产品,以及与林地和森林资源相关的产品。林产品以绿色有机和天然环保优势,成为健康行业的主流,特别是在食品、医药、保健等领域广泛应用,被越来越多的人所追求和享用。随着科技进步,林产品的精深加工和衍生产品日趋增多,已成为林区广大职工再就业和致富奔小康的主要途径。近年我国林产品出口面临的贸易壁垒更加繁杂,国内居民对于进口林产品可能诱发的环境、安全与质量问题也日益关注。为规范林产品进口行为确保国内环境安全与居民身体健康,突破国际贸易壁垒促进我国林产品出口持续增长,了解林业行业和产业发展概况、明确全国林业标准化工作进展、梳理林产品贸易政策与法规及指南、分析中国林业行业产品贸易技术标准体系状况、总结林产品贸易认证问题及完善建议则显得十分重要。

第一节　中国林产品国际贸易概况

进入新世纪以来,我国林业产业高速发展。2015 年全国林业产业总产值达 5.94 万亿元,比 2000 年增长了 15.7 倍,年均增幅 20.3%,比同期 GDP 年均增速高出 6.7 个百分点(国家统计局,2016b);相应地,全国林产总值与 GDP 之比逐年提高(表 2-1),2015 年达到 8.66%;除 2004、2007 -2008 年外,各年林产总值的年增长率均比当年 GDP 的年增长率高。其中,森林培育工作进展良好,森林资源得到了有效恢复和保护;符合林业发展趋势与要求的经济林产业异军突起,实现了林区就业机会和农民收入的增加;林产工业形势乐观,产量呈上升态势;森林旅游受到广泛关注,社会各界投资热情高涨,创造了丰厚的经济和社会效益。

2015 年林业第一产业产值 2.02 万亿元,占 34.04%,同比增长 8.88%;第二产业产值 2.99 万亿元,占 50.36%,同比增长 6.43%;第三产业产值 0.93 万亿元,占 15.60%,同比增长 25.41%。林业三次产业的产值比例由 2010 年的 39:52:9 调整为 2015 年的 34:50:16,产业结构进一步优化。从地区看,东部地区林业产业总产值所占比重最大,达

47.37%；但东北地区遭受停伐和森工企业转型影响林产总值出现负增长；而中、西部地区林业产业增速最快，都超过15%。林产总值超过3000亿元的省份依次是广东、山东、广西、福建、江苏、浙江、湖南和江西，这8省份的林产总值约占全国林产总值的61.01%（国家林业局，2016）。

表 2-1　2000 - 2015 年全国林产总值与 GDP 的年变化统计

年份	林产总值 （亿元）	GDP （亿元）	林产总值年 增长率(%)	GDP 年 增长率(%)	林产总值与 GDP 之比(%)
2000	3555.47	100280.10	11.54	10.73	3.55
2001	4090.48	110863.10	15.05	10.55	3.69
2002	4634.20	121717.40	13.29	9.79	3.81
2003	5860.33	137422.00	26.46	12.90	4.26
2004	6892.21	161840.20	17.61	17.77	4.26
2005	8458.74	187318.90	22.73	15.74	4.52
2006	10652.22	219438.50	25.93	17.15	4.85
2007	12533.42	270232.30	17.66	23.15	4.64
2008	14406.41	319515.50	14.94	18.24	4.51
2009	17493.73	349081.40	21.43	9.25	5.01
2010	22779.02	413030.30	30.21	18.32	5.52
2011	30596.70	489300.60	34.32	18.47	6.25
2012	39450.91	540367.40	28.94	10.44	7.30
2013	47315.44	595244.40	19.93	10.16	7.95
2014	54032.94	643974.00	14.20	8.19	8.39
2015	59362.71	685505.80	9.86	6.45	8.66

数据来源：林产总值（国家林业局，中国林业发展报告 2001 - 2016）；GDP（国家统计局，2016a，2016b）。

表 2-2　2000 - 2015 年中国外贸和商品及林产品进出口贸易额

年份	林产品贸易（亿美元）			商品贸易（亿美元）			外贸总额（万亿美元）		
	出口	进口	贸易	出口	进口	贸易	出口	进口	贸易
2000	72.95	114.50	187.45	2492.03	2250.94	4742.97	0.310	0.297	0.606
2001	78.55	109.83	188.38	2660.98	2435.53	5096.51	0.332	0.322	0.655
2002	95.80	128.97	224.77	3255.96	2951.70	6207.66	0.405	0.388	0.793
2003	122.36	166.42	288.79	4382.28	4127.60	8509.88	0.531	0.523	1.054
2004	163.01	199.40	362.41	5933.26	5612.29	11545.55	0.722	0.706	1.429
2005	205.74	221.02	426.76	7619.53	6599.53	14219.06	0.918	0.827	1.746
2006	263.77	257.99	521.76	9689.78	7914.61	17604.39	1.157	0.992	2.149
2007	319.31	323.60	642.91	12204.56	9561.16	21765.72	1.470	1.213	2.685
2008	334.88	384.39	719.27	14306.93	11325.67	25632.60	1.725	1.450	3.173
2009	363.16	339.02	702.18	12016.12	10059.23	22075.35	1.460	1.323	2.783
2010	463.17	475.07	938.20	15777.54	13962.47	29740.01	1.901	1.781	3.683
2011	550.34	652.99	1203.33	18983.81	17434.84	36418.65	2.299	2.238	4.538
2012	586.91	619.48	1206.39	20487.14	18184.05	38671.19	2.451	2.380	4.831
2013	644.55	640.88	1285.43	22090.05	19499.90	41589.95	2.622	2.610	5.232
2014	714.12	676.05	1390.17	23422.93	19592.33	43015.26	2.902	2.863	5.766
2015	742.63	636.04	1378.67	22749.49	16819.51	39569.00	2.847	2.617	5.464

林产品贸易数据来源：国家林业局，中国林业发展报告 2001 - 2016；外贸和商品贸易数据来源：WTO 贸易数据库（http：//stat.wto.org/Home/WSDBHome.aspx？Language = E）。

加入 WTO 以来，中国对外贸易和林产品外贸蓬勃发展。2000 - 2015 年中国外贸总额增长了 8.02 倍，年均增长率达 16.60%；其中，在 2014 年达到历史峰值 5.77 万亿美元（WTO，2016），在 2009 年和 2015 年同比分别下降了 12.29% 和 5.24%（表 2-2）。2015 年中国外贸总额居世界第 2 位，仅次于美国的 6.24 万亿美元；其中，商品贸易额居世界第 1 位，服务贸易额列第 2 位，比美国的 2.43 万亿美元少 9200 亿美元、低 38%；并且，商品出口额居世界首位，商品进口额列第 2 位、比美国的 2.31 万亿美元少 6300 亿美元、低 27%（海关总署，2016）。期间，林产品在商品贸易额中的占比呈小幅波动并维持在 2.8% ~ 4.0%，近 3 年呈逐年增长态势（表 2-3）。这表明，我国外贸类型和进出结构有待调整。

表 2-3　2000 - 2015 年全国林产品在商品贸易中占比和木质林产品贸易额及占比

年份	林产品/商品（%）			木质林产品贸易额（亿美元）			木质林产品/林产品（%）		
	出口	进口	贸易	出口	进口	贸易	出口	进口	贸易
2000	2.93	5.09	3.95	45.47	96.38	141.85	62.33	51.42	75.67
2001	2.95	4.51	3.70	47.44	95.16	138.05	60.39	50.51	73.28
2002	2.94	4.37	3.62	61.68	102.89	164.57	64.38	45.78	73.22
2003	2.79	4.03	3.39	80.97	119.00	199.97	66.17	71.51	69.25
2004	2.75	3.55	3.14	112.99	139.73	252.72	69.32	70.08	69.73
2005	2.70	3.35	3.00	146.61	150.43	297.04	71.26	68.06	69.60
2006	2.72	3.26	2.96	192.23	165.74	357.98	72.88	64.24	68.61
2007	2.62	3.38	2.95	221.34	225.36	446.70	69.32	69.64	69.48
2008	2.34	3.39	2.81	250.32	226.77	477.10	74.75	58.99	66.33
2009	3.02	3.37	3.18	268.51	221.18	489.69	73.94	65.24	69.74
2010	2.94	3.40	3.15	346.55	304.75	651.30	74.82	64.15	69.42
2011	2.90	3.75	3.30	405.56	404.04	809.60	73.69	61.88	67.28
2012	2.86	3.41	3.12	441.31	374.34	815.65	75.19	60.43	67.61
2013	2.92	3.29	3.09	482.21	412.08	894.29	74.81	64.30	69.57
2014	3.05	3.45	3.23	543.38	454.55	997.93	76.09	63.65	71.78
2015	3.26	3.78	3.48	538.92	416.48	955.40	72.57	65.48	69.30

数据来源：国家林业局，中国林业发展报告 2001 - 2016。

近年我国已发展成为世界林产品生产、消费和进出口大国。全国主要从俄罗斯、东南亚、非洲等地进口木材和木浆，出口人造板、木家具、木地板等到欧美和日本等地。据统计，2009 - 2015 年中国人造板产量达 1.15 亿~2.87 亿 m^3（国家林业局，2016），连续 7 年居全球第一；2010 - 2015 年全国纸和纸板产量 0.93 亿~1.07 亿 t（中国造纸协会，2016），连续 6 年居世界首位。我国 2004 年成为全球第一大工业原木和木浆进口国，2007 年人造板出口、2009 年木家具出口跃居全球首位，FAO 统计的主要木质林产品贸易额在 2010 年首次超过美国跃居世界第一，近年一直保持国际前列。

一、贸易概况

2000 - 2015 年中国林产品贸易增长了 6.4 倍，其中出口增长 9.2 倍、进口增长 4.6 倍（表 2-2）。

(一)贸易总额

2000－2015 年全国林产品贸易总额从 187 亿美元增加到 1379 亿美元(国家林业局, 2016),年均增幅 14.84%;其中,在 2014 年达到历史峰值 1390 亿美元,在 2009 年和 2015 年时同比分别下降了 2.4% 和 0.8%。除在 2006 和 2009 年间断出现 5.78 亿与 24.14 亿美元顺差,在 2013－2015 年连续实现 3.67 亿、38.07 亿和 106.59 亿美元顺差外,其余各年均呈逆差状态,差额在 4.29 亿~102.65 亿美元,其中 2007 年最低、2011 年最高。期间,木质林产品贸易额比重一直维持在 70% 左右(表 2-3)。显然,资源型林产品的进出口结构更需优化。

据海关统计数据整理结果表明,2016 年 1~6 月全国林产品进出口贸易总额 640.8 亿美元,同比下降 4.2%;其中,出口 343.0 亿美元、下降 1.2%,进口 297.8 亿美元、下降 7.3%。

(二)进口统计

2010－2015 年我国主要林产品进口量和进口额如表 2-4 所示,其中从进口额上看,纸浆、原木和锯材居前 3 位,且逐年呈增长态势。

(三)出口统计

据海关数据,2010－2015 年我国主要林产品出口数量和进口额如表 2-5 所示,其中从出口额上看,木家具、纸及制品、人造板(包括胶合板、纤维板和刨花板)居前 3 位,且逐年呈增长态势。

(四)贸易产品

在贸易林产品种类方面,2010－2015 年我国仍然主要依次进口纸浆、原木、锯材、废纸、天然橡胶、棕榈油、干鲜水果和坚果、纸及制品、木片和木家具等(表 2-4),出口木家具、纸及制品、胶合板、木制品、干鲜水果和坚果、干鲜菌菇、印刷品、纤维板、藤草苇及制品、可连接型材、松香及制品、苗木花卉和干鲜竹笋等(表 2-5)。

(五)贸易市场

从贸易额看,在林产品贸易市场方面,2015 年美国、欧盟、巴西、印度和墨西哥市场贸易企稳回升,东盟、日本、俄罗斯和南非市场不振(表 2-6)。

其中,日本经济不景气态势已持续多年,中日进口和出口双双呈现负增长。

(六)国际地位

据 FAO 数据库资料,2000－2015 年,中国主要木质林产品(不含木家具和木制品等)贸易额增长了 2.13 倍,其中:进、出口额分别增长 1.83 倍和 3.33 倍;在亚洲和全球主要木质林产品贸易额中的占比分别增加 34.7% 和 96.8%(表 2-7);国际地位持续提高,2010 年中国主要木质林产品贸易额达 429.7 亿美元,首次超过美国居世界首位,2014－2015 年分别上升到 632.6 亿和 583.6 亿美元继续领跑全球(FAO,2016a)。

表 2-4　2010-2015 年全国林产品进口统计（亿美元）

商品名称	数量单位	2010		2011		2012		2013		2014		2015	
		数量	金额	数量	金额	数量	金额	数量	金额	数量	金额	数量	金额
木片	万 t	465.25	6.76	659.21	11.61	759.05	13.33	915.88	15.54	885.72	15.38	983.03	16.94
木炭	万 t	17.58	0.23	18.87	0.45	16.75	0.58	20.93	0.63	21.98	0.62	17.28	0.50
原木	万 m³	3434.70	60.74	4232.58	82.73	3789.27	72.51	4515.94	93.17	5119.43	117.80	4456.90	80.60
锯材①	万 m³	1481.23	38.78	2160.67	57.21	2066.84	55.24	2404.25	68.30	2574.62	80.84	2660.02	75.08
单板	万 t	8.22	0.88	15.02	1.19	25.72	1.35	44.96	1.42	73.95	1.84	74.90	1.62
可连接型材②	万 t	1.06	0.20	1.38	0.30	1.41	0.31	1.18	0.28	1.61	0.35	2.17	0.41
刨花板	万 t	35.06	1.14	35.56	1.22	35.15	1.17	38.14	1.28	37.57	1.42	41.53	1.41
纤维板	万 t	26.84	1.25	20.29	1.07	14.51	0.94	15.62	1.01	16.78	1.10	16.69	1.08
胶合板	万 m³	21.38	1.16	18.84	1.20	17.87	1.20	15.47	1.03	17.80	1.32	16.62	1.21
木制品③	—	—	1.20	—	1.55	—	2.73	—	4.96	—	7.11	—	7.53
软木及制品	万 t	0.76	0.44	0.75	0.48	0.76	0.45	0.69	0.37	0.84	0.41	1.11	0.40
纸浆	万 t	1136.87	88.27	1444.62	119.40	1646.36	110.42	1685.19	113.74	1796.40	120.65	1983.99	127.56
废纸	万 t	2435.23	53.53	2727.94	69.67	3006.71	62.74	2923.68	59.30	2751.91	53.47	2928.39	52.83
纸及制品	万 t	353.75	46.12	347.77	50.55	325.36	45.98	297.12	43.74	294.56	43.14	298.61	40.47
印刷品	万 t	7.85	1.02	7.91	1.15	7.56	1.07	7.11	1.05	6.90	1.01	0.00	0.00
木家具	万件	435.97	3.88	549.72	5.46	636.83	5.96	738.46	7.08	982.66	8.89	1019.20	8.84
藤草苇及制品	—	—	0.03	—	0.04	—	0.04	—	0.04	—	0.05	—	0.05
苗木花卉	—	—	1.04	—	1.29	—	1.37	—	1.74	—	1.89	—	2.18
干鲜果品	万 t	161.74	18.32	194.01	25.45	218.54	33.39	231.62	36.52	245.63	42.17	297.27	50.91
竹	万 t	0.42	0.04	0.57	0.04	0.46	0.03	0.89	0.03	0.88	0.03	0.85	0.03
藤	万 t	3.40	0.32	3.56	0.37	1.97	0.19	2.56	0.26	2.50	0.27	2.99	0.32
木质活性碳	万 t	0.36	0.16	0.30	0.17	0.68	0.31	1.00	0.44	1.33	0.66	1.50	0.55
松香及制品	万 t	0.74	0.25	0.70	0.30	1.47	0.39	3.57	0.68	1.86	0.55	3.11	0.67
天然橡胶	万 t	186.14	56.67	210.13	93.80	217.75	68.13	247.26	63.93	261.02	49.52	273.61	39.17
棕榈油	万 t	569.58	47.11	591.22	66.34	634.12	65.02	597.91	49.04	532.39	43.84	590.92	37.05
菌菇	t	8015.36	0.08	4535.89	0.06	1293.21	0.04	1665.68	0.07	1604.88	0.08	517.86	0.07
竹笋	t	689.97	0.02	231.83	0.01	178.49	0.01	229.00	0.01	192.15	0.01	274.14	0.01
其他	—	—	45.43	—	59.88	—	74.58	—	75.22	—	81.63	—	88.57
合计	—	—	475.07	—	652.99	—	619.48	—	640.88	—	676.05	—	636.04

注：①含轨枕；②任何一边、端或面制成连续形状的木材，主要指地板条和木线，以前称为木制半成品；③含木制门窗、模板、木制容器、镜框、餐具和木工具等。

表 2-5　2010－2015 年全国主要林产品出口统计（亿美元）

商品名称	数量单位	2010		2011		2012		2013		2014		2015	
		数量	金额	数量	金额	数量	金额	数量	金额	数量	金额	数量	金额
木片	万 t	5.38	0.07	3.96	0.06	2.24	0.05	4.07	0.08	29.04	0.48	9.75	0.20
木炭	万 t	6.34	0.36	6.75	0.39	6.42	0.44	7.56	0.64	8.04	0.89	7.41	1.09
原木	万 m³	2.84	0.11	1.44	0.07	0.36	0.02	1.31	0.07	1.17	0.08	1.21	0.04
锯材①	万 m³	53.94	3.42	54.41	3.60	47.98	3.31	45.83	3.26	40.90	2.98	28.83	2.07
单板	万 t	11.86	2.11	18.52	2.74	15.42	2.34	15.33	2.36	19.18	2.77	19.91	2.83
可连接型材②	万 t	43.19	6.55	39.95	6.30	41.53	6.93	39.91	6.48	38.73	6.53	33.46	5.56
刨花板	万 t	10.76	0.41	13.27	0.56	14.43	0.69	18.07	0.96	24.67	1.39	16.79	1.15
纤维板	万 t	193.26	11.14	250.23	14.36	277.58	16.14	245.35	15.24	255.71	16.31	227.99	14.25
胶合板	万 m³	754.69	34.02	957.25	43.40	1003.26	47.96	1026.34	50.34	1321.56	58.14	1076.68	54.87
木制品③	—		38.30	—	42.01	—	45.24	—	48.01	—	55.04	—	59.85
软木及制品	万 t	0.72	0.16	0.74	0.18	0.59	0.16	0.59	0.17	0.62	0.20	0.76	0.22
纸浆	万 t	8.10	1.40	9.91	2.30	7.98	1.27	8.31	1.06	9.75	1.17	10.20	1.13
废纸	万 t	637.14	0.00	2852.74	0.01	0.24	0.01	0.10	0.00	0.07	0.00	0.07	0.00
纸及制品	万 t	529.00	76.49	599.78	103.25	606.54	109.78	692.94	127.93	766.01	142.63	743.00	150.31
印刷品	万 t	85.04	12.30	86.49	14.89	85.89	15.55	84.67	15.63	85.57	15.93	83.06	16.80
木家具	万件	2.98	161.57	2.89	171.19	2.87	183.31	2.87	194.41	3.16	220.93	32724.67	228.55
藤草苇及制品	—	—	9.34	—	10.49	—	10.06	—	9.40	—	9.18	—	9.00
苗木花卉	—	—	2.06	—	2.29	—	2.56	—	2.76	—	4.10	—	3.00
干鲜果品	万 t	299.17	25.17	287.80	29.56	299.90	34.99	292.17	38.89	266.44	40.32	279.09	48.08
竹	万 t	9.30	0.34	9.63	0.40	9.84	0.48	10.07	0.52	10.06	0.60	10.81	0.73
藤	万 t	0.12	0.03	0.12	0.04	0.08	0.04	0.08	0.04	0.07	0.04	0.10	0.07
木质活性碳	万 t	4.83	0.59	5.40	0.85	5.81	0.91	6.31	0.99	5.40	0.82	5.81	0.89
松香及制品	万 t	39.58	8.24	35.35	9.92	28.30	5.29	23.55	5.22	20.87	5.52	16.44	4.03
天然橡胶	万 t	2.55	0.80	0.96	0.46	1.34	0.46	1.36	0.35	1.80	0.36	0.47	0.09
棕榈油	万 t	0.16	0.02	0.13	0.02	0.09	0.01	0.20	0.02	0.13	0.02	0.17	0.01
菌菇	t	46.00	16.84	48.84	23.36	43.44	16.40	46.37	25.69	45.65	27.24	447118.75	29.47
竹笋	t	17.48	2.41	17.39	2.68	16.65	2.87	17.00	2.83	15.64	2.74	156810.56	3.08
其他	—	—	48.92	—	64.96	—	79.64	—	91.20	—	97.71	—	105.26
合计	—	—	463.17	—	550.34	—	586.91	—	644.55	—	714.12	—	742.63

注：①含轨枕；②任何一边、端或面制成连续形状的木材，主要指地板条和木线，以前称为木制半成品；③含木制门窗、模板、木制容器、镜框、餐具和木工具等。

表 2-6　2015 年主要国际市场的中国林产品贸易额及同比变化

国别(地区)	贸易额(亿美元)	同比(%)
东盟	317.70	-5.10
美国	246.20	5.00
欧盟	193.20	0.20
日本	69.90	-9.10
俄罗斯	51.74	-9.73
巴西	31.45	8.35
印度	12.70	3.46
南非	12.03	-5.20
墨西哥	7.26	1.01

表 2-7　2000 – 2015 年中国主要木质林产品进出口贸易额(亿美元)及占比(%)

年份	中国贸易额(亿美元)			亚洲占比(%)			世界占比(%)		
	进口	出口	贸易	进口	出口	贸易	进口	出口	贸易
2000	149.36	37.24	186.60	34.48	20.93	30.53	9.72	2.57	6.25
2001	136.85	32.07	168.93	35.40	19.94	30.86	9.67	2.46	6.21
2002	142.25	33.99	176.24	36.91	21.63	32.48	10.03	2.54	6.39
2003	161.19	44.05	205.24	37.99	25.30	34.30	9.98	2.89	6.54
2004	183.21	46.15	229.36	36.35	22.32	32.27	9.75	2.59	6.26
2005	188.33	57.40	245.72	35.84	25.22	32.63	9.65	3.06	6.42
2006	204.31	78.02	282.33	35.91	29.38	33.84	9.80	3.83	6.85
2007	248.41	99.57	347.98	37.28	33.18	36.00	10.40	4.30	7.40
2008	253.18	97.81	350.99	35.67	30.16	33.94	10.43	4.12	7.31
2009	237.36	81.02	318.39	38.86	29.70	36.03	12.37	4.31	8.38
2010	328.21	101.48	429.69	41.02	28.92	37.33	14.21	4.56	9.48
2011	427.37	128.36	555.74	43.43	31.92	40.09	16.38	5.19	10.93
2012	393.93	135.62	529.55	42.63	33.95	40.01	16.27	5.85	11.17
2013	431.07	145.76	576.83	44.68	33.30	41.13	17.01	5.89	11.51
2014	469.52	163.04	632.56	44.93	34.13	41.54	17.55	6.40	12.11
2015	422.38	161.17	583.56	43.44	36.10	41.13	17.24	7.03	12.30

数据来源：http：//faostat3. fao. org/download/F/FO/E。

二、进口贸易

(一)进口产品

从进口额看，2013 – 2015 年我国进口林产品排在前 3 位的依次是纸浆、原木和锯材，因此简要分析它们的主要国别市场占比变化情况。

1. 木浆

从进口额看，2010 – 2015 年中国进口木浆主要来源于加拿大、巴西、美国、印度尼西亚和智利(表 2-8)，但市场集中度有所下降，前 5 名市场国家的位次虽没有变化，但进口贸易额的市场占有率累计从 75.68% 降至 72.83%。

表 2-8　2010-2015 年中国木浆进口主要国别地区市场占比(%)变化

位次	2010		2012		2014		2015	
	国别地区	占比	国别地区	占比	国别地区	占比	国别地区	占比
1	加拿大	25.63	加拿大	24.88	加拿大	22.03	加拿大	21.42
2	巴西	18.81	巴西	14.91	巴西	17.94	巴西	19.23
3	美国	13.09	美国	14.87	美国	11.81	美国	12.02
4	印度尼西亚	9.87	印尼	10.02	印尼	10.35	印度尼西亚	10.75
5	智利	8.28	智利	9.15	智利	9.60	智利	9.41
小计		75.68		73.83		71.73		72.83

数据来源:国家林业局,中国林业发展报告 2001-2016;2015 年根据海关统计数据汇总。

2. 原木

从进口量看,2010-2015 年中国原木进口主要国别市场略有变化(表 2-9)。其中,2011 年加拿大开始力压所罗门群岛(所罗门)进入前 5;2013 年来自新西兰的进口量占比达到 25.47%,新西兰首次超过俄罗斯居第一位;2014 年中国进口原木前 5 位的来源国市场依次为新西兰、俄罗斯、美国、巴布亚新几内亚(以下简称巴新)和加拿大;2015 年澳大利亚挤掉加拿大进入第五。同时,市场集中度进一步下降,进口贸易额前 5 名国家的市场占有率累计从 77.70% 降至 70.69%。

表 2-9　2010-2015 年中国原木进口主要国别地区市场占比(%)变化

位次	2010		2012		2014		2015	
	国别地区	占比	国别地区	占比	国别地区	占比	国别地区	占比
1	俄罗斯	40.86	俄罗斯	29.51	新西兰	22.91	新西兰	24.16
2	新西兰	17.29	新西兰	22.75	俄罗斯	22.22	俄罗斯	23.82
3	美国	8.10	美国	9.60	美国	11.91	美国	9.25
4	巴新	7.21	巴新	6.81	巴新	6.44	巴新	7.10
5	所罗门	4.24	加拿大	6.44	加拿大	5.94	澳大利亚	6.36
小计		77.70		75.11		69.42		70.69

数据来源:国家林业局,中国林业发展报告 2001-2015;2015 年根据海关统计数据汇总。

3. 锯材

从进口量看,2010-2015 年中国锯材进口主要国别市场略有变化(表 2-10)。其中,2011 年加拿大开始力压俄罗斯居首位,同时印度尼西亚力压菲律宾进入前 5;2013 年俄罗斯又居首位,智利力压印度尼西亚进入前 5;2015 年中国进口锯材前 5 位的市场国家依次为俄罗斯、加拿大、泰国、美国和智利。同时,市场集中度较高且变化不大,进口量前 5 名国家的市场占有率累计维持在 79% 到 84%。

中国林产品国际贸易及技术标准体系进展

表 2-10　2010－2015 年中国锯材进口主要国别地区市场占比(％)变化

位次	2010		2012		2014		2015	
	国别地区	占比	国别地区	占比	国别地区	占比	国别地区	占比
1	俄罗斯	29.85	加拿大	31.17	俄罗斯	30.73	俄罗斯	35.51
2	加拿大	27.15	俄罗斯	30.25	加拿大	26.06	加拿大	21.26
3	美国	9.67	美国	10.77	美国	10.88	泰国	11.48
4	泰国	9.52	泰国	7.31	泰国	8.67	美国	10.30
5	菲律宾	3.68	印度尼西亚	3.60	智利	3.31	智利	2.56
小计		79.87		83.10		79.65		81.11

数据来源：国家林业局，中国林业发展报告 2001－2015；2015 年根据海关统计数据汇总。

(二)进口市场

2015 年东盟、欧盟和美国仍是我国林产品进口的主要市场(表 2-11)，但进口额全线走弱和下降，其中东盟同比下降 12.3% 。

表 2-11　2015 年主要国际市场的中国林产品进口额及同比变化

国别(地区)	进口额(亿美元)	同比(％)
东盟	196.50	-12.30
欧盟	87.30	-0.20
美国	79.70	-7.10
俄罗斯	41.50	0.89
巴西	27.99	12.93
日本	14.90	-6.60
南非	6.19	-2.16
印度	1.75	66.83
墨西哥	1.17	-13.52

数据来源：中国海关(2016 年)。

其次是俄罗斯、巴西和日本市场，除日本市场下降外，另两国均企稳回升，其中巴西同比增长 12.9%；再次是南非、印度和墨西哥市场，除印度同比大幅增长 66.8% 外，另两国均转为负增长。

(三)进口形势

2015 年中国林产品进口基本情况为：除原木进口量减少 12.9% 外，锯材、木片、纸浆、废纸、纸制品等主要木质产品进口量均有所增加，增长率从 1.4% 到 11.0% 不等，其中纸制品进口量增长最少、木片进口量增长最多；从进口额看，除木片、纸浆进口额分别增长 9.9% 和 5.7% 外，原木、锯材、废纸、纸制品等主要木质产品进口额均呈下降趋势，减少率从 0.5% 到 31.6% 不等，其中木家具进口额下降最少、原木进口额下降最多(表 2-12)。其中，纸浆、原木和锯材的进口额居前 3 位。

表 2-12　2015 年中国主要木质林产品进口及同比变化

林产品	进口量		进口额	
	数量	同比增减（%）	数量	同比增减（%）
纸浆（万 t）	1984.0	10.4	127.6	5.7
原木（万 m³）	4456.9	−12.9	80.6	−31.6
锯材（万 m³）	2660.0	3.3	75.1	−7.1
废纸（万 t）	2928.4	6.4	52.8	−1.2
纸及制品（万 t）	298.6	1.4	40.5	−6.2
木片（万 t）	983.0	11.0	16.9	9.9
木家具（万件）	1019.2	3.7	8.8	−0.5

1. 市场集中度很高

从近年我国林产品进口额的分布看，东盟、欧盟、美国和俄罗斯成为中国林产品进口的最主要来源地。从我国 3 种主要进口林产品木浆、原木和锯材的进口来源地看，加拿大是我国木浆进口额的第一大来源国，巴西和美国紧随其后；新西兰成为中国原木进口量的第一大来源地，俄罗斯和美国居第二、第三位；俄罗斯仍是我国锯材进口量的第一大来源国，加拿大和美国位居第二和第三。同时，3 种主要原料型林产品的进口市场集中度虽呈逐年下降趋势，但前 5 位国家累计市场占有率仍然很高，并维持在 70% 以上。

2. 林产品类别集中

分析统计数据可知，木浆、原木和锯材是我国最主要的进口林产品，3 大原料型林产品在木质林产品进口额中的比重累计均在 60% 以上。其中，木浆在木质林产品进口额中的比重呈上升趋势且小有波动，2015 年达 30.6%；原木在木质林产品进口额中的比重呈下降趋势但波动较大，2014 - 2015 年分别为 25.9% 和 19.4%；锯材在木质林产品进口额中的比重一直呈逐年上涨趋势，2010 年和 2015 年分别是 12.7% 和 18.0%。

三、出口贸易

（一）出口产品

从出口额看，2013 - 2015 年我国出口林产品位居前 3 位的依次是木家具、纸及制品和胶合板，因此简要分析它们的主要国别市场占比变化情况。

1. 木家具

从出口额看，2010 - 2015 年中国木家具出口的主要市场略有变化（表 2-13），一方面是居前 5 位的市场地区，美国一直居首位且市场占有率高居 32% 以上，只在 2～5 位间有变动；另一方面，市场集中度变化不大略有波动，出口额前 5 名国家的市场占有率累计维持在 52%～56%。其中，2011 年日本开始超过英国居第 2 位，澳大利亚超过加拿大居第 4 位，新加坡居第 5 位；2012 年加拿大超过新加坡进入第 5 位；2013 年马来西亚超过加拿大进入第 5 位；2014 年中国出口木家具前 5 位的主要市场国家或地区依次为美国、日本、英国、澳大利亚和中国香港；2015 年中国出口木家具前 5 位的主要市场国家和地区依次为美国、英国、中国香港、日本和新加坡。

中国林产品国际贸易及技术标准体系进展

表2-13　2010－2015年中国木家具出口主要国别地区市场占比（％）变化

位次	2010		2012		2014		2015	
	国别地区	占比	国别地区	占比	国别地区	占比	国别地区	占比
1	美国	34.41	美国	33.96	美国	32.73	美国	34.55
2	英国	6.02	日本	6.25	日本	5.77	英国	5.91
3	日本	5.67	英国	6.10	英国	5.61	中国香港	5.58
4	加拿大	4.15	澳大利亚	4.35	澳大利亚	4.21	日本	5.24
5	泰国	4.04	加拿大	4.15	中国香港	3.98	新加坡	4.72
小计		54.29		54.81		52.30		56.00

数据来源：国家林业局，中国林业发展报告2001－2015；2015年根据海关统计数据汇总。

2. 纸制品

从出口额看，2010－2015年美国一直是中国出口纸及纸制品的第一大市场，且市场占有率维持在14%以上，2～5位略有变动（表2-14）；2014－2015年中国出口纸及纸制品的主要市场有美国、中国香港、日本、澳大利亚和伊朗或越南。同时，市场集中度不高且呈下降趋势，出口额前5名国家的市场占有率由45.52%降至39.18%。

表2-14　2010－2015年中国纸及纸制品出口主要国别地区市场占比（％）变化

位次	2010		2012		2014		2015	
	国别地区	占比	国别地区	占比	国别地区	占比	国别地区	占比
1	美国	16.50	美国	16.61	美国	14.04	美国	17.83
2	中国香港	11.70	日本	9.57	中国香港	8.43	中国香港	7.33
3	日本	9.62	中国香港	9.17	日本	6.91	日本	6.11
4	英国	3.91	澳大利亚	4.47	澳大利亚	4.18	澳大利亚	4.38
5	澳大利亚	3.79	英国	3.40	伊朗	4.04	越南	3.53
小计		45.52		43.22		37.60		39.18

数据来源：国家林业局，中国林业发展报告2001－2015；2015年根据海关统计数据汇总。

3. 胶合板

从出口额看，2010－2015年美国一直是中国胶合板出口最大市场，2～5位略有变化（表2-15），且美国市场占有率一直维持在21%以上；2015年中国出口胶合板的主要市场有美国、英国、阿联酋、日本和菲律宾。同时，市场集中度不高且波动不大，出口额前5名国家的市场占有率基本维持在44%～48%。

表2-15　2010－2015年中国胶合板出口主要国别地区市场占比（％）变化

位次	2010		2012		2014		2015	
	国别地区	占比	国别地区	占比	国别地区	占比	国别地区	占比
1	美国	24.05	美国	21.30	美国	22.05	美国	25.08
2	日本	6.97	日本	7.76	日本	7.10	英国	6.47
3	英国	6.72	英国	5.99	英国	6.02	阿联酋	5.83
4	比利时	3.87	韩国	5.31	菲律宾	5.00	日本	5.70
5	阿联酋	3.37	阿联酋	3.94	韩国	4.77	菲律宾	4.86
小计		44.98		44.30		44.94		47.94

数据来源：国家林业局，中国林业发展报告2001－2015；2015年根据海关统计数据汇总。

(二)出口市场

2015年美国、东盟和欧盟仍是我国林产品出口的主要市场，且出口市场需求企稳回升，其中美国、东盟分别同比增长11.9%、9.5%；其次是日本、印度和俄罗斯市场，出口市场需求处于全面收缩状态，其中俄罗斯同比大幅下降36.7%；再次是墨西哥、南非和巴西市场，除墨西哥同比小幅增长4.4%外均全线下降(表2-16)。

表2-16　2015年主要国际市场的中国林产品出口额及同比变化

国别(地区)	出口额(亿美元)	同比(%)
美国	166.50	11.90
东盟	121.20	9.50
欧盟	105.90	0.60
日本	55.00	-9.70
印度	10.95	-2.46
俄罗斯	10.24	-36.71
墨西哥	6.09	4.38
南非	5.84	-8.23
巴西	3.47	-18.36

数据来源：中国海关(2016年)。

(三)出口形势

我国林产品生产企业在日益满足国内经济建设和人民消费需求的同时，不断加大出口力度，国际市场份额占有率越来越高，近年已成为国际市场林产品重要出口国之一。据海关数据，2015年主要林产品出口基本情况为：除木家具出口量增加3.5%外，纸及制品、木制品、胶合板、纤维板和锯材等主要木质林产品出口量均有所下降增加，减少率从3.0%到29.5%不等，其中纸及制品出口量下降的最少、锯材出口量下降的最多；从出口额看，除木家具、纸及制品和木制品出口额分别增长3.5%、5.4%和8.7%外，胶合板、纤维板和锯材3种木质林产品出口额均呈下降趋势，减少率从5.6%到30.6%不等，其中胶合板出口额下降最少、锯材出口额下降最多(表2-17)。

表2-17　2015年中国主要木质林产品出口及同比变化(%)

林产品	出口量		出口额	
	数量	同比增减(%)	数量	同比增减(%)
木家具(亿件)	3.3	3.5	228.5	3.5
纸及制品(万t)	743.0	-3.0	150.3	5.4
木制品	—	—	59.8	8.7
胶合板(万m³)	1076.7	-7.8	54.9	-5.6
纤维板(万t)	228.0	-10.8	14.3	-12.6
锯材(万m³)	28.8	-29.5	2.1	-30.6

1. 出口市场集中度相对较高

从近年我国林产品出口贸易额的分布看，美、欧、日是中国林产品的最主要目标市场，这一地区的经济形势与贸易政策变化，对我国林产品出口贸易的影响十分巨大。

2. 出口林产品类别相对集中

分析统计数据可知，木家具是我国最主要的出口林产品。虽然木制品和人造板等产品出口额增加，木家具出口额在木质林产品出口总额中的占比有所下降，但所占比例仍在40%以上。

3. 出口更注重生态环境保护

统计数据表明，木家具出口中应用珍贵树种的卧室用、其他类红木家具下降，而普通漆木家具出口额增加，林产品出口将更加注重森林资源和生态环境的保护。同时，多品种、高品质、深加工与高附加值产品成为出口贸易的方向。

第二节 我国林业标准化工作进展

据初步统计，目前由国家林业局归口管理的林业标准化技术委员会专门机构有 23 个，涉及到林业的标准化技术委员会专门机构有 2 个。据国家林业局科技司资料，截至 2015 年 10 月，中国现行林业标准共计 4798 项，其中国家标准 425 项、行业标准 1295 项、地方标准 3078 项(中国林业科技网，2015a)，涉及林业产业、生产经营、技术规程、产品检验和参数测定等各个领域，规范和指导着林产品生产、经营和贸易活动，对于推动林业标准化工作、促进林产品国际贸易的持续健康发展发挥着重要作用。

一、组织机构

(一)管理部门

国家质量监督检验检疫总局(简称质检总局 http：//www. aqsiq. gov. cn/)。质检总局是国务院主管全国质量、计量、出入境商品检验、出入境卫生检疫、出入境动植物检疫、进出口食品安全和认证认可、标准化等工作，并行使行政执法职能的直属机构。中华人民共和国 WTO/TBT 国家通报咨询中心和中华人民共和国 WTO/SPS 国家通报咨询中心设在质检总局。质检总局对中国国家认证认可监督管理委员会(中华人民共和国国家认证认可监督管理局)(简称国家认监委)和中国国家标准化管理委员会(中华人民共和国国家标准化管理局)(简称国家标准委)实施管理。国家认监委是国务院授权的履行行政管理职能，统一管理、监督和综合协调全国认证认可工作的主管机构。国家标准委是国务院授权的履行行政管理职能，统一管理全国标准化工作的主管机构。质检总局垂直管理出入境检验检疫机构，领导全国质量技术监督业务工作。

国家标准化管理委员会(http：//www. sac. gov. cn/)。中国国家标准化管理委员会(中华人民共和国国家标准化管理局)是国务院授权的履行行政管理职能，统一管理全国标准化工作的主管机构。国家标准化管理委员会(Standardization Administration of the People's Republic of China，SAC)的主要职责是：①参与起草、修订国家标准化法律、法规的工作；

拟定和贯彻执行国家标准化工作的方针、政策;拟定全国标准化管理规章,制定相关制度;组织实施标准化法律、法规和规章、制度。②负责制定国家标准化事业发展规划;负责组织、协调和编制国家标准(含国家标准样品)的制定、修订计划。③负责组织国家标准的制定、修订工作,负责国家标准的统一审查、批准、编号和发布。④统一管理制定、修订国家标准的经费和标准研究、标准化专项经费。⑤管理和指导标准化科技工作及有关的宣传、教育、培训工作。⑥负责协调和管理全国标准化技术委员会的有关工作。⑦协调和指导行业、地方标准化工作;负责行业标准和地方标准的备案工作。⑨代表国家参加国际标准化组织(ISO)、国际电工委员会(IEC)和其他国际或区域性标准化组织,负责组织ISO、IEC 中国国家委员会的工作;负责管理国内各部门、各地区参与国际或区域性标准化组织活动的工作;负责签定并执行标准化国际合作协议,审批和组织实施标准化国际合作与交流项目;负责参与与标准化业务相关的国际活动的审核工作。⑨管理全国组织机构代码和商品条码工作。⑩负责国家标准的宣传、贯彻和推广工作;监督国家标准的贯彻执行情况。⑪管理全国标准化信息工作。⑫在质检总局统一安排和协调下,做好 WTO/TBT协定执行中有关标准的通报和咨询工作。⑬承担质检总局交办的其他工作。

国家林业局科学技术司标准处(http://www.forestry.gov.cn/main/21/content - 8.html)。具体负责承办林业标准化、林业技术监督、林产品质量监督和有关植物新品种保护、管理的有关工作。

(二)技术委员会

据初步统计,在现行林业标准管理体系中,目前由国家林业局归口管理的林业标准化技术委员会专门机构有 23 个,他们分别是:全国木材标准化技术委员会(TC 41,1984 年 8 月成立)(全国木材标准化技术委员会,2014b)、全国林业机械标准化技术委员会(TC 61,1985 年 8 月成立)(全国林业机械标准化技术委员会,2009)、全国人造板机械标准化技术委员会(TC 66,成立于 1982 年)(北京林业机械研究所,2014)、全国林木种子标准化技术委员会(TC 115,1987 年 11 月 30 日至 12 月 7 日在南京成立)、全国人造板标准化技术委员会(TC 198)、全国竹藤标准化技术委员会(TC 263,2003 年 12 月 26 日在北京成立)、全国植物检疫标准化技术委员会林业植物检疫分技术委员会(TC 271/SC2,2005 年 7 月 7日在沈阳成立)(河南省林业厅,2005)、全国花卉标准化技术委员会(TC 282,2005 年 9月在北京成立)(中国质量新闻网,2005)、全国森林可持续经营与森林认证标准化技术委员会(TC 360)、全国森林工程标准化技术委员会(TC 362)、全国森林公园标准化技术委员会(TC 363)、全国防沙治沙标准化技术委员会(TC 365)、全国野生动物保护管理与经营利用标准化技术委员会(TC 369)、全国森林资源标准化技术委员会(TC 370)、全国营造林标准化技术委员会(TC 385)、全国林业信息数据标准化技术委员会(TC 386)、全国林业生物质材料标准化技术委员会(TC 416),全国湿地保护标准化委员会(TC 468)和全国能源基础与管理标准化技术委员会林业能源管理分技术委员会(TC 20/SC7)均于 2009 年 4 月 14 日在北京成立(国家林业局信息办,2009),全国森林消防标准化技术委员会(TC 523)和全国林业有害生物防治标准化技术委员会于 2012 年 07 月 16 日在北京成立(国家林业局网站,2012),全国经济林产品标准化技术委员会(筹)和全国林化产品标准化技术委员会(筹)(国家林业局科技司,2013)等;涉及林业的标准化技术委员会专门机构还有全国拖拉机标准化技术委员会(TC 140，1989 年 6 月在四川成立)(全国拖拉机标准化技术委员会秘书处，2012)和全国城镇风景园林标准化技术委员会(TC 449，国家标准化管理委员会〔2009〕30 号批准 2009 年 10 月 15 日在北京成立)(中国风景园林网，2009)等 2 个(国家标准化管理委员会，2014)。

二、标准体系

根据上述 25 个全国林业标准化技术委员会的机构设置，目前应该已经建立了 25 个涉及林业的标准体系框架。据初步统计，大多数标准化技术委员会均已建立起相应的林业标准体系，但也有少数正在筹备或建立不久的标准化技术委员会还没有完全建立起自己独立的标准体系框架。这里主要概述全国营造林标准化技术委员会、全国人造板标准化技术委员会、全国林业机械标准化技术委员会和全国木材标准化技术委员会等 4 个标准体系建设相对全面或系统完整和历史比较长久的工作情况，以大致了解林业标准体系简况。

全国营造林标准化技术委员会(挂靠在国家林业局调查规划设计院)的专业范围包括林地评价、造林、森林抚育、低质低产林改造、森林管护及森林更新等，涉及营造林工程建设的全过程，涵盖森林培育工作的调查、监测、规划、设计、作业、检查、检验、管理、生态评估和环境保护等各方面。全国营造林标准化技术委员会在 2013 年 5 月 20 日审议通过了《营造林标准制修订管理办法》和《区域性森林培育标准制修订工作方案》。营造林标委会现归口管理 152 项相关标准，包括 21 项国家标准和 131 项行业标准，在我国林业系统各标准技术委员会中管理的标准最多、涉及的范围最广泛(国家林业局调查规划设计院森林经营处，2013)。

全国人造板标准化技术委员会(简称人标委，挂靠在中国林业科学研究院木材工业研究所)专门负责人造板产品标准体系的建立、管理和研究工作。据人标委统计，在研标准共 51 项(全国人造板标准化技术委员会，2014a)。2013 年 11 月全国人造板标准化技术委员会第三届第二次委员会会议暨标准审查会议在北京召开，审查通过了国家标准《胶合板》《人造板及其制品中苯酚释放量测定——小型气候箱法》与行业标准《木质门安装验收规范》《木质门用纤维板》和《预油漆装饰单板》等 5 项标准；还对人标委归口管理的 11 项国家标准和 14 项林业行业标准进行了复审(全国人标委秘书处，2014)。

全国林业机械标准化技术委员会(简称林机标委会，挂靠在中国林业科学研究院哈尔滨林业机械研究所)负责全国林业机械领域内的标准化技术工作和从事全国林业机械标准化技术组织工作。据林机标委会秘书处 2016 年 2 月 16 日至 8 月 9 日统计，我国现有林业机械标准 155 项，其中行业标准 111 项、国家标准 44 项(全国林业机械标准化技术委员会秘书处，2016a，2016b)。

全国木材标准化技术委员会(简称木标委，挂靠在中国林业科学研究院木材工业研究所)专门负责木材标准体系的建立、管理和研究工作。据木标委统计，截至 2014 年 1 月 21日，全国颁布实施的木材标准共 149 项(全国木材标准化技术委员会，2014a)，其中，国家标准 91 项、行业标准 58 项。据统计，2014 年全国已颁布实施的现行木材标准共 149 项(目录见附表 1)，在研木材标准项目为 73 项(目录见附表 2)(全国木材标准化技术委员会，2014a，2014b)。

三、存在问题

1952 年制定的《木材规格》《木材检尺办法》和《材积表》是我国林业标准化过程中最早实施的 3 项木材国家标准。经过半个多世纪特别是近年来的快速发展，我国林业标准化工作取得了明显进步。1463 项全国现行林业标准涉及林业产业、生产经营、技术规程、产品检验和参数测定等各个领域，规范和指导着林产品生产、经营和贸易活动，对于推动林业标准化工作、提高木材资源节约和综合利用水平、保证林产品质量、维护消费者利益、消除林产品贸易障碍、促进林产品国际贸易的持续健康发展发挥着重要作用。随着标准化工作的开展和标准数量的增多，标准水平、实施效果、系统性及完整性和协调性等问题逐渐显现，特别是标准之间存在内容交叉、重复或矛盾现象，不同标准体系的系统性及完整性和协调性有待完善和调整，某些重点领域尚无标准和标准体系。只有系统研究和建立完备的林业标准体系，才能全面了解林业各个领域现有和未来标准及标准体系的发展蓝图，为林业标准的制、修订规划和标准体系建设提供科学依据，促进林业标准化工作的正常开展和健康发展。

（一）标准水平较低

标准水平主要体现在标龄、制标、采标和转标 4 个方面。

1. 标龄

据初步统计，现行 1463 项林业标准中，平均标龄为 7.3 年。其中，标龄 5 年以上的标准中，国家标准 218 项，占国家标准总数的 51.54%；行业标准 517 项，占行业标准总数的 49.70%。部分标准没有修订的主要原因是修订难度大，无人申报并承担修订任务。如 GB/T 16734 - 1997《中国主要木材名称》和 GB/T 18513 - 2001《中国主要进口木材名称》，颁布实施时间较久，据使用者反映，这两个标准收录树种很不全面，需要加以修订。但该项标准耗资大，参与人员多，要求负责人对业务熟悉，组织能力强，而且参加人员投入时间较长。企业界虽有承担或参与产品标准的制、修订工作的意愿，但对基础标准兴趣不浓，也是部分标准难于修订的原因。

2. 标准编制

据初步分析，林业标准编制过程中存在不足：一是标准不全面，缺乏管理标准，基础标准分类不具体，导致部分正在实施的标准无归口范围；二是标准体系层次划分需调整和完善，属于同一层次的基础标准、技术标准和管理标准，不能互为分支部分；三是标准归类明细不清晰，标准使用的明细表栏目划分不统一和设置不完整，造成新颁布实施标准和新制定未实施标准均有内容重叠或交叉现象，建议按照 GB/T 13006 - 2009 规范明细表栏目，同时增加制定完成单位、实施执行单位和实效期等栏目（楚杰等，2012）。

3. 采标

据全国木材标准化技术委员会秘书处统计，到 2010 年初，颁布实施的由木标委归口管理的 67 项木材国家标准中，采用 ISO 国际标准和国外先进标准的有 23 项，占木材国标总数的 34%；现行 36 项木材行业标准中，基本没有采用 ISO 国际标准和国际先进标准。主要由于 ISO/TC 218 在木材标准制定方面的工作滞后，ISO 近 10 年来基本没有制定新的标准。

4. 转化为国际标准

据木标委资料，我国尚无木材国家标准转化为国际标准，但已开始参与木材国际标准的制、修订工作。2007 年，我国承担了 ISO 3348《木材 抗冲击弯曲强度的测定》、ISO 3350《木材 硬度的测定》和 ISO 3351《木材 抗冲击压痕的测定》3 项木材国际标准的修订工作；2009 年 6 月，ISO/TC 218 批准，由我国牵头准备《实木地板》国际标准新项目提案(虞华强等，2010)。

(二)实施效果较差

经过长期努力，我国林业标准化工作取得明显进步，标准体系建设初具规模。相关标准的制定出台和颁布实施，在林业生产、森林经营、林业产业、林产品加工和贸易、林业科研教学、林业规划设计、林业监督和林产品检验等方面，起到了显著的规范和促进作用。例如，基础标准 GB/T 16734 – 1997《中国主要木材名称》、GB/T 18513 – 2001《中国主要进口木材名称》、GB/T 18107 – 2000《红木》等，对木材的树种名称进行规范，使得木材贸易流通、生产有据可依，规范和促进了木材市场的健康发展；GB/T 1927 – 1943《木材物理力学性质试验方法》系列标准在木材生产、科研、教学和木结构设计中，发挥了重要作用，曾获得国家质检总局科技奖二等奖。全国约 20 万木材检验人员从事原条、原木、锯材等木材产品的检验工作，都需要根据原条、原木、锯材检验系列标准开展和进行。

但是，标准在实施过程中还存在一些不足或问题。一是标准本身指标不高，部分标准与国际标准技术要求不一致，易引起国际贸易争端；二是部分木材标准宣传贯彻不到位；三是没有建立起木材标准与木材产品合格评定制度相互结合、配套实施的机制。四是标准的立法效应不强，强制标准比例数量过少，实施过程缺乏监督，没有充分发挥行业自律作用和社会的广泛参与监督作用(虞华强等，2010)，导致标准执行实效性差。据全国木材标准化技术委员会公布数据，在 2011 年初，47 项全国在研木材标准项目中，17 项国家标准中 12 项为推荐标准、5 项为强制标准，30 项行业标准均为推荐标准，可见初步标准体系中强制标准类别考虑不充分。同时，标准修订周期长，部分标准修订难度大。17 项国标中 16 项处于征求意见阶段，30 项行标中 10 项处于起草和 15 项处于征求意见阶段，可见标准的修订、审查周期较长，执行时效性差。五是技术类标准协调组织不完善，导致部门之间沟通不畅，标准实施困难。建议国家标准化管理部门尽快完善木材标准实施与执行部门的划分和管理工作，如在技术处理类标准中直接明确归口管理单位，在标准结构图中明确工作标准，保证标准的顺畅实施；并建议构建基于木材标准化的知识地图系统(楚杰等，2012)，严格制定知识地图以内的标准范畴，控制知识地图以外的行业标准，避免出现标准制定管理混乱的情况。

(三)协调性应调整

从目前情况看，仅林业标准就已有 23 ~ 25 个标准化技术委员会归口管理各自领域研究制定和颁布实施的多种标准，如从单一标准化技术委员会归口管理的林业标准着眼，基本不存在内容交叉重叠、相互矛盾和不配套现象。但是，如从多个不同标准化技术委员会看，不同单位制定的林业标准之间，不协调问题则相当普遍。比如结构材标准，本应属于木材标准体系，由于行政或其他原因被划分到非林业部门，而由于部门之间的沟通不畅，标准从立项开始，就未能统一由标准化技术委员会把关，导致标准制定管理的混乱（虞华强等，2010）。

其中，有些标准名称与内容不符。例如，强度设计指标是木材产品走向结构应用的关键因素，应为材料强度标准值或特征值乘以分项系数而得；而材料强度标准值是通过大样本试验，取得统计数据后，再根据其概率分布，并结合工程经验，取其中的某一分位值。

但是，现有标准 LY/T 1580 - 2000、GB/T 20241 - 2006、GB/T 17656 - 1999 中，均只是规定了强度平均值，而非真正意义上的强度设计指标。GB/T 22349 - 2008 中虽引入了结构性能指标，但依然取平均值，仍无法作为设计参考数据。在今后结构材产品标准的制、修订中，必须引入强度设计指标内容，才能真正使结构材应用在工程结构中。此外，术语不统一是现行标准比较突出的问题。如胶合木、层板胶合木、结构用集成材，均指同一种产品，结构用木质复合材和结构复合木材指同一种产品，旋切板胶合木和单板层积材指同一种产品，定向木片板和定向刨花板指同一种产品，等等。由于行业要求不同，部分标准中存在技术要求不一致的现象。如 GB 50206 - 2002 与 GB/T 22349 - 2008 中，关于单板缺陷的规定等存在较大差异。这些问题在某些技术类标准中尤其严重，虽然有关管理部门已着手解决此类问题。

（四）系统性待完善

如果将现行林业标准区分为林产品标准、林产品贸易标准、林产品相关标准和其他林业标准 4 大类，其中林产品标准又划分为基础标准、质量性能标准、生产加工标准、检测试验标准和其他标准 5 小类（表 2-18）。

表 2-18　中国现行林业标准分类汇总

	标准分类	国家标准	行业标准	合计
林产品	基础标准	131	349	480
	质量性能标准	50	31	81
	生产加工标准	24	266	290
	检测试验标准	98	43	141
	其他标准	46	50	96
林产品贸易标准		0	0	0
林产品贸易相关标准		0	0	0
其他林业标准		74	301	375
合计		423	1040	1463

由表 2-18 可知，林产品标准有 1088 项，占现行标准总数的 74.4%。其中，林产品基础标准 480 项，占林产品标准总数的 44.1%、占现行标准总数的 32.8%；生产加工标准290 项，占林产品标准总数的 26.7%、占现行标准总数的 19.8%；检测试验标准 141 项，占林产品标准总数的 12.9%、占现行标准总数的 9.6%；而林产品贸易标准及相关标准均为 0 项。

如果按照《标准体系表编制原则和要求（GB/T 13016 - 2009）》，将现行林业国家标准和行业标准共计 1463 项（中国林业网，2014c，2014d）划分为基础标准、技术标准和管理标准等 3 部分（表 2-19），每部分又分为 6 个、9 个和 6 个子系统。

表 2-19 中国现行林业标准分类统计

标准分类		国家标准	行业标准	合计
基础	名称术语	22	14	36
	概念定义	101	328	429
	量纲单位	0	0	0
	分类参数	8	31	39
	形状精度	1	10	11
	其他相关	27	19	46
	小计	159	402	561
技术	质量性能	50	35	85
	生产加工	31	248 *	279
	检测试验	114	142	256
	技术条件	14	18	32
	添加物质	12	10	22
	产品包装	4	1	5
	贮藏运输	7	6	13
	产品使用	9	9	18
	其他相关	3	13	16
	小计	244	482	726
管理	审定程序	1	0	1
	服务部门	0	3	3
	安全环保	0	2	2
	风险评估	1	5	6
	管理办法	9	10	19
	其他相关	9	136	145
	小计	20	156	176
合计		423	1040	1463

注：* 本表中生产加工标准 248 项行业标准中不涉及生产设施或器具有关的标准(已放入其他相关标准类别中)，故比表 2-18 中的林产品生产加工标准 266 项少。

数据来源：中国林业网．现行林业国家标准目录［EB/OL］．（2014c - 03-12）．［2014-09-19］．http：//www. forestry. gov. cn//portal/lykj/s/1716/content-663050. html

中国林业网．林业行业标准目录［EB/OL］．（2014d-03-12）．［2014-09-19］．http：//www. forestry. gov. cn//portal/lykj/s/1716/content-663048. html

由表 2-19 可知，基础标准和技术标准分别有 561 项和 726 项，占现行标准总数的 38.3% 和 49.6%，管理标准仅 176 项，占现行标准总数的 12.0%。其中，基础标准中的概念定义标准 429 项，占基础标准总数的 76.5%，占现行标准总数的 29.3%；技术标准中生产加工标准 279 项、检测试验标准 256 项，分别占技术标准总数的 38.4%、35.3%，占现行标准总数的 19.1%、17.5%；管理标准中其他相关标准 145 项，占管理标准总数的 82.4%，占现行标准总数的 9.9%；而基础标准中的量纲单位标准、管理标准中的服务部门及安全环保国家标准和审定程序标准中的行业标准均为 0 项。

由此可见，我国林业标准体系还不完整，标准分布不均衡、覆盖面窄，林产品贸易方面的标准还是空缺，林产品质量性能数量也不多；相关标准如管理标准、某些基础标准和技术标准急需研制、补充和完善，填补相关研究空白，促进林业标准体系的全面性与系统性。

四、标准研制

目前，在国家林业局科技司的领导下，林业相关标准化技术委员会正在抓紧组织有关领域标准的研究、制定和修订工作。据国家林业局 2014 年 8 月公告，批准《森林生态系统生物多样性监测评估规范》《自然保护区建设项目生物多样性影响评价技术规范》《自然保护区外来入侵种管理规范》《立木生物量建模样本采集技术规程》《山杏仁质量等级》《林业信息基本术语》《林业信息元数据》《悬挂式草坪松土平整机》《手持式电动绿篱修剪机》《中国人工林认证标准》和《植物新品种特异性、一致性、稳定性测试指南栎树属》等 183 项林业行业标准，自2014 年 12 月 1 日起实施。其中：生态类标准 89 项，林产品类标准 60 项，林业信息类标准8 项，林业机械类标准 8 项，森林认证和植物新产品标准 18 项(中国林业网，2014b)。

2015 年 10 月，国家林业局又批准《林业物联网 第一部分 体系结构》《建设项目使用林地可行性报告编制规范》《野生动物饲养场总体设计规范》等 103 项林业行业标准，涵盖了林业物联网、生态建设、野生动植物保护、森林资源经营与管理、木本油料树种培育、有害生物防治、林产品加工及质量检测技术等多个领域，自 2016 年 1 月 1 日起实施(中国林业科技网，2015b)。

2006 年 1 月和 7 月，国家林业局先后发布公告，批准《退耕还林工程生态效益监测与评估规范》等 73 项林业行业标准，自 2016 年 6 月 1 日起实施(中国林业科技网，2016a)；《乡村绿化技术规程》等 109 项行业标准，自 2016 年 12 月 1 日起实施(中国林业科技网，2016b)。这些标准颁布实施之后，将有利于提高我国林业标准体系的系统性和完整性。

此外，国家林业计划"十三五"期间拟修订的林业国家标准和行业标准共 441 项，其目录详见附表 3 所示。

五、森林认证体系

中国政府有关人员从 1995 年开始参加联合国政府间森林问题工作组会议和政府间森林问题论坛，并参与有关森林认证问题的国际讨论；1999 年 7 月，国家林业局(SFA)与世界自然基金会(WWF)在北京联合召开了森林可持续经营与认证国际研讨会，推动了社会各界特别是林业企业对森林认证的认识与了解。2000 年 10 月，中国正式加入蒙特利尔进程；2001 年 3 月，国家林业局科技发展中心专门成立了森林认证处，同年 7 月成立了中国森林认证领导小组，标志着我国政府正式启动中国森林认证体系建设进程。

2001 年 8 月，国家认证认可监督管理委员会正式成立；国家林业局于 2002 年 8 月参加全国认证认可部级联席会议，中国森林认证体系正式纳入国家认证认可制度。2002 年国家林业局启动了森林认证标准研制工作；2003 年 6 月，《中共中央 国务院关于加快林业发展的决定》明确提出"积极开展森林认证工作，尽快与国际接轨"。2003 年 11 月 1 日《中华人民共和国认证认可条例》开始实施(国家认监委，2006)。2004 年森林认证工作纳入中央财政预算，2005－2006 年国家林业局开展了森林认证试点工作，2007 年 9 月，中国森林经营认证标准和产销监管链认证标准正式发布。2008 年国家林业局与国家认监委联合发布《关于开展森林认证工作的意见》，并成立全国森林可持续经营与森林认证标准化技术委员会；2009 年颁布《中国森林认证实施规则》，中林天合(北京)森林认证中心正式注册成立，并开始启动国际互认工作。

2010 年国家林业局成立森林认证工作领导小组和中国森林认证管理委员会，发布《国家林业局关于加快推进森林认证工作的指导意见》，颁布《森林经营认证审核导则》，举办了第一期森林认证审核员培训班，启动森林经营认证审核试点，并向 PEFC 秘书处提交会员意向申请，制定了森林认证标志管理办法。2011 年举办"积极开展森林认证，促进现代林业发展"主体展览，中国森林认证管理委员会正式成为 PEFC 国家会员；开展了集体林森林认证试点，并开通中国森林认证体系网站。2012 年发布了森林经营认证和产销监管链国家标准，编写中国森林认证标识使用指南，正式向 PEFC 秘书处提交互认材料，完成森林生态环境服务认证标准与审核导则等 13 项技术规范的公共咨询，并举办了第二期森林认证审核员培训班。2013 - 2014 年举行利益方论坛会议 2 次，并主办了第三期森林认证审核员培训班；成立国家林业局森林认证研究中心，开展森林认证市场调研，发布了《中国森林认证 森林生态环境服务 自然保护区》等 2 项行业标准，包括《中国森林认证非木质林产品经营》在内的 12 项技术规范通过专家评审，通过互认评估，于 2014 年 2 月 5 日正式实现与 PEFC 的互认（中国森林认证体系，2016）。

第三节　林产品贸易政策与法规和指南

为规范林产品贸易和确保林业行业各产业持续稳定发展，国家相关部门制定和实施了各种林产品贸易政策、法规和指南。

一、贸易政策变迁

新中国成立以来，随着宏观经济的阶段性发展，中国林产品贸易形势发生了显著变化。而为了符合林产品贸易的需要，林产品贸易体制随之演进，并自 1999 年后形成了当下的贸易体制和基于该体制的众多贸易政策。

（一）贸易体制演变

在不同的经济发展时期，林产品贸易格局有着不同的特征，而根据特征的不同，中国林产品贸易体制的演变又可分为 4 个阶段（田明华等，2008）。

（1）第一阶段（1949 - 1978 年）：中国对外贸易额低，对外经济交往少，国家实行高关税政策以保护国内产业的发展；林产品贸易则主要由政府指定专门的国营公司，按照国家建设需要从有限的几个国家和地区进口，且进口数量小、树种相对集中。

（2）第二阶段（1979 - 1988 年）：经济体制以计划经济为主；关税政策虽做了一些调整，但在进出口贸易中大量采用许可证和配额，关税形同虚设；林产品贸易迅速发展，林产品被政府列为重点发展项目，国家财政安排专项资金用于林产品进口，并指定公司专营林产品进口业务。

（3）第三阶段（1989 - 1998 年）：计划经济与市场经济并行；中央计划林产品比例逐年减少，直至 1993 年完全取消计划内林产品进口，之后多次自主大幅降低进口关税，至期末，原木、锯材等初级林产品进口关税已降至世界平均水平，但胶合板、木家具、纸产品等木质制成品进口关税依然较高。

（4）第四阶段（1999 年至今）：经济自由化程度不断加深；林产品贸易进一步趋向自由化，进口关税大幅度降低，几乎没有非关税措施。

（二）现行贸易政策

1999 年以来，随着中国经济建设速度的加快，进口木材和木质林产品迅速成为国内市场供给的重要组成部分。与此同时，中国木质林产品加工生产能力得以提高，出口家具和其他木质品规模不断扩大。在此背景下，中国政府对木材及木制品相关贸易采取了进口关税、国内消费税、出口退税、配额管理等相关政策措施。

1. 林产品进口政策

当下中国实行的林产品进口政策主要有进口关税与经营资格核定制度。

（1）进口关税政策：自加入 WTO 以来，中国严格按照入世承诺，降低了 249 种林产品的进口关税税率，并逐步取消了非关税措施，向世界开放了国内林产品市场，并于 2010 年完成入世承诺。在此背景下，中国林产品贸易自由化程度不断加深，进口关税税率大幅度下降，已丧失其限制进口的作用（中国国情，2011）。

除降低关税外，中国政府还通过税率的设立来落实进口关税政策目标。首先，通过对不同种类的进口林产品施加差异化税率来鼓励原料型林产品同时遏制加工林产品的流入，以合理统筹林业产业的发展。例如，原木产品（海关税则号为 4403）的进口关税普通税率最高仅为 35%，且绝大部分为 8%，而编号为 4416 的木材制成品进口普通税率却统一高达 80%。其次，通过在普通税率之外设立优惠税率（中国海关资讯网，2014），中国政府间接赋予关税政策一定程度上的政治外交功能，并利用其来落实某些国家宏观战略目标。

（2）经营资格核定制度：在 20 世纪 90 年代进行的外贸体制改革过程中，中国政府采取经营资格核定制度替代早期的外贸专营制度，允许符合条件的企业经过外经贸主管部门的批准后从事进出口。此后，林产品的进口受该制度的限制。但为鼓励包括木材在内的国内市场短缺商品进口，促进木材加工业的健康发展，1999 年 1 月 1 日，中国政府取消了对原木和锯材（不含胶合板）进口企业的经营资格核定制度。

2. 林产品出口政策

中国现行的林产品出口政策主要包括出口限制政策和出口鼓励政策两大类。其中，出口限制政策主要为出口配额管理制度和加工贸易出口禁止政策；出口鼓励政策主要包括出口退税政策和加征国内消费税政策。

（1）出口配额管理制度：2014 年，锯材名列出口配额许可证管理货物名录之中（商务部，2014），其出口行为受配额管理制度约束。

（2）加工贸易禁止政策：2009 年 6 月 3 日起实施的《2009 年加工贸易禁止类商品目录》涉及 1759 种商品（10 位税码），将濒危动物性产品与制品、特殊树皮产品，如坚木浸膏，以及 292 种木材、木材制品、木浆和纸制品包含在内（商务部，2009），从而对这些林产品的自由出口设置了障碍。

（3）出口退税政策：该政策通过退还出口货物在国内生产和流通环节实际缴纳的产品税、增值税、营业税和特别消费税，来平衡其税收负担，使本国产品以不含税成本进入国际市场，与国外产品在同等条件下进行竞争，从而增强本国产品竞争力，以达到鼓励出口的目的（燕丽慧，2011）。同时，出口退税政策还借助出口货物之间增值税退税率的差异化来合理引导国内企业的出口行为，调整出口林产品的构成，从而实现国内产业的合理布局。比如，原木产品的增值税退税率仅为 13%；而编号为 4416 的木材制成品的增值税退税率却达 17%（中国海关资讯网，2014），这种税率设计旨在鼓励制成品、遏制原料型产品出口，符合当下中国木材及林产工业的发展需要。

（4）加征国内消费税：为保护国内森林资源、抑制木质品消费，中国政府在 2006 年 4 月 1 日的消费性税目和税率调整中首次将部分木制品列入征收目录，包括木制一次性筷子和实木地板，二者所承担的消费税税率均为 5%（中央政府网，2006a）。国内消费税虽然不是直接的出口政策，但通过与出口退税政策结合，却能够加大内销成本，使得外销相对有利，从而引导国内生产企业将目光转向国际市场，起到鼓励出口的目的。

二、贸易法规概况

中国没有专门针对林产品贸易而制定的法律法规，指导和保障林产品贸易顺利开展的法律法规大多面向全部进出口商品，此外还有大量法律法规间接地对林产品贸易施加影响。在此根据法律体系框架将它们分为如下 3 类。

（一）法律

中国林产品贸易相关法律既有《中华人民共和国对外贸易法》（以下简称《对外贸易法》），这类是对贸易行为进行全局性安排的法律；也有《中华人民共和国进出口商品检验法》，这类是针对某一类商品贸易或贸易的某一过程而设立的专门性法律；还包括《中华人民共和国野生动物保护法》，这类是基于其他目的而设立但却影响林产品贸易进行的法律。

1. 全局性贸易相关法律

现行《中华人民共和国对外贸易法》于 2004 年 4 月 6 日经全国人大常务会第八次会议修订通过，并自同年 7 月 1 日实施至今。全文本共计 11 章 70 条，给出了"对外贸易经营者"的定义，并对货物贸易、技术贸易和服务贸易的发生条件、秩序和禁止情况做了总局性概括，同时也赋予了相关部门实施贸易救济措施、贸易促进政策的权力，最后列举了违反该法的对外贸易经营者应承担的法律责任（中央政府网，2005a）。在当下中国法律环境下，任何林产品贸易行为都会受到该法的约束。

2. 专门性贸易相关法律

《中华人民共和国进出口商品检验法》最新版本于 2013 年 6 月 29 日通过，共计 6 章 41 条，旨在规范进出口商品检验行为。该项法律规定：进出口商品检验应当根据保护人类健康和安全、保护动物或者植物的生命和健康、保护环境、防止欺诈行为、维护国家安全的原则，由国家商检部门制定、调整必须实施检验的进出口商品目录（以下简称目录）并公布实施。列入目录的进出口商品，按照国家技术规范的强制性要求进行检验；尚未制定国家技术规范的强制性要求的，应当依法及时制定，未制定之前，可以参照国家商检部门指定的国外有关标准进行检验，并赋予商检机构监督管理进出口商品检验的权力（中国人大网，2013）。

除该项法律外，代表性的专门性贸易相关法律还有《中华人民共和国海关法》与《中华人民共和国海商法》，这二者虽未直接针对林产品贸易，但通过规范贸易管理机构、贸易主体的行为来间接约束林产品贸易行为。

3. 特定目的性相关法律

在林产品贸易相关法律中，还有一部分法律制定目的与规范贸易行为无关，但却能对林产品自由贸易产生影响。其中，颇具代表性的当属《中华人民共和国野生动物保护法》，其设立目的是保护、拯救珍贵濒危野生动物，发展和合理利用野生动物资源，维护生态平衡。然而该法根据第 3 章第 24 条的规定：出口国家重点保护野生动物或者其产品的，进出口中国参加的国际公约所限制进出口的野生动物或者其产品的，必须经国务院野生动物行政主管部门或者国务院批准，并取得国家濒危物种进出口管理机构核发的允许进出口证明书，海关凭允许进出口证明书查验放行；涉及科学技术保密的野生动物物种的出口，按照国务院有关规定办理。该项法律也具备了约束林产品贸易的功能。

此外，中国的林产品贸易行为除了遵循上述国内相关政府机构制定的法律之外，还受中国政府签署的一系列国际贸易公约如《联合国国际货物买卖合同公约》和《关于承认和执行外国仲裁裁决的公约》的约束。

(二)法规

中国代表性的林产品贸易相关法规主要包括《中华人民共和国濒危野生动植物进出口管理条例》与《中华人民共和国进出口商品检验法实施条例》，前者旨在履行《濒危野生动植物种国际贸易公约》，后者依据《中华人民共和国进出口商品检验法》的规定而制定。

现行《中华人民共和国濒危野生动植物进出口管理条例》于 2006 年 4 月 12 日经国务院常务会议通过，并于同年 9 月 1 日起开始实施。该条例明文规定：为加强对濒危野生动植物及其产品的进出口管理，保护和合理利用野生动植物资源，以及履行《濒危野生动植物种国际贸易公约》而制定；进口或者出口公约限制进出口的濒危野生动植物及其产品，应当遵守本条例。并通过罗列条款明确了进出口濒危野生动植物及其产品所应遵守的程序和具备的条件(中央政府网，2006b)。通过管理濒危野生动植物及其产品进出口，该条例成功实现其指导林产品贸易的作用。

《中华人民共和国进出口商品检验法实施条例》于 2005 年 8 月 10 日经国务院 101 次常务会议通过，共计 6 章 63 条，对进出口检验的各个环节可能遇到的情况以及具体操作做了详细的规定。如规定：进出口商品的收货人或者发货人可以自行办理报检手续，也可以委托代理报检企业办理报检手续；采用快件方式进出口商品的收货人或者发货人应当委托出入境快件运营企业办理报检手续(中央政府网，2005b)。作为具体指导贸易行为的法规，该条例在贸易实施环节对林产品贸易施加影响。

(三)规章

林产品贸易相关规章主要反映着各级政府对林产品贸易的指导意见和引导政策，数目相对较多。其中，涉及林产品贸易的有《关于公布促进外贸稳定增长的若干措施》和《关于取消部分商品进/出口检验检疫监管》；直接针对林产品的有《关于禁止从索马里进口木炭的公告》与《关于对原产与欧盟、美国和日本的进口相纸产品征收反倾销税》。

《关于公布促进外贸稳定增长的若干措施》由海关总署于 2012 年 9 月 27 日发布，共计 3 节 16 条，旨在落实国务院《关于公布促进外贸稳定增长的若干意见》，发挥海关职能作用，计划通过改进海关监管与服务，加快海关业务改革步伐和降低企业通过成本等措施来鼓励商品进出口(海关总署，2012a)，属林产品贸易促进规章。

《关于取消部分商品进/出口检验检疫监管》公告由质检总局和海关总署联合发布，取消对涉及纺织和化矿等类别的 235 个 HS 编码项下商品的进出口检验检疫监管。涉及商品包含 15 种(濒危)野生动物性产品，如野生动物皮革制帽类(海关总署，2012b)。该公告的公布将有利于所涉及的 15 种林产品进出口贸易的开展。《关于禁止从索马里进口木炭的公告》明文指出，为履行联合国成员义务，执行联合国安理会 2036(2012)号决议，中国将于当年 6 月 1 日起禁止从索马里进口木炭(不论是否原产于该国)(商务部，2012)。

《关于对原产与欧盟、美国和日本的进口相纸产品征收反倾销税》公告称，自 2012 年 3 月 23 日起，中国将对原产于欧盟、美国和日本的进口相纸产品征收反倾销税，为期 5 年。其中，日本全部相纸公司所受反倾销税率均为 28.8%，为此次最高(海关总署，2012c)。

此外，涉及林产品贸易的规章还包括《进出口许可证证书管理规定》与《中华人民共和国进出口税则本国子目注释(2013 年版)》，前者涉及锯材，后者涉及苗木；针对林产品贸易的规章则有《关于调整进口植物种苗指定入境口岸的公告》和《关于中国木制工艺品出口美国植物检验检疫要求的公告》。

三、贸易指南进程

近年来，世界林产品市场与贸易格局发生了深刻变化。为应对新格局带来的机遇与挑战，规范中国企业在境外森林资源的贸易和投资行为，颁发林产品国际贸易相关指南势在必行。为此，国家林业局组织林产品国际贸易研究中心开展了《中国企业境外可持续林产品贸易与投资指南》的编制工作(中国林业科学研究院，2013)。这对于引导国内林产品生产制造业的健康发展，合理统筹林产品出口贸易意义重大。编制本指南，将同之前出台的《中国企业境外可持续森林培育指南》(见附件一)和《中国企业境外森林可持续经营利用指南》(见附件二)有机结合，相辅相成，共同推动中国林业企业走出去，并能够健康可持续发展，引导和规范在境外从事森林资源培育、采伐和木材加工利用等相关活动的中国企业合理开展境外森林经营、利用和保护，提高行业自律；同时，为确保指南真正发挥规范企业、服务企业的积极作用，指南编写将广泛发动多方参与，体现各参与方的关切和利益。

此外，中国贸易相关重要法规、条例及措施的文献源列于附件三，可供参考查阅。

第四节　林产品贸易技术标准体系状况

目前中国还没有形成林产品贸易认证技术标准体系，但正实施的贸易林产品相关标准、森林认证标准、木材合法性认定标准和林产品加工贸易单耗标准等，为林产品贸易认证技术标准体系的建立和完善提供了技术规范和管理基础。

一、贸易林产品相关标准

主要从现行林业标准中区分出林产品标准、林产品贸易标准和林产品相关标准，为林产品贸易认证标准体系建设奠定基础。

(一)林产品标准

现行 1088 项林产品标准中包括 480 项基础标准，其数量最多。其中，基础标准是指林产品的名称、定义、概念、分类、参数、精度、外观、术语、描述性文字或表格等方面的标准，质量性能标准是指与林产品质量（有害物质含量及释放限量标准）、性能、规格、质量等级及安全要求有关的标准，生产加工标准是指与林产品生产加工过程中的工艺流程、技术规程、生产或管理技术方法与要求、作业规程与要求以及生产设施或器具有关的标准，检测试验标准是指与林产品检查、测定、试验有关的方法或程序，其他标准是指林产品技术条件、林产品添加物相关标准、林产品使用或利用相关标准，以及对林产品包装和贮藏及运输等环节所做的规定或要求。

（1）基础标准。《中国主要进口木材名称（GB/T 18513 – 2001）》规定了中国主要进口针叶树和阔叶树木材的中文及拉丁名、国外商品材名称、所属科别、材色及密度和主要产地，涉及来自世界 1010 种树共 423 个（类）木材，对于规范木材市场、促进国际合作和维护贸易秩序具有重要作用。

《刨切单板（GB/T 13010 – 2006）》标准规定了刨切单板的术语和定义、分类、要求、试验方法、检验规则以及标志、包装、运输和贮存等，适用于作为成品装饰材料用的天然木质刨切单板，不适用于调色单板、集成单板和重组装饰单板。其内容主要包括刨切单板在内的 8 种术语，分别按单板表面花纹、板边加工状况和加工方式划分的 6 类刨切单板名称，以及刨切单板用材树种、规格尺寸及其偏差、含水率、表面粗糙度和外观质量等 5 个方面的要求。

（2）质量性能标准。《锯材干燥质量（GB/T 6491 – 2012）》标准规定了干燥锯材的含水率、质量等级、质量指标及其检测规则，适用于各种用途的干燥木材。它罗列了不同用途干燥锯材的含水率要求，如制作木桶和文具的干燥木材平均含水率要求分别为 6% 和 7%；依干燥质量将干燥木材分为一级、二级、三级和四级 4 个等级；使用了平均最终含水率、干燥均匀度、厚度上的含水率偏差、残余应力和可见干燥缺陷等 5 个质量指标。

（3）生产加工标准。《锯材窑干工艺规程（LY/T 1068 – 2012）》标准规定了锯材窑干作业中选材、堆垛、含水率检验板制作及应用、干燥过程管理等基本守则和国产主要木材窑干基准，适用于锯材以湿空气或炉气 – 湿空气、常规过热蒸汽为介质的窑干。为有效指导木材干燥生产、提高锯材干燥技术和质量，该标准通过 4 则选材、11 则锯材堆垛、11 则含水率检验板以及 13 则干燥过程管理条款以及 4 张窑干推荐基准表对锯材窑干工艺规程的各个方面进行了详细规定（国家林业局，2012）。

（4）检测试验标准。《人造板抽样检验指导通则（LY/T 1717 – 2007）》标准规定了人造板抽样检验的术语、定义、符号和缩略语、人造板产品外形尺寸和外观质量的计数抽样检验、人造板物理力学性能检验结果的表示和判定、生产企业产品质量控制的计量抽样检验、两检验室测量结果一致性的统计检验和检验报告，适用于人造板实施型式评价、例行生产、监督、交收、质量一致性等多类检验的抽样系统、抽样计划、抽样方案和检验数据统计处理（国家林业局，2007）。

（5）其他标准：《木质楼梯安装、验收和使用规范（GB/T 30356 – 2013）》标准规定了木质楼梯安装、验收和使用过程中的规范性要求，并给出了相关术语和定义，适用于居住建筑套内组装式木质楼梯及其木质部件的安装，不涉及公共场所和室外用木质楼梯。为保证安装质量和使用便利，该标准要求安装负责人或单位做好前期准备，进行现场测量和基础处理；并规定了产品的使用注意事项、保修期限和维修要求。

这些标准通过控制林产品生产、加工、运输和使用过程，来保障产品质量和提高产品竞争力，规范林产品经营行为，促进林产品国际贸易和林业可持续发展。纵观现行所有林业标准，还缺少木家具、纸产品、水果、森林旅游等统计归口不在林业部门的林产品及相关标准；同时，在林产品整个产业链中，对于林产品销售和消费环节还缺乏相关标准的规范和约束。

（二）林产品贸易标准

林产品贸易标准是指直接针对林产品进出口贸易所制定的程序规范、原则要求和标准指标等，包括与林产品进出口贸易有关的检验检疫、海关管理、报关规范、通关程序或要求、贸易限制（物种或产品及物质成分名录）、贸易林产品有害物质含量水平以及对林产品贸易造成重大影响的规定或条款等。

在上述统计的现行林业标准中，目前还没有可以直接规范木材和林产品市场、促进国际合作和维护贸易秩序的林产品贸易标准或规范。然而，"中华人民共和国海关进出口货物报关单填制规范"（见附件四）依据《中华人民共和国海关法》及有关法规制定，主要规范进出口货物收发货人的申报行为、统一进出口货物报关单填制要求和保证报关单数据质量，涉及录入编号、海关编号、口岸、备案号等48项规定（海关总署，2014），对于促进产品国际贸易的标准化管理意义重大。

（三）林产品贸易相关标准

林产品贸易相关标准是指对林产品进出口贸易具有间接影响的有关程序规范、原则要求和标准指标等，包括与林产品进出口贸易有关的进出关运输、技术规程或指南、贸易区域或多边和双边合作备忘录、贸易协定、投资指南、国际公约以及对林产品贸易可能造成间接影响的规定或条款等等。在现行林业标准中，还没有可以间接影响木材和林产品市场与国际合作贸易投资的林产品贸易相关标准或规范。

但是，相关国际公约、协定和宣言如《世界气象组织公约（1947，华盛顿）》《国际植物新品种保护公约（1961，1978、1991，巴黎）》《湿地公约（1971，拉姆萨）》《联合国人类环境宣言（1972，斯德哥尔摩）》《世界文化和自然遗产保护公约（1972，巴黎）》《濒危野生动植物物种国际贸易公约（1973，华盛顿）》《世界自然资源保护大纲（1980）》《中华人民共和国政府与日本国政府保护候鸟及其栖息环境的协定（1981年签订）》《内罗毕宣言（1982，内罗毕）》《国际热带木材协定（1983、1994，日内瓦）》《保护臭氧层维也纳公约（1985，维也纳）》《中华人民共和国政府与澳大利亚政府保护候鸟及其栖息环境的协定（1986年签订）》《关于消耗臭氧层物质的蒙特利尔议定书（1987，蒙特利尔）》《21世纪议程（1992，里约）》《生物多样性公约（1992，里约）》《关于环境与发展的里约宣言（1992，里约热内卢）》《关于森林问题的原则声明（1992，里约）》《联合国气候变化框架公约及其京都议定书（1992，里约）》《联合国防治荒漠化公约（1992，里约）》《国际劳工组织公约（1998，日内瓦）》《保护野生动物迁徙物种公约》《关于特别是作为水禽栖息地国际重要湿地公约》《国际鸟类保护公约》《植物检疫及其虫害与疾病防护合作协定》《保护候鸟及其栖息环境协定》等，有关技术规程和指南如《造林作业设计规程（1995）》《国家重点保护野生植物名录（第一批）（1999）》《濒危野生动植物种国际贸易公约秘书处公布禁贸物种和国家名单（2001）》《生态公益林建设技术规程（2001）》《封山（沙）育林技术规程（2004）》《森林采伐作业规程（2005）》《森林经营方案编制与实施纲要（2006）》《中国森林可持续经营指南（2006）》《速生丰产用材林培育技术规程（2007）》《低效林改造技术规程（2007）》《转基因森林植物及其产品重要性评价技术规程(2007)》等，间接作用于林产品国际贸易的影响巨大，值得引起高度重视和普遍关注。

二、森林认证标准

《中国森林认证 森林经营》标准和《中国森林认证 产销监管链》标准共同定义了森林认证的相关术语，构建了森林认证指标体系，以及规定了森林认证工作的基本要求与程序，有助于中国林产品森林认证工作的开展以及间接促进中国林产品在欧美市场的销售。之后，随着森林认证机构的成立与相关工作的开展，中国森林认证技术标准体系(有关标准名录见附表4)日益完善，包括已发布实施的2项国家标准、2项行业标准，以及12项通过专家审定的行业标准和十余项正在编制的技术规范。

(一)森林经营标准(FMC)

森林经营标准全称《中国森林认证 森林经营》标准，编号 GB/T 28951-2012，由国家林业局提出并归口，其颁布旨在促进森林可持续经营和林产品国际贸易，并通过规定中国森林经营单位为实施森林可持续经营认证应达到的要求，为森林认证机构开展森林经营认证审核和评估提供依据。

该项标准的指标体系包括国家法律法规和国际公约、森林权属、当地社区和劳动者权利、森林经营方案、森林资源培育和利用、森林多样性保护、环境影响、森林保护、森林检测和档案管理9大类，涉及森林经营的各个方面，具体条款可参见标准文本，对于从源头上确保产品质量和安全具有重要指导作用。

(二)产销监管链标准(CoCC)

产销监管链标准全称《中国森林认证 产销监管链》标准，编号 GB/T 28951-2012，同样由国家林业局提出并归口，其制定参照采用了森林认证体系认可计划(PEFC)的《林产品产销监管链标准》，并于2011年6月20日获得中国森林认证管理委员会(CFCC)的采用。

该项标准说明了如何获得从所购原料的来源信息到企业产品的来源信息的过程，并提供了两种可供选择的产销监管链方法，即物理分离法和百分比法。并详细规定了这两种方法的总体要求、认证原料或认证产品来源的判定、具体操作以及认证信息传递等内容，同时也指出了参与认证企业管理体系的最低要求，对于证明产品的原材料源自可持续经营的森林作用巨大。

(三)非木质林产品认证标准

现有非木质林产品相关标准包括竹林经营、竹林经营认证审核导则、非木质林产品经营、非木质林产品经营认证审核导则4项中国森林认证标准(中国林业网，2014b)，已于2014年12月1日起实施，它们主要面向竹林认证和非木质林产品认证2项认证业务。

同时为全面推进森林认证工作，检验认证标准的科学性和可操作性。自2010年以来，森林认证委员会在全国多个地区，如江西、黑龙江，开展了多项标准的试点工作，其中就包括非木质林产品经营认证审核试点(中国林业网，2014a)。目前已有蘑菇、木耳、山野菜、蜂产品等四大类非木质林产品通过认证并贴标上市(中国森林认证委员会，2014)，表明中国非木质林产品相关认证标准已开始进入应用阶段。

（四）其他有关认证标准

除上述标准外，森林认证标准体系还包括其他相关标准，如森林生态环境服务标准与产销监管链认证操作指南标准。它们所面向的认证范围包括森林经营、产销监管链、森林生态环境服务、生产经营性珍稀濒危物种和碳汇林5个方面（王伟，2014）。

同时，为保障森林认证活动公正、公平、有序进行并规范森林认证工作，国家认证认可监督管理委员会和国家林业局根据《中华人民共和国认证认可条例》有关规定，制定了《森林认证规则》（中国林业网，2015），自2015年6月18日起实施。

三、木材合法性认定标准

在国家林业局领导下，中国木材合法性认定工作稳步推进。一方面，中国木材合法性认定标准体系研究工作取得重大进展。当前世界经济发展增速放缓，全球生态制约层次加深，国际林产品市场竞争更趋激烈，中国林业企业面临异常复杂的贸易和投资环境。为突破绿色贸易壁垒，在"突破国际贸易壁垒的中国木材合法性认定标准体系研究"国家软科学研究计划重大合作项目（编号：2012GXS2B009）和国家林业局林业软科学研究项目（编号：2013-R02）的共同资助下，中国林业科学研究院林业科技信息研究所组织开展了"突破绿色贸易壁垒的中国木材合法性认定体系框架构建与合法木材标准研究"，探讨了突破绿色贸易壁垒的应对策略，构建了中国木材合法性认定体系框架，制定了合法木材标准，并通过试点作了优化和完善。本项目率先研究的中国木材合法性认定体系框架及标准体系视角新颖，填补了国内研究空白，对于中国木材合法性认定标准的最终制定与认定工作的开展提供了重要依据（中国林业科学研究院，2014）。项目成果分析了开展合法性认定体系工作在应对国际贸易壁垒中的作用，提出了适应我国社会经济发展水平的中国木材合法性认定体系的发展路径、目标原则、体系框架，明确了合法木材标准遵循的主要原则及理论依据，对于满足国际林产品市场的合法性需求具有重要指导作用和广阔的应用前景。

另一方面，中国木材合法性认定试点工作稳步推进。按照国家林业局工作部署，中国林产工业协会于2012年11月正式启动了中国木材合法性认定的试点工作，2013年11月对所选定的8个试点企业颁发了认定证书；相继参加了中国-欧盟、中国-美国、中国-墨西哥、中国-澳大利亚双边打击非法采伐木材工作会议，就木材合法性认定试点工作向国际社会进行推介；同时颁布并修订了《中国木材合法性认定指南》《中国木材合法性认定管理办法（修订稿）》《中国木材合法性认定实施细则（修订稿）》《中国木材合法性认定程序、标识及证书管理办法（修订稿）》《中国木材经营与加工企业行业自律公约》和《中国木材合法性认定证书》等文件。2014年1月6日中国林产工业协会在林产协《中国林产工业协会关于开展2014年木材合法性认定试点工作的通知》（〔2014〕1号文件）中提出了，2014年中国林产工业协会木材合法性认定试点工作总体安排对于指导林业企业明确有关具体要求并结合实际情况积极参与和继续开展木材合法性认定试点工作具有重要作用。

四、林产品加工贸易单耗

为促使企业落实加工贸易单耗管理，降低产品成本、促进出口，以及有效保障国家税收，海关总署和国家发展改革委于2013年批准37项加工贸易商品的单耗标准，自2013

年 12 月 10 日起执行，标准列表剔除了原先的、包括《实木地板加工贸易单耗标准》在内的 4 项标准；这 37 项标准中有 3 项林产品加工贸易单耗标准，分别为《单板饰面板加工贸易单耗标准》《混凝土模板用胶合板加工贸易单耗标准》和《浸渍纸贴面层压木质地板加工贸易单耗标准》，其编号、批准与实施日期见表 2-20。

表 2-20 林产品贸易标准编号、名称、批准与实施日期

序号	标准号	标准名称	批准日期	实施日期
1	HDB/LY007 – 2011	单板饰面板加工贸易单耗标准	2011-05-17	2011-07-15
2	HDB/LY008 – 2011	混凝土模板用胶合板加工贸易单耗标准	2011-05-17	2011-07-15
3	HDB/LY009 – 2011	浸渍纸贴面层压木质地板加工贸易单耗标准	2011-05-17	2011-07-15

这 3 项加工贸易标准逐一规定了使用不同品质规格原材料出产的不同规格对象产品的净耗和工艺损耗率。以《单板饰面板加工贸易单耗标准》为例，它规定使用商品编号为 44034910、44034920，且长度在 2～13 m、直径≥26 cm 的原木加工厚度在 3～4 mm，商品编号为 44129992、44129999，且饰面板厚度在 0.2～0.6 mm 的单板饰面板的净耗为 0.2，工艺损耗率为 69%；而一旦用商品编号为 44034910、44034920，规格为 2600 mm×800 mm×750 mm 的木方加工同样规格的单面饰面板，法定工艺损耗率就立即降至 37%（海关总署，2013）。

加工贸易单耗标准虽然不直接影响林产品贸易，但却能够迫使技术差、原料利用率低的企业离开市场以达到总体提升产业生产力的作用，进而一方面减少原料进口压力；另一方面降低产品成本，提高产品竞争力以促进出口。

2015 年，海关总署和国家发展改革委又批准了 58 项加工贸易单耗标准，自 2015 年 9 月 17 日起执行，同时废止原有的、包括《棉麻盥洗及厨房用毛巾制品加工贸易单耗标准》在内的 5 项标准；这 58 项标准中有 4 项林产品加工贸易单耗标准，分别为《细木工板加工贸易单耗标准》《单板层积材加工贸易单耗标准》《实木复合地板加工贸易单耗标准》和《杨木、桦木制一次性筷子加工贸易单耗标准》（海关总署，2015）。

第五节 林产品贸易认证问题及完善建议

近年来，林产品国际贸易的高速增长推动了中国林业产业的快速发展。然而，林产品贸易相关法规政策与指南及技术标准和认证体系面临着许多问题，亟待进一步更新、补充、改进和完善。

一、相关法规政策过时缺位，尚待更新完善

中国林产品贸易相关法规政策数量较多，有关指南也不在少数，但随着国际国内形势的变化，一些法规政策已然过时、急待更新；林产品贸易涉及面持续增多，部分重要法规政策和关键领域指南仍空白缺乏、有待增加补充；同时，部分法规政策不适时合理或不系统全面，有待调整完善。如《中华人民共和国森林法》是 1984 年 9 月 20 日颁布、1998 年 4 月 29 日修订的，距今已整整 30 年和 16 年，有关条款早已过时，亟待修订；现行法规中有针对全部进出口商品的《中华人民共和国进出口商品检验法》，也有仅涉及单一或部分特

殊林产品的《中华人民共和国濒危野生动植物进出口管理条例》，但仍缺乏一部系统全面的林产品贸易法规或某部专业性的一类产品贸易法规。同时，正在研究编制的《中国企业境外可持续林产品贸易与投资指南》进程有待加快，各有关利益方的参与性有待提高，指南的针对性、实用性和可操作性也有待增加。因此，修订完善、补充增加和扩展延伸林产品贸易法规政策体系，加快林产品贸易指南编制进程，做好林产品贸易制度支撑工作十分重要。

二、产品质量安全体系残缺，必须加强建设

为打破发达国家实施的绿色贸易壁垒限制，我国要逐步建立健全林产品质量安全管理体系，全面提升林产品质量安全管理能力和水平。一是规范林产品质量安全法规体系。目前，我国涉及林产品质量安全的条例和法规主要有《中华人民共和国产品质量法》《国务院关于加强食品等产品安全监督管理的特别规定》《关于加强林产品质量安全管理工作的通知》《中华人民共和国农产品质量安全法》和《中华人民共和国食品安全法》，2010年3月1日实施的《湖南省林产品质量安全条例》是地方性法规。同时，世界林产品市场竞争激烈，我国亟需建立独立的并考虑制定国家层面的林产品质量安全法规体系，规范林产品生产过程，确保林产品质量安全。二是完善林产品质量安全标准体系。我国已建立起以国家标准、行业标准为主，地方标准和企业标准为辅的林产品质量安全标准体系。如全国颁布食用林产品行业标准51项，涉及食用菌、果品等林产品种类30余项，基本覆盖了可食用林产品的生产、加工、流通及消费各个环节。由于林产品种类众多，目前尚未建立起完整的林产品质量安全标准体系。三是加强林产品质量检测体系建设。为提高林产品国际竞争力，我国要尽快健全林产品质量安全检验检测体系。加大全国林产品质检中心和各省级林产品检验检测机构资金投入，购进先进的检测仪器和设备，不断完善检测手段，提高林产品检验检测能力，提升质检机构的信息水平。四是健全林产品质量安全监管体系。我国要将林产品质量安全监管工作放在重要位置，相关部门提高监管能力，完善覆盖林产品流通全过程的质量安全追溯体系和监管制度，实现对出口林产品从生产、加工、运输、销售到消费的全程监管。同时，提高林产品质量安全例行监测能力，定期公布林产品质量安全监测信息。

三、现有技术标准陈旧分散，亟待修订整合

从前面所述中国林产品贸易技术标准体系状况看，现行的与林产品贸易相关的技术标准数量已经不少。但是，贸易林产品相关标准相对分散、森林认证标准体系较为完善、木材合法性认定标准正在起步、林产品加工贸易单耗标准太少。这4个体系中的许多标准都与林产品贸易有关，造成相关标准非常分散。同时，部分标准略显陈旧，如《林木种质资源保存原则与方法(标准号：GB/T 14072 - 1993)》和《林业资源分类与代码 国营林场名称与代码(标准号：LY/T 1119 - 1993)》等标准较为突出，亟需修订。因此，为确保相关重要标准跟上时代与科技进步和符合国际形势要求，有关政府部门与研究机构需及时修订、更新过时标准，并在此基础上整合现有技术标准，形成从产品来源、生产、加工、贮藏、运输、销售、贸易到消费整个产业链的可追溯性林产品技术标准体系。

四、贸易相关标准体系缺乏，有待研制补充

贸易林产品相关标准、森林认证标准、木材合法性认定标准和林产品加工贸易单耗标

准等 4 类标准均与林产品贸易密切相关，且数量较多，但这并不能掩盖中国林产品贸易相关技术标准涉及面较窄和体系不全的缺陷，真正规范林产品贸易的现行标准十分稀少。从贸易林产品来源、生产到贸易和消费过程中，相关标准均不见研制和实例。如，缺少与林产品使用安全相关的有害物质含量与释放量标准、林产品质量检验监督标准、进出口贸易林产品有害生物检疫标准等。同时，森林认证历史不长，业务范围较窄，涉及领域有限，加工贸易单耗标准仅涉及 3 种林产品。因此，加快研究制定和补充增加未曾涉足领域的林产品贸易相关标准，建立和完善林产品贸易技术标准体系，对于有效规范和指导林产品国际贸易的正常开展意义重大。

五、贸易认证管理机构分散，亟待统一组织

从上述林业行业产业发展概况、林业标准化工作进展、林产品贸易政策法规与指南和林产品贸易技术标准体系状况可知，国家标准和林业标准管理的组织机构、管理部门和技术委员会较为健全。但是，目前不仅缺乏林产品贸易标准，也没有专门的林产品贸易标准化技术委员会；同时，林产贸易相关技术标准及认证分散在不同组织中，既有森林认证归口"全国森林可持续经营与森林认证标准化技术委员会（TC 360）"，又有木材合法性认定暂时归口"国家林业局计划与资金管理司"和"中国林产工业协会"，也有林产品加工贸易单耗标准归口"海关总署"负责，还有贸易林产品标准归口在上述有关标准技术委员会以及贸易林产品进出口相关标准主要由产品质量认证机构、进出口检验机构和海关负责。这种机构分散、多头管理的组织模式，不利于林产品进出口贸易的快速通关服务和高效管理，也不利于贸易企业合同的按时履行和成本节约，严重影响到林产品国际贸易的正常发展。因此，亟须在整合林产品贸易相关标准的基础上，及时设立专门的中国林产品贸易技术标准认证组织机构，履行标准管理、认证服务、认可监督职能，负责贸易林产品标准体系的建立、服务和研究工作，帮助林产品贸易企业规避出口壁垒、消除贸易隐患，促进中国林产品对外贸易的持续健康发展。

六、贸易认证认可程度较低，尚待强化提高

一方面，林产品贸易标准缺乏，贸易认证工作没有开展。由表 2-18 可知，在 1463 项现行林业标准中，还没有一项真正意义上的林产品贸易标准及相关标准。林产品贸易标准的缺乏造成了林产品贸易认证工作无法开展，亟需研制相关标准和开展贸易认证工作。另一方面，贸易标准的认可度或权威性较低，相关标准有待研制和推广。在林产品贸易认证标准体系中，不仅缺乏核心标准，也缺乏相关标准，从而影响了林产品贸易标准体系的建立和认证工作的开展，因此，尽快研制林产品贸易认证核心标准，提高贸易标准的认可度或权威性，同时研制和推广贸易林产品相关标准，增加社会、政府、市场和企业对林产品贸易认证的认识十分重要。再一方面，林产品贸易认证的国内和国际认可度均有待提高。林产品贸易认证涉及到国际贸易伙伴国和国际市场，加强国际交流与合作，推介中国林产品贸易技术标准体系，建立双边和多边标准认可机制，扩大相关标准的国际认同，提高国际社会、国际市场和其他国家企业对林产品贸易认证的认可度，对于促进中国林产品对外贸易的持续健康发展也非常重要。

我国对外主要地区林产品贸易及标准体系

Chapter 3 The Forest Products Trades and their Standard Systems
in Chinese Main Foreign Trade Zones

发达国家与发展中国家经济、技术发展水平不同,技术规定和标准也存在巨大差异,这就为技术性贸易措施的实施提供了可能。随着世界经济一体化进程的加快,以关税为代表的传统贸易壁垒逐步弱化或取消,技术性贸易措施作为一种非关税贸易壁垒日趋被发达国家所重视。加入WTO以来,中国有2/3的出口企业遭遇国外技术性贸易壁垒,有2/5的出口产品受到不同程度的影响;2014~2015年中国有36.1%和40.0%的出口企业遭受到国外技术性贸易措施的影响,企业为适应进口国要求进行技术改进、检验、认证、检疫等新增成本222.2亿和247.5亿美元,因国外技术贸易壁垒造成的我国出口产品被国外销毁、扣留、退货等直接损失达755.2亿(国家质检总局,2015)和933.8亿美元(国家质检总局,2016),同比增加93.2亿和178.6亿美元,占同期出口额的3.2%和4.1%。同时,目前我国林产品国际贸易的出口目标市场主要有美国、日本、英国、欧盟和北美等,明确与了解这些国家和地区市场的相关法规、技术标准和合格评定程序及与中国的差异,对于促进我国林产品对外贸易的持续健康发展意义重大。

第一节 中国林产品的主要国际贸易伙伴

美国、日本、欧盟是我国对外贸易主要发达国家或地区,也是世界环境最敏感区域,其技术性贸易措施已经成为我国林产品出口的最大障碍;他们在贸易标准体系建设及工作方面具有典型性与代表性,值得我国借鉴和参考。

一、美国

2015年美国是中国第1大商品贸易伙伴国;2000-2015年中国与美国之间的商品贸易额除在2009年有所下降外,总体上呈逐年增加态势(表3-1),贸易总额从2000年的745亿美元上升到2015年的5613亿美元,增长了6.5倍、年均增长率为15.04%;其中对美出口增长了7.9倍、年均增长率达15.54%,进口增长了5.7倍、年均增长率14.11%。同时,中美商品贸易一直处于顺差状态,并持续增长,2015年达到历史峰值2602.6亿美元;

中对美出口额是进口额的 2.07~3.44 倍、平均 2.76 倍(UN，2016)。

表 3-1　2000－2015 年中国与美国的商品贸易额(亿美元)

年份	出口额	进口额	贸易额	年份	出口额	进口额	贸易额
2000	521.56	223.75	745.31	2008	2528.44	815.86	3344.30
2001	543.55	262.17	805.72	2009	2212.95	777.55	2990.50
2002	700.50	272.61	973.11	2010	2837.80	1027.34	3865.14
2003	926.26	339.44	1265.70	2011	3250.11	1231.24	4481.35
2004	1251.49	447.48	1698.97	2012	3524.38	1337.66	4862.04
2005	1631.80	487.41	2119.21	2013	3690.64	1533.95	5224.59
2006	2038.01	593.14	2631.15	2014	3971.05	1598.41	5569.46
2007	2331.69	695.48	3027.17	2015	4108.05	1505.44	5613.49

数据来源：http：//comtrade.un.org/data/。

二、日本

日本历来是中国的主要贸易伙伴。1992－2003 年，日本连续 11 年成为中国第 1 大贸易伙伴；2004 年，日本被欧盟、美国超过，2011 年被东盟赶超，2012 年被中国香港超过，2013－2015 年仍为我国第 5 大贸易伙伴；按国别排名，2015 年日本是我国第 2 大贸易对象国，进口排在韩国、美国之后，出口排在美国之后(中文导报，2016)。2000－2015 年中国与日本之间的商品贸易额总体上呈增加态势(表 3-2)，贸易总额从 2000 年的 831.64 亿美元上升到 2015 年的 2789.90 亿美元(UN，2016)，增长了 2.4 倍、年均增长率 9.25%；其中我国对日出口增长了 2.3 倍、年均增长率 8.85%，进口增长了 2.5 倍、年均增长率 9.78%。同时，2002 年以来，中日商品贸易一直处于逆差状态，中对日进口额是出口额的 1.05~1.46 倍、平均 1.23 倍。

表 3-2　2000－2015 年中国与日本的商品贸易额(亿美元)

年份	出口额	进口额	贸易额	年份	出口额	进口额	贸易额
2000	416.54	415.10	831.64	2008	1161.32	1506.00	2667.32
2001	449.41	427.87	877.28	2009	979.11	1309.38	2288.49
2002	484.34	534.66	1019.00	2010	1210.44	1767.36	2977.80
2003	594.09	741.48	1335.57	2011	1482.69	1945.68	3428.37
2004	735.09	943.27	1678.36	2012	1516.27	1778.32	3294.59
2005	839.86	1004.08	1843.94	2013	1501.33	1622.46	3123.79
2006	916.23	1156.73	2072.96	2014	1494.10	1628.42	3122.52
2007	1020.62	1339.51	2360.13	2015	1358.97	1430.93	2789.90

数据来源：http：//comtrade.un.org/data/。

中国是日本最大贸易对象国。据日方统计，2009 年，中国首次超过美国，成为日本最大出口对象国。2015 年中日双边贸易额为 2789.90 亿美元，尽管比 2011 年的历史峰值 3428.37 亿美元下降了 18.62%(UN，2016)，中国仍是日本第一大贸易伙伴，第二大出口目的地和第一大进口来源地。2015 年，日本企业对华实际投资金额 31.9 亿美元，排在新加坡和韩国之后，退居第 3 位。截至 2015 年年底，日本累计在华设立企业项目数 49840个，实际到位金额 1018.2 亿美元，占我国吸引外资总额的 6.2%，在我国利用外资国别中排名第一（中文导报，2016）。中国也是日本林产品主要进出口贸易大国。近年来，世界原木消费量急剧增加，中国进口的原木大部分来自日本，并在总值中占很大比重（陈晓燕等，2013）。2013 - 2014 年，中国成为日本林产品进口第 4 大伙伴，仅次于美国、加拿大和印度尼西亚（FAO，2016b）。

三、英国

2015 年英国是中国第十大商品贸易伙伴国；2000 - 2015 年中国与英国之间的商品贸易额虽在 2009 年和 2015 年略有下降，但总体上呈逐年增加态势（表 3-3），贸易总额从2000 年的 99.02 亿美元上升到 2015 年的 785.94 亿美元（UN，2016），增长了 6.9 倍、年均增长率 15.58%；其中我国对英出口增长了 8.5 倍、年均增长率达 16.93%，进口增长了4.3 倍、年均增长率为 13.13%。同时，中英商品贸易一直处于顺差状态，中对英出口额是进口额的 1.76 ~ 4.07 倍、平均 3.04 倍。

表 3-3　2000 - 2015 年中国与英国的商品贸易额（亿美元）

年份	出口额	进口额	贸易额	年份	出口额	进口额	贸易额
2000	63.10	35.92	99.02	2008	360.73	95.42	456.15
2001	67.81	35.27	103.08	2009	312.77	78.77	391.54
2002	80.59	33.36	113.95	2010	387.67	113.05	500.72
2003	108.24	35.70	143.94	2011	441.22	145.57	586.79
2004	149.67	47.59	197.26	2012	462.97	168.01	630.98
2005	189.76	55.24	245.00	2013	509.42	190.79	700.21
2006	241.63	65.06	306.69	2014	571.41	236.04	807.45
2007	316.66	77.76	394.42	2015	596.68	189.26	785.94

数据来源：http://comtrade.un.org/data/。

四、欧盟

2004 年以来，欧盟一直是中国外贸最大伙伴地区。2015 年欧盟 28 国是中国第一大商品贸易伙伴地区，其中德国、英国、荷兰、法国和意大利居前 5 位，第 1 名德国对中贸易额是第 2 名英国的近 2 倍；期间，中国连续多年是欧盟第二大贸易伙伴和第一大商品来源地。2012 - 2015 年中国与欧盟 28 国之间的商品贸易额总体上保持平稳态势（表 3-4），贸易总额维持在 5700 亿美元左右，其中 2014 年上升到了 6146 亿美元的历史峰值（UN，2016）；同时，中欧商品贸易一直处于顺差状态，中对欧出口额是进口额的 1.52 ~ 1.70倍、平均 1.61 倍。中国与欧盟贸易往来蓬勃发展的同时，双方林产品贸易也显著增长，并相互成为重要的林产品贸易伙伴。

表 3-4　2012－2015 年中国与欧盟 28 国的商品贸易额（亿美元）

国家/地区	2012 年			2013 年			2014 年			2015 年		
	出口额	进口额	贸易额	出口额	进口额	贸易额	出口额	进口额	贸易额	出口额	进口额	贸易额
德国	692.13	919.33	1611.46	673.43	941.57	1615.00	727.03	1049.92	1776.95	692.17	876.89	1569.06
英国	462.97	168.01	630.98	509.42	190.79	700.21	571.41	236.04	807.45	596.68	189.26	785.94
荷兰	588.99	87.04	676.03	603.15	98.25	701.40	649.28	93.37	742.65	596.30	88.08	684.38
法国	271.96	241.24	513.20	269.48	231.19	500.67	289.79	266.51	556.30	270.63	249.89	520.52
意大利	256.56	160.65	417.21	257.53	175.74	433.27	287.57	191.83	479.40	278.53	168.66	447.19
西班牙	182.40	63.35	245.75	189.32	59.72	249.04	215.01	62.01	277.02	218.99	56.06	275.05
比利时	163.77	99.65	263.42	155.60	98.48	254.08	172.17	100.43	272.60	162.23	70.20	232.43
波兰	123.87	19.98	143.85	125.75	22.32	148.07	142.57	29.32	171.89	143.47	27.44	170.91
瑞典	64.16	69.23	133.39	67.99	69.87	137.86	71.68	67.93	139.61	71.09	64.21	135.30
捷克	63.24	24.07	87.31	68.38	26.15	94.53	79.93	29.86	109.79	82.27	27.82	110.09
丹麦	65.41	29.04	94.45	57.11	33.76	90.87	65.46	40.55	106.01	61.55	40.97	102.52
匈牙利	57.38	23.23	80.61	56.92	27.15	84.07	57.64	32.60	90.24	51.98	28.71	80.69
奥地利	20.40	47.24	67.64	20.38	50.30	70.68	23.97	58.50	82.47	24.98	49.69	74.67
爱尔兰	20.98	37.98	58.96	24.77	41.93	66.70	28.02	37.33	65.35	28.25	42.86	71.11
芬兰	74.41	38.33	112.74	58.32	39.06	97.38	50.99	40.51	91.50	35.52	34.85	70.37
斯洛伐克	24.23	36.55	60.78	30.84	34.58	65.42	28.29	33.76	62.05	27.95	22.37	50.32
罗马尼亚	27.97	9.80	37.77	28.23	12.08	40.31	32.23	15.17	47.40	31.87	12.99	44.86
葡萄牙	25.01	15.15	40.16	25.07	13.99	39.06	31.37	16.63	48.00	28.98	14.69	43.67
希腊	35.93	4.27	40.20	32.19	4.33	36.52	41.86	3.45	45.31	36.64	2.86	39.50
马耳他	22.45	8.85	31.30	25.15	7.25	32.40	31.93	5.91	37.84	23.77	4.41	28.18
卢森堡	19.56	2.63	22.19	18.08	2.57	20.65	19.49	3.04	22.53	23.25	3.10	26.35
斯洛文尼亚	15.67	2.56	18.23	18.33	3.03	21.36	19.92	3.31	23.23	20.92	2.90	23.82
保加利亚	10.55	8.40	18.95	11.17	9.57	20.74	11.79	9.84	21.63	10.44	7.53	17.97
立陶宛	16.31	0.89	17.20	16.86	1.25	18.11	16.58	1.57	18.15	12.11	1.40	13.51
爱沙尼亚	12.34	1.36	13.70	11.10	2.00	13.10	11.46	2.25	13.71	9.54	2.35	11.89
拉脱维亚	13.13	0.69	13.82	13.74	0.99	14.73	13.17	1.47	14.64	10.23	1.44	11.67
克罗地亚	13.00	0.75	13.75	13.90	1.04	14.94	10.27	1.01	11.28	9.86	1.12	10.98
塞浦路斯	10.93	1.21	12.14	9.72	0.53	10.25	10.38	0.63	11.01	5.89	0.50	6.39
欧盟	3355.71	2121.48	5477.19	3391.93	2199.49	5591.42	3711.26	2434.75	6146.01	3566.09	2093.25	5659.34

数据来源：http://comtrade.un.org/data/。说明：克罗地亚 2013 年入欧，2012 年已将其数据纳入。

第二节　美国林产品贸易及技术标准体系

中美林产品贸易"你中有我、我中有你"的依存关系仍在加强，为我们学习和了解美国林产品贸易体系提供了机会，也提出了要求。同时，中美林产品在贸易上频繁发生的摩擦和纠纷，一方面反映出美国在林业领域的贸易保护正在抬头，另一方面也体现出美国林产品贸易相关法规和标准比较完善，能够在很大程度上保护本国产业，有很多值得我国学习借鉴的地方。因此，深入解剖美国的林产品贸易技术标准体系，在当前具有重要的意义。

一、基本情况

美国位于北美洲中部，国土面积 982.6675 万 km²，是俄罗斯的一半左右，比中国稍大，是欧盟的两倍，列世界第 3 位。陆地面积 916 万 km²，水域面积 66.5 万 km²，海岸线长达 19924 km。除阿拉斯加和夏威夷外，美国本土西部多为山区，东部是丘陵和低山，中部有广袤的平原。大部分地区属于大陆性气候，南部属亚热带气候。中北部平原温差很大，芝加哥 1 月平均气温 -3℃，7 月 24℃，墨西哥湾沿岸 1 月平均气温 11℃，7 月 28℃。美国自然资源丰富，铜、铅、金等多种金属储量丰富，煤炭、石油、天然气等能源储量巨大，如其煤炭资源储量占世界总储量的 27%（姚绍华，2011）。

1990 - 2015 年美国基本情况如表 3-5 所示。2016 年 6 月 12 日美国人口 3.24 亿（Census，2016），居世界第 3 位，其城镇人口比例约 81%。美国是世界第一大经济体，2015 年 GDP 总量为 17.95 万亿美元，人均 5.58 万美元、全球排名第 10 位（WB，2016）。美国近年来经济增速缓慢，2015 年 GDP 增速为 3.03%。

表 3-5　1990 - 2015 年美国基本情况

年份	土地面积 （万 hm²）	森林面积 （万 hm²）	森林覆盖率 （%）	人口 （百万）	GDP 总量 （亿美元）	人均 GDP （万美元）
1990	91589.60	30245.00	33.02	249.62	59795.89	2.40
1991	91589.60	30255.86	33.03	252.98	61740.43	2.44
1992	91589.60	30266.72	33.05	256.51	65392.99	2.55
1993	91589.60	30277.58	33.06	259.92	68787.18	2.65
1994	91589.60	30288.44	33.07	263.13	73087.55	2.78
1995	91589.60	30299.30	33.08	266.28	76640.60	2.88
1996	91589.60	30310.16	33.09	269.39	81002.01	3.01
1997	91589.60	30321.02	33.11	272.66	86085.15	3.16
1998	91589.60	30331.88	33.12	275.85	90891.68	3.29
1999	91589.60	30342.74	33.13	279.04	96606.24	3.46
2000	91619.20	30353.60	33.13	282.16	102847.79	3.64
2001	91619.20	30378.02	33.16	284.97	106218.24	3.73
2002	91619.20	30402.44	33.18	287.63	109775.14	3.82
2003	91619.20	30426.86	33.21	290.11	115106.70	3.97
2004	91619.20	30451.28	33.24	292.81	122749.28	4.19
2005	91619.20	30475.70	33.26	295.52	130937.26	4.43
2006	91619.20	30554.96	33.35	298.38	138558.88	4.64
2007	91619.20	30634.22	33.44	301.23	144776.35	4.81
2008	91474.20	30713.48	33.58	304.09	147185.82	4.84
2009	91474.20	30792.74	33.66	306.77	144187.39	4.70
2010	91474.20	30872.00	33.75	309.35	149643.72	4.84
2011	91474.20	30899.50	33.78	311.72	155179.26	4.98
2012	91474.20	30927.00	33.81	314.11	161631.58	5.15
2013	91474.20	30954.50	33.84	316.50	167680.53	5.30
2014	91474.20	31009.50	33.90	318.86	174190.00	5.46
2015	91474.20	31009.50	33.90	321.42	179469.96	5.58

资料来源（WB，2016）；森林覆盖率（%）= 森林面积/土地面积×100%。

二、林业发展

美国林业的开发历史起始于 17 世纪初期的殖民时期。当时大量的木材运回英国、法国或其他宗主国，提升了宗主国的海上军事实力。随着美国的独立，人们对农业发展的需求使得林木在一定程度上不受欢迎，加之缺乏国外需求，森林开发直到 20 世纪都处于停滞状态。即便如此，在 300 年左右的时间里，美国的森林面积还是减少了 1.2 亿 hm^2，主要发生在东部地区，大片阔叶林被砍伐后转为农业生产。

进入 20 世纪后，西海岸的一些企业捕捉到商机，开展林业经营活动，而真正的大开发是在第二次世界大战后，国际和国内的木材需求刺激了美国的木材生产。在其后的 20 年中，古老的用材林砍伐过快，供不应求，导致美国政府开始引入原木出口限制（Lane，1998）。同时，随着人们对森林价值的认识不断提高，一系列森林保护的法案获得通过。美国涉及林业的法律和条例有 100 多种，对林业的发展起到了积极的促进作用（赵铁珍等，2011）。

美国没有颁布《森林法》，由国会通过、总统颁布的各种法规对指导森林经营活动起着重要作用，因为他们的提出都是针对不同时期森林的状况和经营中的问题。为了保证这些法规的实施，林业局官员在广泛听取意见后，编制 10 年规划，每隔 5 年修订一次。这些规划一经确定就不得任意变更，以维护法规的尊严。各州也根据本州的情况编制自己的法案，以指导地方的林业事务。

美国有一系列投资和税收政策来鼓励长期的林业资源投入，对市场的激励信号长期不变，而且在联邦、州和地方各层面都有政策，涉及个人所得税、资产税等。为鼓励积极的木材经营，联邦和州对木材生产的个人所得税实行费用减免，与农业生产类似；木材的收入税按照长期资本收益率来计算，所以低于中等或高收入人群的税率。但美国的森林也面临着一些问题，包括病虫害、破碎化和人类活动的干扰（USDA，2011）。

（一）森林资源

美国森林资源清查有较长的历史。1999 年以前，每 10 年一次；之后改为年度调查，即每年从每个州收集数据，使数据更为系统、细化和精确。到 2010 年，只有怀俄明州、新墨西哥州、阿拉斯加还未纳入年度调查。通过年度调查，美国联邦政府可以得到每年的森林资源清查数据、森林健康状况和采伐数据。目前还掌握了 2003 年以后公有林地上的非木制林产品数据，但私人林地的相关数据还不完整。

美国目前的森林资源面积 3.10 亿 hm^2，人均森林面积 0.96 hm^2，森林覆盖率为 33.90%。森林蓄积达到 407 亿 m^3（FAO，2016d），仅次于巴西、俄罗斯，是世界第 3 大森林资源丰富的国家。目前美国的林业用地①面积已经稳定保持了 50 年，为 2.08 亿 hm^2，占森林面积的 69%。林业用地面积最集中的区域是南部，95% 的林地属于林业用地。北部的森林也同样以林业用地为主，但总面积比南部少 20%。落基山脉和西部太平洋沿岸地区森林面积少，且多为保护用地。阿拉斯加森林面积大，但林业用地只占总面积的 7%

---

① 根据美国林务局定义，林地面积至少 1 英亩（约 0.4 hm^2），且至少 10% 的面积为林木覆盖，林木大小不限；以前是林地，目前没有改变用途的仍算作林地。

平均而言，美国的林业用地实际生长量为每年每公顷 3.57 m³，而可以达到的最大生长量为 2.18 m³（FAO，2015），这之间的差距主要由于不同的林地所有者和林业的多种经营目的（表3-6）。

表 3-6　1990 – 2015 年美国林木年生长量（百万 m³，含树皮）

	年份	总生长量	针叶林	阔叶林
森林	1990	33223	19894	13329
	2000	35556	21339	14217
	2005	36523	21530	14993
	2010	38582	22353	16229
	2015	40699	23282	17416
其他林地	1990	406	324	82
	2000	408	326	82
	2005	410	328	82
	2010	412	330	82
	2015	414	331	83

数据来源：FAO. Global Forest Resources Assessment 2015 – Country Report of the US, P27。

由于稳定的所有权和土地利用性质，美国森林面积从上个世纪初开始基本保持稳定，而蓄积量持续增加，如 1953 年美国阔叶木蓄积量仅 52.10 亿 m³，到 2015 年已增至 174.16 亿 m³（FAO，2016d），增幅达 2.34 倍。森林蓄积量的增加主要在北部和南部，西部森林蓄积量增加较小。目前美国的森林生长量超过采伐量，基本实现了可持续经营。

（二）森林分布

美国的森林树种丰富，超过 800 种。其中阔叶林面积 1.17 亿 hm²，主要分布在北部和南部。橡树、山胡桃是最重要的树种，面积达到 0.56 亿 hm²，占美国森林面积的 19%，达到阔叶林面积的一半。其次是枫树、山毛榉、桦树林，主要分布在东部。这 2 种主要树种的面积之和达到美国森林面积的 2/3 左右。

美国的针叶林主要分布在西部和南部，分别为 1.27 亿 hm² 和 2792 万 hm²，松树是最主要树种。在阿拉斯加，云杉树和桦树为主，其次是花旗松。美国的针阔混交林分布在南部，橡树、松树混交林 1214 万 hm²，橡树、胶柏混交林 809 万 hm²。

美国主要有三大林区：西北部、东部和东南部。西北部林区又划分为西海岸和内陆两个区。西海岸林区，雨量充沛，主要树种是花旗松，其次有云杉、冷杉、铁杉、落叶松、侧柏，形成针叶树混交林。内陆区比较干旱，主要树种有西部白松、西部黄松、小干松、落叶松，形成针叶纯林或混交林。东部林区主要是阔叶林，树种多样，包括橡树、胡桃、枫树、榉树、桦树等。东南部沿海有大片的针叶林和人工林。

2015 年美国有天然林面积 7530 万 hm²，占森林面积的 24.30%；次生林面积 20843.10 万 hm²，占森林面积的 67.20%；人工林面积 2636.40 万 hm²，只占森林面积的 8.50%。美国从 1982 年以来每年种植 81 万 hm² 多种当地树种的人工林，很大一部分是优良品种。美国人工林面积一直在增加，1990 年为 1793.80 万 hm²，2000 年增加到 2256.00 万 hm²，2005 年增加到 2442.50 万 hm²，2010 年增加到 2556.40 万 hm²，2015 年增长到 2636.40

万 hm²。

美国其他林地面积在 1990 年为 1505.00 万 hm²，2000 年增加到 1557.70 万 hm²，2005 年下降到 1545.20 万 hm²，2010 年又增加到 1596.20 万 hm²，2015 年增长到 2127.90 万 hm²。

美国红树林面积在 2000 - 2015 年保持在 23.60 万 ~ 24.30 万 hm²。

美国森林蓄积量在 1990 年为 332.23 亿 m³，2000 年增加到 355.56 亿 m³，2005 年增加到 365.23 亿 m³，2010 年增加到 385.82 亿 m³，2015 年增加到 406.99 亿 m³（FAO，2016d）。

（三）森林权属

美国森林按权属划分为公有林和私有林，公有林包括国有林（联邦所有）、地方林（州及县市地方所有），私有林包括个人林（私人林场主所有）、私营林（企业所有）和社区林（社团所有）。在北部和南部，81% 的森林为私人所有；在西部这一比例只有 30%，原因是由于西部开发较晚，并且山地和不毛之地很多。总体上，美国 60% 左右的森林（1.8 亿 hm²）为 1100 万私营业主所有（表 3-7）。

表 3-7　美国森林面积权属分布（万 hm²）

年份	公有林			私有林				合计
	小计	国有林	地方林	小计	个人林	私营林	社区林	
1990	12011.90	9253.00	2758.90	18233.10	5228.70	11604.40	1400.00	30245.00
2000	12454.90	9643.70	2811.20	17898.70	5309.50	11164.10	1425.10	30353.60
2005	12493.60	9548.70	2945.00	17982.10	5913.80	10618.30	1450.00	30475.70
2010	12997.40	9767.30	3230.10	17874.60	5728.30	10646.90	1499.40	30872.00
2015	13055.29	9810.80	3244.49	17954.21	5753.81	10694.32	1506.08	31009.50

数据来源：FAO. Global Forest Resources Assessment 2015 - Country Report of the US, P82 ~ 83（FAO，2016d）。

联邦所有林占森林总面积的近 32%，由联邦的几个部门所有和管理，包括：农业部的林业局；内政部的土地管理局、国家公园局、美国鱼类和野生生物局、印第安事务局；国防部。林业局是农业部内最大的机构，分支可到达县市级，为基层的联邦林管理提供服务和支持。联邦各州负责指导私人林地的管理，同时也管理州辖的森林。到县和市级，分别管理县市的林地。森林权属对于森林经营的政策和实践有深刻影响。公有林所有权更有利于自然资源保护，美国西部公共土地政策对森林状况有更明显影响。

（四）林产品生产

美国林业在全国的经济总量中占比很小，但因为美国是林业资源大国，因此美国木材生产和消费的变化对世界林业贸易有一定影响。同时，美国林产工业是美国生产领域的重要组成部分，美国的锯木厂和木材防腐加工业在美洲雇佣了 8 万名工人，相当于带来每年接近 30 亿美元的工资收入。另外还有 23 万工人直接依赖于锯木厂生存。美国的锯木厂、林产品生产企业和木材防腐加工企业超过 1400 家（USDA，2015）。根据 FAO 林产品贸易数据库资料，美国木材产品产量近年来有所减少，木材加工产品种类齐全。

1. 木材产品生产

近 15 年来，美国木材产品产量总体上呈下降趋势。其中，原木产量降幅较大，由 2000 年的 46654.90 万 m^3 降至 2015 年的 39902.34 万 m^3（FAO，2016a），降低了 14.47%；木质燃料产量下降较小，锯材原木与单板原木产量下降明显；纸浆材产量有所增长，其他工业用原木产量增长接近翻倍；工业用原木比重在 85.34%~88.68%，保持绝对优势（表 3-8）。

表 3-8   2000－2015 年美国木材产品产出（万 m^3）情况

年份	原木	木质燃料	工业用原木		其他工业用原木
			锯材与单板原木	纸浆材	
2000	46654.90	4593.00	24269.80	16942.60	849.50
2001	44911.40	4590.20	23048.30	16368.10	904.80
2002	44800.00	4304.20	23457.80	16139.10	898.90
2003	44851.33	4290.03	23001.20	16659.60	900.50
2004	46173.92	4360.82	24795.80	16116.80	900.50
2005	46734.74	4389.14	25363.60	16081.50	900.50
2006	45704.80	4491.40	24225.90	16081.30	906.30
2007	42512.88	4635.78	22300.00	14656.80	920.30
2008	38050.88	4361.38	18919.90	13948.40	821.20
2009	33252.77	4043.67	14722.80	13655.20	831.30
2010	37657.17	4043.67	14811.90	17970.50	831.10
2011	39514.07	4043.67	15866.60	18382.10	1221.70
2012	38751.20	4043.60	15022.30	18444.80	1240.50
2013	39681.78	4188.08	15332.30	18639.00	1522.40
2014	39869.28	4188.08	15678.40	18480.40	1522.40
2015	39902.34	4434.50	16047.10	17930.34	1490.40

数据来源：http://faostat3.fao.org/download/F/FO/E。

2. 木材加工产品

美国木材加工产业发达，主要集中在原木制材业、人造板产业和制浆造纸业。

（1）原木制材业。美国的原木制材业的木材利用程度与锯材出材率都很高。2015 年，在国内原木消耗量仅为 38715.49 万 m^3（FAO，2016a）的情况下，美国出产了 7690.40 万 m^3 的锯材、1380.00 万 m^3 的木材剩余物以及 5026.40 万 m^3 的木片与碎料。而在原木制材业的所有产品中，锯材占有最大份额，其次是木片和碎料，木炭的产量微乎其微。2000－2015 年，锯材及木片和碎料的产量波动性减少（表 3-9），减幅分别为 15.56%、30.11%。

（2）人造板产业。美国人造板产业产品种类齐全，主要包含碎料板、胶合板和中密度纤维板，且以碎料板为主（FAO，2016a）。总的来说，2000－2015 年，美国人造板产量略有下降，其中碎料板产量下降了 24.94%，而中密度纤维板产量则略有增长（表 3-10）。

表 3-9　2000 - 2015 年美国原木制材业产出情况

年份	原木 （万 m³）	木片和碎料 （万 m³）	木材剩余物 （万 m³）	锯材 （万 m³）	木炭 （万 t）
2000	46654.90	6652.80	1974.50	9107.60	92.51
2001	44911.40	6199.20	1796.00	8601.53	90.99
2002	44800.00	6335.20	1827.90	8864.27	95.94
2003	44851.33	6150.50	1648.10	8615.88	98.22
2004	46173.92	6532.30	1756.30	9306.72	93.03
2005	46734.74	6718.30	1832.80	9701.96	94.00
2006	45704.80	6418.90	1800.20	9290.34	90.18
2007	42512.88	5887.50	1684.60	8537.70	90.16
2008	38050.88	5011.40	1540.90	7286.93	91.65
2009	33252.77	3832.10	970.60	5427.60	92.35
2010	37657.17	4199.10	1175.70	6001.34	107.00
2011	39514.07	4369.20	1165.40	6317.38	103.80
2012	38751.20	4620.30	1232.80	6747.40	103.90
2013	39681.78	4841.40	1319.80	7111.50	98.23
2014	39869.28	5026.40	1380.00	7583.33	98.23
2015	39902.34	5026.40	1380.00	7690.00	98.23

数据来源：http：∥faostat3. fao. org/download/F/FO/E。

表 3-10　2000 - 2015 年美国人造板产出（万 m³）情况

年份	人造板	纤维板	胶合板	碎料板	单板	年份	人造板	纤维板	胶合板	碎料板	单板
2000	4572.30	699.00	1727.10	2116.20	30.00	2008	3557.65	663.64	1037.57	1816.43	40.00
2001	4029.56	582.84	1541.67	1865.05	40.00	2009	3436.58	891.94	893.41	1611.23	40.00
2002	4104.97	639.50	1530.70	1894.78	40.00	2010	3259.23	819.54	939.69	1460.00	40.00
2003	4273.83	670.80	1486.98	2076.05	40.00	2011	3204.98	758.48	936.51	1470.00	40.00
2004	4451.43	745.54	1483.35	2182.54	40.00	2012	3145.90	813.10	949.30	1343.50	40.00
2005	4478.91	771.89	1444.94	2222.08	40.00	2013	3346.24	819.74	968.02	1518.48	40.00
2006	4435.87	793.31	1365.11	2237.45	40.00	2014	3376.06	826.74	945.17	1564.15	40.00
2007	4091.11	707.55	1240.15	2103.41	40.00	2015	3379.69	826.74	924.46	1588.49	40.00

数据来源：http：∥faostat3. fao. org/download/F/FO/E。

（3）制浆造纸业。美国制浆业的规模较大，产量也相对较大。其中，制浆业不光规模较大，其产品种类也很齐全，主要有机械木浆、化学木浆和半化学木浆。但由于近年来造纸业的萎缩，美国的制浆业产量略有减少，导致其规模有一定程度的缩减（FAO，2016a）。2000 - 2015 年，木浆产量由 5783.09 万 t 减至 4936.80 万 t；同期纸和纸板的产量由8625.23 万 t 减至 7239.70 万 t（表 3-11）。

表 3-11　2000 – 2015 年美国木浆及纸和纸板产出(万 t)情况

年份	木浆	纸和纸板	回收纸	年份	木浆	纸和纸板	回收纸
2000	5783.09	8625.23	4337.00	2008	5289.89	8017.84	4683.59
2001	5368.01	8124.88	4121.24	2009	4904.60	7135.55	4548.73
2002	5356.86	8187.91	4159.70	2010	5090.59	7577.28	4685.91
2003	5319.67	8071.22	4303.40	2011	5111.46	7500.17	4797.00
2004	5447.20	8208.44	4407.65	2012	5020.05	7418.70	4644.73
2005	5481.93	8369.73	4505.77	2013	4905.56	7332.32	4547.51
2006	5372.91	8431.69	4660.20	2014	5010.66	7309.33	4642.13
2007	5563.56	8391.60	4776.08	2015	4936.80	7239.70	4732.85

数据来源：http：//faostat3.fao.org/download/F/FO/E。

三、国际贸易

美国是贸易大国，2015 年商品和服务贸易总额规模达到 6.24 万亿美元，居世界第 1 位；其中商品贸易总额 3.81 万亿美元、服务贸易总额 2.43 万亿，分别居世界第 2 位和第 1 位，商品贸易额仅次于中国(WTO，2016)。多年来美国保持较高的商品贸易赤字，2000 – 2015 年规模都在 4500 亿~8920 亿美元；除农产品和林产品外，其他领域都表现为赤字。但服务贸易一直保持 1210 亿~4730 亿美元的顺差(表 3-12)。

表 3-12　2000 – 2015 年美国商品贸易额(万亿美元)

年份	商品贸易			服务贸易			商品与服务贸易		
	出口额	进口额	贸易额	出口额	进口额	贸易额	出口额	进口额	贸易额
2000	0.782	1.259	2.041	0.572	0.425	0.996	1.354	1.684	3.037
2001	0.729	1.179	1.908	0.550	0.420	0.971	1.279	1.599	2.879
2002	0.693	1.200	1.893	0.566	0.437	1.003	1.259	1.637	2.896
2003	0.725	1.303	2.028	0.585	0.464	1.049	1.310	1.767	3.077
2004	0.815	1.526	2.341	0.677	0.538	1.215	1.492	2.064	3.556
2005	0.901	1.733	2.634	0.746	0.597	1.343	1.647	2.330	3.977
2006	1.026	1.918	2.944	0.831	0.675	1.506	1.857	2.593	4.450
2007	1.148	2.020	3.169	0.976	0.739	1.715	2.124	2.759	4.884
2008	1.287	2.169	3.457	1.070	0.814	1.884	2.357	2.983	5.341
2009	1.056	1.605	2.661	1.029	0.768	1.797	2.085	2.373	4.458
2010	1.278	1.969	3.248	1.132	0.816	1.948	2.410	2.785	5.196
2011	1.483	2.266	3.749	1.263	0.873	2.136	2.746	3.139	5.885
2012	1.546	2.337	3.882	1.322	0.909	2.231	2.868	3.246	6.113
2013	1.580	2.329	3.909	1.388	0.936	2.324	2.968	3.265	6.233
2014	1.621	2.413	4.033	1.437	0.964	2.401	3.058	3.377	6.434
2015	1.505	2.308	3.813	1.437	0.993	2.430	2.942	3.301	6.243

数据来源：http：//stat.wto.org/Home/WSDBHome.aspx? Language = E。

(一)商品贸易

2015 年美国商品出口额 1.5 万亿美元，列世界第 2 位、仅次于中国；出口产品主要有大豆、水果、玉米等农产品，占总出口额的 9%；工业品出口占 27%，汽车、药品等消费产品占 15%；包括晶体管、飞机、汽车零件、计算机、通讯设备等生产资料类货物占 49%。

2015 年美国商品进口额达 2.30 万亿美元，居世界第 1 位、占世界商品进口总额的 13.89%，比第 2 位中国高出 6000 亿美元(UN，2016)，包括农产品、工业原料、原油、汽车、药品、家具，以及计算机、通讯设备、汽车零件、办公设备等生产资料类货品。

(二)服务贸易

美国是世界上最大的服务市场。2012 - 2015 年美国服务市场占当年 GDP 的 3/4 强，均高达 10 万亿美元以上。美国也是最大的服务贸易国，在国际服务市场上有强大竞争力，进、出口都在显著增长，且均列世界第一。2015 年服务出口额达 1.437 万亿美元，占世界总出口额的 14.90%；比第 2 位英国和第 3 位中国的出口额分别高出 7.71 和 8.97 个百分点。同时，美国服务贸易进口额 9930 亿美元，在全球市场占 10.74%(UN，2016)。美国最重要的服务贸易为旅行和游客票款，其次是专业服务①，包括教育、医疗、法律和管理咨询等。

(三)美中贸易

根据贸易额，美国国际贸易委员会(ICT)认定中国、欧盟、日本、墨西哥和俄罗斯是美国最大的贸易伙伴。2000 - 2015 年美国与中国之间的商品及服务贸易额统计如表 3-13 所示(UN，2016)。

表 3-13　2000 - 2015 年美国与中国的商品及服务贸易额(亿美元)

年份	商品贸易			服务贸易			商品与服务贸易		
	出口	进口	贸易	出口	进口	贸易	出口	进口	贸易
2000	162.52	1076.15	1238.67	50.22	31.86	82.08	212.74	1108.01	1320.75
2001	192.34	1093.80	1286.14	54.18	35.51	89.69	246.52	1129.31	1375.83
2002	220.52	1334.84	1555.36	58.07	40.54	98.61	278.59	1375.38	1653.97
2003	284.17	1632.50	1916.67	57.81	38.18	95.99	341.98	1670.68	2012.66
2004	347.21	2105.17	2452.38	73.62	56.13	129.75	420.83	2161.30	2582.13
2005	418.35	2598.29	3016.64	85.25	61.86	147.11	503.60	2660.15	3163.75
2006	552.24	3057.79	3610.03	106.07	93.37	199.44	658.31	3151.16	3809.47
2007	652.38	3401.07	4053.45	129.98	107.15	237.13	782.36	3508.22	4290.58
2008	714.56	3563.05	4277.61	151.81	93.87	245.68	866.37	3656.92	4523.29
2009	695.76	3095.30	3791.06	159.69	82.63	242.32	855.45	3177.93	4033.38
2010	919.11	3829.65	4748.76	217.96	104.17	322.13	1137.07	3933.82	5070.89
2011	1041.21	4173.40	5214.61	275.81	114.60	390.41	1317.02	4288.00	5605.02
2012	1105.17	4443.86	5549.03	322.99	128.99	451.98	1428.16	4572.85	6001.01
2013	1217.21	4591.08	5808.29	365.30	139.90	505.20	1582.51	4730.99	6313.49
2014	1236.76	4862.96	6099.72	411.34	141.63	552.97	1648.10	5004.59	6652.69
2015	1161.86	5026.32	6188.18	484.44	151.08	635.52	1646.30	5177.40	6823.70

数据来源：http://comtrade.un.org/data/；2015 年美中服务贸易数据来源：http://www.bea.gov/scb/pdf/2016/12%20December/1216_ international_ services_ tables.pdf。

---

① ITC 对服务的划分包括：专业服务(教育、医疗、法律和管理咨询服务)；电子服务(音像、计算机和通讯服务)；金融服务(银行业、保险、证券或租赁服务)；以及物流服务(后勤、零售和运输)。

近年来，美国最大的商品进口来源地是中国。2015 年美国对华商品贸易逆差达到 3864 亿美元，比 2000 年的 914 亿美元增加了 3.23 倍（UN，2016），是美国在国际贸易中的最大逆差国。从双边商品贸易结构看，美国对华出口增加主要在农产品、铜和飞机等领域；对华出口减少则发生在铁矿石、钢铁、油漆等产品（ITC，2015）；同期，中国对美出口增加主要体现在电子产品、家具和灯具等，对美出口减少最重要的是核材料。同时，美国最大的服务出口地也是中国。2015 年美国对华服务贸易顺差达 333 亿多美元（UN，2016），比 2000 年的 18 亿多美元增加了 17.16 倍。

美国林业资源丰富，生产的主要林产品包括原木、锯材、各种板材、纸浆、纸和纸板、木制家具、天然橡胶和棕榈油等。同时美国国内林产品消费需求旺盛，一直以来都是世界上最重要的林产品贸易国之一（中国木业网，2012）。2008 年经济危机以前，美国的林产品进口量位居世界前 3（USDA，2011）。经济危机爆发后，美国和世界经济受到冲击，美国国内林产品生产和消费呈现出一定的下降趋势，但目前美国仍是世界最重要的林产品贸易国之一。

美国是中国最大的林产品贸易伙伴，中国的木质家具、木地板、人造板等林产品占美国进口林产品的 50% 左右。根据海关数据统计，在 2008 年出口的全部木质家具中，销往美国的达 45.35 亿美元，占总出口的 41.10%。2009 年，我国与美国林产品贸易额为 172 亿美元，增长 32.00%，其中出口 110.7 亿美元，增长 25.00%。经济危机发生后的 2010 年，美国依然为我国家具、胶合板等主要林产品的最大进口国（丛磊，2013）。与此同时，近年来中国从美国进口的木材量也显著增加，目前美国是对华锯材、纸浆、纸板等产品的重要出口国之一。

作为世界上最重要的林产品贸易国，中国和美国在木材合法性、珍稀树种保护方面做出了很大努力。在第一次中美战略经济对话上，双方就签订了《打击非法采伐及相关贸易谅解备忘录》，并正式启动了双边论坛。中美双方达成了林产品贸易数据交换方案，不断探讨木材合法性认定方法和公共与私营合作等相关问题，为正确分析两国林产品贸易数据差异，减少贸易摩擦，维护正常、健康和可持续林产品贸易奠定了基础（木材网，2015）。

然而，随着中美林产品贸易的不断发展，贸易摩擦不断增加。2003 年美国对中国木制卧室家具提出反倾销调查，涉案企业 130 多家，金额 9.6 亿美元，2004 年终裁征收 0.83%~198% 不等的反倾销税；2005 年美国对中国文具纸反倾销案，涉案金额 1.25 亿美元；2005 年对中国木地板锁扣专利技术侵权发起"337"调查，2007 年签发普遍排除令限制相关产品进入美国，涉案企业 18 家；2006 年对中国铜版纸同时提起反倾销和反补贴调查，涉案金额 1.2 亿美元，2007 年裁定征收 10.9%~20.4% 的临时反补贴税；2007 年美国对中国木地板和胶合板"332"调查正式启动（田明华等，2008）；2010 年美国针对中国出口美国的多层木地板产品（除竹地板、软木地板和强化木地板），开展反倾销和反补贴（"双反"）调查，针对原告方是美国地板企业联盟，其中联盟轮值主席的安德森集团与我国一些品牌地板企业有长期合作，被告方是中国复合木地板生产商和出口商，仅美方列入名单的就有 169 家，涉及金额 100 多亿人民币（新浪家居，2010）。2011 年 11 月 13 日，美国宣布对中国多层木地板收 58.84% 的反倾销税以及 26.73% 反补贴税（陈亮，2011）；2012 年 10 月，美国商务部宣布对从中国进口的硬木和装饰用胶合板发起反倾销和反补贴（"双反"）调查，共有 74 个 10 位税号的胶合板产品被纳入调查范围，涉案产品包括两层或多层单板加上芯板用胶水胶合而成，"硬木胶合板"即为俗称的"装饰胶合板"，本案中的"硬木"包含了硬木、软木和竹子等材料，涉案金额达 6.165 亿美元(法制网，2012)。

(四)林产品贸易

美国森林资源在过去的一个多世纪中保护良好，但林产品产出与消费相比呈下降趋势(USDA，2015)，国内产出不足都由进口来补充。美国是林产品净进口国，但也出口大量林产品。主要的进口产品包括锯木和板材，出口大量木浆、纸和原木，但出口量远小于进口量(折合原木)。

20 世纪 50～70 年代，美国林产品进口就已经大于出口，主要进口木材(多为软木)、木浆和纸板。1972 年，加拿大和前南斯拉夫是最大的对美木制家具出口国，欧盟对美木制品出口占美国总进口的 60%(Luppold et al，2011)。1973 年净进口占国内消费量的 12%，进口额比出口额高出 14 亿美元，因此引发了是否应该减少净进口的讨论。尽管有些人士认为应该调整美国林产品进出口结构，即减少进口，但事实上，1965－2005 年，美国木材和纸制品进口量占消费的比重从 13% 增加到 30%。这 30 年间，出口占产出的比例曾有所增加，并在 1991 年达到最高(16%)，但其后就出现了下降，2006 年仅为 10%。

1990－2006 年，美国林产品进口额增长了 73%，但 1999 年以后增长缩小；同期，出口增长了 15%，在 2000 年以后出现减少(USDA，2011)。总体上，美国林产品进口额不断提高，出口额呈下降趋势。从折算成原木的数量看，进口量更大，出口量趋于下降。

2007－2015 年，美国林产品贸易经历了从赤字到顺差的转变。2008 年林产品贸易赤字 69 亿美元，2009 年赤字减少；2010 年开始呈现出口盈余，2011 年顺差已达 30 亿美元，2012 年盈余有所减小。

美国是世界上重要的林产品贸易国。从美国农业部全球农业贸易系统(GATS)和 FAO 及联合国(UN)贸易数据可知，美国在木材和木制品进口上仍然处于领先地位，并且表现出比较强劲的增长势头(表 3-14)。

表 3-14　2013－2015 年美国林产品进口统计(金额单位：亿美元)

林产品种类	数量单位	2013		2014		2015	
		数量	金额	数量	金额	数量	金额
木片	万 m³	8.02	0.0506	8.79	0.0514	9.78	0.0540
木炭	万 t	7.89	0.4062	8.80	0.4691	10.10	0.5751
原木	万 m³	106.65	0.9729	106.15	1.0172	134.00	1.0850
锯材	万 m³	2051.26	50.3321	2224.16	57.2634	2449.73	54.7328
单板	万 m³	27.50	3.3733	40.11	6.2791	31.85	3.3583
纤维板	万 m³	166.44	9.7125	183.42	10.8060	191.82	11.3662
胶合板	万 m³	282.90	20.7199	287.20	23.1409	425.30	26.8146
纸浆	万 t	535.31	30.6848	559.99	33.4067	523.35	31.4258
废纸	万 t	81.10	1.2324	78.00	1.1320	70.60	1.0077
印刷品	万 t	492.48	46.6996	487.80	46.2379	451.47	41.5432
木家具	万件	—	151.7986	—	163.3170	—	180.8437
合计		—	315.9829	—	343.1472	—	352.8064

资料来源：http：//faostat3. fao. org/download/F/FO/E(木质林产品)；http：//comtrade. un. org/data/(木家具，包括 940161、940169、940330、940340、940350、940360 六类)。

1. 概况

据 FAO 贸易数据库资料,2000 - 2015 年,美国主要木质林产品贸易额维持在
362.37 亿~517.33 亿美元(表 3-15)。美国林产品贸易的产品集中度很高,最大宗的贸易
产品为纸和纸板。原木、锯材、人造板、木浆和纸与纸板 5 种主要林产品的贸易额经历了
先减少后增长的过程,但比重保持在 89.6% 以上;其中,纸与纸板贸易额占比虽由
43.87% 降至 38.23%,但仍居世界首位(FAO, 2016a)。

表 3-15 2000 - 2015 年美国 5 种主要林产品贸易额(亿美元)及其占比(%)

年份	原木	锯材	人造板	木浆	纸和纸板	林产品贸易总额	纸和纸板占比	5 种产品占比
2000	16.7160	92.4108	43.7993	65.3080	185.7830	423.4538	43.87	95.41
2001	14.6067	86.0062	42.2024	52.0093	174.2350	384.1899	45.35	96.06
2002	14.4891	83.1499	46.7365	49.0641	163.1220	372.3507	43.81	95.76
2003	14.4123	76.7997	58.3480	51.2271	167.8545	387.1747	43.35	95.21
2004	16.7301	112.4621	80.2159	57.1293	186.1062	473.0749	39.34	95.68
2005	17.6123	109.5176	81.0396	61.6785	197.7740	490.9007	40.29	95.26
2006	17.7613	105.3197	77.1754	66.0615	208.5899	501.7894	41.57	94.64
2007	19.0272	84.6026	61.1601	75.7685	209.6825	485.1745	43.22	92.80
2008	17.7549	61.4061	47.9892	84.7308	205.8341	455.8316	45.16	91.64
2009	14.4905	41.9231	39.4628	64.1642	170.4424	362.3724	47.04	91.20
2010	19.3490	56.3589	42.9736	90.9773	173.8514	424.0272	41.00	90.44
2011	23.3509	59.1136	41.9288	99.3569	177.1599	447.3359	39.60	89.62
2012	27.4238	64.8433	52.3954	89.4969	191.7869	469.2049	40.87	90.78
2013	25.2719	81.1524	59.1933	90.7722	196.6292	494.2723	39.78	91.65
2014	25.8981	92.4202	63.9862	93.6104	198.0974	517.3310	38.29	91.63
2015	18.7326	85.7765	64.2634	88.1840	186.2184	487.1292	38.23	90.98

数据来源:http://faostat3.fao.org/download/F/FO/E。

2. 进口

美国林产品进口以锯材、纸和纸板及人造板为主,其中,锯材与纸和纸板的进口量小
于自身产出;原木进口则以工业用原木为主;人造板进口集中在胶合板、碎料板与纤维板
上。2000 - 2015 年,进口量前 3 的锯材、纸和纸板及人造板的进口额在林产品进口总额中
的比重一度高达 89.49%,最小值也有 78.29%(FAO, 2016a)。同时,美国林产品进口受
2008 年全球经济危机的影响很大,绝大部分林产品进口量自 2008 年开始发生明显转折(表
3-16 和表 3-17)。

3. 出口

美国林产品出口以原木、锯材、人造板、木浆及纸和纸板为主,但除原木外,其他林
产品的规模和价值量相对于进口来说都较小。其中,原木的出口量大大超出其进口量,始
终存在着原木贸易的顺差;纸和纸板的出口一开始小于进口,但 2000 - 2015 年出口量逐
年增加,而进口量逐年减少,直至 2010 年,出口超过进口(FAO, 2016a),实现了纸和纸
板贸易的顺差(表 3-18 和表 3-19)。

表 3-16　2000－2015 年美国主要林产品进口量

年份	原木（万 m³）			锯材（万 m³）	人造板（万 m³）					木浆（万 t）	纸和纸板（万 t）
	小计	工业用原木	木质燃料		小计	单板	胶合板	碎料板	纤维板		
2000	257.10	245.30	11.80	3439.08	1393.30	128.00	238.50	828.60	198.20	659.60	1627.89
2001	256.22	242.99	13.23	3522.63	1504.98	125.60	300.95	854.20	224.23	666.64	1552.45
2002	285.17	268.73	16.44	3741.64	1675.21	138.90	389.05	897.70	249.56	657.48	1594.08
2003	272.07	255.14	16.93	3788.98	1783.28	132.20	424.88	956.82	269.37	606.99	1663.85
2004	258.78	243.65	15.13	4399.21	2107.66	170.35	590.01	1022.55	324.76	610.17	1751.32
2005	375.39	356.93	18.45	4350.44	2073.06	53.37	618.10	1071.60	329.99	613.46	1675.64
2006	309.15	292.15	17.00	4010.92	2040.07	46.90	639.27	1024.69	329.21	634.64	1652.38
2007	235.44	224.17	11.27	3216.81	1467.45	36.30	439.72	703.20	288.23	619.86	1496.39
2008	155.16	143.00	12.16	2213.58	919.51	26.20	305.93	398.80	188.58	571.02	1328.03
2009	80.11	69.63	10.47	1541.92	733.44	18.43	264.67	307.11	143.23	459.75	1024.29
2010	90.00	81.63	8.37	1657.58	774.65	19.59	255.08	288.13	211.85	559.14	993.81
2011	106.41	95.85	10.56	1642.32	792.74	21.52	263.17	301.56	206.49	554.99	918.01
2012	127.90	116.71	11.19	1740.90	882.78	25.00	311.30	351.90	194.58	519.90	922.88
2013	106.65	92.60	14.04	2051.26	881.95	27.50	282.90	405.10	166.44	554.51	976.68
2014	106.15	90.91	15.25	2224.16	960.92	40.11	287.30	450.80	183.42	575.59	1002.30
2015	134.00	119.60	14.00	2449.73	1155.94	31.85	425.30	506.70	191.82	535.29	948.48

数据来源：http：//faostat3.fao.org/download/F/FO/E。

表 3-17　2000－2015 年美国主要林产品进口额（亿美元）

年份	原木	工业用原木	木质燃料	锯材	人造板	单板	胶合板	碎料板	纤维板	木浆	纸和纸板
2000	2.2261	2.1860	0.0401	70.6050	33.7213	4.5477	8.5584	15.3066	5.3086	32.7478	117.0655
2001	1.9893	1.9443	0.0450	68.4705	33.3180	4.1983	9.7382	12.5268	6.8547	25.6933	112.3971
2002	2.1979	2.1420	0.0559	66.2506	37.4603	4.5468	12.2535	13.0572	7.6029	22.9418	103.6775
2003	2.0001	1.9425	0.0576	59.8887	49.3065	4.3681	13.8940	22.3021	8.7424	25.2726	106.9241
2004	2.1246	2.0505	0.0741	92.1049	70.0433	5.4163	20.7133	31.5619	12.3518	28.4457	119.2640
2005	3.0264	2.9452	0.0812	89.8775	70.9674	5.7505	21.8037	29.6352	13.7780	29.6999	124.7979
2006	3.0570	2.9752	0.0818	83.2160	66.1198	5.4287	25.5894	21.6847	13.4170	31.1141	130.8794
2007	2.1939	2.1173	0.0766	64.7841	49.7291	4.7612	20.5097	12.5509	11.9074	36.1402	120.8019
2008	1.2098	1.1275	0.0823	44.2554	36.6956	3.7715	16.0098	7.8265	9.0879	38.6523	119.4835
2009	0.8528	0.7819	0.0709	26.5253	28.9205	2.3753	12.6881	5.7972	8.0599	23.8613	89.0660
2010	0.7600	0.6829	0.0771	34.1205	31.5626	2.6306	13.9007	7.9815	7.0498	37.3182	88.7338
2011	0.7441	0.6576	0.0865	33.8822	30.5223	2.6572	13.5724	7.1065	7.1862	38.3743	88.4614
2012	1.0125	0.8972	0.1153	38.9038	40.4095	3.1214	19.0618	9.8942	8.3322	32.5781	91.8387
2013	0.9729	0.8704	0.1025	50.3321	47.3378	3.3733	20.7199	13.5322	9.7125	33.6611	94.7229
2014	1.0172	0.9059	0.1113	57.2634	52.4742	6.2791	23.1409	12.2483	10.8060	35.5540	97.1945
2015	1.0850	0.9136	0.1714	54.7328	53.9065	3.3583	26.8146	12.3674	11.3662	33.0856	91.0817

数据来源：http：//faostat3.fao.org/download/F/FO/E。

表 3-18　2000－2015 年美国主要林产品出口量

年份	原木（万 m³）			木片和碎料（万 m³）	锯材（万 m³）	人造板（万 m³）				木浆（万 t）	纸和纸板（万 t）
	小计	工业用原木	木质燃料			小计	胶合板	碎料板	纤维板		
2000	1215.66	1195.20	20.46	825.40	512.89	283.80	67.30	62.90	49.80	581.60	913.90
2001	1161.02	1141.19	19.83	617.89	452.96	261.84	53.03	63.65	48.26	559.44	835.61
2002	1129.85	1106.75	23.10	441.13	452.03	281.09	52.26	68.07	51.37	567.33	822.54
2003	1044.21	1028.85	15.37	361.13	436.50	264.57	51.17	58.42	46.78	530.46	834.87
2004	1051.53	1040.15	11.38	392.00	441.75	293.95	52.50	56.90	62.86	564.38	903.29
2005	993.77	981.53	12.24	388.00	437.97	208.16	50.30	50.30	69.30	581.75	961.00
2006	977.27	963.77	13.50	353.35	460.66	218.88	49.15	50.98	81.71	619.83	964.45
2007	1006.50	994.95	11.55	479.30	412.81	230.40	44.31	60.10	91.52	647.36	1097.16
2008	1042.01	1020.01	22.00	600.64	370.26	249.79	59.61	75.30	95.89	707.69	1013.01
2009	984.96	961.85	23.10	456.48	360.37	196.11	52.94	37.71	85.23	704.34	910.07
2010	989.81	964.07	25.74	501.63	495.98	236.27	87.11	33.79	92.50	788.44	1029.95
2011	997.17	940.52	56.65	556.41	575.80	239.64	83.71	38.10	95.71	884.23	1133.90
2012	1471.13	1416.90	54.23	591.25	587.00	263.55	91.35	49.50	107.91	791.22	1211.97
2013	1512.81	1469.97	42.83	530.76	659.54	241.88	88.78	56.40	82.67	807.98	1212.19
2014	1429.42	1396.22	33.20	549.93	694.23	228.67	82.67	60.20	71.98	787.54	1206.63
2015	1186.85	1149.80	37.05	515.09	629.93	181.86	64.30	38.04	64.17	773.23	1159.85

数据来源：http：//faostat3. fao. org/download/F/FO/E。

表 3-19　2000－2015 年美国主要林产品出口额（亿美元）

年份	原木	工业用原木	木质燃料	锯材	人造板	单板	胶合板	碎料板	纤维板	木浆	纸和纸板
2000	14.4899	14.4408	0.0491	21.8058	10.0780	4.4846	2.0893	1.7561	1.7480	32.5602	68.7176
2001	12.6175	12.5699	0.0476	17.5358	8.8844	4.0480	1.6181	1.6904	1.5280	26.3160	61.8379
2002	12.2913	12.2358	0.0554	16.8993	9.2762	4.5761	1.5859	1.5569	1.5573	26.1223	59.4445
2003	12.4121	12.3660	0.0461	16.9111	9.0415	4.7327	1.5617	1.3651	1.3820	25.9545	60.9304
2004	14.6055	14.5646	0.0410	20.3573	10.1726	5.3298	1.6604	1.3853	1.7971	28.6836	66.8292
2005	14.5859	14.5418	0.0441	19.6400	10.0722	5.1016	1.6576	1.2027	2.1104	31.9787	72.9761
2006	14.7043	14.6518	0.0525	22.1037	11.0556	5.0671	1.8745	1.6812	2.4329	34.9474	77.7105
2007	16.8333	16.7733	0.0601	19.8185	11.4310	5.0530	1.9259	1.8914	2.5608	39.6283	88.8806
2008	16.5451	16.4307	0.1144	17.1508	11.2936	4.1462	2.3017	2.2237	2.6220	46.0786	86.3506
2009	13.6377	13.5185	0.1192	15.3977	10.5423	2.9703	2.4321	1.1841	3.9558	40.3029	81.3764
2010	18.5891	18.3853	0.2037	22.2384	11.4110	3.2900	3.9529	1.5363	2.6319	53.6592	85.1176
2011	22.6068	22.2271	0.3796	25.2314	11.4066	3.1896	3.9136	1.6281	2.6752	60.9826	88.6985
2012	26.4114	26.0163	0.3951	25.9396	11.9859	3.1710	4.3129	1.7018	2.8003	56.9188	99.9483
2013	24.2990	24.0335	0.2656	30.8203	11.8555	3.2217	4.1004	1.8930	2.6405	57.1111	101.9064
2014	24.8809	24.6516	0.2059	35.1568	11.5120	3.2535	3.8484	1.9456	2.4646	58.0564	100.9030
2015	17.6476	17.3778	0.2699	31.0438	10.3569	2.9631	3.4577	1.7441	2.1920	55.0984	95.1367

数据来源：http：//faostat3. fao. org/download/F/FO/E。

4. 流向

美国林产品贸易集中度很高，若干主要国家消费了美国大部分的出口林产品以及提供了大部分美国所需的进口林产品。2011 与 2012 年，以金额计，10 个主要国家消费了美国 75.64% 与 76.18% 的出口林产品；另外，美国进口林产品的前 10 位来源国提供的林产品占美国进口林产品总额的 92.79% 与 85.80%；2013 与 2014 年，以金额计，10 个主要国家消费了美国 67.19% 与 69.93% 的出口林产品；另外，美国进口林产品的前 10 位来源国提供的林产品占美国进口林产品总额的 83.61% 与 85.94%，至于具体进出口前 10 国家名单如表 3-20 所示（FAO，2016b）。

表 3-20　2011－2014 年美国主要林产品贸易伙伴国及其贸易额（亿美元）

名次	出口		进口		出口		进口	
	目的地	金额	目的地	金额	目的地	金额	目的地	金额
	2011 年				2012 年			
1	中国	66.70	加拿大	125.71	中国	67.59	加拿大	126.14
2	加拿大	40.50	中国	14.02	加拿大	36.47	中国	16.28
3	墨西哥	32.25	巴西	12.71	墨西哥	30.33	巴西	11.87
4	日本	17.62	德国	8.42	日本	17.75	德国	5.56
5	韩国	8.39	韩国	4.24	意大利	8.19	芬兰	5.37
6	意大利	8.31	日本	4.05	韩国	8.07	印度尼西亚	3.05
7	印度	7.75	智利	3.72	印度	7.51	韩国	2.98
8	德国	6.41	芬兰	3.53	德国	5.66	智利	2.50
9	英国	5.22	印度尼西亚	3.12	英国	5.00	葡萄牙	1.58
10	土耳其	4.23	墨西哥	2.31	土耳其	4.11	墨西哥	1.57
合计		197.38		181.83		190.68		176.90
占比（%）		75.64		92.79		76.18		85.80
	2013 年				2014 年			
1	中国	64.70	加拿大	135.20	中国	67.32	加拿大	142.90
2	加拿大	35.97	中国	16.70	加拿大	36.48	中国	20.58
3	墨西哥	28.19	巴西	14.43	墨西哥	33.16	巴西	14.15
4	日本	15.65	德国	5.47	日本	17.20	德国	7.42
5	越南	8.39	智利	4.36	印度	8.22	芬兰	5.53
6	印度	6.63	芬兰	4.35	韩国	7.40	印度尼西亚	5.17
7	意大利	6.58	韩国	3.81	意大利	5.97	智利	4.84
8	韩国	6.32	印度尼西亚	3.49	德国	5.33	韩国	4.60
9	德国	5.10	墨西哥	19.09	土耳其	4.38	日本	3.24
10	土耳其	4.26	葡萄牙	17.98	英国	4.32	墨西哥	2.95
合计		181.79		191.52		189.78		211.38
占比（%）		67.19		83.61		69.93		85.94

数据来源：http：//faostat3.fao.org/download/F/FT/E。

此外，2011－2012 年，美国林产品的主要贸易伙伴相对稳定，出口前 10 的国家名单并未改变，只是名次发生了变动；进口前 10 的国家名单变动较小，只是智利和葡萄牙挤掉了日本和英国；2013－2014 年，美国林产品的主要贸易伙伴有较小的变动，出口前 10 的国家名单中英国挤掉了越南，进口前 10 的国家名单中日本又将葡萄牙挤掉（FAO，2016b）。

（五）木家具贸易

2000－2015 年，美国木家具贸易额在 98.22 亿~199.03 亿美元（表 3-21），其中进口额由 89.38 亿美元增至 180.84 亿美元，出口额由 9.27 亿美元增至 18.18 亿美元（UN，2016）。

表 3-21　2000－2015 年美国木家具贸易及年变化

年份	进出口贸易量（亿 kg）			进出口贸易额（亿美元）			年变化（%）	
	进口量	出口量	贸易量	进口量	出口量	贸易量	贸易量	贸易额
2000	31.8356	2.7916	34.6272	89.3778	9.2739	98.6517	—	—
2001	33.5557	2.7395	36.2952	89.5335	8.6834	98.2169	4.82	-0.44
2002	40.5249	2.5251	43.0500	106.7971	8.2137	115.0108	18.61	17.10
2003	42.6264	2.3237	44.9501	122.7642	8.6207	131.3849	4.41	14.24
2004	45.5313	2.4981	48.0294	141.3032	9.7476	151.0508	6.85	14.97
2005	50.7702	2.7166	53.4868	157.0498	10.9183	167.9681	11.36	11.20
2006	52.8656	3.1201	55.9857	164.7482	12.7018	177.4500	4.67	5.65
2007	45.4116	4.1073	49.5189	161.7546	14.7571	176.5117	-11.55	-0.53
2008	37.7192	3.7172	41.4364	145.3670	17.1479	162.5149	-16.32	-7.93
2009	26.2948	2.7948	29.0896	113.0432	13.8991	126.9423	-29.80	-21.89
2010	36.7793	3.1887	39.9680	135.3589	15.7869	151.1458	37.40	19.07
2011	36.7109	4.0300	40.7409	131.5727	17.3595	148.9322	1.93	-1.46
2012	36.7886	3.8281	40.6167	142.3167	18.0968	160.4135	-0.30	7.71
2013	38.9849	3.9130	42.8979	151.7986	18.5837	170.3823	5.62	6.21
2014	41.8424	3.8355	45.6779	163.3170	18.7933	182.1103	6.48	6.88
2015	41.6381	3.4134	45.0515	180.8437	18.1834	199.0271	-1.37	9.29

资料来源：http：//comtrade.un.org/data/。木家具包括 940161、940169、940330、940340、940350、940360 六类。

四、林产品贸易政策与法规

美国的林产品贸易涉及多个部门，在相关法案或总统法令之下，执行部门出台规定对相关贸易进行管理和引导。目前，影响美国林产品贸易的主要政策和法规涉及进口关税、出口限制、技术法规（有害物质标准、检验检疫标准）以及近年来逐渐得到重视的环境方面的要求（环境法案）。

（一）进口关税

美国对多种林产品征收进口关税。根据 1930 年的关税法案（Tariff Act of 1930）第 332（g），由美国国际贸易委员会（International Trade Commission，USITC）制定具体的方案。1988 年，国会通过了《贸易和竞争综合法案》（Omnibus Trade and Competitiveness Act of 1988），并由里根总统签署为联邦法律（Public Law 100－418；19 U.S.C. 3007）。据此，从 1989 年 1 月开始，美国执行《协调关税明细表》（Harmonized Tariff Schedule of the United States，简称 HTS），由国际贸易委员会（USITC）定期公布和更新关税明细，国土安全部的海关和边境保护局（Custom and Border Protection，CBP）负责解释，并制定约束性法令或建

议对进口关税进行分类管理。

HTS 按产品类别分层设置，包括关税、限额。设置的结构完全参照世界海关组织的商品编码体系（HS），在 4 位或 6 位的 HS 产品类别基础上，细分为 8 位的美国特有编码和 10 位的非法律要求的统计报告产品。在使用 HTS 分类系统时，要严格按照美国的规定，从 4 位的编码序列开始，逐步细化到下面的层级，最终确定产品的正确类别。

关于产品的具体分类，HTS 有一般性规定（General Rules of Interpretation，GRIs）和美国补充规定（the Additional U. S. Rules of Interpretation），覆盖从第 1 章到第 97 章的所有商品。另外从第 98 章开始，对于一些特殊分类商品（如出口后返销），以及临时性规定进行了逐项说明。附件则包括对一些化学品、药品等的特别规定。

HTS 明细中有 3 种关税税率。第一列一般性税率（GENERAL）适用于与美国有正常贸易关系国家的商品。第二列特殊税率 1（SPECIAL1）是与美国有贸易协议国家的商品享受的税率，在 HTS 中列出了 20 余个享受优惠税率的贸易协议，包括《美澳自由贸易协议》、《非洲发展和机会法案》等。第三列特殊税率 2（SPECIAL2）是针对特定国家的商品。目前根据美国的相关法案，特指古巴和朝鲜。特殊税率对应的国家名录在 HTS 一般性规定中都有说明，而且特殊税率 1 应低于一般税率，除非是在调减的过程中。

每年的 HTS 在国际贸易委员会（ITC）的网站上（http：//hts. usitc. gov）对外公布，也有印刷版本。对印刷版本的更新会在网站上定期公布（ITC，2016），并不都会印刷（表 3-22）。

表 3-22　美国 2014 年协调关税明细

（注明用于统计报告）

IX 44 – 8

标题/副标题	统计	材料描述	数量单位	关税税率		2
				1		
				常规	特殊	
4407						
4407. 21. 00	00	经纵锯、纵切、刨切或旋切的木材，不论是否刨平、砂光或指榫接合，厚度超过 6mm；在本章副标题注 2 中详细说明的热带木材：桃花心木（*Swietenia* spp.）	m³	免费		1. 27 美元/ m³

资料来源：Harmonized Tariff Schedule of the United States（2014）。

HTS 中涉及林产品贸易的是第 9 部分（SECTION IX）——针对木材、木制品、木炭、软木及制品、草编制品等和第十部分（SECTION X）——涵盖木浆或其他纤维材料、纸和纸板、纸制品、废纸等。

HTS 关税的设定主要基于最终进口的产品，而不是生产产品的原料。在林产品中，第 10 部分的产品在一般性税率下都是免关税的；第九部分的软木及其产品也是免关税的；关税的重点在木材制品和草编制品，即第九部分的第 44 章和第 46 章涵盖的部分商品。

第 9 部分第 44 章涵盖木材、木制品和木炭，其中薪材等多项产品免关税，但木制板材（特别是针叶材）、竹材、木地板、复合板材、密度板等都课以关税，最高的为复合板材、木地板，以及竹材板材制品，关税可以达到 8%；最低的针叶木材关税为 3.2%。通常情况下以体积为单位计收，但对于一些纤维板，也采取按体积和重量双计收的方式。通常情况下，经过打磨加工的木材关税会提高。对于一些贸易协议签署国，上述产品可以免关税，但具体哪些国家豁免，要根据 HTS 关税明细中列出的可免税协议来确定。

（二）出口限制

美国对联邦林地有管理经营权，目前与林产品贸易最为相关的政策是西经 100 度以西的联邦林地、州林地或其他公共林地限制原木出口；阿拉斯加联邦林地的未加工原木禁止出口（Resosudarmo et al，2006）。

美国最早与原木销售有关的法案是在 1800 年代中期获得通过的《反侵占法案》（Antitrespass Law of 1831），不允许以出口为目的购买公共林地生产的木材。其后，美国又颁布过对原木出口有直接或间接影响的法案，如《木材和石材法案》（Timber and Stone Act 1878）、《有机行政法案》（Organic Administration Act 1897）等。由于经济形势的变化和国内林业企业的呼吁，也曾一度放松对原木出口的限制，曾经授权农业部长批准阿拉斯加或公有林地木材的出口。

二次大战后，国际木材市场逐渐发展起来，对美国木材的需求不断攀升，引起了美国国内对自身木材产业发展的担忧，因为原木的直接出口会影响到国内林产品企业的原料供给。1968 年，美国农业部和内政部共同发布规定，禁止联邦林地出产的木材出口。华盛顿州西部和俄勒冈州西部的 160 万 m^3 木材除外，但要求进行加工。1969 年 1 月 1 日生效的《莫斯修正案》（Morse Amendment），将出口禁令扩大到 50 个州。

尽管如此，20 世纪 70 和 80 年代，美国木材出口仍然呈现几何级数增长，引发环保人士对国内森林资源的担忧，中小型木材生产企业也抱怨无法和国外企业竞争本国木材，于是很多提案上交国会，要求加强木材出口限制。

1990 年，众多提案中的《森林资源保护和短缺救济法案》（Forest Resources Conservation and Shortage Relief Act of 1990）获得通过，不仅限制联邦林地原木出口，而且涵盖了州辖林地，是美国第一个限制州辖林地木材出口的法案。华盛顿州因为年产量超过 180 万 m^3，被允许出售其中的 25% 供给出口，其他在西经 100 度以西的美国本土各州都在 1991 年 1 月 1 日生效的商务部禁令下，不得出口来自公有土地的未加工木材。

目前美国公有林地的原木出口仍被禁止，但美国 90% 以上的木材出口来自私人林地，联邦和州政府对私人林地没有强制性的采伐限额。

（三）法案条例

1．技术法规

美国技术法规在世界上比较健全和完善，分布于联邦政府各部门颁布的综合性长期使用的法典中。法典按照政治、经济、工农业、贸易等方面分为 50 卷，共 140 余册。每卷根据发布的部门分为不同的章，每章再根据法规的特定内容分为不同部分。与进出口相关的法规有很多，如：第 15 卷商业和对外贸易，第 16 卷商业，第 17 卷商品与安全贸易，第 40 卷环境保护等。

2．消费品法规

美国消费产品安全委员会颁布的法规有："消费产品安全法""联邦有害物质法""防毒包装法""易燃纤维法""冷冻设备安全法"等。此外，美国职业安全与健康管理局、环境保护局、联邦贸易委员会、商业部、能源效率标准局等都各自颁布法规,如:《联邦危险品法》。

3. 进口商品法规

美国对进口商品专门制定了各种法律条例。林产品除需符合美国消费品安全委员会根据《消费安全法案》制定的一些相关法规以外,还要符合美国食品和药物管理局根据《食品、药品、化妆品法》《公共卫生服务法》《公平包装和标签法》等进行的口岸检验、市场抽样。如不符合要求,将被扣留,然后以改进、退回或销毁等方式处理。

4. 林产品贸易法规

美国林产品贸易技术标准的法案条例涵盖关税、原木出口、有害物质、动植物检疫、标签管理、木材合法性等领域,涉及多个管理部门,既有联邦政府机构,也有汇报给国会的独立部门。虽然并没有专门的机构统一管理,但互相之间的分工比较清晰,可操作性强,较好地保障了林产品贸易的正常发展。在各项技术标准的正常管理体系之外,还有《反倾销法》和《反补贴法》可随时干预国际贸易对美国林产工业的可能伤害,这对美国林产品对外贸易起到了双保险的作用(表3-23)。

5. 木制品安全法规

木制品中所含有的各种挥发性有机物和重金属等有害物质一直是各国法规管辖的重点。美国对人造板、木家具等林产品中有害物质、产品安全的法律法规主要有清洁空气法、清洁水法、海洋保护、研究和禁猎法,安全饮水法,紧急计划和社区知情权法,联邦杀虫剂、杀真菌剂和灭鼠剂法,资源保护和回收法,以及有毒物质控制法等8部(表3-24),对木制品中释放的有害物质进行了限制,主要由美国环境保护局(Environmental Protection Agency,EPA)负责监督实施。同时,美国消费品安全委员会还对木家具等所使用的含铅油漆等有害物质进行了规定。

2008年8月14日,美国总统签署实施《2008消费品安全改进法案》,对原《消费品安全法案》做出重大修改,包括:儿童产品中铅的新限量、油漆和表面涂层中更低的铅限量、禁用某些邻苯二甲酸酯、强制性第三方检测、溯源性标签和产品注册卡、检举者保护,以及提高民事处罚(商务部,2016)。

美国联邦法规CFR16对双层床的安全性要求进行了规定,其中:①16 CFR Part 1213:双层床铺夹伤危险的安全标准,规定了成人使用双层床的安全要求;②16 CFR Part 1303:禁用含铅油漆以及某些带有含铅油漆的消费产品,规定了有害物质(含铅油漆);③16 CFR Part 1500:危险物质和商品管理和实施条例,规定了有害物质(含铅油漆)的限量。与木制家具相关的是1500.17部分,说明了家具使用的涂料中的铅含量应符合16 CFR Part 1303的要求,即铅含量(以金属铅计)不得超过涂料总重量的0.06%;④16 CFR Part 1513:双层床铺要求,规定了小孩使用双层床的安全要求;⑤16 CFR Part 1632:床垫和其衬垫物易燃性标准,规定了产品安全(易燃性);⑥16 CFR Part 1633:床垫和床架易燃性标准(明火),规定了产品安全(易燃性)(商务部,2016)。

除上述法案外,还包括禁用含铅涂料条例(16 CFR 1303)、危险物质和商品管理和实施条例。

6. 甲醛标准法案

2010年7月7日,美国参议院于2010年6月14日通过的《复合木制品甲醛标准法案(Formaldehyde Standards for Composite Wood Act,S. 1660)》经总统签署正式成为法律,于

我国对外主要地区林产品贸易及标准体系

2011年1月3日生效。法案由美国家居用品联盟(American Home Furnishings Alliance，AH-FA)与美国加州空气资源委员会(California Air Resources Board，CARB)合作制订，是基于CARB在2007年制定的《降低复合木制品甲醛排放的有毒物质空气传播控制措施(ATCM)》提出的新甲醛释放标准，并据此为市场提供统一要求和未来的释放标准。

表3-23 美国与林产品贸易直接相关的联邦法律法规及主要执行部门汇总

林产品贸易涉及领域	管理依据（法案）	管理依据（规章）	执行部门（联邦机构）
关税	关税法1930及其修正案；贸易和竞争力综合法案1988	美国执行协调关税明细表(HTS)(Harmonized Tariff Schedule of the United States)	国际贸易委员会(USITC)国土安全部海关边境保护局(CBP)
进口产品原产地	关税法1930及其修正案标签法令	进口物品和集装箱标签标准(Marking of Imported Articles and Containers)	国土安全部海关边境保护局(CBP)
原木出口限制	森林资源保护和短缺救助法	联邦法规法典36-223	农业部林业局(Forest Service，USDA)
有害物质排放	联邦有害物质管理法；清洁空气法	《有害空气污染物国家排放标准》《胶合板和符合木制品有害物质排放的全国标准》(EPARIN2060)；《复合木制品甲醛标准》；《包装中的有害物质法》(19个州采纳)	环境保护局(EPA)
林产品表面涂料铅含量	消费者安全法；消费者安全改善法	含铅油漆及其制品禁令(Ban of lead-containing paint and certain consumer products bearing lead-containing paint)	消费者产品安全委员会(CPSC)
儿童家具铅含量	消费者安全法；消费者安全改善法	含铅油漆及其制品禁令	消费者产品安全委员会(CPSC)
家具填充材料可燃性(建议中)	消费者安全法；消费者安全改善法；可燃纤维法	填充家具可燃性标准 Flammability of upholstered furniture(proposed)	消费者产品安全委员会(CPSC)
动植物检疫	植物保护法	原木、锯材和其他木制品动植物检疫标准(7 CFR, 319)	农业部动植物卫生检验局(APHIS, USDA)
木制包装材料检疫	包装中的有害物质法	规范国际贸易中木制包装材料检疫方法指南的国际标准(IPPC)	农业部动植物卫生检验局(APHIS, USDA)
珍稀木材贸易合法性	粮食、保护和能源法案2008(雷斯法案及其修正案)	公共法律110-246	国土安全部海关边境保护局(CBP)农业部动植物卫生检验局(APHIS, USDA)内政部鱼类和野生动物管理局(FWS, DOI)商务部国家海洋和大气管理局(NOAA, DOC)农业部林业局(Forest service，USDA)
价格歧视	关税法1930及其修正案	反倾销法	商务部(COMMERCE)
损害美国产业	关税法1930及其修正案	反补贴法	国际贸易委员会(USITC)

表 3-24　木制品中有害物质、产品安全法律

序号	名称	要求
1	清洁空气法 Clean Air Act	有害物质（VOC 等）
2	清洁水法 Clean Water Act	有害物质
3	海洋保护、研究和禁猎法 Marine Protection，Research and Sanctuaries Act	有害物质
4	安全饮水法 Safe Drinking Water Act	有害物质
5	紧急计划和社区知情权法 Emergency Planning and Community Right to Know Act	有害物质
6	联邦杀虫剂、杀真菌剂和灭鼠剂法 Federal Insecticide，Fungicide，and Rodenticide Act	有害物质
7	资源保护和回收法 Resource Conservation and Recovery Act	有害物质（废弃物）
8	有毒物质控制法 Toxic Substances Control Act	有害物质

法案要求全美的家具零售商和供应商采用类似加州法律规定甲醛标准的做法，从产品具备供应链的各个环节的详细文件中，证明该产品释放的气体不会超过一定的限度。法案要求产品要经第三方检测，确保其符合规定和联邦政府执行的标准（商务部，2016）。据美国国会预算局估计，执行该法案的成本为 300 万美元。

法案要求美国 EPA 负责《有毒物质控制法》（Toxic Substances Controls Act，TSCA）的相应修改和制订全国复合木制品甲醛释放量标准并监督实施（NIST，2013）。EPA 须于 2013 年 1 月 1 日前颁布规例，以确保产品符合上述建议中的释放标准，并须与美国海关边境保护局及其他合适的联邦政府部门协调合作，在 2013 年 7 月 1 日前修订现行进口规例，以确保进口产品符合释放标准。EPA 就法案的执行提出了具体法规条款建议，并征集公众意见完善了法规的具体内容，已正式发布实施。EPA 的法规草案包括两部分，第一部分设置了林产品甲醛排放的上限，还包括检验要求、贴面产品、产品标签、产销监管链、记录保存、存储等方面的条款；第二部分是要求建立一个第三方认证体系，由经过认可的独立认证机构根据联邦的甲醛排放标准对生产企业进行认证。依据 TSCA，美国本土和进口的复合木制品均适用于本规定。

相关甲醛释放量测试应按照 ASTME - 1333 - 96（2002）或 ASTMD - 6007 - 02 执行。质量控制测试应根据 ASTMD 6007 - 02、ASTMD 5582 或其他测试方法进行。法案中豁免的复合木制品包括：硬木板、结构胶合板、木质包装，以及新型车辆、机动轨道车、船舶、宇宙飞船或飞机中使用的复合木制品。

7. 雷斯法修正案

1900 年的《雷斯法案》（Lacey Act）是美国第一个规范商业动物市场的联邦法律，禁止违反州捕猎法律而捕杀的动物进行跨州交易，涉及植物，更覆盖鱼类、野生动物及它们的制品。1966 年，美国颁布《濒危物种保护法案》，公布美国本土需要保护的动物名单。1969 年通过的《濒危物种保护法案》修改了原有条款，增加了对"世界范围内濒临灭绝"物种的保护，禁止其进口和在国内销售。该法案将《雷斯法案》对跨州贸易的禁止扩大到哺乳动物、爬行动物、两栖动物、软体动物和甲壳动物，首次将无脊椎动物纳入保护范围。1970 年代，尼克松总统认为物种保护做得很不够，呼吁国会通过更全面的法案。1973 年 12 月，重新起草的《濒危物种法案》获得通过，进口、出口、跨州和对外交易濒危物种被全面禁止。

《雷斯法案》于 1981 年被大范围修改，其中有关植物的条款规定很窄，仅限于美国本

土并列入《濒危和受保护物种法案》中的植物，或列入《濒危野生动植物种国际贸易公约(Convention on International Trade in Endangered Species，CITES)》、或美国各州法律规定的保护或濒危物种(Kristina Alexander，2014)，不包括植物产品。

作为《粮食、保护和能源法案2008》的一部分，美国于2008年5月22日通过了《雷斯法修正案》，主要内容包括：①管辖范围由"濒临灭绝的动植物管理"扩展到"所有野生植物"(无论来自原始森林还是人工林)，包括根、种子、其他附属部分及产品，但普通的人工栽培植物、粮食作物、非濒危物种的科研样本及移植植物不在范围内。②进口商需提交"植物及产品申报"声明，包括每种植物的学名(包括属名和种名)、进口额、进口数量、原产地等。③对违法植物产品要采取扣押、罚款、没收等措施，对虚假信息、错误标识等行为也要采取处罚措施。重罪将处以个人5年徒刑及25万美元罚金(公司将被处以50万美元罚金)。

修正案规定，在跨州和对外交易中进口、出口、运输、销售、接收、获取或购买任何违反联邦、州、部落或外国法律的植物都被视作违法；同时扩展了植物界定，涵盖了来自天然林任何野外品种的任何部分或者其派生产品，人工林里采伐的林木及由木材及其他植物制成的所有木质产品，如纸张、家具、工具的把手或特定类型的纤维制品。

修正案要求，美国进口企业承诺或声明不进口非法来源的木材及其产品，并能提供木材原材料取得合法性的证明(USDA，2016)；严格要求进口木材和木制品申报原产地，对于非法贸易和不当申报可以采取包括民事行政处罚、没收交易产品、刑事处罚或监禁等惩罚措施，违反修正案还可能引起涉及走私或洗钱的指控。

林产品国际贸易中，美国是对产品原料来源审查较为严格的国家之一，率先颁布和实施了《雷斯法修正案》。目前，美国从热带地区进口的木材制品有所减少，在遏制非法采伐木材的国际贸易方面正在发挥作用。2012年7月，Gibson公司为自己在2008-2009年违反《雷斯法案修正案》的行为支付了30万美元罚金，并向一个非营利的野生动物保护组织捐款5万美元(Kristina Alexander，2014)，撤回了要求退还罚没木材的要求。

雷斯法修正案的实施虽不会对我国木制品出口带来直接影响，但将大大提高我国木制品的出口成本。我国出口到美国的木制品所用的木材原料，如原木、锯材及木浆可能来自于俄罗斯、巴布亚新几内亚、印度尼西亚、加蓬及所罗门群岛等国，如果这些国家存在非法采伐和雷斯法案中包含的其他违法行为，用这些木材生产的木制品出口到美国，生产商、出口商与零售商将面临货物被没收、罚款，甚至被监禁的风险。

(四)各州法律

美国CARB在1992年就确认甲醛是有毒的空气污染物，2002年开始对人造板及其制品的甲醛释放量进行调查和研究，2007年4月28日批准制定"空气中有毒物质的控制措施(Airborne Toxic Control Measure，ATCM)"，以严格限制并减少人造板[如硬木胶合板(HW-PW)、刨花板(PB)、中密度纤板(MDF)和薄中密度纤板(Thin MDF)等]及其制品中的甲醛释放量(商务部，2016)。ATCM最终被写入加州法规《加利福尼亚州规则法典》第17册第93120-93120.12节(New sections 93120-93120.12，title 17，California code of regulation)并于2009年1月份开始实施。实施后进入加州市场的产品需有产品合格标签，且合格标签上必须有CARB授权的第三方认证机构编号。按照这一法规，对于没有获得认证的人造板与人造板产品将不得进入加州市场。加州政府明确表示，不按照新标准生产的人造板生产厂家将受到严厉处罚，并将采取强制措施以保证新法规执行。加利福尼亚州除有严格的甲醛排放标准外，还有关于家具中铅、邻苯二甲酸二(2-乙基己基)酯(增塑剂)、阻燃剂含量的要求，作为制定具体上限的参考。

伊利诺伊州《铅污染预防发案》规定任何销售和赠予含铅的物质都是违法的，除非按有关规定在物品上的显著位置声明。华盛顿州《儿童安全产品法》禁止儿童用品(包括家具)含有铅、镉和邻苯二甲酸二(2-乙基己基)酯，并已于2009年7月1日生效。

在缅因州、明尼苏达州和华盛顿州，甲醛已经引起了关注，但还没有家具中强制执行的法律。一些州禁止在包括填充家具的产品生产中使用五溴联苯醚和八溴二苯醚，包括缅因州、马里兰州、明尼苏达州、俄勒冈州和华盛顿州。一些州就溴化阻燃剂标准提出了方案，包括加利福尼亚州、伊利诺伊州、马萨诸塞州、密歇根州、纽约州、罗德岛、威斯康星州和康涅狄格州，以及夏威夷。

美国《包装中的有害物质法》在1989年由东北部地区州长联合会的减少污染委员会起草，目的是减少在美国出售或销售的产品包装材料上有重金属，逐渐取缔重金属产品在包装中的适用，包括汞、铅、镉和六价铬。19个州采纳了这项法案(NIST，2013)。

(五)国际公约

除本国法律外，美国全面履行有关受威胁和濒危物种贸易方面的国际义务，是CITES缔约国，林产品贸易遵循《濒危野生动植物种国际贸易(CITES)公约》。2003年7月28日，美国宣布执行"反对非法采伐总统倡议"，旨在协助发展中国家应对非法采伐，包括销售和出口非法采伐的木材，并打击林业领域的腐败。

针对珍稀物种，美国执行《CITES公约》。CITES名单上的植物及其制品的进口需要履行特殊程序，包括：

- USDA签发的许可证(2年有效)
- 出口国CITES代表机构出具的证书，说明该产品对于珍稀物种的继续存在不构成威胁，并且生产用材的获得不违反出口国动植物保护相关法律
- 美国CITES代表机构出具的证书
- 货品在授权接受CITES名单上品种的口岸入境

五、贸易林产品技术标准

美国有400多个行业协会、专业团体、政府部门制定技术标准，其中一些标准在国际上很有影响。例如美国试验与材料学会(American Society for Testing and Materials，ASTM)成立于1898年，是世界上最大的制定自愿性标准的组织，成员来自世界100多个国家，这些成员隶属于一个或多个委员会，每个委员会负责某个领域的项目，例如钢铁、石油、医疗器材、财产管理、消费产品以及许多其他标准。这些技术委员会制定的ASTM标准已超过11000项，这些标准可以在77卷的《ASTM标准年鉴》上查到。ASTM的标准虽然是自愿性的，即它们并不是由ASTM强制推行的。然而，政府法规常常通过把这些自愿性标准收录到法律、条例和法规中，使之具有法律效力，美国标准学会(American National Standards Institute，ANSI)根据美国国会授权，将其中一些行业标准、专业标准、政府部门标准

上升为美国标准。

此外，美国办公家具协会(The Business and Institutional Furniture Manufacture Association，BIFMA)、美国防火协会(National Fire Protection Association，NFPA)和美国保险商实验室(Underwriters Laboratories Inc.，UL)等标准组织也制定相应的标准，或被引用为美国国家标准(ANSI)。有些标准 ASTM、BIFMA 等的官方网站中是可以免费下载的(商务部，2016)。

美国市场木质林产品标准繁多，这里仅以工程木地板为例加以说明。

(一)地板规定

美国国家标准 ANSI/HPVA EF 2002《工程木地板》是由阔叶材胶合板及单板协会提出，对工程木地板的外观质量、机械加工要求和公差、主要理化性能指标等作了明确规定(表3-25 至表3-28)。

表 3-25　工程木地板未漆饰面板、芯板和背板特征及允许缺陷

特征和缺陷	未漆饰面板等级		紧邻面板且与其垂直的芯板	背板和其他芯板
	一级	特色级		
夹皮	不允许	允许[1]	允许	允许
整齐的纹理扭曲	允许	允许	允许	允许
裂隙	轻微，偶尔	允许	允许	允许
变色[2]	板内部颜色协调	允许	允许	允许
腐朽[3]	不允许	不允许	不允许	不允许
面板接头	紧凑，不平行度小于 3.2 mm/200 mm	紧凑，不平行度小于 3.3 mm/200 mm	不适用	不适用
腻子修饰	协调	允许	允许	允许
树脂囊	不允许	允许	允许	允许
节孔	不修补时允许最大直径 1.6 mm；修补时 6.4 mm	不修补时允许最大直径 3.2 mm；修补时 9.5 mm	虫孔及其他圆形、椭圆形口子直径不大于面板厚度的 3 倍；直径以虫孔或开口处最大直径和与最大直径处垂直方向的长度的平均值计	最大直径 50.8 mm，任意 0.095 m² 中累计直径不超过 102 mm
针节	允许	允许	允许	允许
健全节	不允许	允许	允许	允许
迭层	不允许	不允许	不允许	不允许
矿物线	协调	允许	允许	允许
纹理粗糙	轻微，偶尔	允许	允许	允许
纹裂和轮裂	不允许	轻微	允许	允许
心材	允许	允许	允许	允许
拼缝不严	修补后协调，宽度不大于 1.6 mm	修补后协调，宽度不大于 3.2 mm	不得宽于 3 倍的面板厚度，最大 6.4 mm	允许
玷污和污染变色	协调	允许	允许	允许
虫孔	最大直径 1.6 mm；修补时允许 6.4 mm	最大直径 3.2 mm；修补时允许 9.5 mm	允许	允许

注：1. "允许"指不加限制；2. 地板块之间的色差异是允许的；3. 初腐是允许的，前提条件是木材尚未变软，而且地板的使用性能不受损害。

表 3-26　工程木地板漆饰面板特征及允许缺陷

特征和缺陷	漆饰面板等级		
	SP(专业)级	AA 级	A 级
夹皮	不修补时最大 9.5 mm	不允许	修补时允许最大 0.8 mm × 25.4 mm 或相等面积
整齐的纹理扭曲	允许[1]	允许	允许
裂隙	未修补时允许 1.6 mm×76 mm	不允许不修补	不允许不修补
变色[2]	允许	板内部颜色协调	板内部颜色协调
腐朽[3]	允许	不允许	不允许
接头	允许	允许	允许
腻子修补	允许	板内部颜色协调	板内部颜色协调
树脂囊	允许	不允许	不允许
节孔	小于 6.4 mm	不允许	不允许
针节	允许	活节,小孔需修补,最大 3.2 mm	允许
健全节	允许	不允许	活节数目不限制,开裂不大于 3.2 mm
迭层	允许	不允许	不允许
矿物线	允许	漆饰时颜色加深且协调不限制;漆饰颜色较浅时允许轻微和少量	允许
纹理粗糙	允许	不允许	轻微
纹裂和轮裂	允许	不允许	不允许
心材	允许	允许	允许
拼缝不严	允许	不允许	小缝,应修补协调
玷污和污染变色	允许	漆饰颜色加深时不限制;漆饰颜色较浅时必须颜色协调	允许
虫孔	允许	修补协调不大于 3.2 mm	不大于 9.5 mm,修补
特殊效果[4]	允许	允许	允许

注：1. "允许"指不加限制，除非另有说明。制造商可以选择是否提供这些特征项，除非客户有特别要求。2. 地板块之间的颜色差异是允许的。3. 初腐是允许的，前提条件是木材尚未变软，而且地板的使用性能不受损害。4. 特殊效果包括复古、破坏、浮雕等后加工或处理，以获得个性化的外观。

(二)有害物质

美国对可能给人体造成危害的化学物质在商品中的残留及含量，或是在生产过程中的排放有多项标准，而且标准逐渐趋于严格。目前涉及林产品的主要是产品中甲醛排放量和重金属含量。

1. 甲醛释放量

（1）生产过程中的甲醛排放。美国涉及林产品生产过程中有害物质排放的法规主要是《1990 年清洁空气修正案》。在此法律框架下，美国联邦法规《有害空气污染物国家排放标准》对各种有害物质在空气中的排放制定了全国标准。2004 年，美国 EPA 在《1990 年清洁

第三章 我国对外主要地区林产品贸易及标准体系

空气修正案》框架下制定了《胶合板和复合木制品有害物质排放的全国标准》，于2007年10月29日生效；要求相关生产企业降低6种主要有害物质在林产品生产过程中的排放，即甲醛、乙醛、丙烯醛、甲醇、苯酚和丙醛；调研表明，这6种有害物质在美国林产品生产企业有害物质排放中占到96%。该标准对企业降低排放的总量作出了具体要求，同时给出了达到标准的几种主要途径。

表3-27 工程木地板理化性能主要指标

检验项目	要求	检测条件
浸渍剥离	两个试件中 任一个两层之间连续剥离 ≤50.8 mm；任一点深度 ≤6.4 mm，宽度≤0.08 mm	在24±3℃水中浸泡4h，在49～52℃温度下烘干19 h；同时保持空气有效循环，使试件含水率（以烘箱烘干的绝干重量计）降到8%以下。用0.08 mm厚、12.7 mm宽的塞尺测量
含水率	5%～9%	按照《木材及木质材料含水率测定方法》（ASTMD4442-92）和《手持式水分仪使用方法和校定》（ASTM D 4444-92）规定的任何方法测定含水率
甲醛释放量要求	气候箱负载频率 0.426 m²/m³，（0.13）（ft2/ft3），箱内最大浓度 0.2 mg/m³，（0.20）（mg/kg）	气候箱法，具体依据 ASTM 1333-1996《用精确控制条件的大气候箱测试木制品中甲醛水平的试验方法》

表3-28 工程木地板机械加工要求和公差

特征和缺陷	面板等级		
	SP(专业级)	AA 级	A 级
地板和地板块宽度公差	+/－0.25 mm	+/－0.25 mm	+/－0.25 mm
拼装高低差	0.31 mm	0.38 mm	0.63 mm
弯曲	长度方向每300 mm 不得大于0.18 mm，任意地板块上不得大于0.64 mm	长度方向每300 mm 不得大于0.18 mm，任意地板块上不得大于0.64 mm	长度方向每300 mm 不得大于0.23 mm，任意地板块上不得大于0.89 mm
端头直角度	宽度方向上每25 mm 不得大于0.13 mm	宽度方向上每25 mm 不得大于0.18 mm	宽度方向上每25 mm 不得大于0.23 mm

注：上述加工要求旨在保证制造出的带槽榫的工程木地板有良好的机械加工质量，在足够平滑的毛地板或衬板上严格地进行铺装时能依据制造商提供的铺装说明进行适当的铺装。此机械加工要求和公差适用于预铺装工程木地板或严格进行铺装的工程木地板。

（2）林产品制成品中的甲醛。美国关于林产品制成品的甲醛排放标准和具体要求，也适用于进口产品。2011年1月3日正式生效的美国《复合木制品甲醛标准法案》执行的标准内容如下：①单板芯硬木胶合板：甲醛释放量不得超过0.05 mg/kg。②带复合芯硬木胶合板：甲醛释放量不得超过0.08 mg/kg，法规颁布180天后开始生效，直至2012年6月30日；2012年7月1日起，甲醛释放量不得超过0.05 mg/kg。③中密度纤维板：甲醛释放量不得超过0.21 mg/kg，法规颁布180天后开始生效，直至2011年6月30日；2011年7月1日起，甲醛释放量不得超过0.11 mg/kg。④薄型中密度纤维板：甲醛释放量不得超过0.21 mg/kg，法规颁布180天后开始生效，直至2012年6月30日；2012年7月1日起，甲醛释放量不得超过0.13 mg/kg。⑤刨花板：甲醛释放量不得超过0.18 mg/kg，法规颁布180天后开始生效，直至2011年6月30日；2011年7月1日起，甲醛释放量不得超过 0.09 mg/kg。

2. 重金属含量

美国早就开始考虑对铅等重金属设置残留上限。1973 年，消费品安全委员会（CPSC）设定油漆中铅含量的标准为重量的 0.5%；1978 年，将标准降低到 0.05%。在美国《消费品安全改进法案（CPSIA）》（Consumer Products Safety Improvement Act 2008）框架下，消费品安全委员会再次发布了儿童用品中铅含量的标准（16 CFR part 1303），即 12 岁及以下儿童用品，包括玩具，铅含量不得高于 90 mg/kg（以重量计）。成人和儿童家具如果表面有涂层的，也要符合这一标准。企业要证明产品中铅含量符合标准，需要 CPSC 接受的实验室对每种产品进行第三方检测，对合格产品出具证书。该标准的适用范围明确包含表面有涂层的家具类产品，但门窗不在适用范围内。

对于木制品产品来说，主要是 2009 年 8 月 14 日起表面油漆或表面涂层中的总铅量由 600 mg/kg 降低为 90 mg/kg（0.009%）。

关于其他重金属在林产品中的残留，目前还没有明确的标准，但 CPSC 研究了镉对人体的危害并制定了可行标准。美国各州也在采取一定措施，限制重金属在消费品中的残留，与林产品贸易最为相关的是家具中重金属残留的标准（NIST，2013）。根据《美国家具指南》（A Guide to United States Furniture Compliance Requirements），加利福尼亚州和纽约州的消费品标准数量最多。

（三）安全性要求

对于 16 CFR Part 1213、16 CFR Part 1513 规定的成年人与小孩使用双层床的要求，两者要求基本一致，并应符合防陷阱和标签要求（商务部，2016）。

防陷阱要求：每一张双层床只要下层床床底边缘距离高于地面 30 英寸（76.2 cm）以上，都必须有至少 2 个以上的护栏，床的两侧各有一个；护栏的最高高度，必须高于或等于床垫厂商所能提供最厚床垫高度以上 5 英寸（12.7 cm）；在床侧靠墙那一侧必须完整连接于床头、床尾板；在床侧不靠墙那一侧的护栏，允许在护栏两端离床头，床尾各有一个小于 15 英寸（38.1 cm）的开口；在护栏开口处，自床侧起往护栏最高点量起，扣除床垫高度后，仍应有高于或等于 5 英寸（12.7 cm）高的空间；测量人员要测量以下三个部位：护栏、上层床及下层床的床头、床尾结构；此 3 个部位必须使用指定的 3 个探棒工具：楔形模具探棒、球形探棒及颈形探棒来检测潜在危险性。

标签要求：双层床在床框上必须有永久性标签，标示制造商或进口商，产品型号以及提醒消费者的安全警告标签。

组立说明：必须提供组立说明书，指明床垫尺寸，内容包括床垫和床板的尺寸（包括长度、宽度以及为符合护栏要求的床垫的最大厚度），以及如下的安全警示信息：不准 6 岁以下幼童使用上层铺；上层床的两边都应使用护栏；不准在床上或床底下剧烈玩耍；上层床不准超过一个人使用；应使用梯子进入和离开上层床；如果靠墙使用，具有连续护栏的那一侧应靠墙，以防止使用人陷入床和墙之间。

还必须有警告说明，如果消费者没有遵照规定指示会导致不安全后果（16 CFR Parts 1213.6 and 1513.6）。

(四)可燃性标准

根据《可燃纤维法案》，消费品安全委员会正在起草一份新的法规，制定有填充材料家具的可燃性标准，涉及技术标准、相关证书和标签的规定。生产企业，包括进口商，需要出具认证证书。同时，对于家具中经常使用的多溴联苯阻燃剂的使用限制也正在制定中。更重要的是，依据《联邦有毒物质控制法案》，在征求意见草稿中新增的要求提出，生产企业或进口商如有意使用多溴联苯或其他被认定为有害物质的材料，需要在使用前至少90天通知美国 EPA，以便 EPA 进行必要的评估，评估结果可以是完全禁止使用，或设定使用量上限。

美国联邦政府法 16 CFR 1632 和 16 CFR 1633 规定了对于床垫和其衬垫物的易燃性要求。

16 CFR 1632 对于床垫和其衬垫物易燃性要求(《香烟法》)。16 CFR Part 1632 适用于所有在美国生产的或进口到美国的床垫，包括成人用、青少年用、婴儿用床垫(包括便携式婴儿床垫)、双层床床垫、装有芯子的水床及气垫床、沙发床等，但不包括睡袋、枕垫、不装芯子的水床及气垫床、睡椅等。按照规定方法进行测试(香烟法)，如果在香烟周围任何方向上的炭化痕迹长度都不超过 2 英寸(50.8mm)，则该单支香烟的实验部位可判定为合格。一般要求至少点燃 18 支香烟进行测试，只要有一个部位不符合该标准，则该床垫不合格。此外，法规还规定经阻燃剂整理过的床垫类产品在其标签上要注明"T"。

16 CFR 1633 床垫和床架易燃性要求(明火)。美国加州政府在 2004 年通过了床垫新的阻燃安全法规 TB 603，并于 2005 年正式开始实施。法规要求自 2005 年 1 月 1 日起所有进入美国加州市场的床垫，必须通过 TB 603 的测试标准。16 CFR Part 1633 是以加州 TB 603 为基础修订的，并于 2006 年 3 月 15 日推出，于 2007 年 7 月 1 日开始实施。自实施之日起，TB 603 作废。

16 CFR Part 1633 适用于所有在法规实施日期之后进口、生产或翻新的床垫套装(床垫和床架)，或者单独销售的床垫。与 16 CFR Part 1632 不同，16 CFR Part 1633 采用的是明火测试。法规设定了两个指标来限定火焰在床垫或床垫套装上的蔓延，这两项指标是：在 30 min 的测试时间内，床垫/床垫套装的热释放峰值不得超过 200 kW；在测试的最初 10 min 内，总热释放量必须小于 15MJ(商务部，2016)。

应按照规定方法测试至少 3 个样品，如果有一个样品未能同时满足上述两项要求，则判定为不合格。

所有厂商都必须以文件和标签来证明产品符合或高于标准要求。厂商必须对其床垫及床垫套装产品的原型，确认样及生产中的产品都依照该项标准要求进行测试，获得相应的合格测试报告，并在产品上依照 CPSC 的要求附上永久标签。标签应包含：厂商的名字；厂商的地址，包括街道、城市和州；生产的年、月；模型的识别号；原型识别号；符合标准的证书；美国主要家具标准。

(五)进出口检疫

1. 林产品进出口检疫标准

林产品从欧洲进入美洲后，北美已新发现了 300 多种危害树木和灌木的病虫害，因此美国农业部设立了动植物检疫局(APHIS)，专门负责进出口中的动植物检疫。

美国植物检疫的法律依据是 2000 年 6 月 20 日通过的《植物保护法》(7 U.S. Code Chapter 104)，整合了《植物检疫法案》《联邦植物虫害法案》及《1974 联邦毒草法案》等各种法规，目的是预防植物病虫害的引入、输出和传播，并实现控制和消除。该法案授权动植物检疫局(APHIS)出台法规来保护美国的植物安全。动植物检疫局(APHIS)要求所有木材和木制品在进口前接受检疫，清除将外来病虫害输入美国的风险。

关于植物检疫的具体法规在联邦法律中列在"第七部分 农业的第三章"，针对木材和木制品的规定序号为 319.40，319.40-6，提供了一般性条款，主要内容包括：

①原木进口要求按相关规定去掉树皮，并进行热处理，运输过程中不得接触植物病虫害。②锯材必须进行热处理或降低水分含量的热处理，运输过程中不能和未进行热处理的材料储存在同一集装箱或包装体内，并且要在进口商的文件上注明处理方法，或者在每个锯材上作标记。③未处理锯材，包括实木包装材料，如果不是来自东经 60 度以东和北回归线以北的亚洲地区，可以进口，但运输过程不得与未按规定处理的木材或木制品混放，而且要在海关放行后 30 天内运到协议加工厂。④来自智利的松树和南美桉树的刨花和树皮碎片以及来自东经 60 度以东和北回归线以北亚洲地区刨花和树皮碎片在满足一定要求的前提下可以进口。⑤护根物、腐殖质、堆肥、肥料等在满足熏蒸规定的前提下可以进口。⑥在符合相关规定的前提下，用于食品生产、医药和化学生产的软木及其树皮允许进口。

动植物检疫局(APHIS)允许使用的木材和木制品处理方式有 2 种。热处理要求使用窑式干燥机或热干法，如微波干燥机。化学处理包括使用表面杀虫剂、防腐剂或溴甲烷熏蒸。每一批货物都要有木材和木制品进口许可证，注明处理方式。法律规定对所做的处理要提供证书。

另外，除未加工锯材外，树皮不得超过木材表面积的 2%，任何一根木材上的树皮不得超过表面积的 5%。防腐剂的使用应符合 EPA 的有关规定。

法律对木材和林产品(包括竹材、木片等)的进口检疫程序和进口许可制度也有全面规定，更重要的是，在一般性要求之外，还对一些特定国家或地区进口的林产品有特殊规定，如来自中国的木质手工艺品(直径超过 1 cm)必须按照法律规定进行热处理或熏蒸，提供证明，并且每一批货物都要有生产者的标签，注明生产厂家，在到达零售环节前不得去掉标签。

2014 年，美国农业部发布了《杂项和加工品进口手册——植物保护和检疫管理下的杂项和加工品进口》，覆盖所有可能输入植物病虫害的产品，林产品也包含在内，详细解读了法律条款和各条款对应的物种、来源国等，并提供了检测机构、认证机构的名单。

2. 木质包装材料检疫要求

1990 年，美国农业部动植物检验检疫局在来自中国的实木包装材料中检出了 1 种甲虫和 3 种微生物，因此在 1998 年临时规定所有来自中国的实木包装材料都要经过防腐处理、热处理或熏蒸。随后，世界范围内对木制包装材料的病虫害检疫逐渐发展起来。2002 年 3 月，美国签署了《规范国际贸易中木制包装材料检疫方法指南的国际标准》，2006 年 7 月，美国开始实施木制包装材料国际标准，所有进入或过境美国的木质包装材料都要经过热处理或甲基溴熏蒸。但美国国内的木质包装材料不受此规定影响，美国和加拿大双边贸易中的木质包装材料也可以豁免。

除美国外，澳大利亚、欧盟、中国、加拿大、墨西哥和新西兰也在执行 WPM 标准，即要求国际贸易中的木质包装材料经过热处理或甲基溴熏蒸，并在正确处理后使用国际认可的标签。

（六）合格评定程序（UL 认证）

UL 是英文保险商试验所（Underwriter Laboratories Inc. ）的简写。UL 安全试验所是美国最有权威的、在世界上从事安全试验和鉴定的较大民间机构，也是一个独立的、非营利的、为公共安全做试验的专业机构。采用科学的测试方法来研究确定各种材料、装置、产品、设备、建筑等对生命、财产有无危害和危害的程度；确定、编写、发行相应的标准和有助于减少及防止造成生命财产受到损失的资料，同时开展实情调研业务。总之，它主要从事产品的安全认证和经营安全证明业务，其最终目的是为市场得到具有相当安全水准的商品，为人身健康和财产安全得到保证作出贡献。就产品安全认证作为消除国际贸易技术壁垒的有效手段而言，UL 为促进国际贸易的发展也发挥着积极的作用。

UL 始建于 1894 年，初始阶段 UL 主要靠防火保险部门提供资金维持运作，直到 1916 年，UL 才完全自立。经过近百年的发展，UL 已成为具有世界知名度的认证机构，认证范围包括建筑防火、灭火装置、报警装置、建筑材料、通讯设施、专业消防设备等，其中建筑材料类包含一些人造板、家具等产品。

UL 具有一整套严密的组织管理体制、标准开发和产品认证程序。UL 由一个有安全专家、政府官员、消费者、教育界、公用事业、保险业及标准部门的代表组成的理事会管理，日常工作由总裁、副总裁处理。目前，UL 在美国本土有五个实验室，总部设在芝加哥北部的 Northbrook 镇，同时在台湾和香港分别设立了相应的实验室。在中国大陆，则是由美国 UL 和中国检验认证有限公司（原中国进出口商品检验总公司，CCIC）共同投资设立的 UL 美华认证有限公司来负责 UL 认证（商务部，2016）。

在认证中，UL 除了依据自身制定的 UL 标准外，还依据 ASTM、NFPA、CAL TB 等标准和规范。在消防及安防中，与人造板、家具相关的主要是易燃性试验，主要的检测标准如下：①ASTM E 1590 Standard Test Method for Fire Testing of Mattresses（床垫防火测试方法标准）；②BFD-1X-11 Boston Fire Department，Fire Prevention Division，dated Sept. 1，1993（波士顿消防局消防处，1993 年 9 月 1 日）；③CAL TB 129 Flammability Test Procedure of Mattresses for Use in Public Buildings（在公共建筑使用的床垫易燃性的测试程序）；④CAL TB 133 Flammability Test Procedure for Seating Furniture for use in Public Occupancies（公共场所使用的坐具易燃性测试程序）；⑤NFPA 701 Standard Methods of Fire Tests for Flame Propagation of Textiles and Films（纺织品和胶片火焰传播检验标准）；⑥UFAC Filling/Padding Component Test Method：Part A-For Slab or Garneted Materials（灌装/填充元件测试方法：A 部分－板状材料）；⑦UL 1975 Fire Tests for Foamed Plastics Used for Decorative Purposes（装饰用泡沫塑料的火灾试验）。

1. 认证机构

UL 在美国本土设有 5 个实验室，分别在：①Underwriters Laboratories Inc. ，333 Pfingsten Road（总部所在地）Northbrook，IL 60062-2096，电话：001-708-272-8800，传真：001-

708-272-8129；②1285 Walt Whitman Road，Melville，NY 11747-3081；电话：001-516-271-6200，传真：001-516-271-8529；③12 Laboratory Drive，Research Triangle Park，NC 27709-3995，电话：001-919-549-1400，传真：001-919-549-1842；④1665 Scott Boulevard，Santa Clara，CA 950950-4169，电话：001-408-985-2400，传真：001-408-296-3256；⑤ 2600 N.W. Lake Road，Camas，WA 98607-9526，电话：001-360-817-5500，传真：001-360-817-6000。

另外，UL 在中国香港、台湾，日本、韩国和新加坡设有分支机构，其中中国香港 UL 又是大部分中国工厂的标签中心，其联系地址如下：UL 安全检定有限公司，香港沙田火炭坳背湾街 34 号 B 座十四楼，电话：00852-2695-9599，传真：00852-2695-8196，电子邮件：gen_ uk@ul.com。

UL 美华认证有限公司（http：//www.ul-ccic.com）经中华人民共和国商务部、国家质检总局和国家认监委员会共同批准，于 2003 年 1 月 13 日在江苏省苏州市注册成立。由具有百年历史的美国安全检测实验室公司（UL）和中国权威的检验认证机构——中国检验认证（集团）有限公司（原中国进出口商品检验总公司，CCIC）共同投资 1500 万美元设立的 UL 美华认证有限公司，拥有 UL 在认证领域的专业经验和 CCIC 在中国良好的商业关系，秉承 UL"创造一个更安全的世界"的神圣使命，肩负帮助中国企业步入全球市场的职责，坚持"本地服务、客户至上"的服务宗旨，为中国企业提供全面本地化的产品安全测试和认证服务、管理体系审核与注册服务、商业检测服务、电磁兼容及电讯测试和代理中国强制性产品认证（CCC）等服务。UL 美华认证有限公司营运总部位于上海，目前，在上海、苏州、广州和北京等城市均设有客户服务分部，并分别在苏州和北京设试验室，旨在为中国各地区的客户提供更为便捷快速的认证服务（商务部，2016）。

2. 认证程序

（1）申请人递交有关公司及产品资料。

书面申请：申请人应以书面方式要求 UL 公司对所属公司的产品进行检测。

公司资料：用中英文提供以下单位详细准确的名称、地址、联络人、邮政编码、电话及传真。①申请公司：提出产品检测申请并负责全部工程服务费用的公司；②列名公司：在 UL 公司出版的各种产品目录列出名称的公司；③生产工厂：产品的制造者和生产者。

产品资料：产品的资料应以英文提供。首先确定申请人的产品是否属于 UL 检测的范围，可向 UL 设在广州和上海的办事处咨询。①产品的名称：提供产品的全称。②产品型号：详列所有需要进行实验的产品型号、品种或分类号等。③产品预定的用途：例如：家庭、办公室、工厂、煤矿、船舶等；④零件表：详列组成产品的零部件及型号（分类号）、额定值、制造厂家的名称；对于绝缘材料，需提供原材料名称，例如：GE Polycarbonate，Lexan Type 104。当零部件已获得 UL 认证或认可，需证明该零部件的具体型号，并注明其 UL 档案号码。⑤电性能：对于电子电器类产品，提供电原理图（线路图）、电性能表。⑥结构图：对于大多数产品，需提供产品的结构图或爆炸图、配料表等。⑦产品的照片、使用说明、安全等项或安装说明等。

（2）根据所提供的产品资料作出决定。当产品资料齐全时，UL 的工程师根据资料作出下列决定：实验所依据的 UL 标准、测试的工程费用、测试的时间、样品数量等，以书面方式通知申请人，并将正式的申请表及跟踪服务协议书寄给所属公司。申请表中注明了费用限额，是 UL 根据检测项目而估算的最大工程费用，没有所属公司的书面授权，该费用限额是不能被超过的。

（3）申请公司汇款、寄回申请表及样品。申请人在申请表及跟踪服务协议书上签名，并将表格寄返 UL 公司，同时，通过银行汇款，在邮局或以特快专递方式寄出样品，请对送验的样品进行适当的说明（如名称、型号）。申请表及样品请分开寄送。对于每一个申请项目，UL 会指定唯一的项目号码在汇款、寄样品及申请表时注明项目号码、申请公司名称，以便于 UL 查收。

（4）产品检测。收到所属公司签署的申请表、汇款、实验样品后，UL 将通知申请人该实验计划完成的时间。产品检测一般在美国的 UL 实验室进行，UL 也可接受经过审核的参与第三方测试数据。实验样品将根据申请人的要求被寄还或销毁。如果产品检测结果符合 UL 标准要求，UL 公司会发出检测合格报告和跟踪服务细则。检测报告将详述测试情况、样品达到的指标、产品结构及适合该产品使用的安全标志等。在跟踪服务细则中包括了对产品的描述和对 UL 区域检查员的指导说明。检测报告的一份副本寄发给申请公司，跟踪服务细则的一份副本寄发给每个生产工厂。

（5）申请人获得授权使用 UL 标志。在中国的 UL 区域检查员联系生产工厂进行首次工厂检查，检查员检查申请人的产品及其零部件在生产线和仓库存仓的情况，以确认产品结构和零件是否与跟踪服务细则一致。如果细则中要求，区域检查员还会进行目击实验，当检查结果符合要求时，申请人获得授权使用 UL 标志。继 IPI 后，检查员会不定期地到工厂检查，检查产品结构和进行目击实验，检查的频率由产品类型和生产量决定，大多数类型的产品每年至少检查 4 次。检查员的检查是为了确保产品继续与 UL 要求相一致，在申请人计划改变产品结构或部件之前，需先通知 UL。对于变化较小的改动，不需要重复任何实验，UL 可以迅速修改跟踪服务细则，使检查员可以接受这种改动。当 UL 认为产品的改动影响到其安全性能时，需要申请公司重新递交样品进行必要的检测。跟踪服务的费用不包括在测试费用中，UL 会就跟踪检查服务另寄给申请人一张发票。如果产品检测结果不能达到 UL 标准要求，UL 将通知申请人，说明存在的问题，申请人改进产品设计后，可以重新交验产品。申请人应该告诉 UL 工程师，产品做了哪些改进，以便其决定以上是申请 UL 认证的步骤（商务部，2016）。

3. 消防认证

在北美地区，UL 领导着消防产品的测试、认证和研究。自 1894 年涉足消防业务以来，UL 运用现代化的检测和分析设施，在当今的消防安全领域，UL 居于领先地位。通过与权威机构、生产厂家、保险公司、零售商及消防业其他机构的长期合作，UL 一贯致力于预防和减少火灾中的人员和财产损失。

UL 服务涉足消防行业的各个方面，包括建筑防火、灭火装置、报警装置、建筑材料、通讯设施、专业消防设备等。几乎涵盖所有的消防关键领域，诸如：建筑防火——防火门、烟囱风挡、建筑挡火结构、保险柜和防火建材等灭火——洒水装置、洒水管道及其接头、消防栓和固定式灭火系统建筑材料——标准屋顶、石膏板、耐火材料、涂料、家具、塑料、发泡材料等，通讯设施——线缆、光纤和其他办公大楼设备专业消防设备——云梯、水泵等；火警传感器，包括烟雾、热流与水流火灾警报控制器；警报通讯与接收设备火警信号器，包括喇叭、铃、扬声器以及可视元件（如闸门）保险、选材、零售、批发和制造咨询，UL以其强大的科研实力向各方面提供产品研发、标准制订、系统和材料检验及新产品定型的咨询服务。

（七）美国森林认证

美国是发展森林认证和木材标签的先驱，1941年创建了全球第一个森林管理认证计划"美国树园制度（American Tree Farm System）"，至今已推行75年，并一直在通过不同方式向公众宣传积极管理和资金投入对于发展私有林的重要性（李思彤，2013）。美国是成立于1993年的蒙特利尔进程12个成员国之一，并遵循其标准指标来评价美国森林的可持续发展。

同时，美国民间力量在森林可持续开发上也发挥了重要作用。1996年美国林纸协会发起和开始推行可持续林业倡议（Sustainable Forestry Initiative，SFI），并于2000年7月成立可持续林业理事会（SFB），要求会员按照可持续经营标准开展经营，且需根据ISO协议和程序通过第三方审核的SFI认证；目前SFI认证面积已达2500万hm²，分布在全国近80个林场。这一体系主要在美国和加拿大两国针对大规模工业人工林开展森林经营（FM）认证和产销监管链（CoC）认证工作（中国林业生物质能源网，2016）。SFI认证涵盖了与生态环境有关的内容，在社会经济方面的内容很少；2005年12月，SFI获得了PEFC的认可。并且，截至2016年7月，美国也有1378万hm²的林地获得了FSC的森林认证（FSC，2016a）。在美国推行的FSC、PEFC和SFI三个认证体系中，PEFC和SFI均以木材加工企业为主体，缺乏其他利益相关方的参与；技术规程方面，与PEFC和SFI相比，FSC在化学品的使用、森林的结构、间伐和湿地管理方面有更具体的规定和要求，而且FSC是唯一明确禁止种植任何转基因物种并最受环保组织推崇的一种认证体系。

1999年，由相关利益方组成的可持续林业圆桌会议（Sustainable Forest Roundtable，SFR）正式成立，通过信息沟通和对话来帮助美国政府进行相关决策。

六、主要经验

综观美国林产品技术法规、标准和评定程序等，主要有以下重要经验值得总结和借鉴。

（一）技术标准有严格的法律依据并随时更新

与其他领域的贸易技术标准一样，美国有关林产品贸易的技术标准都是在相关法律授权的前提下，由指定的联邦政府部门起草，经过公开咨询后发布实施。美国相关法律的通过经常要经过漫长的过程。

法案首先要在众议院和参议院通过，然后还要获得总统的批准，才能生效成为法律。法律生效后，指定执行的政府部门，如环境保护署，就要按照程序和相应的时间安排，制定法规来执行该法律。在法规生效前，执行部门公开法规草稿，并发出通知（NOPR）收集意见。法规草稿需要发布在《联邦公报》上，并就意见进行分类汇总。执行部门不仅要对意见给予公开回复，还要对法案的草稿进行有针对性的修改，甚至启动相应的研究。最终的法规条款在公布后会纳入联邦法规序列，在《联邦公报》上发布，在《联邦法规法典》获得相应的编号，公众可以随时查询。随后每年更新。

更重要的是,根据法规执行中的反馈意见,还可以不定期进行修订。如林产品贸易涉及的甲醛标准,已经经过多次更新。动植物检疫标准也在不断调整。总体而言,获得通过的法案/法律纳入《美国法典》(USC),在法案/法律授权下发布的法规纳入《联邦法规法典》,二者共同构成美国林产品贸易监管框架体系。

(二)林产品贸易标准没有独立的体系

美国的林业局在美国农业部内部,相对独立,主要职能是代表联邦政府管理联邦所有的林地,对私人林地提供技术支持,但对林产品贸易的涉及较少。而与美国林产品贸易相关的法规政策分属于海关、农业部、环境保护署、内务部、贸易部等众多部门和其内部的机构来制定并执行,没有统一管理的核心部门。各部门在管理上可以有协作,如《雷斯法案修正案》的执行就涉及动植物检疫局、鱼类和野生生物局等部门,分别在执行中负责不同的内容:动植物检疫局负责在入关时的各项检查,鱼类和野生生物局则负责更新禁止贸易的名单,并就相关问题进行调查。因此,如同其他产品,林产品贸易没有专门的管理体系。

(三)独立第三方机构发挥重要作用

美国林产品贸易相关法规、标准的执行机构是联邦政府部门,但在具体执行过程中,第三方独立检验机构或实验室的证书,常常是必须提供的材料。如将要实施的复合木制林产品甲醛排放标准,要求生产企业提供有环境保护署认可的实验室提供的排放量证书才能允许进口。另外,标准在制定过程中,独立第三方实验室或研究机构也发挥重要作用,如开展调查、进行抽样检测、提供科学依据等,使得法规可行性和可信度得到提高。

(四)自愿性标准发挥一定指导作用

除联邦法律法规外,美国的协会等组织也制定自愿性技术标准,对生产企业进行指导。有些情况下,联邦工作人员会参考自愿性标准。如美国针对双层儿童床有明确的技术标准,目的是防止儿童受到卡压等伤害。标准对双层床的各层高度、梯子和护栏的规格、各部分之间的连接和距离等都有非常具体的规定,而且要求有警示性标签,并且有生产商或进口商的明确信息标签。但美国检验和材料协会发布的双层床安全标准虽然是自愿性标准,却比联邦法规范围更广,作用不仅限于卡压风险的防范。因此,当美国消费产品委员会的官员需要调查某个双层床可能存在的风险时,会参考美国检验和材料协会发布的自愿性标准,而且在《美国家具合规指南》中予以明确说明。

(五)利用反倾销税和反补贴税保护林业企业

美国的林产品贸易,与其他产品的贸易一样,在各项技术标准之外,还受到美国《反倾销法》和《反补贴法》(双反)的保护。反倾销和反补贴针对给美国经营活动造成损害的国际价格歧视(比如,在美国出售的商品价格低于本国或第三国),当国际贸易的发展不利于本国企业时,相关政府部门会依照法律,在授权范围内予以干预。

一般而言,美国林业企业如果认为来自某国的进口林产品价格低于出口国或其他国家,可以向美国商务部和国际贸易委员会提出请求,就价格歧视进行调查。商务部会就价格问题，即是否倾销开展调查，过程中会要求外国生产企业配合调查问卷的回复；国际贸易委员会就该产品进口是否给美国产业造成伤害进行调查。如果两个机构都得出肯定结论，即存在倾销和损害，就会作出反倾销或反补贴的决定。该决定会对来自某国的此类林产品额外征税，税收水平反映出倾销的程度。

反倾销税实施后，新加入贸易活动的外国出口商或调整了价格的出口商可以在决定公布后的翌年同一个月要求再次审议反倾销税。反倾销税生效5年后自动失效，除非本国企业还能提出价格歧视和损害本国产业的新证据。

事实上，每次的"双反"调查并不一定都能达到美国企业的目的。比如硬木胶合板公平贸易联合会2012年9月针对中国进口硬木胶合板的调查申请。2013年9月，商务部的调查结论是中国产品以低于公平价格在美销售；但是在2013年11月，美国国际贸易委员会的最终调查结论是中国硬木胶合板进口并未对本国产业构成足够的损害。因为两个调查不能同时支持反倾销税实施，因此不实施反倾销税。

七、重要启示

技术标准通常指经过公认机构批准的、规定非强制执行的、供通用或反复使用的产品或相关工艺、生产方法的规则、指南或特性文件，技术标准一般是非强制性的。与技术标准不同的是，技术法规通常具有强制性。

通过对美国林产品贸易中相关规定和标准的梳理发现，适用的规则都是法规类文件，而非技术标准等非强制性文件，原因可能是在国际贸易中只有强制性法规才能发挥相应的作用，非强制性的技术标准适用范围难以达到国家层面，往往仅限于行业和企业水平。美国林产品贸易管理体系可以带给我们的启示包括：

第一，美国的林产品贸易管理体系框架以法律为依据，所有法规、法令，甚至临时性规定，都有法律依据，即法律授权的部门在法律框架下开展工作，真正做到有法可依。

第二，法律明确授权管理机构，并且清晰划分不同机构在一个法律下的职能范围，避免机构之间的责任交叉带来的效率低下或不作为。

第三，贸易法规和标准制定过程公开透明，在执行部门起草的前提下，有公众参与和科研支撑，并且每年更新调整，保证时效性。

第四，独立第三方认证或证书在林产品贸易中发挥重要作用，成为有关法规和标准执行的有利工具。

第五，除了自上而下的行业管理或部门管理外，《反倾销法》和《反补贴法》以市场调查为依据，可以形成对美国国际贸易的横向干预，达到通过干预贸易来保障本国产业发展的目的，为本国贸易增加了一层保护伞。

第六，行业协会和非政府组织在林产品贸易中发挥很大的作用。如美国林纸协会会员必须承诺达到SFI认证标准，大大推动了森林的可持续利用。另一方面，行业协会经常代表企业向政府提出反倾销调查申请，或对法律法规和标准提出疑义或建议，在一定程度上可以影响政策和市场。美国政府也定期和非政府组织进行信息交流，不仅听取产业发展的建议，更重要的是听取环境保护、社会发展方面的呼声。《雷斯法案修正案》（2008）的通过就是非政府组织不断努力的结果。

第三节　日本林产品贸易及技术标准体系

技术标准在技术性贸易壁垒中居于基础和核心的地位,其制定、形成及其发展变化也与该国的标准化制度及其发展变化密切相关。在二战后的几十年时间里,日本能成为世界第二大经济实体、国际贸易大国和技术大国,其不断完善的标准化制度功不可没。因此,对日本标准化制度的内容及运作体制进行深入了解,对我国具有很好的借鉴作用。

一、基本情况

日本国位于太平洋西岸,是一个由东北向西南延伸的弧形岛国。西隔东海、黄海、朝鲜海峡、日本海,与中国、朝鲜、韩国、俄罗斯相望。陆地面积约 37.8 万 km^2,包括北海道、本州、四国、九州四个大岛和其他 6800 多个小岛屿。日本属温带海洋性季风气候,终年温和湿润。6 月多梅雨,夏秋季多台风。1 月平均气温北部 -6℃,南部 16℃;7 月北部 17℃,南部 28℃。多年平均气温北部(稚内)6.8℃,南部(那霸)23.1℃;多年平均降水量北部(稚内)1063 mm,南部(那霸)2041 mm。截至 2016 年 6 月,日本有 1.267 亿人口,其中日本人人口约 1.257 亿,主要民族为大和族,北海道地区约有 2.4 万阿伊努族人。通用语言为日语,主要宗教为神道教和佛教(Census,2016)。

日本是世界经济大国,工业和国民经济生产总值均居世界前列,但资源贫乏,90% 以上依赖进口,其中石油完全依靠进口。2015 年国内生产总值(GDP)为 41232.58 亿美元,人均 GDP 达 32477.20 美元(WB,2016)。日本矿物资源贫乏,矿种多,储量小;地热、渔业和森林资源极为丰富(表 3-29)。日本山地与河流较多,水力资源丰富,蕴藏量约为每年 1353 亿 W 时。日本的专属经济区面积约相当于国土的 10 倍,渔业资源丰富(中国外交部,2015)。

二、林业发展

日本森林资源丰富,林业较为发达,林产品贸易较为活跃。

(一)森林资源

2015 年,日本森林面积 2495.8 万 hm^2,森林覆盖率达到 68.46%,是世界上森林覆盖率较高的国家之一。其中,天然林面积 490.5 万 hm^2,次生林面积 978.3 万 hm^2,人工林面积 1027.0 万 hm^2。日本森林面积在 1990 年为 2495.0 万 hm^2,2000 年下降到 2487.6 万 hm^2,2005 年增加到 2493.5 万 hm^2,2010 年又增加到 2496.6 万 hm^2,2015 年比 1990 年只增长了 0.8 万 hm^2(FAO,2016b)。日本人工林面积在 1990 年为 1028.7 万 hm^2,2000 年增加到 1033.1 万 hm^2,2005 年下降到 1032.4 万 hm^2,2010 年又下降到 1029.2 万 hm^2,2015 年下降到 1027.0 万 hm^2(FAO,2016b)。

日本森林蓄积量在 1990 年为 31.11 亿 m^3,2000 年增加到 38.53 亿 m^3,2005 年增加到 42.55 亿 m^3,2010 年增加到 46.99 亿 m^3(FAO,2016b)。

表 3-29　1990 – 2015 年日本基本情况

年份	土地面积 （万 hm²）	森林面积 （万 hm²）	森林覆盖率 （%）	人口 （百万）	GDP 总量 （亿美元）	人均 GDP （万美元）
1990	3646.00	2495.00	68.43	123.54	3.10	2.51
1991	3646.00	2494.26	68.41	123.92	3.54	2.85
1992	3646.00	2493.52	68.39	124.23	3.85	3.10
1993	3646.00	2492.78	68.37	124.54	4.41	3.55
1994	3646.00	2492.04	68.35	124.96	4.85	3.88
1995	3646.00	2491.30	68.33	125.44	5.33	4.25
1996	3645.00	2490.56	68.33	125.76	4.71	3.74
1997	3645.00	2489.82	68.31	126.06	4.32	3.43
1998	3645.00	2489.08	68.29	126.40	3.91	3.10
1999	3645.00	2488.34	68.27	126.63	4.43	3.50
2000	3645.00	2487.60	68.25	126.84	4.73	3.73
2001	3645.00	2488.78	68.28	127.15	4.16	3.27
2002	3645.00	2489.96	68.31	127.45	3.98	3.12
2003	3645.00	2491.14	68.34	127.72	4.30	3.37
2004	3645.00	2492.32	68.38	127.76	4.66	3.64
2005	3645.00	2493.50	68.41	127.77	4.57	3.58
2006	3645.00	2494.12	68.43	127.85	4.36	3.41
2007	3645.00	2494.74	68.44	128.00	4.36	3.40
2008	3645.00	2495.36	68.46	128.06	4.85	3.79
2009	3645.00	2495.98	68.48	128.05	5.04	3.93
2010	3645.50	2496.60	68.48	128.07	5.50	4.29
2011	3645.55	2496.44	68.48	127.82	5.91	4.62
2012	3645.60	2496.28	68.47	127.56	5.95	4.67
2013	3645.60	2496.12	68.47	127.34	4.92	3.86
2014	3645.60	2495.96	68.46	127.13	4.60	3.62
2015	3645.60	2495.80	68.46	126.82	4.12	3.25

资料来源（WB，2016）；森林覆盖率（%）＝森林面积/土地面积×100%。

（二）林产品生产

根据 FAO 林产品贸易数据库资料，日本木材产品除木质燃料外产量总体上呈增长趋势，非木质林产品产值不容忽视，木材加工产品种类齐全，但产量较少。

1. 木材产品

近 15 年来，日本木材产品产量有所增长。原木产量由 2000 年的 1812.06 万 m³ 增至 2015 年的 2133.12 万 m³（FAO，2016a），增长了 17.72%。其中，工业用原木中的锯材原木和单板原木产量增长较为突出，增幅达 18.38%，纸浆材产量也有小幅增加；木质燃料产量却呈明显下降态势。而在所有的原木产品中，工业用原木占有绝对优势比重，其占比在 96.67%~99.57%，总体上呈上升态势；同期，其他工业用原木产量的占比虽由 1.84% 增至 4.16%，但在 2001 – 2012 年其产量一度为零（表 3-30）。

表 3-30　2000－2015 年日本木材产品产出（万 m³）情况

年份	原木	木质燃料	工业用原木		其他工业用原木
			锯材与单板原木	纸浆材	
2000	1812.06	13.36	1293.60	471.70	33.40
2001	1590.25	12.85	1194.80	382.60	0.00
2002	1521.56	12.36	1142.10	367.10	0.00
2003	1528.99	11.89	1157.40	359.70	0.00
2004	1572.94	11.44	1201.50	360.00	0.00
2005	1627.61	11.01	1243.40	373.20	0.00
2006	1671.42	10.52	1278.90	382.00	0.00
2007	1775.05	10.05	1361.30	403.70	0.00
2008	1780.51	9.61	1324.70	446.20	0.00
2009	1671.08	9.18	1222.20	439.70	0.00
2010	1728.07	8.77	1307.20	412.10	0.00
2011	1837.38	8.38	1401.60	427.40	0.00
2012	1855.91	8.01	1392.30	455.60	0.00
2013	2113.36	7.66	1531.30	511.70	62.70
2014	2113.02	7.32	1555.70	481.30	88.80
2015	2133.12	7.32	1555.70	481.30	88.80

数据来源：http：//faostat3.fao.org/download/F/FO/E。

2. 木材加工产品

日本木材加工产业较为发达，主要集中在原木制材业、人造板产业和制浆造纸业。

（1）原木制材业。日本的原木制材业的木材利用程度与锯材出材率都下降。2015 年，在国内原木消耗量为 2456.26 万 m³ 的情况下，日本出产了 956.90 万 m³ 的锯材、694.90 万 m³ 的木材剩余物以及 508.30 万 m³ 的木片与碎料（FAO，2016a）。而在原木制材业的所有产品中，锯材占有最大份额，其次是木材剩余物，木炭的产量微乎其微。2000－2015 年，木材剩余物的产量呈波动性增长，增幅为 5.78%；锯材的产量则呈波动性减少，减幅为 44.02%（表 3-31）。

（2）人造板产业。日本人造板产业产品种类齐全，但产量较少，其主要包含胶合板、碎料板和纤维板，且以胶合板为主（FAO，2016a）。总的来说，2000－2015 年，日本人造板产量略有下降，其中胶合板产量下降了 12.59%，碎料板和纤维板产量也有不同程度的下降（表 3-32）。

（3）制浆造纸业。日本制浆业的规模适中，产量处于中等水平。但由于近年来造纸业的萎缩，日本的制浆业产量总的来说有所减少，导致其规模也有一定程度的缩减（FAO，2016a）。2000－2015 年，木浆产量由 1137 万 t 减至 887 万 t；同期纸和纸板的产量由 3183 万 t 减至 2623 万 t；而回收纸的产量则由 1833 万 t 增至 2175 万 t（表 3-33）。

表 3-31　2000 – 2015 年日本原木制材业产出情况

年份	原木 （万 m³）	木片和碎料 （万 m³）	木材剩余物 （万 m³）	锯材 （万 m³）	木炭 （万 t）
2000	1812.06	428.20	656.90	1709.40	5.60
2001	1590.25	389.00	635.40	1548.50	5.20
2002	1521.56	383.00	726.90	1440.20	4.20
2003	1528.99	378.60	809.40	1392.90	4.00
2004	1572.94	405.10	780.30	1360.30	3.70
2005	1627.61	437.40	791.70	1282.50	3.50
2006	1671.42	443.50	760.80	1255.40	3.30
2007	1775.05	465.60	740.50	1163.20	3.00
2008	1780.51	520.10	655.40	1088.40	2.80
2009	1671.08	465.70	573.50	929.10	2.60
2010	1728.07	469.90	629.40	941.50	2.50
2011	1837.38	468.40	685.00	943.40	2.50
2012	1855.91	503.80	694.40	932.00	2.50
2013	2113.36	518.10	807.20	1010.00	2.50
2014	2113.02	508.30	694.90	1061.60	2.50
2015	2133.12	508.30	694.90	956.90	2.50

数据来源：http://faostat3.fao.org/download/F/FO/E。

表 3-32　2000 – 2015 年日本人造板产出（万 m³）情况

年份	人造板	纤维板	胶合板	碎料板	单板	年份	人造板	纤维板	胶合板	碎料板	单板
2000	560.70	99.80	321.80	126.10	13.00	2008	460.90	82.80	258.60	113.50	6.00
2001	505.20	94.50	277.10	125.60	8.00	2009	400.10	68.20	228.70	97.20	6.00
2002	489.30	86.10	273.50	123.70	6.00	2010	441.00	77.10	264.50	93.40	6.00
2003	518.40	85.10	302.40	124.90	6.00	2011	433.90	83.40	248.60	95.90	6.00
2004	528.80	89.30	314.90	118.60	6.00	2012	437.60	82.40	254.90	94.30	6.00
2005	538.00	87.40	321.20	123.40	6.00	2013	472.90	86.80	276.10	104.00	6.00
2006	551.40	89.50	331.40	124.50	6.00	2014	490.48	87.28	281.30	107.30	6.00
2007	531.30	93.70	307.30	124.30	6.00	2015	473.97	79.37	281.30	107.30	6.00

数据来源：http://faostat3.fao.org/download/F/FO/E。

表 3-33　2000 – 2015 年日本木浆及纸和纸板产出（万 t）情况

年份	纸和纸板	回收纸	木浆	年份	纸和纸板	回收纸	木浆
2000	3182.80	1833.21	1137.30	2008	3062.80	2275.23	1073.30
2001	3071.70	1912.22	1079.20	2009	2626.80	2166.39	857.00
2002	3068.60	2004.62	1065.20	2010	2736.40	2171.50	947.50
2003	3045.70	2044.26	1058.30	2011	2660.90	2155.26	908.30
2004	3089.10	2129.10	1071.40	2012	2595.70	2175.16	872.20
2005	3095.30	2231.97	1082.10	2013	2623.80	2186.55	884.10
2006	3109.70	2282.53	1086.10	2014	2662.60	2175.12	906.60
2007	3126.80	2304.07	1085.00	2015	2622.80	2175.12	887.00

数据来源：http://faostat3.fao.org/download/F/FO/E。

三、国际贸易

(一)进出口贸易

日本对外贸易在国民经济中占重要地位,与其有贸易关系的国家(地区)约 200 个。据日本财务省统计,2013 年日本进出口总额为 15585 亿美元,其中出口 7193 亿美元,进口 8392 亿美元,贸易逆差 1198 亿美元。主要进口商品有:原油、天然气、煤炭等一次性能源,服装、半导体等电子零部件,医药品、金属及铁矿石原材料等;主要出口商品有:汽车、钢铁、半导体等电子零部件,塑料、科学光学仪器、一般机械、化学制品等。2012 年主要贸易对象为中国、美国、韩国、中国台湾、泰国、中国香港等国家和地区。日本重点投资的国家为美国、英国、中国、巴西等,重点投资地区为亚洲、欧洲。日本财务省公布的统计表明,日本 2012 年对外直接投资额约 1224 亿美元,仅次于美国,居全球第 2 位。据中方统计,2013 年日本对华投资 70.6 亿美元,同比下降 4.3%,居日本对外投资国别/地区第 4 位。截至 2013 年年底,日本累计对华投资 955.6 亿美元,是中国外资第三大来源地(经济产业省,2014)。

日本是世界提供经济援助的主要国家之一。2012 年政府开发援助约 106.05 亿美元,居世界第 5 位。日本于 1979 年开始提供对华政府开发援助(ODA)。2007 年 12 月 1 日,两国外长签署日本对华最后一批日元贷款换文。日本政府迄今累计向中国政府承诺提供日元贷款协议金额 33164.86 亿日元,用于 255 个项目的建设。截至 2012 年年底,我国实际使用日元贷款 28709 亿日元,已偿还本息 20289 亿日元。

2000 - 2015 年日本商品与服务贸易额变化情况如表 3-34 所示,其中 2012 年达到历史峰值 2.33 万亿美元(WTO,2016),2015 年下降较大。

(二)林产品贸易

日本林产品贸易在总商品贸易中的比例很低,且总体上呈下降趋势。2000 - 2015 年,日本林产品贸易额总在 116.65 亿~173.10 亿美元之间(FAO,2016a),在商品贸易额中的比重由 1.78% 降至 1.13%(表 3-35),其中进口额占比由 3.53% 降至 1.77%,而出口额比重则由 0.40% 增至 0.47%(WTO,2016)。

日本林产品贸易的产品集中度较高,最大宗的贸易产品为纸和纸板。2000 - 2015 年,5 种主要林产品的贸易额占比尽管总体上呈现出下降趋势,但在 2009 年后又逐步上升且达到 78.13%,该值也一度达到 85.86%。其中,纸和纸板贸易额的比重约在 1/4 左右。

1. 进口

日本林产品进口以原木、锯材、纸和纸板、人造板和木浆为主。其中,纸和纸板的进口量远小于自身产出;锯材的进口量略小于自身产出;原木的进口则以工业用原木为主;人造板的进口主要集中在胶合板上。2000 - 2015 年,进口量前 3 的原木、锯材和人造板的进口额在林产品进口总额中的比重基本维持在 5 成左右(FAO,2016a)。而且在这 15 年间,日本的主要林产品进口基本上都呈下降态势(表 3-36 和表 3-37)。

表 3-34　2000～2015 年日本商品与服务贸易额(万亿美元)

年份	商品贸易			服务贸易			商品与服务贸易		
	出口额	进口额	贸易额	出口额	进口额	贸易额	出口额	进口额	贸易额
2000	0.479	0.380	0.859	0.138	0.229	0.367	0.617	0.609	1.226
2001	0.403	0.349	0.753	0.128	0.213	0.341	0.531	0.562	1.094
2002	0.417	0.337	0.754	0.131	0.211	0.342	0.548	0.548	1.096
2003	0.472	0.383	0.855	0.153	0.216	0.370	0.625	0.599	1.225
2004	0.566	0.455	1.020	0.192	0.262	0.455	0.758	0.717	1.475
2005	0.595	0.516	1.111	0.218	0.267	0.485	0.813	0.783	1.596
2006	0.647	0.579	1.226	0.233	0.269	0.502	0.880	0.848	1.728
2007	0.714	0.622	1.337	0.242	0.317	0.559	0.956	0.939	1.896
2008	0.781	0.763	1.544	0.280	0.358	0.638	1.061	1.121	2.182
2009	0.581	0.552	1.133	0.240	0.312	0.552	0.821	0.864	1.685
2010	0.770	0.694	1.464	0.267	0.329	0.596	1.037	1.023	2.060
2011	0.823	0.855	1.679	0.280	0.351	0.631	1.103	1.206	2.310
2012	0.799	0.886	1.684	0.272	0.370	0.642	1.071	1.256	2.326
2013	0.715	0.833	1.548	0.293	0.326	0.620	1.008	1.159	2.168
2014	0.690	0.812	1.502	0.325	0.394	0.720	1.015	1.206	2.222
2015	0.625	0.648	1.273	0.324	0.362	0.685	0.949	1.010	1.958

数据来源：http：//stat.wto.org/Home/WSDBHome.aspx? Language = E。

表 3-35　2000～2015 年日本 5 种主要林产品贸易额(亿美元)及其占比(%)

年份	原木	锯材	人造板	木浆	纸和纸板	林产品贸易总额	纸和纸板占比	5 种产品占比
2000	23.32	32.44	22.98	19.34	33.50	153.25	21.86	85.86
2001	18.73	26.94	20.97	13.12	28.50	128.70	22.14	84.12
2002	15.97	24.40	20.96	11.30	24.22	116.65	20.76	83.03
2003	16.53	26.85	19.26	12.43	26.56	122.22	21.73	83.15
2004	19.60	29.14	26.61	13.94	40.39	153.97	26.23	84.22
2005	17.04	26.43	24.11	13.07	36.97	144.25	25.63	81.54
2006	18.40	27.44	28.90	14.87	36.56	153.59	23.80	82.15
2007	17.62	26.51	24.42	14.97	30.39	146.21	20.79	77.91
2008	13.89	23.91	23.21	15.69	37.88	153.38	24.70	74.70
2009	8.21	19.10	18.09	10.66	37.45	123.41	30.35	75.77
2010	10.13	23.30	22.37	16.77	44.57	153.07	29.12	76.53
2011	11.27	27.51	30.64	18.07	46.40	173.10	26.81	77.35
2012	10.45	25.57	28.60	15.46	45.30	162.77	27.83	77.03
2013	11.32	31.21	28.49	15.42	38.36	158.50	24.20	78.74
2014	11.17	28.69	27.25	15.56	36.95	153.11	24.13	78.13
2015	10.01	24.06	22.95	16.34	36.94	143.94	25.66	76.63

数据来源：http：//faostat3.fao.org/download/F/FO/E。

表 3-36　2000－2015 年日本主要林产品进口量

年份	原木（万 m³）			锯材（万 m³）	人造板（万 m³）					纸和纸板（万 t）	木浆（万 t）
	小计	工业用原木	木质燃料		小计	单板	胶合板	碎料板	纤维板		
2000	1594.85	1594.80	0.05	995.10	620.00	11.70	503.30	38.50	66.50	164.70	309.23
2001	1391.15	1391.10	0.05	898.00	629.70	11.00	502.10	38.90	77.70	168.10	268.63
2002	1266.30	1266.20	0.10	858.40	634.20	10.00	511.90	40.50	71.80	180.60	251.23
2003	1264.00	1263.90	0.10	884.90	543.80	12.40	422.10	41.50	67.80	198.50	243.01
2004	1268.20	1268.10	0.10	912.30	646.20	13.50	512.20	45.90	74.60	227.40	251.21
2005	1065.50	1065.40	0.10	839.50	599.10	10.90	473.20	39.20	75.80	205.90	231.71
2006	1058.27	1058.20	0.07	850.50	630.70	9.50	504.60	46.20	70.40	196.10	232.51
2007	897.37	897.30	0.07	735.40	543.30	7.60	406.40	46.00	83.30	166.40	205.92
2008	622.87	622.80	0.07	652.20	449.80	6.60	358.30	41.00	43.90	154.40	197.82
2009	413.07	413.00	0.07	556.80	378.50	10.00	294.80	36.10	37.60	206.60	166.51
2010	475.73	475.71	0.02	641.47	423.10	23.60	325.50	42.30	31.70	206.78	181.00
2011	463.98	463.96	0.02	684.39	502.14	24.75	380.87	57.09	39.42	240.42	187.94
2012	451.21	451.19	0.02	656.20	479.86	21.40	364.53	50.60	43.33	249.75	182.71
2013	455.62	455.59	0.03	749.72	500.93	25.90	376.46	55.60	42.98	213.26	174.89
2014	419.97	415.10	0.02	680.91	491.84	25.77	359.69	53.30	52.99	198.92	175.39
2015	373.22	373.20	0.02	584.80	419.07	24.60	299.57	53.30	41.60	198.59	175.10

数据来源：http：//faostat3. fao. org/download/F/FO/E。

表 3-37　2000－2015 年日本主要林产品进口额（亿美元）

年份	原木	工业用原木	木质燃料	锯材	人造板	单板	胶合板	碎料板	纤维板	纸和纸板	木浆
2000	23.32	23.3143	0.0012	32.35	22.69	1.01	18.94	1.25	1.49	15.82	18.55
2001	18.72	18.7211	0.0012	26.87	20.74	0.91	16.98	1.18	1.67	14.35	12.72
2002	15.96	15.9625	0.0020	24.29	20.72	0.79	17.29	1.16	1.48	14.66	10.78
2003	16.52	16.5202	0.0020	26.73	18.95	1.01	14.75	1.31	1.88	17.21	11.66
2004	19.59	19.5847	0.0020	29.00	26.33	1.11	21.54	1.75	1.94	20.09	13.03
2005	17.01	17.0070	0.0020	26.31	23.82	0.99	19.39	1.47	1.97	18.45	12.19
2006	18.36	18.3579	0.0030	27.33	28.64	0.91	24.19	1.68	1.87	16.97	13.75
2007	17.58	17.5799	0.0030	26.36	24.14	0.86	19.20	1.76	2.32	15.45	13.67
2008	13.82	13.8163	0.0030	23.65	22.91	0.83	18.37	1.66	1.95	17.25	14.56
2009	8.15	8.1485	0.0030	18.87	17.82	0.75	13.97	1.34	1.75	21.54	9.86
2010	10.03	10.0284	0.0032	22.99	22.11	1.26	17.15	1.61	2.10	22.37	14.07
2011	11.10	11.0933	0.0043	27.18	30.39	1.62	23.84	2.33	2.59	27.82	15.49
2012	10.28	10.2760	0.0033	25.27	28.34	1.58	21.64	2.03	3.09	28.27	13.57
2013	11.00	10.9989	0.0034	30.93	28.23	1.49	21.74	2.20	2.80	21.47	13.13
2014	10.51	10.4332	0.0026	28.42	27.06	1.42	20.92	2.06	2.65	19.97	13.44
2015	9.38	9.3794	0.0026	23.77	22.78	1.32	16.75	2.06	2.65	19.97	13.45

数据来源：http：//faostat3. fao. org/download/F/FO/E。

2. 出口

日本林产品出口以人造板、木浆及纸和纸板为主，但除了纸和纸板外，人造板和木浆的规模及价值量都相对较小。部分林产品，如木质燃料，在 2000 – 2009 年出口量和出口额为零，即使从 2010 年开始，其出口有所增加，但出口额也不足 0.01 亿美元（FAO，2016a）。其中，原木的出口量远远小于其进口量，始终存在着原木贸易的较大逆差；纸和纸板的出口较高，绝大部分的出口份额归其所有（表 3-38 和表 3-39）。

表 3-38   2000 – 2015 年日本主要林产品出口量

年份	原木（万 m³）			木片和碎料（万 m³）	锯材（万 m³）	人造板（万 m³）					纸和纸板（万 t）	木浆（万 t）
	小计	工业用原木	木质燃料			小计	单板	胶合板	碎料板	纤维板		
2000	0.38	0.38	0.00	0.05	0.70	3.25	0.70	0.70	0.10	1.75	161.50	13.20
2001	0.30	0.30	0.00	0.04	1.00	3.60	0.70	1.30	0.10	1.50	146.00	10.40
2002	0.37	0.37	0.00	0.15	2.20	4.44	0.70	1.30	0.20	2.24	89.00	13.30
2003	0.77	0.77	0.00	0.06	1.40	5.08	0.30	1.50	1.30	1.98	87.60	19.30
2004	0.87	0.87	0.00	0.10	1.80	3.53	0.10	0.90	1.70	0.83	170.50	20.60
2005	2.37	2.37	0.00	0.10	2.00	3.95	0.20	1.00	2.10	0.65	145.47	19.30
2006	3.04	3.04	0.00	0.10	1.70	3.32	0.11	1.20	1.60	0.41	145.60	22.80
2007	1.90	1.90	0.00	0.10	2.90	4.10	0.11	1.30	2.10	0.59	139.80	22.80
2008	4.80	4.80	0.00	1.20	4.30	3.80	0.10	1.00	2.10	0.60	162.40	18.80
2009	3.70	6.60	0.00	1.20	4.30	4.41	0.11	1.80	1.50	1.00	119.20	16.00
2010	6.63	6.60	0.03	0.11	6.00	3.44	0.11	0.92	1.20	1.21	164.32	40.93
2011	10.12	10.06	0.06	0.02	5.90	3.20	0.05	0.87	1.15	1.13	112.37	39.34
2012	11.36	11.30	0.06	0.50	5.85	3.37	0.05	1.52	0.80	1.01	98.16	35.00
2013	26.49	26.40	0.09	0.02	5.94	3.78	0.06	1.78	0.65	1.30	111.70	45.25
2014	52.10	52.00	0.08	0.60	5.70	2.43	0.05	0.70	1.20	0.86	136.68	39.26
2015	50.08	50.00	0.08	0.60	6.30	2.94	0.04	1.00	1.20	0.69	132.90	53.02

数据来源：http://faostat3.fao.org/download/F/FO/E。

表 3-39   2000 – 2015 年日本主要林产品出口额（亿美元）

年份	原木	工业用原木	木质燃料	锯材	人造板	单板	胶合板	碎料板	纤维板	纸和纸板	木浆
2000	0.0076	0.0076	0.0000	0.0825	0.2890	0.1542	0.0857	0.0028	0.0463	17.6769	0.7863
2001	0.0053	0.0053	0.0000	0.0738	0.2255	0.1014	0.0797	0.0042	0.0403	14.1500	0.3991
2002	0.0072	0.0072	0.0000	0.1040	0.2455	0.1033	0.0894	0.0048	0.0480	9.5639	0.5163
2003	0.0123	0.0012	0.0000	0.1173	0.3118	0.1079	0.1116	0.0328	0.0595	9.3545	0.7721
2004	0.0136	0.0136	0.0000	0.1388	0.2746	0.1053	0.0813	0.0644	0.0236	20.3011	0.9130
2005	0.0348	0.0348	0.0000	0.1265	0.2847	0.1306	0.0676	0.0690	0.0175	18.5253	0.8771
2006	0.0367	0.0367	0.0000	0.1124	0.2565	0.1055	0.0748	0.0587	0.0175	19.5924	1.1217
2007	0.0343	0.0343	0.0000	0.1550	0.2812	0.1093	0.0646	0.0741	0.0333	14.9356	1.2985
2008	0.0698	0.0698	0.0000	0.2544	0.2996	0.1038	0.0631	0.0800	0.0527	20.6287	1.1278
2009	0.0584	0.0584	0.0000	0.2275	0.2751	0.0826	0.0543	0.0728	0.0654	15.9098	0.7992
2010	0.0995	0.0990	0.0004	0.3132	0.2608	0.0768	0.0643	0.0601	0.0597	22.2022	2.7092
2011	0.1715	0.1707	0.0008	0.3224	0.2553	0.0683	0.0706	0.0530	0.0633	18.5791	2.5796
2012	0.1747	0.1738	0.0009	0.3039	0.2601	0.0734	0.0875	0.0372	0.0621	17.0249	1.8967
2013	0.3226	0.3213	0.0013	0.2781	0.2578	0.0624	0.1055	0.0246	0.0654	16.8909	2.2878
2014	0.6513	0.6516	0.0012	0.2691	0.1871	0.0624	0.0390	0.0285	0.0572	16.9773	2.1138
2015	0.6281	0.6269	0.0012	0.2868	0.1743	0.0501	0.0390	0.0285	0.0572	16.9735	2.8978

数据来源：http://faostat3.fao.org/download/F/FO/E。

3. 流向

日本林产品贸易集中度不是很高，前 10 位贸易伙伴国中只有中国、美国、马来西亚和印度尼西亚消费了日本部分的出口林产品同时又提供了部分日本所需的进口林产品。2011 与 2012 年，以金额计，10 个主要国家消费了日本 91.81% 与 71.94% 的出口林产品，另外，日本进口林产品的前 10 位来源国提供的林产品占日本进口林产品总额的 63.92% 与59.64%；2013 与 2014 年，以金额计，10 个主要国家消费了日本 73.72% 与 87.43% 的出口林产品，日本进口林产品的前 10 位来源国提供的林产品占日本进口林产品总额的66.25% 与 64.15%，至于具体进出口前 10 的国家名单如表 3-40 所示（FAO，2016b）。此外，2011～2014 年，日本林产品的主要贸易伙伴相对稳定，出口前 10 的国家名单并未改变，只是名次发生了变动；进口前 10 的国家名单变动很小，只是 2011～2012 年罗马尼亚挤掉了韩国，而在 2013 年智利又挤掉了罗马尼亚，2014 年智利保持在名单之中。

表3-40　2011～2014 年日本主要林产品贸易伙伴国及其贸易额（亿美元）

名次	出口		进口		出口		进口	
	目的地	金额	来源国	金额	目的地	金额	来源国	金额
2011 年			2012 年					
1	中国	14.48	美国	17.62	中国	12.14	美国	17.75
2	美国	3.92	印度尼西亚	14.67	韩国	2.13	印度尼西亚	14.34
3	韩国	3.27	马来西亚	13.69	泰国	1.84	加拿大	13.79
4	泰国	2.64	加拿大	13.40	美国	1.61	中国	12.48
5	荷兰	1.03	中国	12.79	越南	0.78	马来西亚	5.79
6	马来西亚	0.99	俄罗斯	5.09	马来西亚	0.77	俄罗斯	4.14
7	越南	0.96	新西兰	4.43	荷兰	0.68	新西兰	3.46
8	印度尼西亚	0.79	芬兰	3.54	印度尼西亚	0.42	芬兰	3.41
9	澳大利亚	0.74	瑞典	3.01	澳大利亚	0.35	瑞典	2.65
10	菲律宾	0.59	韩国	1.91	菲律宾	0.30	罗马尼亚	1.82
合计		29.41		90.15		21.00		79.64
占比（%）		91.81		63.92		71.94		59.64
	2013 年				2014 年			
1	中国	11.67	美国	15.65	中国	11.13	美国	17.20
2	韩国	2.89	加拿大	14.56	韩国	3.84	加拿大	12.87
3	泰国	1.81	印度尼西亚	14.25	美国	3.27	印度尼西亚	12.04
4	美国	1.33	中国	11.55	泰国	1.88	马来西亚	11.57
5	越南	0.97	马来西亚	11.50	越南	1.52	中国	10.75
6	马来西亚	0.90	俄罗斯	4.75	马来西亚	0.97	俄罗斯	4.28
7	印度尼西亚	0.54	芬兰	4.67	印度尼西亚	0.80	芬兰	3.55
8	澳大利亚	0.54	新西兰	3.72	荷兰	0.60	新西兰	3.25
9	菲律宾	0.41	瑞典	3.37	澳大利亚	0.55	瑞典	2.44
10	荷兰	0.35	智利	1.70	菲律宾	0.45	智利	1.93
合计		21.41		85.73		25.00		79.88
占比（%）		73.72		66.25		87.43		64.15

数据来源：http：//faostat3. fao. org/download/F/FT/E。

（三）木家具贸易

2000 - 2015 年，日本木家具贸易额总量在 15.00 亿~25.20 亿美元（表 3-41），其中进口额由 14.9962 亿美元增至 21.2778 亿美元，出口额由 0.1535 亿美元增至 0.2820 亿美元（UN，2016）。

表 3-41　2000 - 2015 年日本木家具贸易及年变化

年份	进出口贸易量（亿 kg）			进出口贸易额（亿美元）			年变化（%）	
	进口量	出口量	贸易量	进口额	出口额	贸易额	贸易量	贸易额
2000	5.0653	0.0138	5.0791	14.9962	0.1535	15.1497	—	—
2001	5.8607	0.0126	5.8733	15.3645	0.1394	15.5039	15.64	2.34
2002	6.2643	0.0132	6.2775	14.8486	0.1149	14.9635	6.88	- 3.49
2003	6.6182	0.0113	6.6295	15.8844	0.1055	15.9899	5.61	6.86
2004	6.9676	0.0102	6.9778	17.1653	0.1172	17.2825	5.25	8.08
2005	7.2976	0.0091	7.3067	18.2766	0.1084	18.3850	4.71	6.38
2006	7.4015	0.0129	7.4144	18.5882	0.1316	18.7198	1.47	1.82
2007	7.5274	0.0158	7.5432	18.9873	0.1889	19.1762	1.74	2.44
2008	7.4356	0.0155	7.4511	19.8178	0.2049	20.0227	- 1.22	4.41
2009	7.3009	0.0106	7.3115	19.3602	0.1387	19.4989	- 1.87	- 2.62
2010	7.9009	0.0146	7.9115	20.9632	0.2043	21.1675	8.26	8.56
2011	8.0433	0.0153	8.0586	23.0899	0.2422	23.3321	1.81	10.23
2012	8.0919	0.0187	8.1106	24.9827	0.2495	25.2322	0.65	8.14
2013	7.9162	0.0198	7.9360	24.2709	0.2288	24.4997	- 2.15	- 2.90
2014	7.8675	0.0282	7.8957	24.3332	0.2942	24.6274	- 0.51	0.52
2015	7.0210	0.0381	7.0591	21.3778	0.2820	21.6598	- 10.60	- 12.05

资料来源：http：//comtrade.un.org/data/。木家具包括 940161、940169、940330、940340、940350、940360 六类。

四、林产品贸易政策与法规

日本林产品贸易政策法规比较完善，值得我国学习和借鉴。

（一）相关法律

日本销售或贸易木制品，既要符合《建筑基准法》和《建筑基准修改法》，又要依据产品种类符合《家居用品质量标签法》《消费品安全法》和《工业标准法》等法规（商务部，2016），还要遵守《华盛顿公约》（《濒危野生动植物种国际贸易公约》）的规定。

1. 建筑基准法

为了保护国民健康和提高文化生活质量，1950 年日本颁布了《建筑基准法》；为了保证建筑物防震、材料、环境及环保等方面的要求，2003 年 7 月日本又颁布了《建筑基准修改法》。

2. 家居用品质量标签法

《家居用品质量标签法》要求制造商和进口商必须确保产品质量标签包含足够的信息，以使消费者作出是否购买的决定。产品必须在其标签和说明书上标示其性能、使用方法、储存条件以及其他质量要求。所适用的"家居用品"目前共有 90 种，包括 35 种纺织品、8 种塑料产品、17 种电气产品以及 30 种杂项产品。常见的木家具属于其中的杂项产品，分为 3 种：书桌和桌子、椅子、衣柜和橱柜。

3. 消费品安全法

《消费品安全法》将一些因结构、材料或使用方法而引起特殊安全问题的消费品归为"特定产品"，并为每种特定产品制定了安全标准。如果认为某些特定产品不足以仅由制造商或进口商保证其安全问题，则将其归为"特定产品中的特别类别"。特殊产品可通过自我声明以符合法规的要求，而特定产品中的特别类别必须由第三方机构进行合格评定。

符合标准的特殊产品可加贴 PSC(Product Safety Consumer)标志，其中"特定产品"加贴的是圆形 PSC 标志，"特定产品中的特别类别"加贴的是菱形 PSC 标志。目前共有 6 种产品需要加贴 PSC 标志，分别是：家用电子压力壶和高压锅、摩托车头盔和登山绳属于"特定产品"，需加贴圆形 PSC 标志；婴儿床、便携式激光笔和浴缸热水循环器属于"特定产品中的特别类别"，需加贴菱形 PSC 标志。

根据《消费品安全法》成立的消费品安全协会(Consumer Product Safety Association，CP-SA)制定了一系列标准，以确保那些由于结构、材料等易产生危险的产品的安全，符合标准要求的产品可以加贴 SG(Safety Goods)标志。对木制品，如家具，可能需要加贴的标志和标签包括：依据《家居用品质量标签法》加贴的标签(强制性)、依据《消费品安全法》加贴的 PSC 标志(强制性)和 SG 标志(自愿性)以及依据《工业标准法》加贴的 JIS 标志(自愿性)。

4. 工业标准法

日本工业标准(Japanese Industrial Standard，简称 JIS)于 1949 年通过，其后又经过多次修正，是日本国家级标准中最重要、最权威的标准，主管机构为日本工业标准调查会(JISC)。《工业标准法》通过制定和实施相应的产品工业标准，以达到提高产品质量，提高生产效率，使生产过程更合理等目的。符合标准的产品可加贴 JIS 标志。为了适应近年来认证制度的全球化和技术水平的迅速发展，2004 年日本对《工业标准法》进行了修订。目前，JIS 体系涉及机械、电器、汽车、船舶、冶金、化工、纺织、矿山、医疗器械等几十个行业。

(二)农业标准化管理制度

日本农业标准化(Japanese Agricultural Standards，JAS)管理制度于 1950 年通过，之后又经过多次修正，是基于日本农林水产省制定的《关于农林物质标准化及质量标识正确化的法律》(简称"JAS 法")所建立的对日本农林产品及其加工产品进行标准化管理的制度。JAS 法包括"农林物质标准化"和"质量标识标准化"两大内容(農林水産省，2014)。任何在日本市场上销售的农林产品及其加工品(包括食品)都必须遵守和接受 JAS 制度规定和监管。

JAS 制度是日本农业标准化最重要的管理制度。日本农林水产省制定 JAS 标准，农林水产品自愿接受其监管部门的检查，若符合 JAS 标准，则允许黏贴 JAS 标志。制定 JAS 标准，由农林水产大臣指定需制定 JAS 标准的物品目录。利益相关方可向农林水产大臣申请制定某一 JAS 标准，由"农林物质规格调查委员会"审议批准是否制定该标准。JAS 调查委员会由来自消费、生产和流通各环节的代表和专家组成。JAS 标准复审时应考虑到国际标准(食品法典标准)的发展趋势以及生产、贸易、应用和消费各方面的现状及未来发展方向。

JAS 标准覆盖食品、饮料和油脂，农业、林业、家畜和水产品以及以此为原料的加工品，不管是国产还是进口的。JAS 标准包括质量标准（例如等级、成分）和生产技术操作规程。关于生产技术方法的 JAS 标准一般被称为"特定 JAS 标准"。一项 JAS 质量标准有四个内容：本标准的适用范围、所用术语定义、标准本体（包括质量标准和标签标准）、检测方法。

质量标准亦称质量要求，包括外观特性等感官指标，以及所含成分的理化指标、净重/容积、包装条件、准予使用的原配料等。标签标准即标签上应当含有的内容，产品名称、成分、净重/容积、生产日期、有效期、贮存说明、进口商名称、地址、原产国等，至于字体大小、印刷颜色、何处断开另起一行等，标准都作了明确规定；同时，标签标准还规定了某些不得列入的内容，以免给消费者造成误解和混乱。

质量标识是 JAS 制度的重要内容之一，要求所有生产商、加工商和经销商按照日本农林水产省制定的质量标识标准为其产品标注正确的标签，以便消费者容易识别，放心选购（商务部，2016）。质量标识制度对三大门类产品（加工食品、易腐食品、转基因食品）规定了标签要求。为便于日本消费者容易辨识选购，进口食品的标签必须用日语表示，并粘贴在容器或包装的醒目地方。

（三）种苗法（修正案）

近年来，日本政府修改了《食品卫生法》，出台了《种苗法（修正案）》，并于 2006 年 5 月 9 日正式实施食品中农业化学品残留"肯定列表"制度，大幅提高了农产品市场的技术性准入门槛，增加了进口产品的检验检疫成本，不利于我国香菇产品对日出口。

早在 20 世纪 70 年代，日本就已制定了以维护育种者权益为宗旨的《种苗法》。2003 年 6 月，日本众议院通过了《种苗法（修正案）》，加强了对农作物新品种的保护力度。其涉及食用菌的内容包括：①延长食用菌品种的保护年限，由原来的 15 年延长到 20 年。②增大惩罚力度。将对侵权法人的罚款由 300 万日元提高到 1 亿日元。③扩大惩罚对象的范围。即将惩罚对象由原来规定的种苗生产、销售者扩大到使用了侵权菌种的菇类产品的生产者和销售者。④加强对侵权产品的核查，将侵犯育种者权益的菇类产品列入禁止入关名单。⑤完善菌种鉴定体系。在菌种鉴定中引入包括分子标记、DNA 序列分析等分子生物学新技术，为惩罚侵权者提供可靠的技术依据。⑥共规定了食用菌保护物种 23 个，其中对我国出口影响最大的是香菇。另外，日本已完成以菌丝体为对象的鉴定技术，正在完善以子实体为对象的鉴定技术。我国目前应用于香菇生产的菌株约有 40 个，其中引进菌株的有 30 个左右，且大部分都来自日本。因此，《种苗法（修正案）》已对我国香菇对日出口构成了潜在威胁。

（四）"肯定列表"制度

日本厚生劳动省对《食品卫生法》进行了修订，并引入了针对食品中残留农药的"肯定列表"制度。除去那些已制定残留标准的农药和确认对人体健康无害的物质，其余农药在食品中的残留如超过 0.01 mg/kg（一律标准），则该食品将禁止销售（图 3-1）。

2006 年 5 月 29 日起，日本政府正式实施"肯定列表"制度。所谓的"肯定列表"制度就是指，原则上将所有的农药项目，设定残留标准（包括一律标准），如其在食品中的残留量超标，将禁止该食品销售的制度。"农药"包括农药、兽药、饲料添加剂等；食品则包括生鲜食品、加工食品等全部食品。

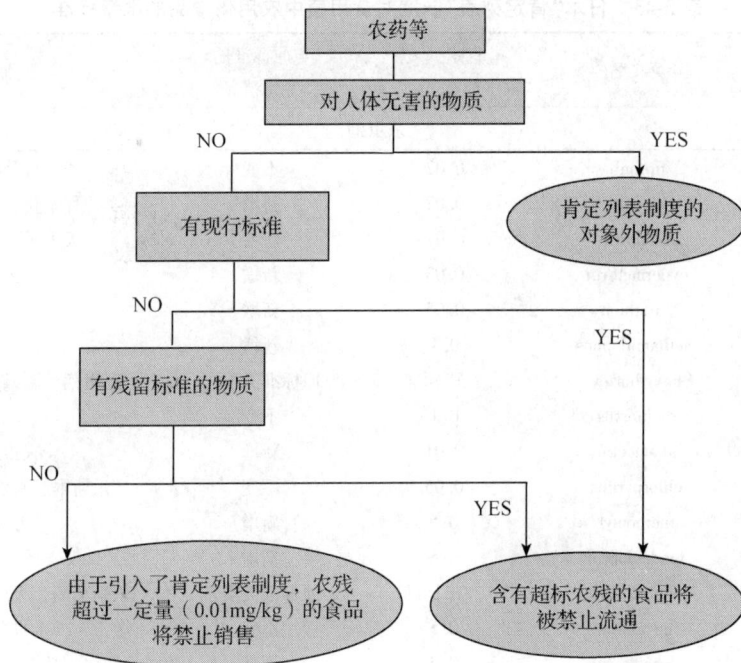

出处：厚生劳动省网站

图 3-1 "肯定列表"制度中对农药的规定

"肯定列表"制度中对进口食用菌的"暂定标准"的限量指标从原来的 32 项增加到 272 项，除不得检出的 15 种外（表 3-42），全部采用限量 0.01 mg/kg 的"一律标准"。

表 3-42 日本"肯定列表"制度中规定所有食品中均不得检出的 15 种农药和兽药

中文通用名	英文名称
2，4，5-三氯苯氧基乙酸	2，4，5-trichlorophenoxy acetic acid
杀草强	amitrole
敌菌丹	captafol
卡巴氧，包括喹噁啉－2－羧酸（QCA）	carbadox including QCA
氯霉素	chloramphenicol
氯丙嗪	chlorpromazine
库马福司、蝇毒磷	coumafos，coumaphos
三环锡、三唑锡	cyhexatin，azocyclotin
丁酰肼	daminozide
己烯雌酚	diethylsilbestrol
地美硝唑	dimetridazole
甲硝唑	metronidazole
硝基呋喃类	nitrofurans
苯胺灵	proham
洛硝达唑	ponidazole

资料来源：徐宝根.出口蔬菜农药残留控制实用手册.

日本"肯定列表"对进口食用菌农药残留作出限定（表 3-43），涉及的农药种类之多，限定值之苛刻，堪称世界之最。

表 3-43　日本"肯定列表"制度对食用菌中农用化学品的限量标准

农用化学品有效成分	英文名	肯定列表限量标准（mg/kg）	与原标准的变化情况	主要商品名
杀虫剂				
氟虫腈	fipronil	0.02	不变	锐劲特
辛硫磷	phoxim	0.02	新增	拜辛松，巴赛松
联苯菊酯	bifenthrin	0.01	新增	天王星，毕芬宁
氯氰菊酯	cypermethrin	0.03	新增	克虫威
对硫磷	parathion	0.05	新增	
甲胺磷	methamidophos	0.1	新增	
噻螨酮	hexythiazox	一律标准	原标准无要求	尼索朗、除螨威、合赛多
敌敌畏	dichlorvos	0.1	不变	
阿维菌素	abamectin	0.01	新增	灭虫灵
毒死蜱	chlorpyrifos	0.05	不变	乐斯本、新农宝、紫丹
灭多威	methomyl	0.5	新增	万灵
吡虫啉	imidacloprid	0.5	新增	艾美乐、一遍净
甲氰菊酯	fenpropathrin	一律标准	原标准无要求	杀螨菊酯、灭虫螨、芬普宁
氰戊菊酯	fenvalerate	0.5	不变	杀虫菊酯
三氟氯氰菊酯	cyhalothrin	0.5	不变	功夫、大康
二嗪磷	diazinon	0.1	不变	二嗪农、地亚农
硫丹	endosulfan	0.5	新增	硕丹、赛丹、韩丹
水胺硫磷	isocarbophos	0.01	新增	巨力杀、水螨、丰灯
异丙威	isoprocarb	一律标准	原标准无要求	灭扑威、速死威
噻嗪酮	buprofezin	0.5	新增	扑虱灵、优乐得
除虫脲	diflubenzuron	0.05	新增	灭幼脲一号、司代克
溴氰菊酯	deltamethrin	0.5	放宽	敌杀死、克敌
杀菌剂				
多菌灵	carbendazim	3	新增	保卫田、贝芬替
恶霉灵	hymexazol	0.5	新增	杀纹宁、立枯灵
咪酰胺	prochloraz	2	不变	施保功
噻菌灵	thiabendazole	2	新增	涕必灵、腐绝
甲醛	formalin	300（干）63（鲜）	新增	福美林、蚁醛、福尔马林
甲基对硫磷	parathion-methyl	1	不变	
棉隆	dazomet	0.5	新增	必速灭
代森锰锌	mancozeb	一律标准	原标准无要求	
波尔多液	copper sulfate	10	新增	
杀线威	oxamyl	0.1	不变	草安威、草后威
杀螺剂				
四聚乙醛	metaldehyde	1	新增	密达、灭蜗灵、蜗螺净
除草剂				
草甘膦	glyphosate	20	不变	农达、草甘膦
其他农用化学品				
二氧化硫	sulfur dioxide	30（干）		

资料来源：徐宝根. 出口蔬菜农药残留控制实用手册.

2006 年 9 月 19 日，日本厚生省还对中国产香菇（冷冻、生鲜、干燥）追加了 34 种化学物监控检查项目（表 3-44）。

表 3-44　日本对进口香菇增加的化学品监控项目

中文名	英文名	中文名	英文名
甲醛	formaldehyde	磺胺二甲氧嘧啶	sulfadimethoxine
脱氢醋酸	dehydroacetic acid	乙酰磺胺	sulfacetamide
二氧化硫	sulfur dioxide	磺胺噻唑	sulfathiazole
乙氧酰胺苯甲酯	ethopabate	周效磺胺	sulfadoxine
恩诺沙星	enrofloxacin	磺胺吡啶	sulfapyridine
喹菌酮	oxolinic acid	苯酰磺胺	sulfabenzamide
氧氟沙星	ofloxacin	新诺明	sulfamethoxazole
奥比沙星	orbifloxacin	磺胺甲氧哒嗪	sulfamethoxypyridazine
氯羟吡啶	clopidol	磺胺甲基嘧啶	sulfamerazine
沙拉沙星	sarafloxacin	磺胺间甲氧嘧啶	sulfamonomethoxine
别那松	difurazone	达氟沙星	danofloxacin
盐酸二氟沙星	difloxacin HCL	萘啶酸	nalidixic acid
环丙沙星	ciprofloxacin	诺氟沙星	norfloxacin
磺胺喹恶啉	sulfaquinoxaline	胺嘧啶	pyrimethamine
磺胺氯哒嗪（钠）	sulfachlorpyridazine	呋喃唑酮（痢特灵）	fulazolidone
磺胺嘧啶	sulfadiazine	氟甲喹	flumequine
磺胺二甲嘧啶	sulfadimidine	甲苯咪唑	mebendazole

资料来源：徐宝根. 出口蔬菜农药残留控制实用手册.

自日本"肯定列表"制度执行以来，我国出口日本的鲜香菇已被多次检出农药"甲氰菊酯"残留限量超标，香菇也因此被列为"命令检查"对象。此外，干香菇还被多次检出二氧化硫含量超标。自 2008 年下半年以来，我国输日干香菇还先后三批次被日方检出产品经过放射性照射处理。有关"放射性照射"产生的具体原因仍在调查之中。日本厚生省已针对进口干香菇"放射性照射"问题，采取监控检查措施。总之，我国输日香菇质量安全水平大幅提高。据日本厚生省通报，2005 年我国输日香菇有 5 起"甲氰菊酯"残留超标，2007 和 2008 年各 2 起，2009 年无一起违规案例。2010 年日本主动解除了对我国输日香菇产品"甲氰菊酯"项目的命令检查。"命令检查"措施增加了香菇出口检验检疫费用，延长了通关时间、影响了鲜香菇品质，更重要的是动摇了日本消费者对中国香菇的消费信心，对我国香菇出口行业冲击极大。除了技术法规和标准外，日本还有严格的产品质量认证制度与合格评定程序（商务部，2016）。

（五）标准化体制及特点

日本的标准化机构大体可以分为 3 类：①政府标准化管理机构。具体包括：经济产业省的日本工业标准调查会，简称 JISC；农林省的农村产品标准调查会，简称 JASC。②民间团体。日本民间团体很多，其中最重要的是日本规格协会，还包括其他行业标准化组织。③企业标准化机构。

其中，民间团体承办具体事务，官方机构集中管理，企业标准是行业标准和国家标准的基础，企业通过积极参加各种标准化活动来确保行业标准和国家标准中反映企业的发展要求。

日本的技术法规、标准不仅数量多、要求严格，而且在每个行业中，又有数项法规从不同方面同时规范，一种产品要进入日本市场，不仅符合国际标准，还必须符合日本标准。日本对进口商品规格要求很严，在品质、形状、尺寸和检验方法上均规定了特定标准，对很多商品的技术标准要求是强制性的，并且要求在合同中体现，还要求附在信用证上，进口货物入境时要由日本官员检验是否符合各种技术性标准。由于这些法规名目众多，很多不为国外出口商所熟悉，让出口国防不胜防（农林水产省，2014）。例如，对林产品制造业者的认定技术标准（表 3-45）。

表 3-45　林产品制造业者等的认定技术标准

标准名称	制定时间	修订时间
关于木材加工制造业者等的认定技术标准	2001 年 8 月 28 日	2013 年 9 月 10 日
关于层积材制造业者等的认定技术标准	2000 年 6 月 9 日	2012 年 9 月 19 日
关于正交层积板制造业者等的认定技术标准	2013 年 12 月 20 日	—
关于框架壁工法构造用材制造业者等的认定技术标准	2000 年 6 月 9 日	2010 年 7 月 9 日
关于单板层积材制造业者等的认定技术标准	2000 年 6 月 9 日	2013 年 11 月 12 日
关于构造用面板制造业者等的认定技术标准	2000 年 6 月 9 日	2013 年 11 月 28 日
关于胶合板制造业者等的认定技术标准	2003 年 3 月 28 日	2014 年 2 月 25 日
关于地板材料制造业者等的认定技术标准	2000 年 6 月 9 日	2013 年 11 月 28 日

注：自日本农林水产省网站翻译整理。

日本除了通过技术法律法规和标准设置壁垒外，还通过认证制度和产品的合格检验等对进口商品设置重重障碍，利用复杂的进口手续、苛刻的检验，对进口商品设置壁垒。日本的质量认证与合格评定由政府部门管理，并使用各自设计和发布的认证标志。其最大的质量认证与合格评定部门是经济产业省。经济产业省对其管辖的产品实行质量检验和认证，并使用认证标志。

日本的认证制度与合格评定程序分强制型和自愿型 2 类。强制型认证与合格评定主要是根据《消费生活产品安全法》《电器用品安全法》等产品安全法实施的，以法律形式颁布执行，实行强制性认证的产品，在质量、形状、尺寸和检验方法都需要满足特定的标准，否则不能生产和销售。另外，日本对食品、农产品、林产品、海产品也实行强制认证制度。自愿型认证主要是根据《工业标准化法》实施的，由企业自愿申请，适用于强制型以外的产品，采用 JIS 等认证标志。取得 JIS 标志的条件是产品符合日本 JIS 工业标准，表明质量性能及其他技术要求，具备高水平的质量管理实践，能稳定精确生产符合各有关标准的指定商品。无认证标志的产品，法律规定不得销售或进口。

日本凭借其先进的技术水平和较高的生活标准，对进口产品在有关安全、卫生方面提出严格的要求和审核程序。随着国际贸易的发展，日本法规中有关安全与健康标准所适用的范围越来越广，内容越来越细。在产品检验方面，日本规定对不同时间进口的同种产品，每一次都要有一个检验过程，满足相应的技术法规与标准要求才允许进口。

五、林产品贸易技术标准体系

(一)代表性木质林产品技术标准

中国出口到日本市场的木质林产品种类较多,这里仅就出口量较大的胶合板、木地板及家具标准(商务部,2016)进行简单介绍。

1. 胶合板

日本农业标准"JAS JPIC – EW. SE00 – 01"规定了普通胶合板的尺寸标准、尺寸公差、背板质量、阔叶树材胶合板外观质量(表面)标准、胶合板胶合强度测定的预处理方法(面板为阔叶树材的胶合板)、平均木材破坏率和胶合强度要求和主要理化性能要求(表 3-46 至表 3-52)。

表 3-46　普通胶合板的尺寸标准

长度(cm)	宽度(cm)	厚度(mm)
91	91	
182	61	
	76	
	91	
	122	
200	85	2.3,2.5,2.7,3.0,3.5,4.0,5.5,6.0,9.0,12.0,15.0,18.0,21.0,24.0
	100	
213	91	
243	91	
	122	
273	91	
303	91	

表 3-47　普通胶合板的尺寸公差

尺寸		测量尺寸的偏差
厚度	t < 3 mm	±5%
	3 mm ≤ t < 7 mm	±4%
	7 mm ≤ t < 20 mm	±3%
	t > 20 mm	±2%
宽度		10 mm,-0 mm
长度		15 mm,-0 mm

注:对角线之间的偏差不得大于 3 mm。

表 3-48　背板质量

缺陷种类	质量要求
松动节或孔洞	允许松脱部分长径不超过 50 mm
腐朽	允许有不明显的腐朽
裂缝或离裂	允许开裂宽度不超过 10 mm,长度不超过板长的 50%;或允许开裂宽度不超过 15 mm,长度不超过板长的 30%
鼓泡	不允许
褶皱或瑕疵	允许不明显的褶皱或瑕疵
拼装离缝	允许不明显的离缝或重叠
加工水平	允许经过较好的加工处理
其他缺损	允许不影响胶合板使用的加工缺损

表 3-49　阔叶树材胶合板外观质量（表面）标准

类标准别	一等品	二等品
活节或死节	允许长径不超过 20 mm	允许长径不超过 30 mm
松动节或孔洞	允许脱落部分或者孔洞的长径不超过 5 mm，且修补完好	允许脱落部分或者孔洞的长径不超过 10 mm，且修补
变色或者瑕疵	允许有轻微的变色或者瑕疵	允许有不明显的变色或瑕疵
腐朽	不允许	允许有轻微的腐朽
裂缝或离裂	允许开裂长度不超过板长的 10%，宽度不超过 1 mm，不超过 2 个，且经修补	允许开裂长度不超过板长的 20%，宽度不超过 1.5 mm，不超过 3 个，且经修补
横向开裂	允许有非常轻微的横向开裂	允许有轻微的横向开裂
虫孔	允许，如果不影响外观，且经适当修补	允许，如果不是很明显，且经修补
心材和边材的混合（仅适用于日本橡树胶合板）	允许非常轻微的	允许不明显的
毛刺沟痕	允许有轻微的毛刺沟痕	允许有不明显的毛刺沟痕
拼装离缝	如果拼装离缝的颜色和纹理是匹配的且离缝的长度不超过板长的 20%，宽度不超过 0.5 mm，经修补且没有彼此交迭的则允许	如果拼装离缝的长度不超过板长的 30%，宽度不超过 1 mm，经修补且没有彼此交迭的离缝也允许
修饰	较好地修饰	较好地修饰
鼓包	不允许	不允许
褶皱	不允许	允许有轻微的褶皱
压痕或瑕疵	允许有非常轻微的压痕或瑕疵	允许有轻微的压痕或瑕疵
芯板叠离　芯板叠层	允许芯板重叠不超过 2 个，且重叠部分几乎没有凹凸不平的现象。重叠部分的长度不得超过 150 mm	允许其核心部分重叠的数量达到 3 个，并且重叠部分几乎没有凹凸不平的现象
芯板分离	若仅有轻微的褪色和凹凸不平且宽度不超过 3 mm，允许有不超过 2 个	允许有轻微的褪色和凹凸不平的 4 个空隙
芯板厚度不均	允许有轻微的	同上
修补	允许适当修补	同上
切槽或其他加工处理	允许经过较好的有序处理	同上
其他缺损	允许有轻微的缺损	允许有不明显的缺损

　　注：日本标准分别就不同面板的胶合板的允许缺陷作了不同的规定，主要有阔叶材胶合板允许缺陷、非本国阔叶材面板的胶合板的允许缺陷和针叶材胶合板允许缺陷。本指南就以阔叶材为面板的胶合板的允许缺陷为例。

表 3-50　胶合板胶合强度测定的预处理方法（面板为阔叶树材的胶合板）

类别	分类标准	胶合板胶合强度测定的预处理方法
相邻单板纹路垂直的单芯胶合板	Ⅰ　潮湿条件使用的胶合板	①循环煮沸测试。在沸水中浸渍 4 h，在 60 ±3℃条件下干燥 20 h 后，试件在沸水中浸渍 4 h，然后浸渍于室温的水中至冷却；②蒸汽处理测试。试件浸渍于室温的水中≥2 h 后，置于 120 ±2℃的蒸汽中 3 h，然后浸渍于室温的水中至冷却
	Ⅱ　在不经常发生潮湿情况下使用的胶合板	冷热水浸渍剥离测试：在 60 ±3℃的热水中浸渍 3h 后，浸渍于室温的水中至冷却
	Ⅲ　在罕有发生潮湿情况下使用的胶合板	正常胶合强度测试：试件在正常条件下进行胶合强度测试，以测试平均木材破损率和胶合强度

（续）

类别	分类标准		胶合板胶合强度测定的预处理方法
相邻单板纹路平行的单芯胶合板及特殊的厚芯胶合板	I	同上	试件在沸水中浸渍 4 h，在 60 ±3℃条件下干燥 20 h后，然后在沸水中浸渍 4 h，在 60 ±3℃条件下干燥 3 h
	II	同上	试件在 70 ±3℃热水中浸渍 2 h，然后在 60 ±3℃条件下干燥 3 h
	III	同上	试件在 35 ±3℃热水中浸渍 2 h，然后在 60 ±3℃条件下干燥 3 h

表 3-51　平均木材破坏率和胶合强度的理化性能要求

试件种类	平均木材破坏率（%）	胶合强度（kgf/cm^2）	胶合强度测试方法
桦树		10	
毛山榉、橡木、枫木、榆木等		9	
柳桉木和其他阔叶木		8	试件两端固定，以不超过的 600 kgf/min 速率施压至板破碎，测出最大负载
针叶材	/	7	
	50	6	
	65	5	
	80	4	

注：阔叶材胶合板只需测胶合强度。

表 3-52　含水率等主要理化性能要求

项目	要求	测试要求
含水率	从同一样品上取下的试件的平均含水率不得高于14%（板厚小于 3 mm，且胶合性能与类型III一致的，其含水率要求为16%）	含水率测量用烘干重法。烘干重是指试件在温度为 100～105℃的烘箱中烘干后达到的一个恒定重量
生物耐久性（适用于标有生物耐久性的产品）	化学物吸收量的标准如下： 1. 用硼化合物处理的，所吸收的硼酸总量不得低于 1.2 kg/m³ 2. 用辛硫磷处理的，所吸收的辛硫磷总量不低于 0.1 kg/m³，不高于 0.5 kg/m³ 3. 用硫代磷酸酯（phenytrothion）处理的，所吸收的硫代磷酸酯（phenytrothion）总量不低于 0.1 kg/m³，不高于 0.5 kg/m³	用硼化物处理过的试件利用胭脂红酸溶液、硫酸亚铁溶液试验；用辛硫磷处理过的试件利用丙酮测试；用硫代磷酸酯（phenytrothion）处理过的试件利用甲苯、丙酮、磷酸三辛基酯溶液测试
甲醛释放量（适用于标明甲醛释放量的产品）	甲醛释放量的平均值和最大值不得超过下列数值。Fc0 等级，平均值 0.5 mg/L，最大值 0.7 mg/L；Fc1 等级，平均值 1.5 mg/L，最大值 2.1 mg/L；Fc2 等级，平均值 5.0 mg/L，最大值 7.0 mg/L	甲醛释放量测定采用干燥器法
侧面和横断面的加工	四角平直且较好地修饰	
翘曲、变形	允许不影响胶合板使用的翘曲和变形	
边缘弯曲	最大偏差不得大于 1 mm	

2. 木地板

日本胶合板检查会于 1974 年 11 月制定，并于 1991 年 7 月经修订后的日本农林标准

"JAS JPIC-EW. SE 00-09"规定了单层地板材和复合地板材标准。其中，单层地板材标准包括单层地板材尺寸、尺寸偏差、主要质量指标要求和板面质量要求等具体规定（表3-53至表3-56）；复合地板材标准主要包括复合地板尺寸、尺寸偏差、板面质量要求（表面和背面质量）、主要质量指标等具体规定（表3-57至表3-60）。

表3-53　单层地板材尺寸(mm)

| 类别 | 地板板材 | | 地板块 | 镶木地板块 | |
	直接铺地	下面铺龙骨		小木块	镶木地板块
厚度	10、12、14、15、1818	14、15、18	10、12、15、18	6、8、9	
宽度	64、75、78、90、94、100、110	240、300、303	18以上1	小木块宽度的整数倍	
长度	240以上10	500以上10	240、300、303	木块宽度的整数倍	

表3-54　单层地板材尺寸偏差(mm)

产品名	地板板材	地板块；镶木地板块
厚度	±0.3	
宽度	±0.5	
长度	+不限；-0	±0.5

表3-55　板面质量要求

| 项目 | 表面 | | | 背面 |
	地板板材	地板块	镶木地板	
节子	1. 以阔叶树材为原料者，节子长轴直径最大不超过14 mm(7 mm以下贯通材面的活节、腐朽节、半活节5 mm以下，其他活节、腐朽节、半活节)，地板材长度在0.5 m和0.5 m以下，允许有两个。但节子长轴直径3 mm以下的生长节不计算在内 2. 以针叶树材为原料，制造的下面铺龙骨的地板材，节子长轴直径不超过40 mm(25 mm以下经过修补的、易脱落的死节、活节、腐朽节、半活节)。地板材长度在2 m和2 m以下，最多允许有6个。但节子长轴直径3 mm以下的生长节不计算在内 3. 以针叶树材为原料，制造的直接铺地地板材，节子长轴直径不超过40 mm(30 mm以下经过修补的、活节、腐朽节、半活节)。地板材长度在1 m和1 m以下，最多允许有6个。但节子长轴直径3 mm以下的活节不计算在内	节子长轴直径不超过10 mm(经过修补，贯通材面的活腐朽节、半活节3 mm以下；经过修补的其他活节、腐朽节、半活节5 mm以下)，每块地板块允许有3个。但节子长轴3 mm以下的活节不计算在内	节子长轴直径不超过5 mm(经过修补的活节、腐朽节、半活节3 mm以下)，每块最多只能有1个。而且有节子的镶木地板块数量不能超过地板块总数的15%。但节子长轴3 mm以下的活节不计算在内	不影响使用者，允许

（续）

项目	表面			背面
	地板板材	地板块	镶木地板	
缺陷和孔洞	轻微			
夹皮、树脂囊和树脂道	轻微			
腐朽和脆心	极轻微	无		允许有轻微
变色	轻微			不显著不影响使用
缺角	无			
开裂	极轻微	无		
树脂	不显著	轻微		
虫眼	在长度每0.5 m或不足0.5 m，最多只能有长轴直径2 mm以下的节子1个。但对于热带阔叶树材，样子不难看者不计算在内	允许一块地板块最多有长轴直径在2 mm以下的节子5个	长轴直径在2 mm以下，允许一块最多有1个，且有虫眼的块数在总块数中不能超过10%	
斜纹理	轻微			
乱纹理	不影响使用者，允许			
毛刺和毛边	无			
加工及装饰质量	良好			
纵接缝隙及其个数（仅限于纵接产品）	在长度每0.5 m或不足0.5 m，最多只能有长轴直径0.3 mm以下的节子1个			
其他缺陷	轻微	极轻微	不影响使用	

表3-56 单层地板材主要质量指标要求

项目	要求	检测方法
侧面和横断面的加工	四角方正，加工良好	
凸榫的缺损	1. 下面铺龙骨地板，其凸榫缺损在1 mm以上的部分的总长度，不得超过凸榫长度的40% 2. 其他：凸榫缺损只要不影响使用即可	
弯曲、翘曲、扭曲	不影响使用者，允许	
接口不平整	允许经表面加工后的地板接口有0.3 mm的高差，其他有0.5 mm的高差	
含水率	窑干针叶树材低于15%，阔叶树材低于13%；气干针叶树材低于20%，阔叶树材低于17%	用绝干重量法测定
胶合强度性能	试件上同一胶合层中不开胶部分的长度应占其相应侧面长度的2/3以上	在70±3℃的温水中浸泡2 h后，取出，放在60±3℃的恒温干燥器中干燥3 h
纵接胶合性能（仅适用于纵拼而成的，下面铺龙骨的地板板材）	试件结合部位无破坏发生	按照地板材厚度，试件表面朝上，加载相应重量16 mm以下，20 kg16 mm以上，18 mm以下，30kg 18 mm以上，20 mm以下，40kg/20 mm以上，50 kg

（续）

项目	要求	检测方法
耐磨性（仅限于经过表面装饰加工的地板材）	试件表面经 500 圈磨耗后，相当于每 100 圈的失重量应低于 0.15 kg	把试件水平固定在试验装置上，将 2 块卷有砂纸的橡胶制圆盘装在上面，开始旋转，转动 500 圈后，测量试件表面的变化，并求出相当于转 100 圈时的失重，加在试件表面的总重量为 1000 kg
防虫（仅限于经防虫处理的地板材）	浸渍深度试验：试件各面显色部分的平均渗透深度，边材应大于 5 mm；心材应大于 3 mm。药剂保留率试验： 1. 用硼化物处理过的地板材，硼酸含量应在 0.3% 以上； 2. 用辛硫磷处理的试件，辛硫磷的含量应大于 0.04%（辛硫磷和八氯二丙基醚的混合药剂处理过的地板材，药剂含量大于 0.024%； 3. 用硫代磷酸酯（phenytrothion）处理过的试件，硫代磷酸酯（phenytrothion）的含量应大于 0.07%； 4. 用哒嗪硫磷处理过的试件，哒嗪硫磷含量应大于 0.04%； 5. 用毒死蜱处理过的试件，毒死蜱含量应大于 0.04%	浸渍深度试验： 利用药剂显色法药剂保留率试验： 用硼化物处理的试材利用姜黄素法或胭脂红酸法用辛硫磷、硫代磷酸酯（phenytrothion）、哒嗪硫磷、毒死蜱处理过的试件利用丙酮测试

表 3-57　复合地板尺寸（mm）

类别	厚度	宽度	长度
直接铺地	10、12、15、18	75、90、100、110、150、222、240、300、303	240、300、303、900、1800、1818、3000、3600、3800、4000
下面铺龙骨	10、15、18		

表 3-58　复合地板尺寸偏差（mm）

厚度	宽度		长度	
	240 以下	240 以上	900 以下	900 以上
±0.3	±0.3	±0.5	±0.5	±1.0

表 3-59　复合地板的板面质量要求（表面和背面质量）

缺陷类别	表面	背面
节子	无，但起装饰作用者，数量不限	不影响使用者，允许
缺陷和孔洞	极轻微	不影响使用者，允许
夹皮、树脂囊和树脂道	极轻微	不影响使用者，允许
腐朽和空心	无	允许有轻微
变色	轻微	
缺角	无	允许有轻微
开裂	极轻微	不显著者，允许
树脂	轻微	不影响使用者，允许
虫眼	无	

(续)

缺陷类别	表面	背面
木纹方向相反(仅适用于天然木材贴面)	不影响使用者,许可	
加工质量	良好	不影响使用者,允许
涂饰加工质量	良好	
木纹拼接错位(仅适用于天然木材贴面)	无损于美观者,许可	
其他缺陷	极轻微	不影响使用者,允许

表 3-60　复合地板主要质量指标要求

项目	要求	检测方法
侧面和横断面加工	四角方正,加工良好	
凸榫的缺损	下面铺龙骨的地板材,其凸榫缺损在 1 mm 以上的部分的总长度,不得超过凸榫长度的 40% 其他单层地板材的凸榫缺损,只要不影响使用即可	
弯曲、翘曲、扭曲	不影响使用者,允许	
接口不平整	允许有 0.3 mm 的高差	
含水率	平均含水率≤14%	用绝干重量法测定
胶合强度性能	试件同一胶层中不开胶部分长度应占其相应侧面长度的 2/3 以上	在 70±3℃的温水中浸泡 2 h 后取出,放在 60±3℃的恒温干燥器中干燥 3 h
纵接胶性能(仅适用于纵拼而成的,下面铺龙骨的地板板材)	试件结合部位无破坏发生	按照地板材厚度,试件表面朝上,加载相应重量:16 mm 以下,20 kg;16 mm 以上,18 mm 以下,30 kg;18 mm 以上,20 mm 以下,40 kg;20 mm 以上,50 kg
弯曲挠度(仅适用于下面铺龙骨者)	垂直之差小于 3.5 mm 者为合格	试件表面朝上,放在支架上,支点间跨度 700 mm,在跨度中点放重棒,求以试件宽度 100 mm 加载 3 kg 和宽度 100 mm 加载 7 kg 测量值之差
耐磨性(仅限于经过表面装饰加工的地板材)	试件表面经 500 圈磨耗后,相当于每 100 圈的失重量应低于 0.15 kg	把试件水平固定在试验装置上,将 2 块卷有砂纸的橡胶制圆盘装在上面旋转,转动 500 圈后,测量试件表面变化,并求出相当于转 100 圈时的失重,加在试件表面的总重量为 1000 kg
防虫(仅限于经防虫处理的地板材)	药剂的吸收量要达到以下标准: 1. 硼化合物处理的地板材中硼酸的含量应大于 1.2 kg/cm³ 2. 辛硫磷处理的地板材,0.1 kg/cm³ < 辛硫磷 < 0.5 kg/cm³ 3. 硫代磷酸酯(phenytrothion)处理地板材中,0.1 kg/cm³ < 硫代磷酸酯(phenytrothion)含量 < 0.5 kg/cm³	药剂保留率试验:用硼化物处理过的试件利用胭脂红酸溶液、硫酸亚铁溶液试验,用辛硫磷处理的试件利用丙酮测试,用硫代磷酸酯(phenytrothion)处理过的试件利用甲苯、丙酮、磷酸三辛基酯溶液测试
游离甲醛释放量(仅适用于要求表示甲醛释放量的地板材)	Fc0 级,平均值 0.5 mg/L,最大值 0.7 mg/L;Fc1 级,平均值 1.5 mg/L,最大值 2.1 mg/L;Fc2 级,平均值 5.0 mg/L,最大值 7.0 mg/L	按照乙酰丙酮法用分光光度法或光电比色法进行比色定量测定
吸水膨胀性(仅适用于除用胶合板、基础材或单板层积材作基材的地板中吸水膨胀显著的原料)	试件厚度超过 12.7 mm 者,吸水厚度膨胀率应小于 20%;厚度超过 12.7 mm 者,吸水厚度膨胀率小于 25%	用千分尺或千分表测量试件中心厚度,精确到 0.05 mm,浸入 25±1℃的水中,没入水面下约 3 cm,经过 24 h 后,再测量试件相同位置的厚度

3. 木家具

日本的家具标准有许多，且标准制定非常细化。如对桌子产品就制定了教室用课桌、家用学生课桌和办公桌标准，标准的主要内容包括稳定性、强度、耐久性、表面处理等。这里选列出日本桌类木家具主要质量指标的具体要求（表 3-61）。

表 3-61　桌子的主要质量指标

项目	稳定性				静载荷试验								
	垂直和水平加载稳定性	空载稳定性试验	活动部件垂直加载稳定性试验	搁板垂直和水平加载稳定性	主桌面垂直静载荷	副桌面垂直静载荷	桌面持续垂直静载荷	水平静载荷	抽屉滑道强度试验	抽屉猛开/关试验	抽屉底板断裂	搁板支承件强度试验	搁板倾斜
学校用课桌（JIS S1021：2004）	不能翻倒	不能翻倒	不考核	不考核	移动后不能有影响使用的损坏和变形		当承重时，桌子的偏斜不能超过1%，移开时不能超过0.3%	移动总共不能超过20 mm，并且不能有影响使用的损坏和变形	不考核	不考核	不考核	不考核	不考核
办公桌（JIS S1031：2004）	不能翻倒	不能翻倒	不能翻倒	不考核	移动后不能有影响使用的损坏和变形	移动后不能有影响使用的损坏和变形	当承重时，桌子的偏斜不能超过1%，移开时不能超过0.3%，而且不能有影响使用的损坏和变形	移动总共不能超过20 mm，并且不能有影响使用的损坏和变形	不能有影响使用的损坏和变形	不能有影响使用的损坏和变形	不能有影响使用的损坏和变形	不考核	不考核
家庭用课桌（JIS S1061：2004）	不能翻倒	不能翻倒	不能翻倒	不能翻倒	移动后不能有影响使用的损坏和变形	移动后不能有影响使用的损坏和变形	当承重时，桌子的偏斜不能超过1%，移开时不能超过0.3%，而且不能有影响使用的损坏和变形	移动总共不能超过20 mm，并且不能有影响使用的损坏和变形	不能有影响使用的损坏和变形	不能有影响使用的损坏和变形	不能有影响使用的损坏和变形	不能有影响使用的损坏和变形	倾斜度不超过0.5%，不能有影响使用的损坏和变形

项目	冲击试验		耐久性试验	表面处理					绝缘电阻		照明度	噪音
	桌面垂直冲击试验	桌腿跌落试验	抽屉和滑道的耐久性试验	表面对于冰冷液体的抗耐性	木质件的漆膜附着力试验	金属件漆膜耐久性	金属件漆膜抗锈性	金属件漆膜厚度测定	绝缘阻力	耐压性	内置照明设备的照明灯	内置照明设备的噪音
学校用课桌（JIS S1021：2004）	不考核	不能有影响使用的损坏和变形	不考核	不考核	不考核	不考核	不考核	不考核	不少于1 MΩ	不存在异常	不考核	不考核

（续）

| 项目 | 冲击试验 | | 耐久性试验 | 表面处理 | | | | | 绝缘电阻 | | 照明度 | 噪音 |
	桌面垂直冲击试验	桌腿跌落试验	抽屉和滑道的耐久性试验	表面对于冰冷液体的抗耐性	木质件的漆膜附着力试验	金属件漆膜耐久性	金属件漆膜抗锈性	金属件漆膜厚度测定	绝缘阻力	耐压性	内置照明设备的照明灯	内置照明设备的噪音
办公桌（JIS S1031：2004）	不能有影响使用的损坏和变形	不能有影响使用的损坏和变形	拉出抽屉用力不超过20N，推进去的力不超过50N，不能有影响使用的损坏和变形	不小于JIS A1531规定的等级3的要求	涂层没有脱落	涂层没有脱落	在瑕疵两边3 mm的外围不应有气泡和铁锈	不少于 JIS H8160中1类A和B的等级2，不少于2类等级2不少于JIS H8617表格1中的等级2和表格2A，2B和2C中等级2	不少于1 MΩ	不存在异常	不考核	不考核
家庭用课桌（JIS S1061：2004）	不能有影响使用的损坏和变形	不能有影响使用的损坏和变形	不能有影响使用的损坏和变形	不小于JIS A1531规定的等级3的要求	涂层没有脱落	涂层没有脱落	在瑕疵两边3 mm的外围不应有气泡和铁锈	不少于 JIS H8160中1类A和B的等级2，不少于2类等级2不少于JIS H8617表格1中的等级2和表格2A，2B和2C中等级2	不少于1 MΩ	不存在异常	平均照明度不少于300 lx	不超过25分贝

（二）主要非木质林产品技术标准

日本是世界上最重要的香菇生产国、消费国和进口国。由于悠久的香菇栽培历史和深厚的香菇饮食文化，日本拥有世界上最为先进的香菇栽培技术和质量控制体系，对香菇的营养成分、药用功效也作了最为广泛和深入的研究。目前，在日本市场上，日本本国生产的香菇价格是进口同类产品的3~5倍。日本市场对香菇等级分类最细，对质量要求最高。

1. 段木香菇营养成分标准

日本段木香菇营养成分标准如表3-62所示。

表3-62　日本段木香菇成分标准

名称	鲜香菇	干香菇	名称	鲜香菇	干香菇
水分(%)	91.1	10.3	钙(%)	0.004	0.012
蛋白质(%)	2	20.3	磷(%)	0.026	0.27
脂肪(%)	0.3	3.4	铁(%)	0.0004	0.004
碳水化合物(%)	5.3	52.9	钠(%)	0.003	0.019
粗纤维(%)	0.9	8.9	钾(%)	0.17	2.1
食物纤维(%)	4.1	42.5	维生素B1(国际单位)	0.07	0.75
水溶性(%)	0.4	2.1	维生素B2(国际单位)	0.24	1.7
不溶性(%)	3.7	40.4	维生素D(国际单位)	90	/
灰分(%)	0.4	4.2			

资料来源：蔡衍山等. 香菇生产百问百答.

2. 干香菇分级标准

日本干香菇分级比我国更详细，分为花菇、冬菇、香菇和香信四大类，各大类中又分为大叶、中叶、小叶或上等、一般、小粒、破边、等外等级别（表3-63）。

表3-63　日本干香菇分级标准

名称	等级		菌盖直径（cm）	开伞程度	形状	色泽	其他
花菇	大		3~5	5~6分开伞采收	伞呈半球形，边卷进，伞面呈龟甲状或菊花状开裂，肉厚，形状完整、均匀，菌褶整齐，不乱不倒，或基本整齐	面色乳白色，菌褶淡黄色，有新鲜感	柄短而壮，菌膜及柄上绒毛明显
	小		2.5~3				
冬菇	上等	大	3~5	5~6分开伞采收	伞呈半球形，卷边度大，约占伞径1/3，肉厚，菌褶不乱，伞面有白或茶褐色开裂	面色茶褐，底色淡黄，具新鲜感	柄短，偏向一侧
		中	2~3				
	下等	大	3~5		伞形不如上等圆整，盖少开裂纹，但中心都较光滑，盖外缘有皱褶，肉中厚，卷边均匀，卷边度明显低于上等品	面色茶褐，底色淡黄，少量面色较不均匀	
		中	2~3				
	小粒冬菇		2~2.5		伞一般呈半球形，肉厚，盖大多龟裂成茶花菇状	色褐，裂纹不白或有部分白色	柄与盖宽成比例
香菇	上等		5 以上	6~7分开伞采收	伞中开，盖面平，卷边度大，约占盖的1/4，肉中厚，形状好，盖具茶色皱纹，倒伏较少	面色茶褐，底色淡黄	柄短，偏向一侧
	一般		5 以下		伞中开，卷边较少，约占盖的1/6，盖面平，无开裂，褶倒者少		
香信	上等	大叶	6~6.3以上	7~8分开伞采收	烘干后卷边均匀，肉中厚，盖面平，无裂纹，形圆整，呈扁平状	面色茶褐，底色淡黄	柄短，偏向一侧，长约为盖的3/5，少量柄稍长
		中叶	4~4.2以上，6以下				
		小叶	2.5~4或2.6~4.2				
	一般	大叶	6~6.3以上		烘干后卷边或不卷边，便有部分破损或少许上翘，肉薄，盖面平，并不太圆整，烘时开伞已过度	面色茶褐，底色淡黄中叶及小叶的面色偏黑	柄短，小叶的柄较长
		中叶	4~4.2以上，6以下				
		小叶	2.5~4或2.6~4.2				
破边	大叶		6~6.3以上	7~8分开伞采收	全开伞，肉厚	面色较黑，底色淡黄，但不均匀	柄有部分较长
	小叶		6~6.3以上				
等外	大小厚薄不一				虫啃烘焦，油臭异味，泥粉附着	色不均匀	柄长短不一
菇丝	上等		厚1~4长3~5		盖厚1 cm以上的菇切片	断面白色，褶淡黄色	柄切平或略有1~3 mm
	下等		厚1~4长3以上		盖厚1 cm或1 cm以内的菇切片，厚薄，大小不均	断面色较差	少数柄长3~5 mm

资料来源：蔡衍山等. 香菇生产百问百答.

(三)林产品的特殊化学物质指标

1. 甲醛释放量

根据日本政府 2003 年修改和制定的《建筑基准法》《建筑基准法实施令》等法规,将散发有害物质甲醛的建筑装修材料分为 3 类,并严格限制或禁止这些建筑材料在居室内的使用。第一类为禁止使用的建筑材料;第二类为严格限制使用的装修材料;第三类为适当限制使用的装修材料。实施令还规定,第一类建筑材料是指在每平方米范围内每小时释放出的甲醛超过 0.12 mg 的材料。这类建筑装修材料不得在家庭居室或宾馆的客房内使用。如果在室内装修中使用第二类装修材料,其使用总量不得超过地和墙面积的 30%。如果使用第三类装修建材,总使用量不得超过房间地面面积的 2 倍。

日本对甲醛释放量的要求较高,如对胶合板甲醛含量的要求见日本胶合板标准 JAS JPIC-EW-SE 00-01(表 3-64),检测标准为 JIS A1460。

表 3-64　日本对胶合板甲醛释放量要求(mg/L)

等级	平均数值	最大数值
Fc0	≤0.5	≤0.7
Fc1	≤1.5	≤2.1
Fc2	≤5.0	≤7.0

注:参考 JAS JPIC-EW. SE 00-01。

2. 有机挥发物(VOC)

日本"JIS A 1901:2003"标准对建筑材料挥发有机化合物(VOC)有明确规定(表 3-65)。

表 3-65　日本对建筑材料挥发有机化合物(VOC)的规定

科目	甲苯	甲苯			p-二氯苯	乙苯	苯乙烯	十四(烷)酸
		o-二甲苯	m-二甲苯	p-二甲苯				
CAS-N0	108-88-3	95-47-6	108-38-3	106-42-3	106-46-7	100-41-4	100-42-5	629-59-4
指标($\mu g/m^3$)	260	870			240	3800	220	330

注:参考 JIS A 1901:2003。

六、日本市场林产品贸易认证体系

日本 JAS 标准是自愿性标准,生产商和制造商可以自己决定是否参加认证活动。没有 JAS 标志的产品仍可以在市场上销售,不过,日本消费者更信赖和喜欢经过合格评定的产品,而经过 JAS 认证的企业也更具有市场竞争力。

(一)申请途径

农产品可以通过 2 种途径进行合格评定:①由注册认证机构进行第三方认证;②经注册认可机构或农林水产大臣认可的生产商和制造商自我声明,加贴 JAS 标志。

(二)合格评定方法

农林水产大臣规定了每种农产品按照 JAS 标准认证检查的方法。农产品通过产品取样分析确定，与特定 JAS 标准有关的生产过程认证通过检查生产记录确定。

(三)认证机构开展第三方认证

生产商或制造商向注册认证机构递交认证申请后，认证机构组织开展认证，符合相应 JAS 标准的给商品加贴 JAS 标志。各个认证机构的认证产品范围有所不同。值得注意的是，1999 年新修订的 JAS 标准制度向普通的赢利性机构开放了进行认证活动的门户，只要他们具备了法律所规定的设备和人员条件，并向农林水产大臣申请注册，他们也可以获得认证资格。

注册认证机构需要准备进行认证服务所需的 JAS 标准、收费标准，征得农林水产大臣的批准。其认证内容的任何更改也需得到大臣的批准。

注册认证机构必须为其认证活动做记录并保存 5 年。认证机构每 5 年还必须进行机构复审。

(四)经认可的制造商和生产商自我声明

1999 年的 JAS 法修正案中引入了经认可的生产商和制造商自我负责、对其自己产品依据 JAS 标准进行合格评定，加贴 JAS 标志的制度。

1. 制造商和生产商的认可

在进行自我声明前，生产商和制造商需向注册的认可机构申请进行认可。注册认可机构接到申请后，检查申请者是否符合农林水产大臣规定的"认可技术标准"的要求，决定是否许可该生产商或制造商进行自我声明。制造商和生产商获得认可后，应按照 JAS 相关标准进行生产，如果符合 JAS 标准，则可进行自我声明，在销售时则产品上加贴 JAS 标志。

2. 注册认可

注册认可机构依据农林水产大臣制定的标准对生产商进行认可。JAS 修正案中已允许盈利性机构经认可、注册后成为注册认可机构，开展认可活动。注册认可机构每五年需重新申请复审其认可资格。

(五)在境外进行认证

JAS 也可以对进口的农林水产品认证。1999 年的 JAS 法修正案规定，具有与日本 JAS 对等认证制度、且为日本政府所承认的国家的组织，如果满足日本对国内机构所规定的同样条件，可以向农林水产大臣申请成为注册认证机构或注册认可机构，开展认证或认可活动。截至 2003 年 12 月，日本所承认的与其 JAS 标准制度对等的国家包括爱尔兰、美国、意大利、英国、澳大利亚、奥地利、荷兰、希腊、瑞士、瑞典、西班牙、丹麦、德国、芬兰、法国、比利时、葡萄牙和卢森堡 18 个国家，我国不在其承认的范围之内。

在新的 JAS 标准制度下，注册的国外认证机构可以对国外的产品认证、加贴 JAS 标志，注册的国外认可机构也可对国外的生产商和制造商进行认可，经认可的制造商和生产商也可以自我声明，加贴 JAS 标志。

(六)认证机构

日本国内，包括：财团法人日本胶合板检查会(JPIC)；社团法人全国木材组合会；社团法人北海道林产物检查会。

日本国外(外国检查机构),包括:加拿大林产业审议会(1987 年);美国工程木材协会(APA, 1989 年);西部木材产品协会(WWPA, 1993 年);木制品认证和测试公司(TE-CO, 美国, 1993 年);挪威木材工学研究所(1996 年);国际产品安全(PSI, 美国, 1996年);美国木结构建筑协会(AITC, 1996 年)。

(七)处罚措施

未经合格评定而擅自黏贴 JAS 标志或滥用 JAS 标志的农林商品的销售者被判处 1 年及以下有期徒刑或 100 万及以下日元的罚金。如果注册认证机构或认可的生产商或制造商对其认证和加贴 JAS 标志的管理不适当时,农林水产大臣可责令改进完善或取消黏贴 JAS 标志。此外,当注册的认证机构和认可机构不能满足认证或认可标准时,农林水产大臣可取消其认证或认可资格(商务部, 2016)。农林水产大臣可签发指令或公开曝光违反质量标识标准的生产商和销售商的名单,还可对个人处以 1 年及以下有期徒刑或 100 万日元及以下罚金,对企业则处以 1 亿日元的巨额罚金。

七、主要启示

从上述日本林产品贸易及技术标准体系状况分析,可以得到下面几点主要启示。

(一)多方参与标准制定修订

我国标准化体制中工作管理体制和制定标准的组织形式的最主要特点就是政府主导或行政指导,日本则有很大不同。日本标准调查会委员由有关大臣从有经验的生产者、消费者、销售商和作为第三方的专家及政府的职员中推荐产生。如 JIS 是自愿性国家标准,在生产方、消费者和各有关方协调一致基础上制定或修订。任何团体、个人、国外机构都可参与,确保了各利益相关方利益,遵守了透明原则,克服了政府主导型体制可能存在的一些问题,尤其是在研制和修订标准及推动实施方面确保协调一致。

(二)重视与国际标准相对接

日本以贸易和技术立国,非常重视采用国际标准和美国标准。新制定的标准,均考虑与 ISO、IEC 标准实现整合,然后分析哪一种标准更具技术合理性,判断是否有必要与国际标准进行整合(黄灿艺, 2009)。日本非常重视标准制定与修订的规划和深入研究工作。1995 年,日本政府提出"减少国家对经济干预的一揽子计划"。JISC 按照该计划若干意旨,提出一个国家级"修改国内标准"的 3 年规划。该规划主要任务是将日本标准与相应国际标准作对照评审修编。这项任务由 JSA 承担,目的是与国际接轨,消除国际间贸易壁垒。

(三)参与国际标准的制修订

1997 年,JISC 提出一个"合作编写国际标准"的可行性规划。该规划规定,委派代表与 ISO 和 IEC 合作,编写既适合于任一成员国,又适合于全球性市场的国际标准。1998年,JISC 又提出一个"编写与市场有关的国际标准"的规划。该规划规定,JISC 委托 JSA具体落实。JSA 曾向 ISO 和 IEC 的相关技术委员会(TC)派遣代表。这有利于提高本国技术实力并促进国际贸易，加强对国际标准化活动的影响力。

(四)充分发挥专业团体作用

日本标准化体制充分发挥专业团体的作用。这种机制确保在发挥政府主导作用的同时又体现了"专家制定"原则，也能够确保发布的标准符合行业发展的要求，很好地将专业团体和国家标准化机构的工作紧密结合。在日本的标准体系中，国家级标准是主体，其中以JIS 最权威。日本工业标准(JIS)是在生产方、消费者和有关各方协调一致的基础上制、修订的，在制定的过程中保证透明度，采用公报公示，以保证各相关方利益不受侵害(黄灿艺，2009)。日本有近80%的原始标准方案是由民间企业和社会团体提出和制定的，且这个比例还在不断提高。日本的标准化制度中民间企业和社会团体在标准的制定上发挥着主导作用。

(五)快速更新标准满足市场需求

1955 年以来，日本经济产业省为使标准化事业满足社会和经济发展需要，制订中长期的标准化发展的基本方针和长远规划，即5 年规划。日本各专业委员会定期(3~5 年)分专业修订标准化战略，重新审核技术革新等情况变化，战略是否仍符合市场需求。《工业标准化法》规定JIS 标准至少5 年要修订一次，必要时要进行修改。但是为了更好地反映技术进步，JIS 草案制定委员会不拘泥于5 年期限，密切关注相关 ISO/IEC 标准的动向，伺机灵活且迅速地进行修改。除了 ISO/IEC，日本也关注国际上具有影响力的其他标准制定组织(SDO)的现状，要战略性地开展国际标准化活动。

(六)重视培养国际标准人才队伍

日本创造良好的参加国际标准化活动的环境，积极争取承担更多的 ISO/IEC 技术委员会(TC/SC/WG)主席、召集人和秘书的职务；培养一批熟悉 ISO/IEC 国际标准审议规则并具有专业知识的人才和国际标准化专家，以此不断推进本国先进的标准制、修订工作。

第四节 英国林产品贸易及技术标准体系

目前，在国际林产品市场，英国是中国林产品的重要进口国，且地位不断攀升。2011、2012 年，英国从中国进口的林产品价值分别为3.05 亿美元、3.46 亿美元，在中国林产品所有进口国中排名由第8 位升至第6 位(FAO，2016b)。同时，作为发达国家，英国在国际贸易技术标准的设立上一直处于世界领先地位，借助于严格、完善的贸易技术标准体系，英国很好地保护了国内林业的发展，控制了外来林产品对本国生态环境所造成的损失，其做法与经验值得借鉴，对于构建中国林产品贸易技术标准体系有着重要的指导作用。

一、基本情况

英国全称大不列颠及北爱尔兰联合王国，位于欧洲西部，由大不列颠岛(包括英格兰、苏格兰、威尔士）、爱尔兰岛东北部和一些小岛组成。隔北海、多佛尔海峡、英吉利海峡与欧洲大陆相望，海岸线总长 11450 km（驻英国经商参处，2015）。国土面积 24.42 万 km²，其中土地面积 24.25 万 km²；内陆水域面积 0.17 万 km²（FAO，2013）。

截至 2016 年 6 月，英国总人口 64.4 百万（Census，2016），主要由英格兰人、苏格兰人、威尔士人和爱尔兰人四大民族构成，其中英格兰人占总人口的 80% 左右；犹太人、非洲黑人、孟加拉人、印度人、巴基斯坦人等少数民族占总人口的近 8%。官方语言为英语，此外威尔士北部还有人讲威尔士语，苏格兰西北高地及北爱尔兰部分地区仍使用盖尔语。居民多信奉基督教新教，主要分英格兰教会和苏格兰教会。其他的如天主教、伊斯兰教、印度教、锡克教、犹太教和佛教等也有人信奉（驻英国经商参处，2015）。

英国是世界第六大、欧盟内第三大经济体。2015 年国内生产总值（GDP）为 28487.55 亿美元，人均 GDP 达 43734.00 美元（WB，2016）。其中，服务业占 GDP 的 78.2%，工业占比 21.1%，农业占比不足 1%（驻英国经商参处，2015）。1990 ~ 2015 年英国基本情况如表 3-66 所示。

表 3-66　1990 ~ 2015 年英国基本情况

年份	土地面积（万 hm²）	森林面积（万 hm²）	森林覆盖率（%）	人口（百万）	GDP 总量（万亿美元）	人均 GDP（万美元）
1990	2419.30	277.80	11.48	57.25	1.09	1.91
1991	2419.30	279.56	11.56	57.42	1.14	1.99
1992	2419.30	281.32	11.63	57.58	1.18	2.05
1993	2419.30	283.08	11.70	57.72	1.06	1.84
1994	2419.30	284.84	11.77	57.87	1.14	1.97
1995	2419.30	286.60	11.85	58.02	1.24	2.13
1996	2419.30	288.36	11.92	58.17	1.31	2.25
1997	2419.30	290.12	11.99	58.32	1.45	2.48
1998	2419.30	291.88	12.06	58.49	1.54	2.63
1999	2419.30	293.64	12.14	58.68	1.57	2.67
2000	2419.30	295.40	12.21	58.89	1.55	2.64
2001	2419.30	296.74	12.27	59.12	1.54	2.60
2002	2419.30	298.08	12.32	59.37	1.68	2.83
2003	2419.30	299.42	12.38	59.65	1.94	3.26
2004	2419.30	300.76	12.43	59.99	2.30	3.83
2005	2419.30	302.10	12.49	60.40	2.42	4.00
2006	2419.30	302.86	12.52	60.85	2.59	4.25
2007	2419.30	303.62	12.55	61.32	2.97	4.84
2008	2419.30	304.38	12.58	61.81	2.79	4.52
2009	2419.30	305.14	12.61	62.28	2.31	3.72
2010	2419.30	305.90	12.64	62.77	2.40	3.83
2011	2419.30	307.60	12.71	63.26	2.59	4.10
2012	2419.30	309.30	12.78	63.70	2.63	4.13
2013	2419.30	311.00	12.85	64.13	2.71	4.23
2014	2419.30	312.70	12.93	64.56	2.99	4.63
2015	2419.30	314.40	13.00	64.96	2.85	4.37

资料来源（WB，2016）；森林覆盖率（%）= 森林面积/土地面积×100%。

英国属海洋性温带阔叶林气候，最高气温不超过32℃，最低气温不低于零下10℃；通常7月份平均气温19~25℃，1月份平均气温为4~7℃。北部和西部的年降水量超过1100mm，其中山区超过2000mm，最高可达4000mm，中部低地700~850mm，东部、东南部只有550mm。每年2~3月最为干燥，10月至翌年1月最为湿润（驻英国经商参处，2015）。

英国是欧盟中能源资源最丰富的国家，主要有煤、石油、天然气、核能和水力等。其中，硬煤总储量1700亿t；北海大陆架石油蕴藏量10亿~40亿t；全国天然气蕴藏量8600亿~25850亿 m^3。此外，英国现有10座核电站，其发电量在2008年占英国总发电量的13%（驻英国经商参处，2015）。其他矿产资源还包括蕴藏量约为38亿t的铁，西南部康沃尔半岛的锡矿，柴郡和达腊姆蕴藏着的大量石盐，斯塔福德郡的优质黏土，康沃尔半岛出产的白黏土，奔宁山脉东坡可开采的白云石以及兰开夏西南部施尔德利丘陵附近蕴藏着的石英矿（吉林省商务厅，2011）。

二、林业发展

（一）森林资源

近年来，随着政府越来越重视森林在环境保护、休闲娱乐以及提供就业方面的作用，英国森林资源的质量与总量都发生了显著的积极变化。

2015年，英国森林面积314.4万 hm^2，其他林地面积2万 hm^2，森林覆盖率13.00%，远低于欧洲各国平均值，是欧洲森林最稀疏的国家之一；森林蓄积量6.52亿 m^3，其中针叶林蓄积量3.96亿 m^3、阔叶林蓄积量2.56亿 m^3（FAO，2016a），平均每公顷蓄积量207.38 m^3。

英国森林资源一直在增加。森林面积从1990年的277.8万 hm^2 增至2015年的315.4万 hm^2（FC，2015），增长了13.53%；森林蓄积量在1990年为3.66亿 m^3，2000年增加到4.80亿 m^3，2005年增加到5.37亿 m^3，2010年增加到5.95亿 m^3，2015年增加到6.52亿 m^3（FAO，2016a）。

英国没有纯天然林，只有半天然林和人工林。英国私有林面积占森林总面积的2/3强，公有林面积占1/3弱。

英国全国森林资源清查2012年的数据显示，英国全国针叶林面积135.7万 hm^2，主要有西加云杉、欧洲赤松、科西嘉松、落叶松、道格拉斯冷杉、扭叶松等树种，其中西加云杉面积占50.26%，欧洲赤松占17.76%，落叶占9.80%；阔叶林面积127.7万 hm^2，主要是橡树、山毛榉、梧桐、白蜡树、桦树、甜板栗树、榛树等树种，其中橡树面积占18.01%，桦树占17.78%和白蜡树占11.12%（FC，2013）。

（二）林业地位

英国林业对总的国民经济贡献不大。2013年，英国林业雇员数1.4万，总附加值（Gross Value Added，GVA）5.0亿英镑；全国木材加工业总雇员数2.6万，GVA为14.0亿英镑（FC，2015）。同年，林产品贸易额总额131.85亿美元，其中进口额105.24亿美元；2000-2015年，林产品进口额在总商品进口额中占1.47%~1.79%，林产品出口额在总商品出口额中仅占 0.50%~0.68%（FAO，2016a；WTO，2016）。

但林业在居民的生活中扮演了重要的角色。林业的发展为英国人漫步、陪孩子玩耍、野餐、参观景点、观赏野生动植物以及其他户外活动提供了首选之地——森林。森林生态旅游已成为英国林业的支柱产业，良好的林区设施吸引了大量游客。在过去的几年里，超过一半的英国人参访过森林（UK Public Opinion of Forestry Survey，2015），2014~2015 财政年度，约有 4.17 亿人在英国参访过森林（FC，2015）。

（三）林产品生产

随着森林资源的恢复与增长，英国木材产品产出不断增加，非木林产品产值不容忽视，木材加工产品种类齐全。

1. 木材产品

近十几年来，英国木材产品产量增长明显。原木产量由 2000 年的 778.50 万 m^3 增至 2015 年的 1055.02 万 m^3（FAO，2016a），增长了近 35.52%。其中，以木质燃料的增长最为突出，增幅达 7.39%；纸浆材产量却呈明显下降。而在所有的原木产品中，工业用原木占有绝对优势比重，其占比在 77.03%~92.77%，呈下降态势；同期，木质燃料的占比却由 2.94% 增至 18.21%（表 3-67）。

表 3-67　2000－2015 年英国木材产品产出（万 m^3）情况

年份	原木	木质燃料	工业用原木		其他工业用原木
			锯材与单板原木	纸浆材	
2000	778.50	22.90	456.40	257.20	42.00
2001	789.80	22.90	467.10	258.00	41.80
2002	777.10	22.90	471.60	246.50	36.10
2003	804.60	22.90	490.80	255.60	35.30
2004	829.10	22.90	505.10	261.70	39.40
2005	851.90	31.70	504.10	270.50	45.60
2006	842.40	31.70	530.80	236.90	43.00
2007	902.10	45.90	571.60	239.60	45.00
2008	841.65	55.71	509.53	225.77	50.63
2009	862.36	98.83	520.86	186.04	56.63
2010	971.83	138.11	574.29	207.06	52.37
2011	1002.05	123.38	599.17	224.80	54.70
2012	1011.95	133.20	615.72	209.87	53.16
2013	1078.02	157.75	657.74	206.94	55.59
2014	1118.40	182.30	687.69	194.07	54.34
2015	1055.02	192.12	631.62	181.07	50.21

数据来源：http://faostat3.fao.org/download/F/FO/E。

2. 木材加工产品

受限于国内木材产量及劳动力成本等因素，英国国内木材加工业产出规模不大，且主要集中在人造板产业与造纸业。

（1）原木制材业。尽管规模不大，但英国的原木制材业的木材利用程度与锯材出材率都很高。2015 年，英国出产了 349.34 万 m^3 的锯材、79.59 万 m^3 的木材剩余物以及 238.76 万 m^3 的木片与碎料（FAO，2016a）。在原木制材业的所有产品中，锯材占有最大份额，其次是木片和碎料，木炭的产量微乎其微。2000 - 2015 年，锯材及木片和碎料的产量波动性增长（表 3-68），增幅分别为 33.21%、32.87%。

表 3-68　2000 - 2015 年英国原木制材业产出情况

年份	锯材 （万 m^3）	木片和碎料 （万 m^3）	木材剩余物 （万 m^3）	木炭 （万 t）	年份	锯材 （万 m^3）	木片和碎料 （万 m^3）	木材剩余物 （万 m^3）	木炭 （万 t）
2000	262.24	179.70	59.90	0.50	2008	281.53	178.28	59.43	0.50
2001	271.09	166.30	55.40	0.50	2009	285.65	187.02	62.34	0.50
2002	270.54	159.20	53.10	0.50	2010	310.06	218.81	72.94	0.50
2003	274.22	155.90	52.00	0.50	2011	327.91	230.94	76.98	0.50
2004	277.17	156.00	52.00	0.50	2012	340.94	241.92	80.64	0.50
2005	278.10	169.50	56.40	0.50	2013	357.06	231.77	77.26	0.50
2006	290.50	183.10	61.20	0.50	2014	376.37	248.59	82.86	0.50
2007	314.50	194.90	65.00	0.50	2015	349.34	238.76	79.59	0.50

数据来源：http：//faostat3.fao.org/download/F/FO/E。

（2）人造板产业。英国人造板产业的产品种类较少，主要包含碎料板和中密度纤维板，且以碎料板为主。总的来说，2000 - 2015 年，英国人造板产量略有下降（FAO，2016a），其中碎料板产量下降了 9.57%，而中密度纤维板产量则略有上升（表 3-69）。

表 3-69　2000 - 2015 年英国人造板产出（万 m^3）情况

年份	人造板	碎料板	中密度纤维板	年份	人造板	碎料板	中密度纤维板
2000	327.50	257.00	70.00	2008	314.00	243.10	70.90
2001	325.50	249.80	75.70	2009	303.00	237.00	66.00
2002	321.70	244.60	77.10	2010	337.00	259.40	77.60
2003	336.10	252.60	83.50	2011	338.40	262.50	75.90
2004	353.30	265.30	88.00	2012	300.30	221.50	78.80
2005	339.80	255.70	84.10	2013	303.20	227.60	75.60
2006	349.80	262.60	87.20	2014	306.80	231.90	74.90
2007	354.90	268.40	86.50	2015	308.00	232.40	75.60

数据来源：http：//faostat3.fao.org/download/F/FO/E。

（3）制浆造纸业。英国制浆业的规模很小，产量也很有限，导致规模较大的造纸业所需材料绝大部分依赖进口。其中，制浆业不光规模较小，其产品种类也很有限，仅有机械木浆与半化学木浆，且绝大部分为机械木浆。由于近年来造纸业的萎缩，英国的制浆业产量进一步减少，导致其规模进一步缩减。2000 - 2015 年，木浆产量由 47.40 万 t 减至 22 万 t（FAO，2016a）；同期纸和纸板的产量由 660.50 万 t 减至 397 万 t（表 3-70）。

表 3-70　2000 – 2015 年英国木浆及纸和纸板产出(万 t)情况

年份	木浆	机械木浆	纸和纸板	新闻纸	印刷纸和书写纸	其他纸和纸板
2000	47. 40	41. 10	660. 50	110. 00	174. 70	375. 80
2001	49. 20	42. 90	620. 40	109. 00	153. 70	357. 70
2002	52. 40	44. 40	645. 20	104. 80	147. 80	392. 60
2003	50. 40	41. 30	645. 50	103. 80	149. 40	392. 30
2004	34. 40	25. 80	644. 20	111. 70	151. 50	381. 00
2005	34. 10	34. 10	624. 10	113. 60	151. 80	358. 70
2006	28. 70	28. 70	545. 40	109. 50	125. 40	310. 50
2007	26. 40	26. 40	522. 80	103. 60	119. 30	299. 90
2008	27. 70	27. 70	498. 33	107. 30	99. 00	292. 03
2009	27. 10	27. 10	429. 30	110. 40	50. 50	268. 40
2010	22. 80	22. 80	430. 00	119. 50	44. 20	266. 30
2011	23. 40	23. 40	434. 80	122. 70	44. 20	267. 30
2012	22. 40	22. 40	429. 20	118. 40	44. 20	266. 60
2013	22. 30	22. 30	434. 90	123. 30	44. 20	267. 40
2014	24. 10	24. 10	439. 30	115. 90	38. 50	284. 90
2015	22. 10	22. 10	397. 00	79. 04	26. 26	291. 70

数据来源：http：//faostat3. fao. org/download/F/FO/E。

三、国际贸易

(一)进出口概况

近年来，英国商品进出口贸易规模巨大，以进口为主，始终呈赤字状态；其贸易赤字呈波动性增长，于 2007 年和 2012 年到达峰值，最高值达 2224. 28 亿美元。2000 – 2015 年，总商品出口额由 2854. 25 亿美元增至 4604. 46 亿美元，增加了 61. 32%；进口额由 3480. 58 亿美元增至 6258. 06 亿美元(WTO，2016)，增幅达 79. 80%(表 3-71)。

表 3-71　2000 – 2015 年英国商品与服务贸易额(万亿美元)

年份	商品贸易			服务贸易			商品与服务贸易		
	出口额	进口额	贸易额	出口额	进口额	贸易额	出口额	进口额	贸易额
2000	0. 285	0. 348	0. 633	0. 239	0. 196	0. 434	0. 524	0. 544	1. 067
2001	0. 273	0. 344	0. 617	0. 237	0. 197	0. 434	0. 510	0. 541	1. 051
2002	0. 280	0. 364	0. 644	0. 263	0. 216	0. 478	0. 543	0. 580	1. 122
2003	0. 306	0. 399	0. 705	0. 314	0. 250	0. 564	0. 620	0. 649	1. 269
2004	0. 347	0. 471	41. 818	0. 392	0. 295	0. 687	0. 739	0. 766	1. 505
2005	0. 391	0. 519	0. 910	0. 466	0. 342	0. 808	0. 857	0. 861	1. 718
2006	0. 451	0. 613	1. 064	0. 554	0. 387	0. 941	1. 005	1. 000	2. 005
2007	0. 442	0. 638	1. 080	0. 649	0. 436	1. 085	1. 091	1. 074	2. 165
2008	0. 472	0. 658	1. 130	0. 633	0. 444	1. 077	1. 105	1. 102	2. 207
2009	0. 355	0. 519	0. 874	0. 546	0. 374	0. 920	0. 901	0. 893	1. 794
2010	0. 416	0. 591	1. 007	0. 538	0. 378	0. 916	0. 954	0. 969	1. 923
2011	0. 507	0. 677	1. 183	0. 612	0. 390	1. 002	1. 119	1. 067	2. 185
2012	0. 473	0. 695	1. 168	0. 638	0. 399	1. 037	1. 111	1. 094	2. 205
2013	0. 541	0. 660	1. 201	0. 669	0. 412	1. 080	1. 210	1. 072	2. 281
2014	0. 505	0. 690	1. 196	0. 727	0. 427	1. 154	1. 232	1. 117	2. 350
2015	0. 460	0. 626	1. 086	0. 694	0. 419	1. 114	1. 154	1. 045	2. 200

数据来源：http：//stat. wto. org/Home/WSDBHome. aspx？ Language = E。

英国服务贸易规模也比较大，其贸易额占总贸易额的四成以上，且以出口为主，一直为顺差。2000－2015年，商业服务出口额由2385.13亿美元增至6941.27亿美元，增加了191.02%；进口额由1959.06亿美元增至4193.94亿美元，增幅达114.08%；顺差额也呈波动性增长，增长了5.45倍，并于2014年达到最大值。

（二）林产品贸易

1. 概况

英国林产品贸易在总商品贸易中的比例很低，且呈下降趋势。2000－2015年，英国林产品贸易额总在103.91亿～169.39亿美元（FAO，2016a），在商品贸易额中的比重由1.76%降至1.28%（表3-72），其中进口额占比由2.58%降至1.84%，出口额比重由0.76%减至0.53%（WTO，2016）。

表3-72　2000－2015年英国5种主要林产品贸易额（亿美元）及占比（%）

年份	原木	锯材	人造板	木浆	纸和纸板	林产品贸易总额	纸和纸板占比	5种产品占比
2000	0.94	17.19	11.55	10.80	68.86	111.45	61.79	98.11
2001	0.91	15.69	11.62	8.27	71.85	110.37	65.10	98.16
2002	1.02	17.21	12.99	6.87	63.34	103.91	60.96	97.61
2003	1.47	20.80	14.03	7.43	73.75	121.58	60.66	96.63
2004	1.66	22.72	17.96	8.14	82.70	139.00	59.50	95.81
2005	1.67	21.32	16.35	8.78	80.68	135.70	59.45	94.92
2006	1.93	22.20	16.12	9.56	83.73	141.24	59.28	94.55
2007	2.42	31.75	20.13	9.98	95.22	169.39	56.21	94.16
2008	1.98	20.96	18.04	10.11	88.10	150.99	58.35	92.18
2009	1.27	15.56	12.23	6.06	72.72	115.01	63.23	93.77
2010	1.49	19.25	13.82	8.82	78.27	133.68	58.55	91.00
2011	1.22	17.99	15.49	9.39	81.68	139.21	58.67	90.35
2012	1.23	17.72	14.60	7.75	75.65	129.88	58.25	90.14
2013	1.32	19.04	15.41	7.35	72.90	131.85	55.29	87.99
2014	1.27	23.75	17.20	7.92	76.88	145.67	52.77	87.20
2015	1.26	20.71	15.80	9.21	70.49	139.39	50.57	84.27

数据来源：http://faostat3.fao.org/download/F/FO/E。

英国林产品贸易的产品集中度很高，最大宗的贸易产品为纸和纸板。2000－2015年，5种主要林产品的贸易额占比尽管呈现出稳步下降趋势，但最小值仍达84.27%，且该值一度高达98.16%。其中，仅纸和纸板贸易额的比重就在5成以上。

2. 进口

英国林产品进口以锯材、纸和纸板及人造板为主，其中，锯材与纸和纸板的进口量大于自身产出；原木的进口则以工业用原木为主；人造板的进口集中在胶合板、碎料板与纤维板上。2000－2015年，进口量前3的锯材、纸和纸板及人造板的进口额在林产品进口总额中的比重一度高达90.66%，最小值也有79.54%（FAO，2016a）。同时，英国林产品进口受2008年全球经济危机的影响很大，绝大部分林产品进口量和进口额自2008年开始发生明显转折（表3-73和表3-74）。

我国对外主要地区林产品贸易及标准体系

表 3-73 2000 - 2015 年英国主要林产品进口量

年份	原木(万 m³)			锯材(万 m³)	人造板(万 m³)					纸和纸板(万 t)	木浆(万 t)
	小计	工业用原木	木质燃料		小计	单板	胶合板	碎料板	纤维板		
2000	25.89	23.89	2.00	785.25	330.73	3.72	120.70	120.00	86.31	667.50	173.71
2001	35.73	34.72	1.01	780.11	359.83	3.40	130.00	129.11	97.31	732.53	158.72
2002	49.04	48.73	0.31	820.09	378.01	3.37	129.70	144.51	100.43	707.54	157.91
2003	70.35	70.04	0.30	871.40	349.15	2.78	125.30	125.60	95.47	748.97	146.75
2004	63.19	62.46	0.73	865.30	381.26	2.96	147.40	128.80	102.09	752.77	156.51
2005	66.17	65.73	0.44	822.27	355.15	6.93	145.64	113.40	89.19	766.30	162.73
2006	41.94	41.50	0.44	796.27	368.47	5.74	149.69	107.53	105.52	774.10	140.00
2007	68.27	67.10	1.17	846.88	384.72	3.31	162.41	118.40	100.61	789.00	137.82
2008	50.73	49.10	1.63	588.60	338.90	3.01	148.60	99.50	87.79	714.78	128.00
2009	30.86	29.37	1.49	523.96	249.99	1.57	116.43	63.20	68.80	680.52	91.20
2010	34.47	34.05	0.42	569.91	270.10	2.78	126.43	64.90	76.00	698.04	106.10
2011	30.87	29.75	1.11	493.63	282.69	2.58	132.97	69.10	78.03	661.72	98.80
2012	28.96	27.80	1.16	517.87	264.97	2.01	128.50	60.97	73.49	611.90	99.94
2013	43.48	41.61	1.88	553.00	296.19	2.44	137.39	79.00	77.36	592.10	107.79
2014	54.52	48.76	5.76	637.62	326.00	2.38	139.92	98.00	85.69	594.90	121.28
2015	61.92	47.28	14.63	632.25	321.73	1.50	146.77	97.04	76.41	592.20	119.17

数据来源：http：//faostat3. fao. org/download/F/FO/E。

表 3-74 2000 - 2015 年英国主要林产品进口额(亿美元)

年份	原木	工业用原木	木质燃料	锯材	人造板	单板	胶合板	碎料板	纤维板	纸和纸板	木浆
2000	0.7054	0.6942	0.0112	16.7283	10.3859	0.7652	4.3629	2.5077	2.7501	50.2628	10.7508
2001	0.7741	0.7680	0.0061	15.2431	10.5648	0.6484	4.5975	2.6500	2.6689	54.5196	8.2609
2002	0.8786	0.8758	0.0028	16.6226	11.7556	0.5742	4.5228	2.6218	4.0369	48.5783	6.8283
2003	1.2274	1.2210	0.0064	20.0306	12.5354	0.6269	4.4744	2.6113	4.8228	57.3678	7.4134
2004	1.2599	1.2415	0.0184	21.8038	16.2252	0.6612	6.2475	3.2239	6.0926	64.5247	8.1093
2005	1.1881	1.1755	0.0126	20.3808	14.4870	0.4484	6.2459	2.6015	5.1912	62.4477	8.7571
2006	1.4411	1.4263	0.0148	21.0698	13.7707	0.4397	6.3099	1.8488	5.1723	66.2881	9.4816
2007	1.7624	1.7059	0.0565	30.3622	17.9790	0.7859	7.6681	4.3989	5.1261	74.9292	9.9121
2008	1.4117	1.3554	0.0563	20.0423	16.1230	0.7390	7.7922	3.1958	4.3960	67.5194	10.0852
2009	1.0505	1.0072	0.0434	14.9121	10.5967	0.4044	4.8403	2.3491	3.3491	56.9093	5.9670
2010	1.0899	1.0752	0.0146	18.5236	12.0665	0.4894	5.9359	2.1320	3.5092	61.7642	8.5776
2011	0.6939	0.6592	0.0347	17.3234	13.4395	0.7025	6.3476	2.4407	3.9487	64.9402	9.2638
2012	0.6376	0.5976	0.0400	17.1789	12.5328	0.5324	6.2576	1.9433	3.7995	59.0473	7.6688
2013	0.6624	0.6051	0.0574	18.4725	13.7030	0.5503	6.7280	2.4909	3.9337	56.9848	7.2772
2014	0.7479	0.6087	0.1392	23.0427	15.4320	0.6866	6.9863	3.0993	4.6598	60.4395	7.8369
2015	0.8438	0.5926	0.2512	20.0361	14.6442	0.4549	7.0308	2.9394	4.2191	56.7274	9.1638

数据来源：http：//faostat3. fao. org/download/F/FO/E。

3. 出口

英国林产品出口同样也以锯材、人造板及纸和纸板为主，但规模及价值量都相对较小。部分林产品，如木浆，在某些年份的出口额不足 1.00 亿美元(FAO，2016a)。其中，原木的出口量逐步超越了其进口量，然而却未实现原木贸易的顺差；纸和纸板的出口很高，一半左右的出口份额归其所有(表 3-75 和表 3-76)。

表 3-75　2000 - 2015 年英国主要林产品出口量

| 年份 | 原木(万 m³) | | | 木片和碎料(万 m³) | 锯材(万 m³) | 人造板(万 m³) | | | | 纸和纸板(万 t) | 木浆(万 t) |
	小计	工业用原木	木质燃料			小计	胶合板	碎料板	纤维板		
2000	27.04	4.15	22.89	0.79	19.50	34.58	3.40	18.68	10.80	175.90	0.82
2001	19.03	3.09	15.94	0.71	21.01	36.26	4.93	21.25	9.45	162.81	0.30
2002	15.72	4.80	10.92	2.90	29.27	42.44	5.58	21.42	14.84	154.89	0.84
2003	43.96	10.36	33.60	12.89	35.56	53.07	6.68	25.51	20.37	169.71	0.27
2004	75.77	60.69	15.07	17.65	37.10	51.87	9.10	24.36	17.95	155.73	0.32
2005	89.55	70.01	19.53	12.87	35.80	52.01	11.48	18.32	21.73	116.40	0.49
2006	78.96	64.44	14.52	27.98	41.54	50.98	13.62	14.56	22.26	100.20	1.43
2007	92.29	75.80	16.49	37.11	34.58	59.89	6.96	27.74	24.73	98.43	1.29
2008	83.25	72.65	10.60	26.00	22.19	52.01	5.89	28.90	16.44	103.09	0.37
2009	40.99	34.48	6.51	18.57	20.30	45.09	6.60	24.60	13.57	89.57	1.57
2010	62.18	46.18	15.99	20.14	19.46	50.94	7.46	27.80	15.48	92.62	3.10
2011	72.45	57.83	14.62	23.36	16.23	54.56	7.03	29.09	18.25	97.37	2.06
2012	102.23	52.56	49.67	20.99	14.06	59.68	5.39	33.24	20.89	114.30	1.22
2013	105.99	62.81	43.18	18.59	16.71	43.17	5.78	22.93	14.25	112.00	1.11
2014	69.42	42.95	26.47	22.36	17.48	40.41	7.15	21.79	11.20	103.19	1.30
2015	86.57	29.23	57.34	12.75	18.66	28.63	4.54	16.72	7.11	80.80	0.73

数据来源：http：//faostat3. fao. org/download/F/FO/E。

表 3-76　2000 - 2015 年英国主要林产品出口额(亿美元)

年份	原木	工业用原木	木质燃料	锯材	人造板	单板	胶合板	碎料板	纤维板	纸和纸板	木浆
2000	0.2324	0.1991	0.0333	0.4653	1.1599	0.2316	0.2104	0.4276	0.2904	18.5950	0.0510
2001	0.1313	0.0977	0.0335	0.4518	1.0583	0.1624	0.2458	0.4351	0.2149	17.3283	0.0116
2002	0.1401	0.1060	0.0341	0.5914	1.2309	0.1817	0.2720	0.4493	0.3279	14.7590	0.0413
2003	0.2381	0.1966	0.0416	0.7655	1.4940	0.1497	0.3294	0.6013	0.4136	16.3865	0.0130
2004	0.4036	0.3566	0.0471	0.9114	1.7330	0.1488	0.4898	0.6765	0.4180	18.1743	0.0342
2005	0.4777	0.4180	0.0597	0.9432	1.8645	0.1771	0.5952	0.5937	0.4986	18.2304	0.0274
2006	0.4936	0.4501	0.0435	1.1252	2.3489	0.2000	0.6486	0.8859	0.6144	17.4444	0.0833
2007	0.6544	0.5804	0.0740	1.3926	2.1493	0.2096	0.3753	0.9209	0.6435	20.2923	0.0728
2008	0.5687	0.5004	0.0683	0.9162	1.9194	0.1851	0.3253	0.8802	0.5289	20.5853	0.0209
2009	0.2206	0.1736	0.0471	0.6496	1.6323	0.1429	0.3608	0.7132	0.4155	15.8129	0.0904
2010	0.3960	0.2633	0.1327	0.7260	1.7519	0.0900	0.3980	0.7857	0.4782	16.5089	0.2383
2011	0.5241	0.3639	0.1602	0.6621	2.0547	0.1219	0.3901	0.9265	0.6162	16.7411	0.1307
2012	0.5953	0.3646	0.2306	0.5400	2.0626	0.1163	0.2964	0.9703	0.6796	16.6032	0.0847
2013	0.6565	0.5126	0.1439	0.5684	1.7110	0.1288	0.3107	0.7417	0.5298	15.9107	0.0773
2014	0.5216	0.4182	0.1035	0.7110	1.7703	0.1351	0.4187	0.7392	0.4773	16.4367	0.0832
2015	0.4116	0.3083	0.1033	0.6765	1.1518	0.0723	0.3183	0.4691	0.2922	13.7656	0.0470

数据来源：http：//faostat3. fao. org/download/F/FO/E。

4. 流向

英国林产品贸易集中度很高，若干主要国家消费了英国大部分的出口林产品以及提供了大部分英国所需的进口林产品。2011 与 2012 年，以金额计，10 个主要国家消费了英国 77.97% 与 59.61% 的出口林产品，另外，英国进口林产品的前 10 位来源国提供的林产品占英国进口林产品总额的 70.26% 与 72.34%；2013 与 2014 年，以金额计，10 个主要国家消费了英国 62.24% 与 72.71% 的出口林产品，进口林产品的前 10 位来源国提供的林产品占英国进口林产品总额的 59.81% 与 61.85%，至于具体进出口前 10 国家名单如表 3-77 所示（FAO，2016b）。

表 3-77　2011－2014 年英国主要林产品贸易伙伴国及贸易额（亿美元）

名次	出口		进口		出口		进口	
	目的地	金额	来源国	金额	目的地	金额	来源国	金额
	2011 年				2012 年			
1	中国	6.42	瑞典	20.09	中国	5.96	瑞典	19.31
2	爱尔兰	3.74	德国	15.03	爱尔兰	2.56	德国	14.26
3	德国	3.33	芬兰	12.43	德国	2.17	芬兰	11.78
4	法国	2.64	法国	7.75	法国	1.56	法国	6.49
5	荷兰	2.24	美国	5.22	荷兰	1.29	美国	5.00
6	美国	1.33	荷兰	3.94	瑞典	0.83	西班牙	3.99
7	瑞典	1.12	爱尔兰	3.57	印度	0.75	中国	3.46
8	比利时	1.00	比利时	3.24	比利时	0.75	荷兰	3.29
9	印度	0.87	中国	3.05	印度尼西亚	0.63	巴西	3.01
10	印度尼西亚	0.78	巴西	3.02	美国	0.56	比利时	2.78
合计		23.47		77.34		17.06		73.37
占比（%）		77.97		70.26		59.61		72.34
	2013 年				2014 年			
1	中国	5.57	瑞典	18.24	中国	5.69	瑞士	19.62
2	爱尔兰	2.67	芬兰	10.79	爱尔兰	3.50	德国	13.33
3	德国	2.57	德国	9.94	德国	2.71	芬兰	11.25
4	法国	1.77	法国	4.71	法国	2.24	法国	5.69
5	荷兰	1.37	中国	3.85	荷兰	1.56	中国	4.67
6	印度	0.76	荷兰	3.57	印度	1.09	美国	4.32
7	比利时	0.71	美国	3.36	美国	0.98	荷兰	3.89
8	意大利	0.56	爱尔兰	3.00	意大利	0.97	爱尔兰	3.88
9	印度尼西亚	0.54	巴西	2.66	比利时	0.85	拉脱维亚	3.42
10	美国	0.54	拉脱维亚	2.65	俄罗斯	0.55	意大利	2.90
合计		17.06		62.77		20.14		72.96
占比（%）		62.24		59.81		72.71		61.85

数据来源：http://faostat3.fao.org/download/F/FT/E。

并且，2011－2012 年，英国林产品的主要贸易伙伴相对稳定，出口前 10 的国家名单并未改变，只是名次发生了变动；进口前 10 的国家名单变动很小，只是西班牙挤掉了爱尔兰；2013－2014 年，出口前 10 的国家名单有所变动，俄罗斯挤掉了印度尼西亚，位列第 10；进口前 10 的国家名单也略有变动，意大利挤掉了巴西，位列第 10。

（三）木家具贸易

2000－2015 年，英国木家具贸易总额在 24.64 亿~55.96 亿美元（表 3-78），其中进口额由 18.18 亿美元升至 37.44 亿美元，出口额由 6.46 亿美元减至 4.68 亿美元（UN，

2016）。

表 3-78   2000 – 2015 年英国木家具贸易及年变化

年份	进出口贸易量(亿 kg)			进出口贸易额(亿美元)			年变化(%)	
	进口量	出口量	贸易量	进口额	出口额	贸易额	贸易量	贸易额
2000	5.82	2.17	7.99	18.18	6.46	24.64	—	—
2001	6.49	1.33	7.82	19.24	6.30	25.54	-2.13	3.65
2002	8.27	1.21	9.48	23.38	5.81	29.19	21.23	14.29
2003	12.14	1.35	13.49	30.45	6.04	36.49	42.30	25.01
2004	17.42	1.32	18.74	39.95	6.71	46.66	38.92	27.87
2005	13.78	1.45	15.23	38.52	7.02	45.54	-18.73	-2.40
2006	13.60	1.43	15.03	41.31	7.08	48.39	-1.31	6.26
2007	14.89	1.35	16.24	48.76	7.20	55.96	8.05	15.64
2008	14.92	1.06	15.98	45.97	6.20	52.17	-1.60	-6.77
2009	15.29	0.68	15.97	35.73	4.12	39.85	-0.06	-23.62
2010	11.43	0.63	12.06	37.29	4.14	41.43	-24.48	3.96
2011	10.62	0.67	11.29	34.13	4.58	38.71	-6.38	-6.57
2012	9.82	0.57	10.39	32.25	4.12	36.37	-7.97	-6.04
2013	10.02	0.68	10.70	32.87	4.60	37.47	2.98	3.02
2014	11.26	0.82	12.08	37.20	5.40	42.60	12.90	13.69
2015	11.45	0.96	12.41	37.44	4.68	42.12	2.73	-1.13

资料来源：http：//comtrade. un. org/data/。木家具包括 940161、940169、940330、940340、940350、940360 六类。

四、林产品贸易政策与法规

英国国内专门针对林产品贸易而设置的政策不多，已有贸易政策更多地涉及全部产品；同时，作为以案例法为主的国度，英国并没有与贸易相关的成文法规。并且，作为欧盟成员国，英国不可避免地要遵循欧盟所制定的政策与法规，如欧盟木材法案等。

英国政府制定涉及林产品的贸易政策对内主要是为了规范贸易者的行为、掌握流入林产品的去向，对外则是为了消除出口壁垒，促进出口增长。这里主要介绍英国贸易者注册、出口促进和自由贸易促进政策。

（一）林产品贸易者注册政策

为及时了解和追踪到相关进口林产品的使用情况与流向，规范林产品贸易行为，英国北爱尔兰地区规定，凡是想要生产或进口木材或树皮材料，或申请"植物运输证"的林产品贸易者都必须到林业委员会注册登记，取得相应资格。

在资格申请时，申请者必须提交包含特定信息的书面材料，以证明自己符合注册登记申请的要求。而这些申请要求则需要林产品贸易者：对办公场所有一个清晰的规划；记录相关原材料购买或产品生产信息；保留与记录内容相关的文件 1 年；而提交材料的相关内容一旦发生改变，林产品贸易者必须向林业委员会通报（GOV. UK，2014）。

（二）出口促进政策

为实现 2020 年出口额倍增的目标，英国贸易投资总署、外交和联邦事务部等多个部门于 2013 年共同签署了"促出口、引外资"政策。其中，就出口促进部分而言，为鼓励国内企业出口，英国相关部门提供了大量的资金与服务支持。

比如，出口信贷部（UK Export Finance）为生产出口商品而进行的贷款行为提供担保，并为应收货款投保；贸易投资总署则为有出口意向的企业提供建议与信息咨询，以便使企业及时了解出口目的地的市场信息（GOV. UK，2013a）。

（三）自由贸易促进政策

一些国家的进口限制恶化了英国企业的生存环境，针对这一情况，英国政府自身直接或依靠欧盟框架与壁垒设置国家之间展开了种种外交谈判，积极签署了有利于自由贸易展开的政府间协定。譬如，英国政府借助欧盟签署的欧美"跨大西洋贸易与投资伙伴（TTIP）"协定和欧韩自由贸易协定成功地使得国内公司在美国和韩国地区能够更为便捷的从事商业活动（GOV. UK，2013b）。

五、林产品贸易技术标准体系

英国政府对林产品贸易所施加的技术标准主要通过欧盟框架下的认证制度来实现，以此来确保输入林产品消费者的安全与健康，主要有生态标签标准体系和 CE 认证技术标准体系等（具体可参考后面本章第 5 节欧盟部分相关内容）。

六、主要启示

英国制定的贸易政策很好地嵌合了本国的进出口形势，同时利用欧盟框架下的技术标准体系成功地对本国消费者的安全和健康实施了保护。

（一）制定符合国情的贸易政策

目前，不论是总商品贸易，还是林产品贸易，英国都是进口额大于出口额，即逆差。因此，对英而言，首要任务是扩大出口，缩小逆差；其次，在促进出口的基础上，确保进口产品的质量和安全，并避免外来品对本国境内生态环境造成负面影响。在实现这两方面目标上，英国现有贸易政策做得很好，出口促进政策与自由贸易促进政策主要针对首要任务的完成，林产品贸易者注册政策则是为了方便政府追踪进口林产品，控制潜在的病虫危害。所以，从贸易政策制定上看，英国的做法很有借鉴意义，暗示着贸易政策的制定必须目的明确，我国相关贸易政策调整也应充分考虑到我国国情和贸易形势及政策目标。

（二）法规和森林认证引领世界

英国法律法规层次分明体系完善，林业政策持续稳定与时俱进，配套政策系统全面效果明显，林业战略重视突出地方特色（李剑泉等，2014a）。英国作为 8 国集团成员，力推欧盟森林执法与贸易进程，签约气候变化协议和生物多样性公约，在全球森林事务中发挥着积极作用和扮演着重要角色。尤其是在实践和响应森林可持续经营方面，通过出台多功能林业政策、发布可持续林业规章、制订可持续森林经营标准、出版林业实践指南和实施森林认证项目等，英国成为世界第一个独立执行森林认证的国家，在完善国际林业政策和促进与发展中国家森林合作事项中让全球关注并令国人骄傲；英国林业政策和森林可持续经营政策独具特色，在一定程度上反映了世界林业发展趋势，值得我国效法。

（三）充分利用国际组织的作用

已有资料表明，处于欧盟框架下，英国充分利用欧盟在国际谈判和相关技术标准制定与执行上的优势作用。凭借执行着欧盟的生态标签认证制度和 CE 认证制度，英国不仅避免了同欧盟内成员国之间的贸易或外交摩擦，促进了与它们之间的自由贸易和区内贸易；同时也扩大了本国的市场准入技术标准，这对于促进国内林产品生产与加工业的发展，保护国内生态环境，保障国内居民消费安全与健康具有积极作用。目前，我国也参加或主持组建了多个国际组织，如亚太经济合作组织（APEC）与上海合作组织（SCO）。通过掌握组织内的主导权来参与国际谈判有利于扩大我国在国际贸易上的影响力，达成有益于本国的决议，构建符合本国国情的贸易技术标准体系。

第五节　欧盟林产品贸易及技术标准体系

随着中欧林产品贸易额逐年增加，贸易摩擦也频繁发生，欧盟设立了技术性贸易壁垒，制定了严格的林产品贸易技术标准，严重阻碍我国林产品进入欧盟市场，最典型的是 2013 年出台的"欧盟木材法案"。因此，为促进中国和欧盟的林产品贸易可持续发展，深入研究欧盟林产品贸易技术标准体系，无论是为中国企业提供生产技术标准参考，还是为政府部门制定相应的林产品贸易标准体系提供依据，应对欧盟林产品技术性贸易壁垒的挑战，都具有重要的指导意义。

一、基本情况

欧洲联盟（European Union，简称"欧盟"）是由欧洲共同体（European Communities，简称"欧共体"）发展而来，是一个集政治实体和经济实体于一身、在世界上具有重要影响的区域一体化组织（EU，2016a）。

1946 年 9 月，英国首相丘吉尔曾提议建立"欧洲合众国"。1950 年 5 月 9 日，法国外长罗伯特·舒曼代表法国政府提出建立欧洲煤钢联营的倡议，并得到了德国、意大利、荷兰、比利时和卢森堡的响应；1951 年 4 月 18 日，6 个国家在巴黎签订了建立欧洲煤钢共同体条约（又称《巴黎条约》）；1952 年 7 月 25 日，欧洲煤钢共同体正式成立。1957 年 3 月 25 日，这 6 个国家在罗马签订了建立欧洲经济共同体条约和欧洲原子能共同体条约，统称《罗马条约》；1958 年 1 月 1 日，欧洲经济共同体和欧洲原子能共同体正式组建。1965 年 4 月 8 日，6 国签订的《布鲁塞尔条约》决定将三个共同体的机构合并，统称欧洲共同体。

1967 年 7 月 1 日《布鲁塞尔条约》生效，欧共体正式成立。1973 年 1 月 1 日，丹麦、爱尔兰和英国加入；1981 年 1 月 1 日，希腊加入；1986 年 1 月 1 日，西班牙和葡萄牙加入欧共体。欧共体 12 国间建立起了关税同盟，统一了外贸政策和农业政策，创立了欧洲货币体系，并建立了统一预算和政治合作制度，逐步发展成为欧洲国家经济、政治利益的代言人。1991 年 12 月 11 日，欧共体马斯特里赫特首脑会议通过《欧洲联盟条约》（通称《马斯特里赫特条约》，简称《马约》）。

1993 年 11 月 1 日，《马约》正式生效，欧共体更名为欧盟，标志着已从经济实体转向经济政治实体。欧洲理事会（European Council）在欧盟组织中占有中心地位，是欧盟成员国首脑会议，每年至少举行 2 次，理事会主席由各成员国轮流担任，总部设在比利时的首都布鲁塞尔。1995 年 1 月 1 日，奥地利、芬兰和瑞典成为欧盟新成员；2004 年 5 月 1 日，塞浦路斯、匈牙利、捷克、爱沙尼亚、拉脱维亚、立陶宛、马耳他、波兰、斯洛伐克和斯洛文尼亚 10 个中东欧国家加入欧盟；2007 年 1 月 1 日，保加利亚和罗马尼亚加入欧盟。到 2013 年 7 月 1 日，随着克罗地亚的进入，欧盟成员国达到了 28 个（EU，2016a；EU，2016b；EU，2016c）。2016 年 6 月 23 日英国举行脱欧公投成功，目前欧盟成员国降至 27 个。

2000 - 2015 年欧盟成员国、土地面积、人口、经济及森林资源基本情况如表 3-79 所示（WB，2016）。

表 3-79　2000 - 2015 年欧盟基本情况

年份	成员国（个）	土地面积（万 hm²）	森林面积（万 hm²）	森林覆盖率（%）	人口（百万）	GDP 总量（万亿美元）	人均 GDP（万美元）
2000	15	31274.16	11866.74	37.94	378.14	8.38	2.22
2001	15	31268.86	11892.30	38.03	379.91	8.44	2.22
2002	15	31273.66	11917.86	38.11	381.92	9.19	2.41
2003	15	31275.16	11943.43	38.19	384.05	11.21	2.92
2004	25	38457.22	14445.71	37.56	460.56	13.56	2.94
2005	25	38455.72	14479.37	37.65	462.70	14.16	3.06
2006	25	38449.22	14524.76	37.78	464.74	15.09	3.25
2007	27	41834.80	15582.74	37.25	495.48	17.63	3.56
2008	27	41829.26	15632.33	37.37	497.37	18.96	3.81
2009	27	41838.33	15681.92	37.48	498.88	16.96	3.40
2010	27	41851.74	15731.50	37.59	499.99	16.89	3.38
2011	27	41850.33	15768.39	37.68	501.25	18.26	3.64
2012	27	41821.43	15805.27	37.79	500.81	17.19	3.43
2013	28	42380.61	16034.28	37.83	508.00	17.99	3.54
2014	28	42380.61	16071.20	37.92	507.96	18.52	3.64
2015	28	42380.61	16108.12	38.01	508.51	16.23	3.18

资料来源（WB，2016）；森林覆盖率（%）= 森林面积/土地面积×100%。

二、林业发展

（一）森林资源

欧洲的森林进行集约管理，由中幼龄同龄级林分组成，但树种结构、生长状况及生物多样性因地而异。天然林稀少，人工造林地也不多，而大部分是因各种社会需求及森林管理所形成的半天然林（semi-natural forests）。2014 ~ 2015 年欧盟 28 国各成员基本国情及森林资源状况见表 3-80。由表 3-80 可知，瑞典为欧盟国家中森林资源最丰富的国家，其森林面积占欧盟总森林面积的 18%，其次为芬兰和西班牙，森林面积分别占欧盟总森林面积的 14% 和 12%（WB，2016）。欧盟国家中，森林覆盖率占前 3 位的国家分别为芬兰、瑞典及斯洛文尼亚。

表 3-80　2014－2015 年欧盟 28 国成员基本国情及森林资源概况

国家/地区	土地面积（万 hm²）	森林面积（万 hm²）		森林覆盖率（%）		人口（百万）		GDP 总量（万亿美元）		人均 GDP（万美元）	
		2014	2015	2014	2015	2014	2015	2014	2015	2014	2015
奥地利	825.31	386.72	386.90	46.86	46.88	8.55	8.57	0.44	0.37	5.15	4.32
比利时	302.80	68.30	68.34	22.56	22.57	11.23	11.30	0.53	0.45	4.72	3.98
保加利亚	1085.60	380.58	382.30	35.06	35.22	7.22	7.17	0.06	0.05	0.83	0.70
克罗地亚	559.60	192.16	192.20	34.34	34.35	4.24	4.22	0.06	0.05	1.42	1.18
塞浦路斯	92.40	17.27	17.27	18.69	18.69	1.15	1.17	0.02	0.02	1.74	1.71
捷克	772.30	266.50	266.70	34.51	34.53	10.53	10.53	0.21	0.18	1.99	1.71
丹麦	424.30	60.72	61.22	14.31	14.43	5.64	5.66	0.34	0.29	6.03	5.12
爱沙尼亚	423.90	223.24	223.20	52.66	52.65	1.31	1.11	0.03	0.02	2.29	1.80
芬兰	3038.90	2221.80	2221.80	73.11	73.11	5.46	5.48	0.27	0.23	4.95	4.20
法国	5475.57	1687.60	1698.90	30.82	31.03	66.22	66.48	2.83	2.42	4.27	3.64
德国	3485.40	1141.70	1141.90	32.76	32.76	80.97	80.93	3.87	3.36	4.78	4.15
希腊	1289.00	402.38	405.40	31.22	31.45	10.87	10.84	0.24	0.20	2.21	1.85
匈牙利	905.30	206.44	206.90	22.80	22.85	9.86	9.83	0.14	0.12	1.42	1.22
爱尔兰	688.90	74.83	75.03	10.86	10.94	4.61	4.65	0.25	0.24	5.42	5.16
意大利	2941.40	924.32	929.70	31.42	31.61	60.79	60.77	2.14	1.81	3.52	2.98
拉脱维亚	621.90	335.56	335.60	53.96	53.96	1.99	1.98	0.03	0.03	1.51	1.52
立陶宛	626.75	217.80	218.00	34.75	34.78	2.93	2.92	0.05	0.04	1.71	1.37
卢森堡	25.90	8.67	8.67	33.47	33.47	0.56	0.57	0.06	0.06	10.71	10.53
马耳他	3.20	0.04	0.04	1.25	1.25	0.43	0.42	0.01	0.01	2.33	2.38
荷兰	336.70	37.54	37.60	11.15	11.17	16.87	16.92	0.88	0.75	5.22	4.43
波兰	3062.10	941.38	943.50	30.74	30.81	38.01	37.99	0.54	0.47	1.42	1.24
葡萄牙	916.00	319.34	318.20	34.86	34.74	10.40	10.36	0.23	0.20	2.21	1.93
罗马尼亚	2300.30	679.18	686.10	29.53	29.83	19.90	19.77	0.20	0.18	1.01	0.91
斯洛伐克	480.88	193.98	194.00	40.34	40.34	5.42	5.42	0.10	0.09	1.85	1.66
斯洛文尼亚	201.40	124.76	124.76	61.95	61.95	2.06	2.06	0.05	0.04	2.43	1.94
西班牙	5002.10	1838.37	1841.79	36.75	36.82	46.48	46.46	1.38	1.20	2.97	2.58
瑞典	4073.40	2807.30	2807.30	68.92	68.92	9.70	9.77	0.57	0.49	5.88	5.02
英国	2419.30	312.70	314.40	12.93	13.00	64.56	64.96	2.99	2.85	4.63	4.39
欧盟	42380.61	16071.18	16108.09	37.92	38.01	507.96	508.31	18.52	16.22	3.65	3.19

资料来源（WB，2016）；森林覆盖率（%）＝森林面积/土地面积×100%。

（二）林产品生产

根据 FAO 林产品贸易数据库资料，近年来，欧盟木材产品产量增长缓慢，甚至有些产品产量出现减少的态势（如其他工业用原木），但非木质林产品产值不容忽视，木材加工产品种类也比较齐全（FAO，2016a）。

1. 木材产品

近 15 年来，欧盟 28 国木材产品产量增长缓慢。原木产量由 2000 年的 41147.72 万 m³ 增至 2015 年的 45010.73 万 m³（FAO，2016a），增长了 9.39%。其中，以木质燃料的增长最为突出，增幅达41.20%；锯材原木与单板原木产量不稳定，但总体上呈下降态势；纸浆材产量逐步增长。而在所有的原木产品中，工业用原木占有绝对优势比重，其占比在74.62%~79.84%，呈下降态势；同期，木质燃料的占比却由16.92%增至21.84%（表3-81）。

表3-81　2000－2015年欧盟28国木材产品产出(万 m³)情况

年份	原木	木质燃料	工业用原木		其他工业用原木
			锯材与单板原木	纸浆材	
2000	41147.72	6962.96	20412.07	12159.73	1612.96
2001	38139.68	6828.54	17689.20	12074.16	1547.78
2002	39247.36	7052.46	18253.45	12467.83	1473.62
2003	41075.16	7504.82	19503.61	12525.24	1541.48
2004	41676.90	7561.63	19599.29	12994.77	1521.20
2005	44750.26	7603.54	21778.67	13896.54	1471.51
2006	42226.54	8136.75	19752.49	12929.85	1407.45
2007	46251.40	8024.02	22594.29	14333.70	1299.38
2008	42008.19	8208.71	18880.51	13820.74	1098.22
2009	38831.13	8432.14	16878.19	12487.13	1033.66
2010	42761.13	8909.50	18919.86	13920.43	1011.34
2011	43365.67	9322.41	18650.44	14334.34	1058.49
2012	42510.92	9503.21	18115.76	13822.63	1069.32
2013	43408.02	9943.10	18108.53	14281.61	1074.80
2014	44824.74	10090.91	19359.89	14320.20	1053.74
2015	45010.73	9831.63	19541.30	14646.94	990.86

数据来源：http：//faostat3.fao.org/download/F/FO/E。

2. 木材加工产品

欧盟28国木材加工产业发达，主要集中在原木制材业、人造板产业和制浆造纸业。

（1）原木制材业。欧盟28国的原木制材业的木材利用程度与锯材出材率较高。2015年欧盟产出了10367.15万 m³的锯材、6163.93万 m³的木材剩余物以及6285.84万 m³的木片与碎料（FAO，2016a）。而在原木制材业的所有产品中，锯材占有最大份额，木片和碎料与木材剩余物的产量相当，位居其次，木炭的产量相对较小。2000－2015年，锯材、木片和碎料及木材剩余物的产量呈波动性增长（表3-82），增幅分别为2.94%、36.45%、53.09%，而木炭的产量呈现先增长后减少的态势。

（2）人造板产业。欧盟人造板产业产品种类齐全，主要包含胶合板、碎料板和纤维板，且以碎料板为主。总的来说，2000－2015年，欧盟人造板产量呈先增长后减少的态势，但总体上产量有所增加（FAO，2016a）。其中单板产量下降了12.59%，胶合板产量总体上增加了3.17%，碎料板产量在此期间虽有所增长，但从2008年又开始减少，总体上没有什么变化，而纤维板产量则增长较大（表3-83）。

（3）制浆造纸业。欧盟28国制浆业的规模总的来说较大，产量也相对较高。虽然近年来造纸业萎缩，特别是2008年金融危机的影响，欧盟的制浆业产量从2008年开始下降（表3-84）。2000－2015年，木浆产量由3806.57万 t减至3686.18万 t；同期纸和纸板的产量由9010.35万 t增至9162.00万 t，回收纸产量由4059.44万 t增至5284.12万 t（FAO，2016a）。

表 3-82　2000-2015 年欧盟 28 国原木制材业产出情况

年份	原木(万 m³)	木片和碎料(万 m³)	木材剩余物(万 m³)	锯材(万 m³)	木炭(万 t)
2000	41147.72	4606.59	4026.34	10070.73	21.96
2001	38139.68	4497.10	4054.45	9831.62	23.42
2002	39247.36	4609.24	4018.34	9965.92	28.68
2003	41075.16	4893.23	4172.94	10265.89	31.30
2004	41676.90	5128.88	4375.92	10639.54	31.78
2005	44750.26	5092.58	4502.32	10870.74	31.38
2006	42226.54	5235.22	4164.31	11280.53	47.76
2007	46251.40	5766.67	4574.33	11621.50	46.88
2008	42008.19	5506.43	4266.70	10004.30	31.40
2009	38831.13	5513.07	4082.26	9171.83	29.47
2010	42761.13	6122.81	4696.45	10084.79	21.45
2011	43365.67	6309.29	4996.26	10199.01	23.89
2012	42510.92	6327.33	5144.76	9848.92	23.20
2013	43408.02	5999.74	6201.57	9975.31	23.93
2014	44824.74	6274.95	6236.23	10394.58	26.18
2015	45010.73	6285.84	6163.93	10367.15	31.38

数据来源：http：//faostat3. fao. org/download/F/FO/E。

表 3-83　2000-2015 年欧盟 28 国人造板产出(万 m³)情况

年份	人造板	纤维板	胶合板	碎料板	单板	年份	人造板	纤维板	胶合板	碎料板	单板
2000	5327.88	1122.95	410.84	3637.51	156.58	2008	6178.78	1527.81	401.10	4093.89	155.98
2001	5333.38	1154.03	411.37	3607.03	160.95	2009	5551.49	1400.64	317.00	3691.17	142.67
2002	5522.98	1343.09	415.51	3595.99	168.39	2010	5810.82	1478.39	378.30	3798.32	155.80
2003	5710.82	1410.43	408.63	3737.69	154.07	2011	5796.09	1523.12	396.67	3723.70	152.59
2004	6130.31	1518.16	427.69	4029.45	155.00	2012	5683.27	1576.89	400.54	3577.02	128.81
2005	6300.84	1629.41	435.56	4075.62	160.24	2013	5773.78	1639.31	414.30	3601.82	118.35
2006	6630.15	1718.19	447.43	4301.40	163.13	2014	5939.49	1704.59	436.27	3681.38	117.25
2007	6870.49	1777.93	454.70	4478.35	159.52	2015	5775.01	1701.16	423.85	3513.13	136.87

数据来源：http：//faostat3. fao. org/download/F/FO/E。

表 3-84　2000-2015 年欧盟 28 国木浆及纸和纸板产出(万 t)情况

年份	纸和纸板	回收纸	木浆	年份	纸和纸板	回收纸	木浆
2000	9010.35	4059.44	3806.57	2008	9821.09	5315.94	3929.36
2001	8847.85	4157.93	3646.72	2009	8868.82	5054.99	3461.89
2002	9124.60	4314.51	3750.65	2010	9534.07	5200.48	3689.96
2003	9334.98	4456.19	3879.05	2011	9478.98	5051.72	3736.80
2004	9768.46	4812.30	4013.58	2012	9313.30	5188.22	3843.08
2005	9837.81	5100.38	3910.18.	2013	9254.42	5201.97	3720.31
2006	10198.11	5291.93	4158.33	2014	9235.35	5200.28	3698.42
2007	10198.55	5365.36	4143.72	2015	9162.00	5284.12	3686.18

数据来源：http：//faostat3. fao. org/download/F/FO/E。

三、国际贸易

欧盟是贸易大国，2015 年商品和服务贸易总额规模达到 18.172 万亿美元，居世界前列；其中商品贸易总额 10.703 万亿美元、服务贸易总额 7.469 万亿美元（WTO，2016）。2000 - 2015 年，欧盟的商品贸易和服务贸易总额总体上呈现增长趋势，且商品贸易总额增长了 1 倍多，服务贸易总额增长了将近 2 倍。

(一)商品贸易

欧盟作为一个区域型经济、政治一体化组织，其商品贸易额相对其他国家而言较大。2000 - 2015 年，欧盟的商品贸易额总体上来说呈增长态势（WTO，2016）；2000 - 2012 年，欧盟的商品进口额大于出口额，始终保持着商品贸易的逆差，而 2012 年以后，商品出口开始大于进口，实现了商品贸易的顺差（表 3-85）。

表 3-85　2000 - 2015 年欧盟商品贸易额(万亿美元)

年份	出口额	进口额	贸易额	年份	出口额	进口额	贸易额
2000	2.457	2.588	5.045	2008	5.955	6.358	12.313
2001	2.474	2.559	5.033	2009	4.614	4.809	9.423
2002	2.643	2.683	5.325	2010	5.184	5.421	10.605
2003	3.155	3.228	6.384	2011	6.092	6.330	12.422
2004	3.772	3.875	7.646	2012	5.809	5.951	11.760
2005	4.083	4.250	8.332	2013	6.074	6.005	12.079
2006	4.606	4.870	9.476	2014	6.155	6.137	12.292
2007	5.366	5.655	11.021	2015	5.387	5.316	10.703

数据来源：http：//stat.wto.org/Home/WSDBHome.aspx？Language = E。

(二)服务贸易

欧盟是世界上最大的服务市场。2000 - 2015 年，虽然 2008 年受到金融危机的冲击，服务贸易额有所减少，但 15 年间，其总体上基本保持着增长态势（WTO，2016）。从 2000 - 2011 年，欧盟的服务贸易出口额始终小于其进口额，但差额相对较小；从 2012 年开始，其出口额增长迅速，超过进口额，从而实现了服务贸易的顺差（表 3-86）。

表 3-86　2000 - 2015 年欧盟服务贸易额(万亿美元)

年份	出口额	进口额	贸易额	年份	出口额	进口额	贸易额
2000	1.311	1.313	2.624	2008	3.617	3.619	7.236
2001	1.356	1.358	2.714	2009	3.272	3.274	6.546
2002	1.481	1.483	2.963	2010	3.406	3.408	6.814
2003	1.805	1.807	3.613	2011	3.843	3.845	7.688
2004	2.186	2.188	4.375	2012	4.097	3.430	7.527
2005	2.403	2.405	4.808	2013	4.437	3.704	8.141
2006	2.702	2.704	5.406	2014	4.748	3.962	8.710
2007	3.268	3.270	6.538	2015	4.016	3.453	7.469

数据来源：http：//stat.wto.org/Home/WSDBHome.aspx？Language = E。

(三)林产品贸易

2000－2015 年欧盟 28 国林产品进出口贸易额情况见表 3-87 至表 3-89。由表 87 可知，横向来看，德国、英国、意大利基本上占据着欧盟国家林产品进口额的前 3 位；由表 3-88 可知，横向来看，德国、瑞典、芬兰基本上占据着欧盟国家林产品出口额的前 3 位；由表 3-89 可知，横向来看，德国、瑞典、法国基本上占据着欧盟国家林产品贸易额的前 3 位。由此来看，不管是林产品进口还是出口以及总的贸易额，德国始终为欧盟国家林产品贸易之首，可见德国在林产品贸易技术方面有许多值得我们借鉴的地方。同时，纵向来看，2000－2015 年，欧盟各国林产品进出口贸易额整体上均呈现上升趋势，但由于受到 2008 年金融危机影响，2008 年之后均有不同程度的下降，但近几年欧盟林产品贸易额又有所上升（FAO，2016a），特别是林产品贸易出口额，增长速度较快。

表 3-87　2000－2015 年欧盟 28 国林产品贸易进口额情况（亿美元）

国家/地区	2000	2001	2002	2003	2004	2005	2006	2007
奥地利	26.09	21.93	22.32	26.58	31.25	31.35	36.83	41.80
比利时	43.16	39.71	39.50	46.93	46.78	53.22	58.58	73.91
保加利亚	1.26	1.33	1.54	1.55	2.51	2.94	3.25	4.66
克罗地亚	2.87	2.31	2.43	2.86	3.48	3.61	3.78	5.74
塞浦路斯	0.93	0.92	0.95	1.22	1.51	1.57	1.70	2.14
捷克	7.26	7.37	8.37	10.18	12.14	13.79	15.09	17.89
丹麦	17.23	15.73	16.61	19.87	21.98	22.32	27.09	29.69
爱沙尼亚	1.06	1.28	1.43	2.06	3.05	3.70	4.54	6.28
芬兰	9.04	9.76	10.27	12.79	15.26	17.83	18.03	24.06
法国	78.92	69.35	70.31	81.75	90.85	90.68	96.28	115.61
德国	125.83	114.77	117.86	137.28	153.09	153.90	160.12	207.94
希腊	8.56	7.68	7.57	10.68	10.45	11.34	11.91	13.89
匈牙利	6.86	6.98	6.95	9.68	11.38	10.86	11.63	15.13
爱尔兰	7.30	6.97	6.60	8.69	9.03	9.74	11.31	13.36
意大利	78.24	68.67	74.16	86.05	95.07	88.71	104.56	120.69
拉脱维亚	0.94	1.03	1.29	1.93	3.02	3.38	3.58	5.75
立陶宛	1.26	1.37	1.55	2.15	3.31	4.08	4.52	6.22
卢森堡	1.74	1.80	1.52	2.19	2.13	3.01	3.15	3.91
马耳他	0.62	0.50	0.76	0.72	0.87	0.76	0.84	0.89
荷兰	45.03	41.64	42.62	50.56	52.89	57.56	62.48	74.14
波兰	14.06	13.80	15.71	19.23	24.70	27.32	32.68	41.69
葡萄牙	9.65	9.26	8.92	10.08	11.30	11.56	12.07	15.53
罗马尼亚	1.90	2.23	2.89	3.88	5.27	6.38	6.16	9.01
斯洛伐克	2.93	3.49	3.32	4.86	5.40	5.69	6.97	10.45
斯洛文尼亚	3.92	3.53	3.79	4.69	5.57	5.95	6.18	9.05
西班牙	43.38	43.11	41.96	50.84	51.73	58.24	63.26	71.70
瑞典	17.43	15.53	15.13	18.55	21.64	24.24	25.21	31.63
英国	89.84	90.25	85.56	99.61	113.12	108.87	113.43	136.46
欧盟（累计）	647.31	602.30	611.89	627.85	808.78	832.60	905.23	1109.22

数据来源：http：//faostat3.fao.org/download/F/FO/E。

（续）

国家/地区	2008	2009	2010	2011	2012	2013	2014	2015
奥地利	42.44	35.16	40.61	45.69	41.93	43.97	43.57	37.24
比利时	72.70	57.57	63.21	67.55	55.87	55.18	55.08	56.59
保加利亚	5.22	3.55	3.67	4.28	4.35	4.51	4.70	4.21
克罗地亚	5.55	4.35	3.54	4.38	3.89	4.34	5.06	5.17
塞浦路斯	2.18	1.48	1.58	1.55	1.15	1.06	1.09	0.93
捷克	21.07	16.13	17.50	19.80	19.11	20.03	20.78	20.52
丹麦	26.59	19.35	21.21	24.09	18.72	19.00	18.87	18.26
爱沙尼亚	4.77	3.17	4.08	4.81	4.81	5.55	5.91	4.96
芬兰	28.53	13.05	17.19	19.37	16.99	17.01	15.35	12.08
法国	117.83	87.05	98.52	106.31	91.07	93.83	92.28	79.11
德国	215.04	158.01	192.13	215.86	189.60	201.39	206.52	166.97
希腊	13.26	11.08	11.44	10.77	8.95	9.82	10.33	10.28
匈牙利	15.19	12.28	12.15	13.82	11.97	12.73	13.41	13.39
爱尔兰	12.52	7.09	7.00	7.68	7.14	7.47	8.07	7.51
意大利	114.30	87.97	105.64	113.57	93.37	100.21	102.32	88.40
拉脱维亚	3.60	1.81	2.60	3.20	3.31	4.16	5.11	5.04
立陶宛	6.06	3.92	5.04	6.35	6.60	7.04	8.09	8.09
卢森堡	3.90	3.46	3.54	3.86	3.15	3.14	3.16	3.17
马耳他	1.05	0.87	0.87	0.98	0.85	0.83	0.94	0.72
荷兰	78.47	62.89	62.84	71.25	61.43	67.79	63.12	41.62
波兰	45.92	35.00	42.09	49.53	44.56	48.25	51.68	43.78
葡萄牙	15.73	12.76	14.41	15.11	11.82	14.41	14.43	15.24
罗马尼亚	8.88	7.97	8.00	8.08	8.73	9.82	10.58	9.33
斯洛伐克	10.62	8.16	11.73	10.71	11.00	8.83	9.68	8.49
斯洛文尼亚	9.13	7.27	8.33	8.96	8.65	9.11	10.32	8.80
西班牙	67.94	49.63	48.78	54.06	44.83	47.62	47.89	48.43
瑞典	33.15	22.20	27.60	30.38	27.50	27.54	26.81	21.44
英国	117.89	90.94	104.52	109.42	101.41	105.24	117.97	114.92
欧盟（累计）	1099.53	824.17	939.82	1031.42	902.76	949.88	973.12	854.69

数据来源：http：//faostat3.fao.org/download/F/FO/E。

表 3-88 2000－2015 年欧盟 28 国林产品贸易出口额情况(亿美元)

国家/地区	2000	2001	2002	2003	2004	2005	2006	2007
奥地利	42.98	39.40	46.23	55.17	62.11	60.19	66.49	81.72
比利时	36.60	33.77	33.05	40.65	46.23	48.93	56.24	69.39
保加利亚	1.30	1.19	1.39	1.40	2.59	2.68	2.63	3.47
克罗地亚	2.75	2.24	2.35	2.75	3.28	3.48	3.89	5.38
塞浦路斯	0.02	0.02	0.01	0.02	0.02	0.02	0.03	0.04
捷克	9.05	8.90	9.25	12.10	14.41	16.18	18.27	23.03
丹麦	4.22	3.18	3.49	4.00	4.48	4.78	5.93	6.48
爱沙尼亚	3.82	3.68	4.26	5.35	5.49	5.80	6.39	8.38
芬兰	109.74	100.93	104.96	120.75	135.36	121.02	143.43	158.96
法国	58.54	52.12	53.18	63.25	72.34	73.47	76.99	86.24
德国	116.01	100.82	114.14	134.86	160.72	178.80	181.79	237.66
希腊	0.78	0.71	0.75	1.24	1.40	1.41	1.17	1.50
匈牙利	3.51	3.71	4.58	5.06	6.41	6.56	9.57	9.89
爱尔兰	2.43	2.60	3.08	4.38	4.76	5.08	5.55	6.90
意大利	25.73	23.45	26.14	29.56	34.45	35.07	47.85	55.22
拉脱维亚	6.32	5.97	6.53	8.67	10.43	10.88	10.95	14.77
立陶宛	2.01	2.06	2.41	3.11	3.37	3.78	3.84	5.30
卢森堡	2.42	2.44	1.09	1.25	1.99	2.22	3.58	3.70
马耳他	0.00	0.00	0.00	0.01	0.01	0.001	0.001	0.01
荷兰	29.03	24.56	25.70	32.94	34.00	37.46	40.30	47.25
波兰	10.19	10.18	13.01	16.90	20.26	21.82	24.75	28.94
葡萄牙	13.11	11.86	13.48	16.92	16.87	18.68	20.52	25.19
罗马尼亚	5.16	4.74	5.66	7.02	9.00	8.58	9.72	11.70
斯洛伐克	4.71	4.62	6.07	7.25	8.72	10.59	12.32	16.75
斯洛文尼亚	4.24	4.06	4.60	5.18	6.38	6.99	7.51	10.60
西班牙	21.47	23.18	21.39	25.60	26.18	34.30	40.10	45.97
瑞典	101.30	87.18	92.30	110.07	129.04	132.19	145.53	165.92
英国	21.60	20.11	18.34	21.97	25.88	26.83	27.81	32.93
欧盟(累计)	639.04	576.49	617.44	737.43	799.95	877.79	973.15	1163.29

数据来源：http：//faostat3. fao. org/download/F/FO/E。

我国对外主要地区林产品贸易及标准体系

（续）

国家/地区	2008	2009	2010	2011	2012	2013	2014	2015
奥地利	83.03	64.07	69.91	75.37	68.95	71.02	72.87	62.24
比利时	71.08	51.34	58.23	60.55	46.02	46.49	46.56	51.28
保加利亚	3.15	2.11	3.73	4.82	4.77	5.27	5.81	4.94
克罗地亚	5.59	4.44	5.11	5.97	5.55	6.58	7.84	7.58
塞浦路斯	0.05	0.03	0.06	0.08	0.06	0.07	0.06	0.05
捷克	24.20	19.43	20.67	26.17	23.97	25.95	27.32	25.87
丹麦	7.00	5.56	5.95	6.67	4.53	4.77	4.60	4.40
爱沙尼亚	7.78	5.66	8.32	8.83	8.63	9.96	10.18	8.81
芬兰	152.04	110.95	131.61	143.86	131.00	139.48	139.77	121.23
法国	87.52	67.02	75.30	84.30	72.50	73.11	73.50	63.79
德国	242.26	185.07	206.15	227.10	202.17	217.39	220.86	174.08
希腊	1.49	1.58	1.83	2.19	2.10	1.93	1.96	1.95
匈牙利	9.50	8.10	9.31	10.85	9.87	10.47	10.96	10.69
爱尔兰	5.79	4.25	5.11	5.65	4.90	5.75	5.76	5.29
意大利	57.67	47.21	44.37	48.93	46.08	48.41	50.38	43.82
拉脱维亚	12.36	9.55	14.01	15.15	15.12	16.60	17.91	16.86
立陶宛	4.59	3.18	4.94	5.99	5.78	6.86	6.90	6.90
卢森堡	3.52	2.89	2.86	3.10	2.49	2.67	2.67	2.42
马耳他	0.05	0.01	0.03	0.05	0.05	0.05	0.08	0.03
荷兰	46.76	42.23	43.29	52.67	42.00	50.47	46.71	30.99
波兰	30.00	24.68	30.34	35.02	34.31	38.84	38.40	34.47
葡萄牙	26.59	21.92	20.50	30.05	28.92	31.71	31.70	31.42
罗马尼亚	10.17	10.25	15.96	16.57	17.91	21.85	21.29	16.57
斯洛伐克	16.64	13.28	20.29	14.46	15.07	12.93	13.82	12.61
斯洛文尼亚	11.34	9.62	10.13	11.45	10.68	10.94	13.28	10.58
西班牙	52.01	39.50	42.46	51.33	45.49	48.97	47.27	42.51
瑞典	171.80	141.22	152.89	172.34	151.85	159.20	154.27	132.58
英国	33.09	23.94	28.00	30.00	28.57	27.43	27.70	24.48
欧盟（累计）	1177.07	919.09	1031.36	1149.52	1029.34	1048.68	1100.43	948.44

数据来源：http：//faostat3.fao.org/download/F/FO/E。

表 3-89 2000－2015 年欧盟 28 国林产品贸易额情况（亿美元）

国家/地区	2000	2001	2002	2003	2004	2005	2006	2007
奥地利	69.07	61.33	68.55	81.75	93.36	91.54	103.32	123.52
比利时	79.76	73.48	72.55	87.58	93.01	102.15	114.82	143.30
保加利亚	2.56	2.52	2.93	2.95	5.10	5.62	5.88	8.13
克罗地亚	5.62	4.55	4.78	5.61	6.76	7.09	7.67	11.12
塞浦路斯	0.95	0.94	0.96	1.24	1.53	1.59	1.73	2.18
捷克	16.31	16.27	17.62	22.28	26.55	29.97	33.36	40.92
丹麦	21.45	18.91	20.10	23.87	26.46	27.10	33.02	36.17
爱沙尼亚	4.88	4.96	5.69	7.41	8.54	9.50	10.93	14.66
芬兰	118.78	110.69	115.23	133.54	150.62	138.85	161.46	183.02
法国	137.46	121.47	123.49	145.00	163.19	164.15	173.27	201.85
德国	241.84	215.59	232.00	272.14	313.81	332.70	341.91	445.60
希腊	9.34	8.39	8.32	11.92	11.85	12.75	13.08	15.39
匈牙利	10.37	10.69	11.53	14.74	17.79	17.42	21.20	25.02
爱尔兰	9.73	9.57	9.68	13.07	13.79	14.82	16.86	20.26
意大利	103.97	92.12	100.30	115.61	129.52	123.78	152.41	175.91
拉脱维亚	7.26	7.00	7.82	10.60	13.45	14.26	14.53	20.52
立陶宛	3.27	3.43	3.96	5.26	6.68	7.86	8.36	11.52
卢森堡	4.16	4.24	2.61	3.44	4.12	5.23	6.73	7.61
马耳他	0.62	0.50	0.76	0.73	0.88	0.76	0.84	0.90
荷兰	74.06	66.20	68.32	83.50	86.89	95.02	102.78	121.39
波兰	24.25	23.98	28.72	36.13	44.96	49.14	57.43	70.63
葡萄牙	22.76	21.12	22.40	27.00	28.17	30.24	32.59	40.72
罗马尼亚	7.06	6.97	8.55	10.90	14.27	14.96	15.88	20.71
斯洛伐克	7.64	8.11	9.39	12.11	14.12	16.28	19.29	27.20
斯洛文尼亚	8.16	7.59	8.39	9.87	11.95	12.94	13.69	19.65
西班牙	64.85	66.29	63.35	76.44	77.91	92.54	103.36	117.67
瑞典	118.73	102.71	107.43	128.62	150.68	156.43	170.74	197.55
英国	111.44	110.36	103.90	121.58	139.00	135.70	141.24	169.39
欧盟（累计）	1286.35	1179.98	1229.33	1464.89	1654.96	1710.39	1878.38	2272.51

数据来源：http：//faostat3.fao.org/download/F/FO/E。

我国对外主要地区林产品贸易及标准体系

（续）

国家/地区	2008	2009	2010	2011	2012	2013	2014	2015
奥地利	125.47	99.23	110.52	121.06	110.88	114.99	116.44	99.48
比利时	143.78	108.91	121.44	128.10	101.89	101.67	101.64	107.87
保加利亚	8.37	5.66	7.40	9.10	9.12	9.78	10.51	9.15
克罗地亚	11.14	8.79	8.65	10.35	9.44	10.92	12.90	12.75
塞浦路斯	2.23	1.51	1.64	1.63	1.21	1.13	1.15	0.98
捷克	45.27	35.56	38.17	45.97	43.08	45.98	48.10	46.39
丹麦	33.59	24.91	27.16	30.76	23.25	23.77	23.47	22.66
爱沙尼亚	12.55	8.83	12.40	13.64	13.44	15.51	16.09	13.77
芬兰	180.57	124.00	148.80	163.23	147.99	156.49	155.12	133.31
法国	205.35	154.07	173.82	190.61	163.57	166.94	165.78	142.90
德国	457.30	343.08	398.28	442.96	391.77	418.78	427.38	341.05
希腊	14.75	12.66	13.27	12.96	11.05	11.75	12.29	12.23
匈牙利	24.69	20.38	21.46	24.67	21.84	23.20	24.37	24.08
爱尔兰	18.31	11.34	12.11	13.33	12.04	13.22	13.83	12.80
意大利	171.97	135.18	150.01	162.50	139.45	148.62	152.70	132.22
拉脱维亚	15.96	11.36	16.61	18.35	18.43	20.76	23.02	21.90
立陶宛	10.65	7.10	9.98	12.34	12.38	13.90	14.99	14.99
卢森堡	7.42	6.35	6.40	6.96	5.64	5.81	5.83	5.59
马耳他	1.10	0.88	0.90	1.03	0.90	0.88	1.02	0.75
荷兰	125.23	105.12	106.13	123.92	103.43	118.26	109.83	72.61
波兰	75.92	59.68	72.43	84.55	78.87	87.09	90.08	78.25
葡萄牙	42.32	34.68	34.91	45.16	40.74	46.12	46.13	46.66
罗马尼亚	19.05	18.22	23.96	24.65	26.64	31.67	31.87	25.90
斯洛伐克	27.26	21.44	32.02	25.17	26.07	21.76	23.50	21.10
斯洛文尼亚	20.47	16.89	18.46	20.41	19.33	20.05	23.60	19.38
西班牙	119.95	89.13	91.24	105.39	90.32	96.59	95.16	90.94
瑞典	204.95	163.42	180.49	202.72	179.35	186.74	181.08	154.02
英国	150.98	114.88	132.52	139.42	129.98	132.67	145.67	139.40
欧盟（累计）	2276.60	1743.26	1971.18	2180.94	1932.10	2045.05	2073.55	1803.13

数据来源：http：//faostat3.fao.org/download/F/FO/E。

1. 概况

欧盟 28 国林产品贸易在总商品贸易中的比例很低，约占 2%，且呈下降趋势。2000 - 2015 年，欧盟 28 国总的林产品贸易额在 1179.98 亿~2276.60 亿美元（FAO，2016a；WTO，2016），在商品贸易额中的比重由 2.55% 降至 1.68%（表 3-90），其中进口额占比由 2.5% 降至 1.6%，出口额比重由 2.6% 减至 1.8%。

欧盟 28 国林产品贸易的产品集中度很高，最大宗的贸易产品为纸和纸板。2000 - 2015 年，5 种主要林产品的贸易额占比尽管呈现出稳步下降趋势，但最小值仍高达 93.65%，且该值一度达到 97.62%（FAO，2016a）。其中，仅纸和纸板贸易额的比重就占一半左右。

表 3-90 2000 -2015 年欧盟 28 国 5 种主要林产品贸易额(亿美元)及占比(%)

年份	原木	锯材	人造板	木浆	纸和纸板	林产品贸易总额	纸和纸板占比	5 种产品占比
2000	52.39	177.11	131.45	155.85	735.82	1286.36	57.20	97.38
2001	47.02	156.12	131.82	123.76	693.12	1179.98	58.74	97.62
2002	45.67	173.52	145.99	118.64	712.32	1229.35	57.94	97.30
2003	54.27	204.75	176.23	135.76	850.64	1464.90	58.07	97.05
2004	62.43	233.04	216.28	154.34	935.90	1654.97	56.55	96.80
2005	67.23	238.12	229.44	158.29	958.26	1710.40	56.03	96.55
2006	71.54	266.43	260.53	182.51	1027.73	1878.38	54.71	96.29
2007	97.47	339.87	320.00	215.29	1203.91	2272.51	52.98	95.78
2008	90.87	281.92	300.83	229.43	1261.53	2276.60	55.41	95.08
2009	56.12	209.24	220.80	159.10	1007.92	1743.25	57.82	94.83
2010	73.63	238.90	240.82	226.81	1067.52	1971.15	54.16	93.74
2011	90.24	254.05	265.02	245.01	1189.09	2180.94	54.52	93.69
2012	77.38	229.33	243.84	219.02	1039.74	1932.08	53.81	93.65
2013	89.74	239.70	254.31	245.05	1086.40	2045.04	53.12	93.65
2014	90.67	258.16	265.68	235.87	1093.65	2073.53	52.74	93.75
2015	76.61	223.10	241.61	204.70	935.46	1803.16	51.88	93.25

数据来源：http://faostat3.fao.org/download/F/FO/E。

2. 进口

欧盟 28 国林产品进口以原木、锯材、纸和纸板及人造板为主，其中，锯材与纸和纸板的进口量约为自身产出的一半；原木的进口则以工业用原木为主；人造板的进口主要集中在胶合板、碎料板与纤维板上。2000 -2015 年，进口量前 3 的原木、纸和纸板及锯材的进口额在林产品进口总额中的比重呈下降态势，最高达 73.54%（FAO，2016a）。同时，欧盟 28 国林产品进口受 2008 年全球经济危机的影响，绝大部分林产品进口量在 2008 年和 2009 年发生明显减少（表 3-91、表 3-92）。

我国对外主要地区林产品贸易及标准体系

表 3-91 2000－2015 年欧盟 28 国主要林产品进口量

年份	原木（万 m³）			锯材（万 m³）	人造板（万 m³）					纸和纸板（万 t）	木浆（万 t）
	小计	工业用原木	木质燃料		小计	单板	胶合板	碎料板	纤维板		
2000	5761.78	5618.62	143.15	4512.60	2130.39	98.74	526.51	945.49	659.65	4595.34	1633.13
2001	5859.61	5697.53	162.07	4178.20	2199.84	95.94	545.74	916.30	641.86	4523.55	1622.28
2002	5446.35	5260.85	185.51	4324.41	2321.48	103.09	550.64	942.73	725.01	4612.46	1685.60
2003	5480.97	5239.60	241.37	4406.20	2375.73	103.27	587.84	931.43	753.19	4873.63	1684.57
2004	5675.24	5428.05	247.19	4516.57	2611.21	110.28	643.68	1061.62	795.63	4947.24	1779.46
2005	6315.16	6055.18	259.98	4550.29	2693.03	128.63	632.53	1111.82	820.05	5151.47	1868.08
2006	6181.64	5867.34	314.30	4643.02	2865.86	118.87	689.57	1181.93	875.49	5370.55	1886.04
2007	6386.30	6106.65	279.65	5171.84	3361.06	152.66	777.30	1377.64	1053.46	5856.32	1860.60
2008	5707.86	5409.23	298.64	4149.60	3079.86	195.91	729.23	1276.69	863.29	5498.47	1859.64
2009	4095.64	3665.61	430.03	3300.01	2388.24	92.72	538.55	967.08	789.90	4941.69	1582.26
2010	5244.11	4844.53	399.58	3625.72	2645.12	105.47	604.97	1094.53	840.15	5219.33	1797.23
2011	5499.61	5031.92	467.69	3489.42	2698.96	109.74	659.31	1101.19	828.71	5147.21	1798.40
2012	5248.37	4750.21	498.16	3220.47	2584.79	102.21	603.20	1079.90	799.48	4871.52	1808.20
2013	5950.09	5389.03	561.06	3236.53	2664.59	106.50	603.87	1129.36	824.85	4885.19	1951.26
2014	6006.87	5448.71	558.15	3477.36	2824.55	112.72	647.01	1244.53	820.40	4971.26	1906.11
2015	5887.12	5420.39	466.74	3600.28	2845.96	115.92	673.27	1282.12	774.65	4974.61	1826.48

数据来源：http：//faostat3. fao. org/download/F/FO/E。

表 3-92 2000－2015 年欧盟 28 国主要林产品进口额（亿美元）

年份	原木	工业用原木	木质燃料	锯材	人造板	纤维板	胶合板	碎料板	单板	纸和纸板	木浆
2000	33.70	33.24	0.46	93.58	66.85	14.83	22.45	17.30	12.27	335.79	100.33
2001	31.24	30.67	0.56	81.46	65.50	14.79	22.15	17.08	11.48	329.12	79.57
2002	30.50	29.86	0.64	89.97	70.34	19.32	21.91	16.76	12.34	328.15	76.09
2003	35.73	34.79	0.95	105.04	85.45	24.71	25.78	20.12	14.84	394.18	85.84
2004	41.18	40.00	1.18	118.40	104.83	29.78	32.24	25.82	16.99	422.69	96.57
2005	43.68	42.50	1.19	120.12	110.70	31.02	33.94	28.29	17.45	429.27	101.33
2006	46.11	44.32	1.79	133.12	125.14	34.85	37.76	31.47	21.07	455.77	112.38
2007	61.36	59.47	1.89	171.80	152.72	43.07	46.33	41.11	22.22	548.37	131.42
2008	56.06	53.78	2.28	136.06	143.67	40.38	45.64	39.15	18.51	570.71	140.84
2009	33.30	30.40	2.79	97.50	102.33	34.32	28.51	27.58	11.92	455.27	92.63
2010	42.69	39.90	2.79	110.50	112.44	35.39	32.43	31.37	13.25	475.36	138.08
2011	50.82	46.98	3.84	116.12	125.31	38.12	37.81	35.12	14.24	525.03	145.38
2012	43.14	39.37	3.77	100.57	113.14	34.24	34.63	32.51	11.77	457.72	127.19
2013	50.39	46.00	4.39	101.93	116.93	35.85	35.37	34.33	11.39	475.67	139.00
2014	50.86	46.48	4.38	110.67	125.69	37.23	38.36	38.07	12.03	485.63	133.16
2015	42.15	38.80	3.63	96.78	113.08	33.28	35.08	33.49	11.22	418.49	120.72

数据来源：http：//faostat3. fao. org/download/F/FO/E。

3. 出口

欧盟 28 国林产品出口同样也以原木、锯材、人造板及纸和纸板为主，规模及价值量相对较大。原木虽出口量较大，但其出口额相较于其他林产品来说，就显得较小，甚至没有木浆的出口额大（FAO，2016a）。同时，原木中木质燃料的出口量在某些年份超越了其进口量,但总的来说,原木的出口量要小于其进口量,保持着原木贸易的逆差;锯材、人造板的出口量总体上呈增长态势,只是受 2008 年全球金融危机的影响,均有一定程度的下降;纸和纸板的出口很高,6 成左右的林产品出口份额归其所有(表 3-93、表 3-94)。

表 3-93　2000－2015 年欧盟 28 国主要林产品出口量

年份	原木(万 m³)			木片和碎料(万 m³)	锯材(万 m³)	人造板(万 m³)				纸和纸板(万 t)	木浆(万 t)
	小计	工业用原木	木质燃料			小计	胶合板	碎料板	纤维板		
2000	3557.00	3361.70	195.30	665.43	4622.54	2180.69	313.81	1075.26	728.36	5246.69	934.77
2001	3369.60	3150.97	218.63	613.79	4446.20	2235.11	320.73	1110.13	739.77	5029.86	947.14
2002	3248.44	3028.50	219.94	734.84	4684.09	2570.53	324.97	1220.04	959.93	5395.36	1007.12
2003	3392.77	3074.69	318.07	691.29	4792.40	2622.52	346.96	1264.67	946.25	5708.61	1060.58
2004	3408.45	3147.44	261.01	868.55	4957.32	2909.56	377.85	1413.20	1050.36	6133.82	1095.93
2005	3729.44	3449.03	280.41	913.94	5117.98	3018.76	366.99	1465.70	1111.17	6243.42	1073.96
2006	3666.14	3371.66	294.47	904.44	5278.62	3104.98	407.82	1589.78	1037.32	6388.22	1221.82
2007	3948.28	3667.32	280.96	1141.71	5435.98	3465.78	411.90	1664.54	1309.63	6768.43	1282.17
2008	3609.15	3332.28	276.87	1060.53	5289.07	3190.37	374.84	1745.50	992.73	6439.25	1216.57
2009	3146.66	2766.39	380.28	752.48	4369.39	2629.58	291.06	1252.58	1027.67	5817.78	1193.49
2010	3930.13	3476.24	453.88	917.10	4662.57	2900.42	330.05	1398.99	1109.85	6258.74	1179.01
2011	4383.92	3909.08	474.84	989.33	4788.79	2883.69	355.94	1397.44	1062.32	6251.90	1267.02
2012	4009.59	3513.04	496.55	822.45	4704.32	2945.65	352.96	1479.48	1045.45	6054.49	1300.18
2013	4517.95	3958.07	559.88	835.95	4832.35	3029.24	369.53	1500.19	1091.87	6120.92	1488.26
2014	4582.74	4024.43	558.32	829.30	5171.87	2997.43	394.10	1486.88	1042.45	6097.23	1444.12
2015	4340.02	3803.78	536.23	811.96	5187.04	3165.61	395.94	1528.22	1167.03	6166.33	1297.16

数据来源:http://faostat3.fao.org/download/F/FO/E。

表 3-94　2000－2015 年欧盟 28 国主要林产品出口额(亿美元)

年份	原木	工业用原木	木质燃料	锯材	人造板	纤维板	胶合板	碎料板	单板	纸和纸板	木浆
2000	18.70	18.21	0.49	83.53	64.60	19.16	15.90	20.85	8.68	400.03	55.52
2001	15.78	15.22	0.57	74.66	66.32	21.27	15.84	20.67	8.54	364.00	44.19
2002	15.17	14.51	0.66	83.55	75.65	27.55	16.44	22.27	9.39	384.17	42.55
2003	18.54	17.42	1.13	99.71	90.79	33.47	19.90	26.51	10.91	456.46	49.92
2004	21.25	20.13	1.12	114.64	111.46	39.77	24.27	34.72	12.70	513.21	57.77
2005	23.55	22.33	1.21	117.99	118.74	43.29	25.83	36.44	13.19	528.98	56.96
2006	25.42	23.83	1.59	133.31	135.39	48.72	29.77	42.30	14.61	571.96	70.13
2007	36.11	34.37	1.74	168.07	167.28	66.41	32.71	52.01	16.15	655.54	83.87
2008	34.81	32.83	1.98	145.85	157.15	56.57	32.37	53.15	15.07	690.82	88.59
2009	22.82	20.41	2.41	111.74	118.47	49.12	21.92	36.68	10.75	552.65	66.47
2010	30.94	28.12	2.81	128.40	128.38	51.68	23.54	42.75	10.41	592.16	88.73
2011	39.42	36.05	3.36	137.93	139.72	54.79	27.84	45.90	11.20	664.06	99.63
2012	34.24	31.03	3.21	128.76	130.70	51.48	25.29	44.00	9.92	582.02	91.82
2013	39.35	35.67	3.68	137.77	137.38	53.56	27.83	46.40	9.59	610.73	106.04
2014	39.80	36.06	3.75	147.50	139.99	52.38	30.66	46.72	10.23	608.02	102.71
2015	34.46	31.33	3.13	126.04	128.53	49.89	27.69	41.67	9.28	516.98	83.97

数据来源:http://faostat3.fao.org/download/F/FO/E。

4. 流向

从欧盟林产品贸易主要进、出口的来源国和目的地看，2011－2014 年的集中度比较高，进出口额位居 10 的国家名单及占比有所变化（表3-95）。除 2013 年的出口目的地第 5位是中国外，4 年中进出口前 5 位伙伴均是欧盟成员国（FAO，2016b），因此欧盟内部贸易占据绝对优势。

表3-95　2011－2014 年欧盟 28 国主要林产品贸易伙伴国及其贸易额（亿美元）

名次	出口		进口		出口		进口	
	目的地	金额	目的地	金额	目的地	金额	目的地	金额
	2011 年				2012 年			
1	德国	143.39	德国	145.47	德国	148.91	德国	129.04
2	法国	89.50	瑞典	115.96	法国	82.34	瑞典	109.02
3	英国	81.22	芬兰	75.52	英国	75.32	芬兰	71.41
4	意大利	80.17	法国	65.41	意大利	73.12	法国	58.38
5	荷兰	62.92	奥地利	58.76	荷兰	48.71	奥地利	52.06
6	中国	48.16	比利时	51.78	中国	42.25	比利时	42.86
7	西班牙	43.94	荷兰	42.16	比利时	37.81	荷兰	35.31
8	比利时	43.30	美国	36.51	西班牙	36.99	美国	33.22
9	波兰	42.19	西班牙	34.48	波兰	34.97	巴西	32.53
10	奥地利	37.59	意大利	32.03	土耳其	20.14	西班牙	32.11
合计		672.38		658.08		600.56		595.94
占比（%）		59.58		64.56		57.41		64.72
	2013 年				2014 年			
1	德国	120.97	瑞典	101.78	德国	145.02	比利时	132.56
2	法国	69.85	德国	101.36	英国	79.13	德国	129.41
3	英国	66.29	芬兰	68.59	法国	72.79	瑞典	103.72
4	意大利	62.30	奥地利	45.73	意大利	69.21	芬兰	72.64
5	中国	59.12	法国	43.92	荷兰	54.04	法国	51.70
6	荷兰	51.82	比利时	42.16	中国	46.52	奥地利	49.73
7	奥地利	36.08	荷兰	37.50	波兰	40.68	荷兰	36.93
8	比利时	35.46	西班牙	35.07	比利时	40.04	巴西	31.84
9	波兰	33.23	巴西	31.19	西班牙	36.82	西班牙	31.40
10	瑞士	15.01	美国	28.88	奥地利	35.88	美国	31.25
合计		550.13		536.18		620.13		671.18
占比（%）		50.94		56.70		56.38		69.01

数据来源：http：//faostat3.fao.org/download/F/FT/E。

（四）木家具贸易

2000－2015 年，欧盟 28 国木家具贸易额在 274.24 亿~576.95 亿美元，且在 2008 年木家具贸易额达到最大值（表3-96）；其中进口额由 113.77 亿美元增至 206.86 亿美元，出口额由 160.47 亿美元增至 247.81 亿美元，同时欧盟 28 国一直保持着木家具贸易的顺差（UN，2016）。

表 3-96　欧盟 28 国 2000－2015 年木家具贸易及年变化

年份	进出口贸易量(亿 kg)			进出口贸易额(亿美元)			年变化(%)	
	进口量	出口量	贸易量	进口量	出口量	贸易量	贸易量	贸易额
2000	45.76	53.55	99.31	113.77	160.47	274.24	—	—
2001	46.34	54.55	100.89	116.47	162.80	279.27	1.59	1.83
2002	49.58	55.77	105.35	127.21	172.26	299.47	4.42	7.23
2003	56.19	57.71	113.90	158.16	198.18	356.34	8.12	18.99
2004	68.27	63.99	132.26	190.57	227.13	417.70	16.12	17.22
2005	67.98	67.11	135.09	201.62	233.14	434.76	2.14	4.08
2006	70.16	69.89	140.05	215.05	248.64	463.69	3.67	6.65
2007	78.87	74.67	153.54	257.31	289.98	547.29	9.63	18.03
2008	78.95	70.99	149.94	272.35	304.60	576.95	－2.34	5.42
2009	71.07	61.52	132.59	220.33	240.67	461.00	－11.57	－20.10
2010	69.81	62.75	132.56	223.32	236.89	460.21	－0.02	－0.17
2011	69.55	63.46	133.01	229.92	264.55	494.47	0.34	7.44
2012	65.72	62.46	128.18	212.21	249.73	461.94	－3.63	－6.58
2013	64.41	64.83	129.24	215.09	266.19	481.28	0.83	4.19
2014	69.08	68.31	137.39	228.82	281.08	509.90	6.31	5.95
2015	69.33	69.92	139.25	206.86	247.81	454.67	1.35	－10.83

资料来源：http://comtrade.un.org/data/。木家具包括 940161、940169、940330、940340、940350、940360 六类。

2004 年欧盟把生态认证引入家具行业，认证标准要求家具中 70% 的实木、30% 的木质人造板必须经过独立认证。欧盟采用森林管理委员会(FSC)认证标准作为它的模式标准。

(五)技术性贸易壁垒的发展过程

欧盟作为最早认识到滥用和随意制定技术法规和标准可能会导致贸易壁垒的区域性组织，其技术性贸易壁垒(TBT)的产生与发展经历了 3 个阶段：

(1)20 世纪 60 年代到 70 年代初为产生阶段。早在 1962 年欧洲经济共同体(欧盟前身)就对食品中的着色剂作了定义和限定，后来欧共体的一些成员国又发现，由于成员国在技术法规、标准和合格评定程序上的差别已经影响到欧共体成员之间贸易的发展，同时也阻碍着欧洲共同体建立统一大市场蓝图的实施。因此，1969 年欧共体制定了《消除商品贸易中技术性壁垒的一般性纲领》，第一次提出了在国际贸易中制定限制技术性贸易壁垒的贸易规定。

(2)20 世纪 70 年代中期到统一大市场前是欧盟 TBT 发展时期。随着成员国环保意识，健康安全意识的提高，欧共体各成员国纷纷制定技术法规、环保法规。

1976 年 7 月 27 日，欧共体制定了针对消费者保护和人类健康的化学物品立法，该法令禁止或者进一步限制使用某些化学物品，如 PCBs 和 PCTs，并建立欧盟技术性贸易壁垒对中国的影响及对策研究专门机构。例如，建立有关的专门委员会，在杀虫剂的效果及对植物、人类、动物和环境的安全性方面，给欧洲执委会提供建议。

1978 年 6 月 26 日，又制定了危险制剂(杀虫剂)的分类、包装和标签法律的第 78/631

号指令。

1979 年 3 月和 1986－1994 年 4 月，欧共体分别参加东京回合、乌拉圭回合谈判。《东京回合》通过了《关于 TBT 协定草案》并于 1980 年 1 月生效。《乌拉圭回合》谈判又从内容、结构、准确性和可操作性等方面对 TBT 进行了进一步修改、补充和完善，正式定名为《TBT 协定》，同时签订了《实施卫生与植物卫生措施协定》(SPS)。

1985 年，欧共体发布了《关于技术协调过程和标准化的新方法》，改变了以往的做法。该办法规定，欧委会按照欧盟的法律程序发布指令，指令是对成员国有约束力的欧盟法律，各成员国需要制定相应的执行法令。指令的内容仅限于与卫生和安全有关的基本要求，只有涉及产品安全、工业安全、人体健康、消费者权益保护的内容时才制定相关的指令。技术标准的制定完全根据市场决定，可以采用国际标准，也可以采用欧洲标准、协会标准或行业标准，由厂商根据市场需要作出选择。

1990 年 7 月 29 日，欧共体制定了有关向环境中慎重排放转基因有机物的第 90/220 号指令，该指令于 1991 年 10 月 23 日生效，指令对所有的转基因微机物、植物和动物加入环境的全部过程实行申报制度，从小范围的温室到大范围的田地种植或销售。在这一期间欧盟做了一个研究报告，发现欧盟内部流通的商品由于技术壁垒带来的重复检验和认证，每年开支高达 1000 亿欧元，消除这些技术壁垒后每年可增加效益达 2000 亿～3000 亿欧元。

(3)20 世纪 90 年代到目前是欧盟 TBT 大力发展时期：这期间欧盟的 TBT 措施名目繁多。从产品角度看，不但包括初级产品，而且涉及所有的中间产品和制成品，产品的加工程度和技术水平越高，所受的制约和影响也越显著。从过程来看，涵盖了研究、开发、生产、加工、包装、运输、销售和消费整个产品的生命周期。例如，1993 年 1 月制定的欧盟海产品质量标准与法规，对所有从第三国进口到欧盟的海产品，不论是新鲜、冷冻、罐装、腌制、熏制品还是干货，其生产、加工、包装和储藏设施都必须经过严格的检验和检测；从涉及的领域看，已从有形商品领域扩大到金融、信息、投资、知识产权等服务领域，如信息技术壁垒(姚春花，2006)。欧盟的 TBT 表现形式越来越多，既涉及国际或区域性协议、国家法律、法令、规定、要求、指南、准则、程序等强制性的措施，也包括非政府组织等制定的资源性措施等方方面面。

(六)对中国木制品实施限制措施的案例

(1)1999 年，欧盟对中国出口到欧盟的木质包装采取紧急措施，具体要求为：出口木质包装不得带有树皮；不得有半径大于 1.5mm 的虫蛀洞；木质包装必须经过热处理。据当时的估算，仅此次紧急措施，影响了中国 70 多亿美元的对欧出口贸易。

(2)2006 年，厦门个别石材企业由于未在木质包装标签上加贴 IPPC 标志(检疫除害处理标志)，而导致德国方面先后烧毁了厦门口岸输出的 7 个批次货物的 233 件木质包装(厦门晚报，2006)。

(3)2006 年初到 2007 年 1 月近 13 个月的时间里，欧盟对中国木质包装发出的违规通报中，涉及佛山的违规通报达 27 次，共涉及 7 家佛山企业；输往德国的蝴蝶兰木包装缺少 IPPC 标识 1 次；输往希腊的木质托盘不符合木质包装要求 1 次；输往拉脱维亚的木质托盘不符合检疫要求 21 次。在违规通报后，或改变木质包装、或对欧盟进口企业给予赔偿,这给中国出口企业带来了严重影响(南方日报,2007)。

(4)2007年6月起,欧盟开始实施《关于化学品注册、评估、授权和限制制度》,中国家具制造行业作为直接应用化工产品的相关产业,受到冲击不可避免。

(5)2010年7月,欧盟的尽职调查法案要求中国林产品出口企业追踪其木材原材料的采伐源头,而要想增加木材原产地的说明,对国内一些小型木业企业来说程序繁琐而且成本高昂。但是如果没有提供木材原产地说明,出口林产品将被拒绝。

四、林产品技术性标准体系

欧盟林产品贸易技术标准属于欧盟环境规制中的一种。欧盟环境规制按照规制的作用范围大致可分为3类,分别为通用环境规制、产业环境规制、产品环境规制三个层次。通用环境规制是指环境标准适用于任何国家的任何标准;产业环境规制是指该标准适用于任何国家的某一类大产业或者跨产业的规制,是与产业相关的具有框架性质的法规;产品环境规制是指只适用于一种或者一小类产品的规制。具体来说,林产品贸易技术标准体系主要包括技术法规、标准与合格评定程序,产品检验、检疫制度,包装和标签要求,信息技术壁垒,绿色壁垒等内容。

(一)技术法规

欧共体的技术性贸易法规由欧委会提出法规草案。根据《欧共体条约》,只有欧委会才有立法建议权,欧盟理事会和欧洲议会拥有共同批准权。欧委会的立法建议由欧委会相关总司负责起草。这些立法建议由各主管业务总司草拟后,先经过内部会签协商程序形成欧委会的立法建议,再提交到理事会和欧洲议会审议批准。

欧共体有规则、指令、决议、建议和意见5种法律文件形式。规则是由欧共体部长理事会、欧洲议会和欧委会制定的法律文件,普遍适用性、全面约束力和在所有成员国内的直接适用性是基本特性,如《贸易壁垒规则》;指令在其所欲达到的目标上,对每个成员国均有约束力,但这些成员国对实现这些目标的方式与方法有选择权,其特征为:非全面约束力、仅适用于其所发至的成员国、通常是非直接适用,如新方法体系中的各个指令;决议仅对其收受者具有全面约束力,其收受者可以是欧共体成员国,也可以是欧共体成员国的自然人或法人,其基本特征是:特定的适用对象、对其特定适用对象的全面约束力、直接适用性。建议是理事会和欧委会对某种行为提出的建议,意见是欧委会和理事会对欧共体内或成员国内的一种情况或事实作出的评估,这2种文件可以使欧共体相关机构对成员国或公民提出一种没有约束力的立场,从而有利于问题的解决或事件向预定的方向发展。此外,理事会和欧洲议会也可以采纳决定,这也没有约束力,只是表明欧共体在特定领域所做的政治决心。例如,欧共体在建立单一市场的过程中,于1985年实施的新方法指令就是从理事会《关于技术协调和标准化的决定》开始推行的。

一般情况下,欧共体及其成员国的技术性法规多以规则和指令两种方式存在。其中,新方法指令和旧方法指令是主体。在1985年以前,欧共体已在食品、化品、机动车和药品等具有潜在危险的行业制定了大量的技术协调指令。有关林产品中,如涉及安全的指令主要包括:①通用产品安全指令(2001/95/EC):欧洲委员会于2002年1月15日发布,对软体家具的防火安全性能作了防火阻燃性要求,检测标准为EN 1021;②挥发性有机化合物指令(1999/13/EC):生产过程中所释放的一些挥发性有机化合物规定;③建筑产品安全指令(89/106/EEC):人造板中甲醛含量规定;④有害物质限制指令(76/769/EEC)及其一系列的修订和补充:产品所使用的油漆等物质中可能含有的限用物质进行了规定;⑤REACH法规(欧盟条例No 1907/2006和指令2006/121/EC):人造板、家具制造业作为化工产品的下游产业,在加工中所应用的胶粘剂、油漆等化工产品都受到REACH法规的约束。为弥补欧盟各国关于消费者安全保护方面法规的差异性,确保投入市场产品的安全性,2001年,欧盟对原有的通用产品安全指令(92/59/EEC)进行了修订,并通过了新的通用产品安全指令(2001/95/EC,简称GPSD指令)。该指令覆盖了除服务领域之外的众多消费品,不仅适用于新产品,也适用于二手产品。但是,指令不适用于已制定特定产品指令的那些产品,例如玩具。指令适用但不限于下列产品:服装、药品、个人用园艺用品、食品和饮料、家庭用品、婴幼儿用品、化学品和杀虫剂、消费者用烟花、机动车等。指令规定了对于产品的通用安全、制造商和经销商的责任等。主要内容包括通用安全要求、制造商和经销商的责任(商务部,2016)。欧盟经济发达,环保水平高,对木质林产品中的有毒有害物质如甲醛、五氯苯酚、砷、杂酚油、苯并芘、铅、有机挥发物(VOC)、汞等做出限量标准,以保护消费者的健康与生命安全(表3-97)。

表3-97 欧盟对木质林产品中有害物质限定的主要适用法规

主要适用法规	内容
89/106/EEC/指令	指令规定建筑产品只能在符合其预定用途的条件下方可投入市场,产品在防火安全、卫生、健康和环境、使用安全等方面要满足指令附录规定的基本要求。指令对木质品中的甲醛释放量设置限量标准,根据EN 13986进行检测
1996年欧盟标准委员会对人造板甲醛释放量的限定标准	将E1级提高到100 g板中不大于8 mg,E2级提高到100 g板中8~30 mg。E1级人造板可直接用于建筑和室内装修,E2级人造板必须经过专门处理,使其甲醛含量达到E1级后方可用于室内装修
欧盟2003年《关于限制经过砷防腐处材进入市场的指令》	指令规定自2004年6月30日起,输往欧盟的木材及木制品除CCA(加铬砷酸铜)外,不得使用其他含砷防腐剂。凡是使用CCA进行防腐处理的木材及木制品,在投放市场前需加贴标签"内含有砷,仅作为专业或工业用途"
欧盟2004年《关于化学品注册、评估、授权和限制制度》(简称REACH法规)	REACH法规2007年6月1日在欧盟正式生效,法规对产品(包括家具等木质品)中所包含的物质规定: (1)当某个进口商每年向欧盟进口的商品中某化学物质超过1 t,且该物质在正常和合理预见的情况下使用时会被有意释放,在该化学物质未被注册的情况下,进口商必须注册。 (2)商品的制造商和进口商必须通报"高度关注物质(SVHC)",即PBT(持久性、生物富集型和毒性)/vPvB(高度持久性和高度生物富集型)物质和CMR(致癌性、诱变性和生殖毒性)物质,在下述情况下必须告知:每年每位制造商/进口商物品包含物质总量超过1 t;物品包含物质重量浓度超过0.1%(W/W)。若制造商/进口商可避免使物品接触人体或环境,其无需告知,但是应当向物品接收者作出适当提示
《关于授予木制家具共同体生态标签标准的决议2009/894/EC》	涉及限制的物质包括氮丙环、聚氮丙环、五氯苯酚、甲醛、阻燃剂、有机锡化合物、重金属含量和杀菌剂等,并对纤维板和刨花板中的甲酸释放量设置限量标准

严格的技术标准和法规对出口国形成难以跨越的绿色贸易壁垒，如欧盟 1999/13/EC 指令对木质家具中的有机挥发物作出严格限定，并确定参考检测标准为 BEST PRACTICE GUIDE（欧盟家具制造联盟制定）。欧盟日益严格的技术标准对我国林产品出口构成重要威胁，以欧盟 REACH 法规为例，凡向欧盟销售产品的供应商，都可能受到影响。向欧盟提供家具、人造板等木质林产品的供应商，必须检查其产品是否含有欧盟"非常高度关注物质候选名单"上含有的危险物质，若有，则需要把资料传送给供应链上所有产品接收者。在欧盟销售或使用的化学品，必须预先注册。注册手续涉及庞大开支，并须就每一种化学物质制作注册档案。自 2011 年 6 月 1 日起，欧盟成员国内的产品供应商也需要就同样的危险物质负通报责任。家具、人造板等木质林产品在生产过程中必然使用化学物质，欧盟 REACH 法规的出台，严重冲击我国木质林产品的出口。

（二）欧盟木材及木制品规例

1. FLEGT 自愿伙伴协议

2003 年 5 月，欧盟委员会开始实施旨在解决木材非法采伐和相关贸易问题的欧盟森林执法、治理与贸易（FLEGT）行动计划，主要措施是在木材生产国和欧盟之间签署"自愿伙伴关系协议"（VPA），并帮助生产国建立起控制和许可程序，以确保只有 FLEGT 证书的合法木制品才能进入欧盟市场。2005 年年底，欧盟部长理事会出台了 2173/2005/EG 号条例，并于 2005 年 12 月 30 日生效。条例规定欧盟将与伙伴国在自愿的基础上签订木材合法采伐与贸易协定，协定签署国在向欧盟出口木材和木制品时必须附有木材合法采伐的证明。自 2006 年开始，欧盟已经和越来越多的国家进行谈判，并成功签署了多个 VPAs。

条例规定了木材及木制品许可管理目录。为便于管理和控制，条例确定了适合所有伙伴国的许可管理目录，即将海关编码第 44 章中下列木材及木制品纳入许可证管理范畴。4403：原木，不论是否去皮、去边材或粗锯成方形；4406：铁道及电车道枕木；4407：经纵锯、纵切、刨切或旋切的木材，不论是否刨平、砂光或指榫接合，厚度超过 6 mm；4408：饰面用单板（包括刨切积层木获得的单板）和制胶合板或类似多层板用单板以及其他经纵锯、刨切或旋切的木材，不论是否刨平、砂光、拼接或端部接合，厚度不超过 6 mm；4412：胶合板、单面饰板及类似多层板（商务部，2016）。由于许多产品并未被 FLEGT 规则所覆盖，如家具和其他待加工木制品或纸制品，这就有可能存在作为成型木材加工进行重新申报，进而规避 FLEGT 法规的限制。

2. 木材及木制品规例

2009 年 4 月 23 日，欧洲议会投票通过针对源自第三国的木材及木制产品的规例《木材及木制品规例》，比欧洲委员会原来提出的议案所载条文更为严厉。规例获得欧洲议会通过后，由欧盟理事会达成政治共识后实施。规例要求企业向欧盟提供木材来源地、国家及森林、木材体积和重量、原木供应商的名称和地址等证明木材来源合法性的基本资料，非法木材及木制品将受到严厉处罚（商务部，2016）。规例附件列出了受管制产品名单，包括：用于办公室、厨房、睡房、客饭厅的木制家具，木工（包括若干类木制饰板），各类木板，木画框、相框及镜框，各类木制包装（包括箱子、盒子）。

3. 欧盟木材法案

为了确保欧盟市场上所有木材产品的合法性，2010 年 10 月 12 日通过了一项旨在打击非法木材的"欧盟木材法案(EU Timber Regulation)",并于 2013 年 3 月 3 日开始实施(陈晓倩 等,2013),这是欧盟继 FLEGT 后在打击非法采伐和相关贸易方面的又一重大举措。目的是为进一步改善林业经营和采伐活动,阻止非法采伐木材进入欧盟市场。法案是一个强制性法规,适用于在欧盟内生产和进口的木材及木制品,包括实木制品、地板、胶合板、纸和纸浆,不涵盖回收产品、竹、藤、印制品(如书籍、杂志、报纸),与家具产品、室内装饰用木制品如木线条、地板、细木工制品等密切关联,家具及木制品制造商、零售商和进口商将面临新的严格要求;持有 FLEGT2 和 CITES3 许可证的木材及木制品均被认定为符合法案规定,可以畅通无阻进入欧盟市场,不符合规定的木材及木制品则被排斥在欧盟市场之外。

欧盟木材法案通过 3 项规定抑制非法木材的流通:①禁止将非法木材及含有此类木材的木制品投放欧盟市场;②要求将木制品首次投放欧盟市场的贸易商进行"尽职调查";③贸易商需保留关于其供货商和客户的文件及证明。

尽职调查的核心在于通过风险管理将向欧盟市场投放非法木材以及含有此类木材的木制品风险降到最低。法案对尽职调查的详细规定主要包括 3 部分内容(商务部,2016):①信息收集:运营商需获得关于产品描述、采伐国、数量、供货商以及遵守本国(采伐国)相关法律法规情况的信息;②风险评估:运营商应利用所收集的信息按照法案中要求的标准对非法木材进入供应链的风险进行评估;③风险规避:一旦发现风险的存在,应通过向供应商寻求进一步合法性证明来规避风险。

(二)协调标准

1985 年,欧盟理事会批准并发布了《关于技术协调和标准化新方法》文件规定,欧盟发布的指令是对成员国有约束力的法律,欧盟各国需制定相应的实施法规。指令内容仅限于卫生和安全的基本要求,只有涉及产品安全、工业安全、人体健康、消费者权益保护等内容时才制定相关指令。指令只规定基本要求,具体内容由基本技术标准规定。这些技术标准被称为"协调标准"。欧盟技术标准分为两个层次。一是欧洲标准,包括欧洲标准化委员会在内的欧洲区域标准化组织制定、发布的标准;二是各国标准,包括各成员国制定的标准以及各国行业协会、专业团体制定的标准。目前,这类标准有 10 多万项。标准是推荐性的,企业自愿执行,进口商也不一定要全部符合这些标准。但是,许多欧洲消费者喜欢符合这些标准的产品。因此,如果进口商品符合他们的标准,就会成为推荐商品的一个重要因素(商务部,2016)。在质量标准方面,欧盟规定进口商品必须符合 ISO 9000 国际质量标准体系。

欧盟市场林产品相关标准也很多,这里仅对我国出口量比较大的产品,如胶合板、木地板及家具的标准作简要说明。

1. 胶合板标准

欧盟是我国胶合板出口主要目标市场,其胶合板标准较多,代表性标准目录如表 3-98;包括胶合板的尺寸公差、外观要求、加工质量和主要理化性能指标等(表 3-99 至表 3-106)。

表 3-98 欧盟现行的胶合板标准目录

序号	分类	标准名称
1	BS EN 313-1-1996	胶合板的分类和术语-第1部分：分类 Plywood - Classification and terminology - Plywood - Classification and terminology - Classification
2	BS EN 313-2-2000	胶合板—分类和术语—术语 Plywood - Classification and terminology - Terminology
3	BS EN 314-1-2004	胶合板—胶合质量—试验方法 Plywood - Bonding quality - Test methods
4	BS EN 314-2-1993（R2002）	胶合板—胶合质量—要求 Plywood - Bonding quality - Requirements
5	BS EN 315-2000	胶合板—尺寸公差 Plywood - Tolerances for dimensions
6	BS EN 635-1-1995（R2002）	胶合板—按表观分类——一般规则 Plywood - Classification by surface appearance-General
7	BS EN 635-2-1995（R2002）	胶合板—按表观分类-硬木 Plywood - Classification by surface appearance - Hardwood
8	BS EN 635-3-1995（R2002）	胶合板—按表观分类—软木 Plywood - Classification by surface appearance - Softwood
9	BS EN 635-5-1999	胶合板 按表观分类 第5部分：评估和表达缺陷特征的方法 Plywood - Classification by surface appearance - Methods for measuring and expressing characteristics and defects
10	BS EN 636-2003	胶合板 规范 Plywood - Specifications

表 3-99 胶合板尺寸公差（除厚度公差外）

项目	公差	检测标准
含水率	$(10 \pm 2)\%$	EN 322
长和宽的名义尺寸	± 3.5 mm	EN 324-1
边缘直度	1 mm/m	EN 324-2
垂直度	1 mm/m	EN 324-2

注：参考标准 BS EN315：2000。

表 3-100 胶合板厚度公差（mm）

公称厚度(t)	未砂光板		砂光板	
	每张板内的厚度允差	厚度的允差	每张板内的厚度允差	厚度的允差
$3 \leqslant t \leqslant 12$	1	$+ (0.8 + 0.03\ t)$	0.6	$+ (0.2 + 0.03\ t)$
$12 < t \leqslant 25$	1.5	$- (0.4 + 0.03\ t)$		$- (0.4 + 0.03\ t)$
$25 < t \leqslant 30$				$+ (0.0 + 0.05\ t)$
	1.5		0.8	$- (0.4 + 0.05\ t)$
				$+ (0.2 + 0.03\ t)$
> 30				$- (0.4 + 0.03\ t)$
检测标准	EN 324-1			

注：参考标准 BS EN 315：2000。

表 3-101　阔叶材胶合板按木材外观特征分类

类别特征	外观等级				
	E	Ⅰ	Ⅱ	Ⅲ	Ⅳ
1 针节*	不存在	允许 3 个/m²	允许		
2 健全节	不存在	允许最大单个直径			允许，见注释
		15 mm，若累积直径不超过 30 mm/m²	35 mm	50 mm	
		活节只能有非常轻微裂缝	活节只能有轻微裂缝		
3 不健全或不粘着的节和节孔	不存在	允许最大单个直径			允许，见注释
		6 mm（若填补且不超过 2 个/m²）	不修补的 5 mm 以内，25 mm（若填补且不超过 3 个/m²）	40 mm	
4 裂缝　裂缝	不存在	允许若小于 1/10 板长	允许若小于 1/3 板长	允许若小于 1/3 板长	允许，见注释
		单个宽度不超过 3 mm	单个宽度不超过 5 mm	单个宽度不超过 20 mm	
		且板宽方向不超过 3 个/m			
		如果完全填补	不修补，或无限制若全填补		
无裂缝		允许			
5 虫孔、孔洞和寄生植物引起的异常	不允许	不允许	寄生植物痕迹不允许。允许的由昆虫和海生钻孔动物引起的虫孔大小范围		允许，见注释
			允许直径 3 mm 的垂直虫孔不超过 10 个/m²	允许宽 15 mm、长 60 mm 的虫孔不超过 3 个/m²	
6 夹皮		不允许	允许的最大宽度		允许，见注释
			若填补合适，为 5 mm	25 mm	
7 不规则木材结构	不存在	允许		允许	
		非常少	少		
8 木材变色		允许轻微变色		允许	
9 真菌引起的木材腐朽	不允许	不允许			
10 其他缺陷	不存在	按最类似缺陷考虑			

注：参考标准 BS EN 635-2。* 针节：直径不超过 3 mm 的健全活节。注释：不影响胶合板使用的木材外观特征是允许的。

表 3-102　阔叶材胶合板按加工缺陷分类

缺陷特征	外观等级				
	E	I	II	III	IV
1 裂缝	不允许	不允许	允许宽度		
			3 mm	5 mm	25 mm
			许可数量		
			1 个/m²	2 个/m²	没有限制
			裂缝宽度		
			宽度超过 1 mm 的需要封边处理	不需要封边处理	不需要封边处理
2 芯板叠离	不允许	不允许	许可数量为 1 个/m²，许可长度为 100 mm	许可数量为 2 个/m²	允许，见注释
3 鼓泡	不允许				
4 凹陷、压痕、鼓包		不允许	轻微允许	允许	
5 粗糙度		不允许	轻微允许	允许	
6 砂透		不允许		允许不超过	
				1% 板面	5% 板面，见注释
7 透胶		不允许	允许		
			轻微且少数	达到板材表面的 5%	允许，见注释
8 黑点		不允许	不允许出现炭化粒		
9 修补：a)补片；b)补条；c)有机填补	实际无缺陷	允许若适当加工且填补紧密数量			
		3 个/m²	6 个/m²	没有限制	
	不允许	不允许	在各等级允许的限度内许可	没有限制	
10 砂磨或锯切引起的板材边缘缺陷	实际无缺陷	许可范围			
		2 mm	5 mm	允许，见注释	
11 其他持征或缺陷		纵向			
		按最类似缺陷考虑			

注：参考标准 BS EN 635-2。注释：允许不影响胶合板使用的加工缺陷。

表 3-103　针叶材胶合板按木材外观特征分类(1)

品质分类	外观等级				
	E	I	II	III	IV
1 针节 *	不存在	3 个/m²	允许		
2 健全节	不存在	允许单个直径不超过			
		15 mm，累计不超过 30 mm/m²	50 mm	60 mm	允许，见注释
		活节只能有非常轻微裂缝	活节只能有轻微裂缝		
3 不健全或不粘着的节子及节孔	不存在	允许单个直径不超过			
		6 mm 若经修补，总数不超过 2 个/m²	5 mm 若不经修补，25 mm若经修补，总数不超过 6 个/m²	40 mm	允许，见注释
4 裂缝　裂缝	不存在	允许不超过			
		1/10 板长	1/3 板长	1/2 板长	不考核
		单个宽度不超过 3 mm	单个宽度不超过 10 mm	单个宽度不超过 15 mm	25 mm
		总数不超过 3 个/m 人造板厚度			
		如果经过适当的填补	所有大于 2 mm 的裂缝需经填补		不考核
无裂缝		允许			
5 虫孔、虫洞和寄生植物引起的异常	不允许	不允许	寄生植物的毁坏不允许，虫蚀、海生钻孔动物导致的虫孔允许		允许，见注释
			对于刨花板，垂直直径是 3 mm，总数最大是 10 个/m²	厚度最大不超过 15 mm，长度不超过 60 mm；总数最大是 3 个/m²	
6　树脂囊和夹皮	不允许	不允许	厚度最多允许		允许，见注释
			适当初涂的：6 mm	40 mm	
凸痕	不允许	不允许	允许轻微的	允许	
7 不规则的木材结构	不存在	允许			
		如果很微小	微小	允许	
8 木材变色		允许轻微变色			
9 真菌腐蚀，木材损坏	不允许	不允许			
10 其他缺陷	不存在	按最类似缺陷考虑			

注：参考标准 BS EN 635-3。* 针节：直径小于 3 mm 的健全节。注释：不影响胶合板使用的木材外观特征是允许的。

表 3-104　针叶材胶合板按工艺缺陷分类

缺陷种类	表面分级				
	E	I	II	III	IV
1 裂缝	不允许	不允许	允许厚度不超过		
			3 mm	10 mm	25 mm
			允许总数不超过 1 个/m	允许总数不超过 2 个/m	不限制
			裂缝宽度		
			填补，如果宽度超过 1 mm	不填补	不填补
2 芯板叠离		不允许	允许总数最多是 1 个/m², 长度最多是 100 mm	允许总数最多是 2 个/m²	允许，见注释
3 鼓泡		不允许			
4 凹陷、压痕、鼓包		不允许	允许轻微	允许	
5 粗糙度		不允许	允许轻微	允许	
6 砂透		不允许		允许不超过	
				1%	5%，见注释
				板面	
7 透胶		不允许	允许		允许，见注释
			如果是轻微的或是偶然的	不超过板面的 5%	
8 加工剩余物	不允许	不允许	不允许内含铝质书钉		
9 修补：a) 补片；b) 补条；c) 腻子	不存在	允许适当的修补和轻微填补，总数最多			
		5 个/m²	无限制		
	不允许	不允许	允许与其最相似的分类中所规定的限制		无限制
10 砂光和锯切导致的板边缺陷	不存在缺陷	允许距边缘2 mm 范围内	允许距边缘 5 mm 范围内		允许，见注释
11 其他缺陷		按最类似缺陷考虑			

注：参考标准 BS EN 635-3。注释：允许不影响胶合板使用的加工缺陷。

表 3-105　针叶材胶合板按木材外观特征分类（2）

品质种类		外观等级			
	E	I	II	III	IV
1 针节*		允许 3 个/m²	允许		
2 键全节	不存在	允许最大单个直径			
		15 mm，若累积直径不超过 30 mm/m²	35 mm	50 mm	允许，见注释
		活节只能有非常轻微裂缝	活节只能有轻微裂缝		
3 不健全或不粘着的节和节孔	不存在	允许单个最大直径			
		6 mm（若填补且不超过 2 个/m²）	不修补的 5 mm 以内，25 mm（若填补且不超过 3 个/m²）	40 mm	允许，见注释
4 裂缝　裂缝	不存在	允许若小于 1/10 板长	允许若小于 1/3 板长	允许若小于 1/3 板长	允许，见注释
		单个宽度不超过 3 mm	单个宽度不超过 5 mm	单个宽度不超过 20 mm	
			且板宽方向不超过 3 个/m		
		如果完全填补	不填补，或者无限制若全填补		
无裂缝		允许			
5 虫孔、孔洞和寄生植物引起的异常	不允许	不允许	寄生植物痕迹不允许。允许的由昆虫和海生钻孔动物引起的虫孔大小范围		允许，见注释
			允许直径 3 mm 的垂直虫孔不超过 10 个/m²	允许宽 15 mm、长 60 mm 的虫孔不超过 3 个/m²	
6 夹皮		不允许	允许的最大宽度		允许，见注释
			若填补合适，为 5 mm	25 mm	
7 不规则木材结构	不存在	允许			
		非常少	少		
8 木材变色		允许轻微变色	允许		
9 真菌引起的木材腐朽	不允许	不允许			
10 其他缺陷	不存在	按最类似缺陷考虑			

注：参考标准 BS EN 635-2。*针节：直径不超过 3 mm 的健全活节。注释：不影响胶合板使用的木材外观特征是允许的。

表 3-106　胶合板胶合强度测定的预处理方法

类别	分类标准	胶合板胶合强度测定的预处理方法			
I	干燥条件。适用于正常的室内条件		在沸水中浸泡 6 h，接着在 20±3℃的水中冷却至少 1 h，把试样的温度降到 20℃		
II	潮湿条件。适用于受保护的应用	浸没在 20±3℃的水中 24 h			
III	室外条件。为长期暴露在室外天气条件下而设计的			在沸水中浸没 4 h，然后在 60±3℃鼓风干燥箱干燥中 16~20 h，之后在 20±3℃的水中冷却至少 1 h 以把试样的温度降到 20℃	在沸水中浸泡 72±1 h，之后在 20±3℃的水中冷却至少 1 h，以把试样的温度降到 20℃

注：参考 EN314-2、EN636：2000。

对于上述三个类别的胶合强度标准，每个胶缝应该满足平均剪切强度和平均木材破坏率关系的要求，同时在生物耐久性方面也作为规定(表 3-107)。

表 3-107　主要理化性能(平均剪切强度、平均木材破坏率、生物耐久性)要求与检测方法

项目	平均剪切强度 fv(N/mm^2)	平均木材破坏率 w(%)	生物耐久性
要求	$0.2 \leqslant fv < 0.4$ $0.4 \leqslant fv < 0.6$ $0.6 \leqslant fv < 1.0$ $1.0 \leqslant fv$	≥80 ≥60 ≥40 没有要求	
检测方法	把试件两端夹紧于试验机的夹具中，使成一条直线，试件中心应通过试验机活动夹具的轴线。假如滑移发生，只允许发生在加载的初期。夹持部位与试件槽口的距离应在 5 mm 范围内。以等速对试件加荷至破坏，使得破坏在 30 ± 10s 内发生。记下最大破坏载荷，精确到 1N。剪切强度按下式计算：$fv = F/(l \times b)$；式中：F 为最大破坏载荷(N)；l 为剪断面长度(mm)；b 为剪断面宽度(mm)；剪切强度应精确到 0.01N/mm^2，并计算标准差	木材破坏应该发生在木材中，或者锯切口之间的胶缝中，即剪切区域。当破坏发生在试验区之外，或者如果在 50% 或者更多的单板表面内发生逆纹理的破坏，则应以 10 mm 的剪切长度重新做测试。应该排除由于减少强度的瑕疵存在而导致的破坏。应该剔除带有此类缺陷的试样，如果剔除的试样数量超过 20%，则有必要重新取样。如果重新取样也不行，则这批胶合板应该舍弃	适应主流气候环境。EN 335-3 规定了冲击风险

注：参考标准 EN 314-1、EN 314-2。

2. 木地板标准

欧盟木地板标准较多，这里仅以浸渍纸层压地板为例。欧盟的浸渍纸层压地板标准 BS EN 13329：2000，主要包括分类等级要求和使用程度、一般要求、抗冲击等级、附加的要求条件。具体见表 3-108 至表 3-111。

表 3-108　分类等级要求和使用程度

等级	使用程度						测试方法
	住宅用			商业用			
	轻 21	一般 22	重 23	轻 31	一般 32	重 33	
表面耐磨	≥900 转	≥1800 转	≥2500 转	≥4000 转	≥6000 转		EN 13329 附录 E
抗冲击	IC1			IC2	IC3		EN 13329 附录 F
耐污染	4，(组 1、2) 3，(组 3)	5，(组 1 和组 2)4，(组 3)					EN 438
表面耐香烟灼烧	4						EN 438
家具腿的影响	采用 O 类家具腿测试时，没有明显的磨损						EN 424
轮椅的影响	采用 EN 12529：1998 定义的转椅的单轮测试时，根据 EN 425 所要求的没有改变或损坏						EN 425
厚度膨胀	≤20.0%			≤18.0%			EN 13329 附录 G

表 3-109　浸渍纸层压地板一般要求

特征	要求条件	检测方法
厚度偏差 t	公称厚度 tn 与平均厚度 ta 之差绝对值≤0.50 mm 厚度最大值 t_{max} 与最小值 t_{min} 之差≤0.50 mm	EN 13329 附录 A
层面净长偏差 l	公称长度 ln≤1500 mm 时，ln 与每个测量值 lm 之差绝对值≤0.5 mm； 公称长度 ln>1500 mm 时，ln 与每个测量值 lm 之差绝对值≤0.3 mm	EN 13329 附录 A
层面净宽偏差 W	公称宽度 Wn 与平均宽度 Wa 之差绝对值≤0.10 mm 宽度最大值 W_{max} 与最小值 W_{min} 之差≤0.20 mm	EN 13329 附录 A
正方形构件的长度和宽度偏差 L＝W	公称长度 ln 与平均长度 la 之差绝对值≤0.10 mm 公称宽度 Wn 与平均宽度 Wa 之差绝对值≤0.10 mm 长度最大值 L_{max} 与最小值 L_{min} 之差≤0.20 mm 宽度最大值 W_{max} 与最小值 W_{min} 之差≤0.20 mm	EN 13329 附录 A
直角度 q	q_{max}≤0.20 mm	EN 13329 附录 A
边缘不直度 S	S_{max}≤0.30 mm/m	EN 13329 附录 A
翘曲度 f	宽度方向凹翘曲度 fw≤0.15%，凸翘曲度 fw≤0.20% 长度方向凹翘曲度 fw≤0.50%，凸翘曲度 fw≤1.00%	EN 13329 附录 A
拼装离缝 O	拼装离缝平均值 Oa≤0.15 mm 拼装离缝最大值 O_{max}≤0.20 mm	EN 13329 附录 B
拼装高度差 h	拼装高度差平均值 ha≤0.10 mm 拼装高度差最大值 h_{max}≤0.15 mm	EN 13329 附录 B
在相对湿度改变时尺寸的稳定性 δl，δw	δl 平均≤0.9 mm；δw 平均≤0.9 mm	EN 13329 附录 C
光色牢固度	蓝色度，B02 部分，不低于 6	ENISO 105
	灰色度，A02 部分，不低于 4	EN 20105
边缘抗性	无明显的变化，用直径 11.30 mm 的直钢柱测试的缺口≤0.01 mm	EN 433
表面结合强度	≥1.00 N/mm^2	EN 13329 附录 D

表 3-110　抗冲击等级

抗冲击等级	大径球测试(mm)				
	≥800	≥1000	≥1200	≥1400	≥1600
小径球测试(N)	≥8	None			
	≥10	IC 1			
	≥12				
	≥15		IC 2		
	≥20			IC 3	

表 3-111　附加要求(当有特殊用途时)

特征	要求	测试方法
含水率	4%~10%，任一批要求 H_{max}－H_{min}≤3%	EN 322
外表、表面残缺	按照 EN 438 规定的最小表面残缺	EN 438

3．家具标准（办公桌）

家具分类和品种较多，欧盟家具标准体系较为完善，包括办公家具、户外、野营、家用家具等多类标准；这里仅以办公桌为例，办公桌标准包括 EN 527-1、EN 527-2 与 EN 527-3，见表 3-112。

表 3-112　办公家具 – 办公桌标准

序号	分类	标准名称
1	EN 527-1-2011	办公室家具 – 桌和椅 第 1 部分 尺寸
2	EN 527-2-2002	办公室家具 – 桌和椅 第 2 部分 安全要求
3	EN 527-3-2003	办公室家具 – 桌和椅 第 3 部分 结构的稳定性与机械强度的测试方法

这 3 项标准，分别对办公桌的尺寸、机械安全性要求及测试方法进行了规定，具体见表 3-113 和表 3-114。

表 3-113　办公家具 – 办公桌尺寸要求

项目	要求
工作台面的大小	有不少于 0.96 m² 的使用面积，提供足够的宽度以满足功能性要求，提供足够的前边的宽度以支撑使用者上部身体。使用者只有一张长方形工作台面的办公桌，最小尺寸应不少于 1200 mm×800 mm（宽×长）。建议尺寸为 1600 mm×800 mm（宽×长）。长与宽应是 100 mm 的整数倍
工作台面的高度	从前边测量：固定高度的办公桌，700 ±15 mm；高度可调整的办公桌，在 680～760 mm 内调整
伸腿空间	应提供给使用者工作台面下地面的大小，宽：不少于 600 mm 的空间；深度：不少于 600 mm 的空间；高度：不少于 650 mm；不同的位置测量的高度可以不同：距工作台面前边 200 mm 处测量为 620 mm，距工作台面前边 450 mm 处测量为 550 mm，距工作台面前边 600 mm 处测量为 120 mm

注：参考 EN 527-1。

（三）有害物质限制使用规定

目前，国际上对人造板有毒有害物质的限量要求已涵盖甲醛、砷、有机挥发物、杂酚油、乙醛、苯酚、铅、铬、汞、镉、杀虫剂等项目，远远超出当前我国国家标准规定的项目范围，是对我国人造板产业产生实质损害的潜在因素。

欧盟于 2007 年 6 月起开始实施《关于化学品注册、评估、授权和限制制度》。2009 年 12 月 7 日，欧盟委员会公布了欧盟生态标准，至少包含 90% 的木材原料产品。该标准禁止木制家具中卤化有机黏合剂、氮丙啶、聚吖丙啶、色素和重金属添加剂以及阻燃添加剂的使用；同时，欧盟还对纤维板、木屑板以及一些限制性物质的甲醇排放量设立了限制。欧盟对甲醛、有机挥发物、砷、杂酚油等提出了安全环保要求，其适用法规及检测标准目录列于表 3-115 中。

表 3-114　办公家具(办公桌)机械安全性要求及测试方法

项目		测试条件	要求
稳定性	垂直加载稳定性	在最不稳定的桌边中心,距桌边向内 50 mm 桌面处垂直向下施加 750 N 的力	卸载后,不能翻倒
	打开抽屉状态下桌子的稳定性	a. 桌子中的抽屉没有内锁:打开所有的抽屉,不使抽屉掉下来的情况下 b. 桌子中的抽屉有内锁:打开最大的抽屉,或者是最可能使桌子翻转的抽屉,使之不掉下来抽屉应该开到本身能够允许的最大程度。在桌子的前面的中心,距边缘 50 mm 处,施加一个 200 N 的垂直力	
桌面垂直静载荷		垂直向下施一个 1000 N 的力,重复 10 次。每次加力应保持在 10±2 s	
桌面水平静载荷		施加一个 450 N 水平方向的力,且从短边的中心处开始反复的测量。从一个短边到另一个短边代表一次。试验要进行 10 次。每次加力应保持在不低于 10 s 的状态	
桌面水平耐久性试验		借助于产生水平力的仪器,在距桌面顶端边缘 50 mm 的合适的棱角处,施加一个 300 N 的水平方向的力。所施加的力的变化范围在 0~300 N。如果在桌子顶端放置的 100 kg 的块状物体,有使桌子翻倒的趋势,那么减小那个方向所施加的力,直至桌子平稳	任何零部件结合处不允许出现开裂;结合部位不允许出现松动;主结构不允许有严重变形;卸载后,桌子恢复原状;调整螺丝使桌子功能达到最佳
垂直耐久性试验		在最可能导致桌子翻到的顶端位置上,借助于距桌顶边缘 100 mm 处的一个填充垫,施加一个 400 N 的垂直力。施力要持续至少 2 s,第二次施力与前一次之间至少相隔 2 s 以上。以每分钟不多于 10 次的速度,测试 10000 次	
桌腿跌落试验		施加一个竖直向上足够大的力,使其在桌子的纵向中心线的边缘处可以提起桌子,测量这个力的大小。根据这个力的大小,确定桌子下落的高度。按桌子下落的高度,在边缘处将它提起,保证桌子的两条腿处于水平线上,让桌子以自由落体的形式掉在地面上。重复检测 5 次。在桌子的另一端重复检测 5 次	

注:参考 EN 527-1、EN 527-2 和 EN 527-3。

表 3-115　欧盟对木制品的安全环保要求

产品类别	环保要求	适用法规	参考检测标准
木制品家具	甲醛、有机挥发物	89/106/EEC、93/68/EEC、CE 标签要求	EN 13986
木制品家具	砷、有机挥发物等	89/654/EEC、2003/02/EC	BS 5666:3
木制品家具	杂酚油(苯并芘含量)	76/769/EEC、2001/90/EC	BS EN 1014
家具	有机挥发物	1999/13/EC	BEST PRACTICE GUIDE(欧盟家具制造联盟制定)
铺地物	挥发性有机化合物	CEN/TC	PreEN 15052

欧盟因砷可致癌而对其使用严加限制。自 2004 年 6 月 30 日起,为保障人类健康和水生环境,欧盟各成员国将全面执行 2003/02/EC 指令,收紧对销售和使用化学品砷的现行

管制。砷是一种有毒化学物，通常被用于防腐，特别是亚砷酸钠或偏亚砷酸钠常用作木材产品的防腐剂。欧盟的一些国家对其限制使用由来已久：在原联邦德国和法国，因其化学性质不稳定，能产生挥发性有毒气体（如砷化氢等），明令禁作室内防腐剂。1976年，欧盟出台法令，对欧盟范围内砷化物的使用进行限制。此次将要执行的2003/02/EC指令，是对1976年的76/769/EEC法令的修订。其主要内容是对含砷防腐剂处理木材及木制品进行更加严格的规范。

2003/02/EC指令的七大具体要求：①输往欧盟的木材及木制品在进行防腐处理时，除CCA（加铬砷酸铜，性质比较稳定）外，不得使用其他含砷防腐剂。但对CCA的使用，指令仍进行明确的限定。②凡用CCA进行防腐处理的木材及木制品，无论出于何种目的，都不得在任何存在有皮肤反复接触风险的地方或海水里应用，也不得用作居家的结构材料或其他人类与动物可能立刻接触到的产品。③经CCA防腐处理的木材及木制品，在防腐液未完全挥发前不应投放市场。④投放市场时还应标注："含砷，仅限于特殊用途"，而且要在包装上醒目提示"当对这些木材进行处理时，带上手套"。⑤锯或雕刻这些木材时，带上口罩和眼罩。⑥这些木材的废料应该作为危险品由有资质的机构处理"。⑦对防腐工艺进行限制，要求木材及木制品用CCA进行防腐时必须在特制的密闭罐内用加压浸注法处理。

1. 甲醛释放量

欧盟理事会1988年12月21日通过了关于使各成员国有关建筑产品的法律、法规和行政条款趋于一致的89/106/EEC指令，本指令经1993年7月22日的93/68/EEC指令修订。指令指出建筑产品只能在其符合预定用途的条件下方可投入市场。为此，它们在安装到工程中之后必须在机械强度的稳定性、防火安全、卫生、健康和环境、使用安全等方面满足指令附录规定的基本要求。

1996年欧盟标准化委员会提高了人造板甲醛释放量的要求，将E1级提高到100g板中不大于8mg，E2级提高到100g板中8~30mg。E1级人造板可直接用于建筑和室内装修，E2级人造板必须经过专门处理后使其甲醛含量达到E1级后方可用于室内装修（商务部，2016）。对人造板甲醛的要求具体规定参考EN 13986，检测标准为EN 120、ENV 717-1，具体要求见表3-116。

2. 有机挥发物

基于1976年欧盟合作行动（European Collaboration Action）第18号报告，由英国标准协会（BSI）的CEN/TC 134弹性铺地物、纺织铺地物和层压板铺地物技术委员会制定了prEN TC 134N 1113文件，对弹性铺地物、纺织铺地物和层压板铺地物含有的易挥发有机化合物（VOC）提出了要求，后来被国际标准化组织采用，成为ISO/TC 219N135标准，具体要求见表3-117。

3. 砷、重金属

2003年1月6日欧盟委员会发布了2003/02/EC指令，检测标准为BS 5666：3-1991。指令明确了自2004年6月30日起，欧盟强制实施这项环保指令。该指令是对76/769/EEC指令所作的第10次修改，是对76/769/EEC指令中第20条进行修改，规定凡是用CCA进行防腐处理的木材及木制品，在投放市场前，需加贴标签"内含有砷，仅作为专业或工业用途"。

表 3-116　欧盟对甲醛释放量的要求

		建筑板材产品	
		无覆面的 刨花板 定向刨花板 中密度纤维板	无覆面的 胶合板 实木板	涂层或贴面的 刨花板、定向刨花 板、中密度纤维 板、胶合板、实木 板、湿处理纤维板

		E1 级甲醛	
首次型式 检验	测试方法	ENV 717-1	
	要求	释放量≤0.124 mg/m³	
工厂生产 控制	测试方法	EN 120	EN 717-2
	要求	绝干板 释放量≤8 mg/100 g	释放量≤3.5 mg/(m²·h) 或≤5 mg/(m²·h)(生产后 3 天内)

		E2 级甲醛	
首次型 式检验	或者	测试方法	ENV 717-1	
		要求	释放量≥0.124 mg/m³	
	或者	测试方法	EN 120	EN 717-2
		要求	绝干板 8 mg/100 g<释放量 ≤30 mg/100 g	3.5 mg/(m²·h)<释放量≤8 mg/(m²·h) 或 5 mg/(m²·h)<释放量≤12 mg/(m²·h)(生产后 3 天内)
工厂生 产控制		测试方法	EN 120	ENV 717-2
		要求	绝干板 8 mg/100<释放量 ≤30 mg/100 g	3.5 mg/(m²·h)≤释放量≤8 mg/(m²·h) 或 5 mg/(m²·h)≤释放量≤12 mg/(m²·h)(生产后 3 天内)

注：参考 EN 13986。

表 3-117　弹性铺地物与纺织铺地物和层压板铺地物应当满足的技术要求

特性	在排放检测舱或检测盒中有机挥发物 （VOC）	试验方法
在 3 天之后		
所有致癌化合物总和，见附录2(1)	≤10 μg/m³	EN 13419 的第 1、2 和 3 部分
TVOC 3	≤10000 μg/m³	ISO 16000-6
作为信息，报告所有的未识别的化合物总和的相当于甲苯(TOLUENE)的浓度		
根据 ISO 16000-6.2 中，为极易挥发有机化合物（VVOC）和半易挥发有机化合物（SVOC）规定的公式，按照 ISO 16000-6.2 中所述的方法，作为信息，分别报告与甲苯相当的浓度		
在 28 天之后		
TVOC 28	≤1000 μg/m³	EN 13419 的第 1、2 和 3 部分
所有致癌化合物总和，见附录2(1)	≤2 μg/m³	ISO 16000-6
所有的可评价的化合物的 C_i/总和，见附录2(2)	≤1 μg/m³	
作为信息，报告所有无法评价的化合物（及未知的 LCI i)总和相当于甲苯(TOLUENE)的浓度		
根据 ISO 16000-6.2 中，为极易挥发有机化合物（VVOC）和半易挥发有机化合物（SVOC）规定的公式，按照 ISO 16000-6.2 中所述的方法，作为信息，分别报告与甲苯相当的浓度		

注：参考 ISO/TC 219N 135。

另外，在包装上也应该加贴标签"在搬运这些木料时，请戴上手套；在切削这些木料时，请戴上口罩并保护眼睛，这些木材的废料应作为危险性废料，经过授权后进行适当处理"；经过防腐处理的木材，不得使用在如下方面：无论何种用途的家用木制品；任何可能存在皮肤接触风险的设备；农业上用于牲畜的围栏；在海水中；防腐处理过的木材可能接触到人畜使用的木制品或其半成品（商务部，2016）。

4. 五氯苯酚

五氯苯酚是一种防腐剂，20 世纪 90 年代以前曾被广泛应用。由于残留在木制品内的五氯苯酚在存放过程中有可能转变为对人体有害的二恶英，因而很多国家禁止使用五氯苯酚。欧盟规定人造板中五氯苯酚的含量正常范围应小于 5mg/kg，参考标准为 EN 13986。

5. 溴甲烷

欧盟于 2009 年 9 月颁布了 1005/2009 号指令，规定从 2010 年 1 月 1 日起，禁止含有溴甲烷成分的木质包装进入欧盟。

五、认证制度及体系

近年来，认证逐渐成为发达国家实施贸易保护的重要工具。尽管相当部分的产品认证属于自愿性质，但越来越多的国家对进口产品提出认证要求，使其具有强制性质。欧盟的各种认证制度及体系比较多，这里主要介绍生态标签制度、检验检疫制度、CE 认证制度、森林认证体系和社会责任认证体系。这些认证都对我国林产品出口产生了深远影响。

（一）生态标签制度

出于环境和商业考虑，1992 年欧盟颁布 1992/800/EEC 条例出台了生态标签（Eco-label）体系，用于鼓励欧洲消费者对"绿色产品"的消费，并对除食品、饮料、药品和医疗设备之外的所有产品和旅游住宿服务业进行生态标签体系认证；2000 年通过 2000/1980/EC 条例又做了进一步修改补充，允许贸易商及零售商可为自己品牌的商品申请生态标签。基于广泛的持续征询意见，2005 年、2006 年和 2007 年生态标签体系方案陆续得到修订和完善（李婷，2008）。2009 年，欧盟制定了"关于授予木制家具生态标签标准的决议"（2009/894/EC）；2010 年，又通过了"关于建立对木地板覆面授予欧盟生态标签标准的决议"（2010/18/EC），将木家具和木地板纳入生态标签制度。

1. 产品标识

欧盟生态标签是指在商品包装上印制的绿色花朵标识（图 3-2），标签图案由一朵绿色小花呈现，又称"欧洲之花"或"花朵标志"；加贴欧盟生态标签的产品被称为"贴花产品"，表明本产品已达到欧盟特定的环保标准，对人类健康和生态系统无危害或危害极小，同时被欧盟委员会许可使用生态标签。

2. 重要作用

欧盟提出生态标签是为了减少木制品对环境和人类健康的影响，特别是推动资源可持续利用、减少有毒有害物质的使用和排放、强调产品的耐久性。作为一种自愿性产品标签体系，

图 3-2　生态标签：花朵标识

生态标签的使用及申请价格不菲，标准也较为严格，既是一个门槛较高的"绿色壁垒"，又

是欧盟可持续消费和生产行动计划的重要组成部分。

产品"绿色化"是国际消费品市场发展的潮流。虽然生态标签标准的设置并不意味着欧盟市场禁止非"贴花产品"的进入，事实上，只要产品符合欧盟现行的健康、安全及环保标准即可进入欧盟市场，但如果企业获得生态标签，则有助于企业提高产品档次而赢得更广泛的客户群（国家林业局林产品贸易研究中心，2010），并为产品畅行欧洲市场提供了保证。

同时，欧盟出台了一项《政府采购应符合生态标准》的指南，鼓励政府带头采购并使用"绿色产品"。如：2004 年希腊雅典奥运村室内用漆全部都是加贴"生态标签"的产品。目前，欧盟生态标签体系已在欧盟成员国境内统一实施，影响力越来越大，成为欧盟重要的新贸易政策工具之一；生态标签通过市场机制，同时刺激绿色产品的供求和影响产品的竞争条件，也已成为产品畅销"大欧洲"的通行证（胡玉华等，2011）。生态标签是林产品进入欧盟市场的必备条件之一，主要涉及木材及木质材料的来源和木制家具产品表面处理标准、VOC 限量标准及产品包装标签规定，我国出口欧盟的木家具、木地板等林产品受到实质性阻碍（丛磊，2013）。

3. 适用标准

生态标签制度根据不同产品分别制定了各自适用的标准，表示该产品不仅质量符合标准，而且生产、使用和处理过程都符合环保要求。欧盟生态标签体系涉及 12 大类、31 小类、1.7 万多种产品，对每一种产品的生态标签申请设置了严格的技术标准要求并构成欧盟生态标签标准体系。对林产品而言，欧盟生态标签覆盖了木制家具和纸制品两大类。其中，木制家具生态标签标准由欧盟委员会 2009/894/EC 号决议批准，规定在木制家具的加工过程中禁止使用含有有机卤化物黏合剂，氮丙环、聚氮丙环、含有重金属的染料和添加剂，以及添加阻燃剂，并对纤维板和刨花板中的甲醛排放限值进行了限制，要求涵盖了邻苯二甲酸盐在内的某些物质必须达到 R 级（EUROPA，2014）；并经 2013/295/EU 号决议将其有效期延至 2014 年 12 年 31 日，旨在减少木制家具的使用对环境和人体健康的影响。

4. 相关发展

2000 年，欧盟在生态标签补充条例中规定，各成员国可以制订和使用本国生态标签体系，但产品的选择标准、生态标准应与欧盟生态标签体系保持一致；欧盟的生态标签在这些国家内同样适用。受到影响的主要有德国的 Oeko-Tex100、Tox-Proof、Eco-Tex，北欧的"白天鹅"标志等。但是，德国为了标榜自己在环保方面的先锋地位，其"蓝天使"标签所涵盖的产品种类远多于欧盟生态标签所涵盖的产品。从这一点上看，德国已成为欧盟环保标准制定的先锋和试点（商务部，2016）。某产品的环保标准一旦在德国制定并执行，极有可能被欧盟所采纳并在之后推广。

如果企业已经获得 ISO 14001 认证或欧盟生态管理及审计体系（EMAS）认证，则该企业产品更易申请到欧盟生态标签，并且还可以获得 25% 的标签使用费用的减免。ISO 14001 与 EMAS 侧重于对企业生产的环保要求，而生态标签则关注于企业某一特定产品的环保标准。

（二）检验检疫制度

在国际林产品贸易中，木质包装作为国际贸易中使用最为频繁的包装材料，有效保障了商品运输的安全和便捷；但兼具植物产品和进出口商品载体双重身份的木质包装，也是有害生物传播和扩散的载体，木质包装中往往可能携带病虫害，给进口国带来潜在的危害，因而各国政府存在严格的卫生检验检疫制度。

《卫生与植物检疫措施协议》规定，在非歧视原则下以及不对国际贸易构成变相限制的条件下，各缔约方有权采取 SPS 措施以保护国内人民、动植物的生命或健康安全，如防止食品和饮料中的污染物、毒素、添加剂以及外来动植物病虫害传入的危害（丛磊，2013）。然而，关键的问题是，SPS 措施条款内容过于模糊，具有宽泛的弹性空间，对缔约国采取的检验检疫措施约束力不强，发达国家大多利用 SPS 协议的漏洞，利用先进的技术，制定高于国际标准的卫生检验检疫措施，在最终产品标准、检测、检验、出证和审批批准程序、产品包装等方面对进口国提出种种苛刻要求，增加出口产品成本，从而达到限制进口的目的。

欧盟对来自中国、东南亚等国家产品的木制托盘和木质包装箱提出需要经过熏蒸灭菌处理方可允许进口的要求。1999 年，欧盟对中国出口到欧盟产品的木质包装采取紧急措施，实施新的检验检疫标准。

（三）欧盟市场合格评定程序（CE 认证）

CE（Communate Europpene，法语，欧洲共同体）认证是欧盟从 1985 年开始推行和实施的一种产品安全认证制度，是欧盟统一市场、消除各国之间贸易壁垒的重要举措。欧盟 CE 认证属强制性认证，不论是欧盟内部企业生产的产品，还是其他国家生产的产品，要想在欧盟市场上自由流通，就必须通过 CE 认证，在产品显要位置上加贴 CE 标志（图 3-3），以表明产品已通过相应的安全合格评定程序，符合欧盟《技术协调与标准化新方法》指令的基本要求；CE 标志最低高度不得少于 5mm，如果缩小或扩大应按比例进行。

图 3-3　欧盟 CE 认证标志

CE 认证成为产品进入欧盟市场通行证的同时，也为各国产品在欧洲市场进行贸易提供了统一的技术规范，简化了贸易程序；而 CE 标志的获得表明产品已达到欧盟指令规定的安全要求，隐性地向消费者作出放心使用的承诺，提升了消费者对产品的信任度，并能够降低产品在欧洲市场上销售的风险。

CE 标志是一种安全认证标志，被视为制造商打开并进入欧洲市场的护照。凡是贴有 CE 标志的商品既符合安全、卫生、环保和消费者保护等一系列欧洲指令的要求，也可在欧盟各成员国内销售，无须符合各成员国的要求，从而实现了商品在欧盟成员国范围内的自由流通。目前，在欧洲市场上，使用 CE 标志的商品越来越多。

CE 标志制度是欧盟认证体系中的主要制度，由欧盟建立的欧洲测试与认证组织（EOTC）负责管理和授权，并和欧盟其他国家的政府及中介机构共同实施监督。经 EOTC 授权和代理的机构按欧盟指令及相关技术标准（EN 标准）对产品检验，达到要求的产品，可贴上 CE 标志。欧洲指令规定了哪些产品要经过第三方认证，哪些可以自我认证，对不同产品有不同要求，实行自我认证的要保存一套完整资料并且要先寄样品到该国检验。外国产品要进入欧洲市场，就必须取得一个欧洲国家的认证。

1. 认证模式

欧盟理事会于1985年批准的《新方法》决议要求所有新方法指令都必须附有合格评定政策。《新方法》指令的目标不仅是要消除贸易壁垒，还要提高投放市场的产品质量，而合格评定程序是确保产品质量的重要手段。

1989年，欧盟理事会批准的关于《全球合格评定方法》的决定（以下简称《全球方法》）是对1985年《新方法》决议作的补充，旨在表明可用更多的方法证明产品符合指令的基本要求，即如果制造商选择了其他生产准则，可通过合格评定形式证明产品符合指定的基本要求，但必须由第三方进行测试或认证。《全球方法》提出了合格评定的综合政策和基本框架，规定了控制欧洲单一市场中工业品合格评定的原则和目标，还规定了在技术协调指令中规定的合格评定方法及CE标志的原则。理事会93/465/EEC《关于合格评定各阶段程序及加贴和使用旨在用于技术协调指令的CE合格标志的规则》中，提出了技术协调指令中采用合格评定的指导方针，即合格评定的目标应使政府当局确保投放市场的产品符合指令的基本要求，特别是符合用户及消费者的卫生和安全要求。

合格评定活动是由指定机构完成，其首要任务就是依据指令中规定的基本要求进行合格评定，以保证加贴CE标志的产品符合相关指令中的相关程序。

合格评定可细分为8种基本模式，即生产内部控制、EEC型式检验、符合型式要求、生产质量保证、产品质量保证、产品验证、单件验证及正式质量保证。这些不同的模式结合在一起可形成一个完整的程序。每个新方法指令中都规定了适用合格评定程序的范围和内容。通常情况下，合格评定程序在设计和生产阶段发挥作用，有的模式只涉及生产阶段，有的模式还涉及设计阶段和生产阶段，其目的就是要求制造商采取一切必要的措施保证其产品合格。产品符合协调标准或经过适当的合格评定程序，即可加贴"CE"标志。

（1）工厂自我控制和认证。Module A（内部生产控制）：①用于简单的、大批量的、无危害产品，仅适用应用欧洲标准生产的厂家。②工厂自我进行合格评审，自我声明。③技术文件提交国家机构保存10年，在此基础上，可用评审和检查来确定产品是否符合指令，生产者甚至要提供产品的设计、生产和组装过程供检查。④不需要声明其生产过程能始终保证产品符合要求。

Module Ab：①厂家未按欧洲标准生产。②测试机构对产品的特殊零部件作随机测试（商务部，2016）。

（2）由测试机构进行评审。Module B（EC型式评审）：工厂送样品和技术文件到它选择的测试机构供评审，测试机构出具证书。

其中，仅有B不足于构成CE的使用。

Module C［与型式（样品）一致］+B：工厂作一致性声明（与通过认证的型式一致），声明保存10年。

Module D（生产过程质量控制）+B：本模式关注生产过程和最终产品控制，工厂按照测试机构批准的方法（质量体系，EN 29003）进行生产，在此基础上声明其产品与认证型式一致（一致性声明）。

Module E（产品质量控制）+B：本模式仅关注最终产品控制（EN 29003），其余同Module D。

Module F（产品测试）+B：工厂保证其生产过程能确保产品满足要求后，作一致性声明。认可的测试机构通过全检或抽样检 查来验证其产品的符合性。测试机构颁发证书。

Module G(逐个测试)：工厂声明符合指令要求，并向测试机构提交产品技术参数，测试机构逐个检查产品后颁发证书。

Module H(综合质量控制)：本模式关注设计、生产过程和最终产品控制(EN 29001)。其余同 Module D + Module E。其中，模式 F + B，模式 G 适用于危险度特别高的产品(商务部，2016)。

2. 认证申请程序

CE 认证是一个完善的安全保障系统，并非仅仅是将样品拿到检验机构检验通过而已。企业欲想使其产品通过 CE 认证，通常要满足如下 4 方面要求：①产品投放到欧洲市场前，在产品上加贴 CE 标签；②产品投放到欧洲市场后，技术文件(Technical Files)，须存放于欧盟境内供监督机构随时检查；③对被市场监督机构发现的不符合 CE 要求的产品、或者使用过程中出现事故，但是已加贴 CE 标签的产品，必须采取补救措施(比如从货架上暂时拿掉，或从市场中永久地撤除)；④已加贴 CE 标签的产品型号在投放到欧洲市场后，若遇到欧盟有关的法律更改或变化，其后续生产的同型号产品也必须相应地加以更改或修正，以便符合欧盟新的法律要求。

厂商可根据指令关于使用 CE 标志应通过何种合格评定模式的要求、合格评定的原则和 93/465/EEC 号理事会指令，在 8 种认证模式中选取合适的模式。采取自我评定或申请第三方评定或强制申请欧共体通知程序认可认证机构评定后，编制制造商自我评定的一致性声明和(或)认可认证机构的 CE 证书，作为可以或准许使用 CE 标志的前提条件。并由制造商按有关指令规定在通过规定模式的合格评定后，自行制作或加附 CE 标志及有关指令规定的附加信息。有关指令规定应在 CE 标志部位，接着加附认可认证机构的识别编号时，应由执行合格评定的认可认证机构自行加附，或授权制造商或其在欧共体的代理商负责加附。对特别危险的产品，指令中规定由强制性认可认证机构进行产品样品试验和(或)质量体系认可的，均应先取得评定认可，才能获准使用 CE 标志。

申请人可以先从相关认证机构的网站，例如从 CQC 公开文件、公报及网站中，确认拟申请的 CE 认证产品须符合的欧盟指令，并注册提出申请，也可提出书面申请，但需用中英 2 种文字填写，并按规定缴纳费用。当申请人和制造商不一致时，须提供双方合作的协议书。当申请人委托代理机构代为申请时，须提供申请人盖章的代理申请 CE 认证委托授权书。以下是申请 CE 认证的基本流程：①制造商向相关实验室(以下简称实验室)提口头或书面初步申请；②申请人填写 CE – marking 申请表，将申请表、产品使用说明与技术文件一并寄给实验室(必要时还要求申请公司提供一台样机)；③实验室确定检验标准及检验项目并报价；④申请人确认报价，并将样品和有关技术文件送至实验室；⑤申请人提供技术文件；⑥实验室向申请人发收费通知，申请人根据收费通知要求支付认证费用；⑦实验室进行产品测试及对技术文件进行审阅；⑧技术文件审阅包括：文件是否完善；文件是否按欧共体官方语言(英语、德语或法语)书写；⑨如果技术文件不完善或未使用规定语言，实验室将通知申请人改进；⑩如果试验不合格，实验室及时通知申请人，允许申请人对产品进行改进，如此直到试验合格；申请人应对原申请的技术资料进行更改，以便反映更改后的实际情况；⑪第 9、10 条所涉及的整改费用补充收费通知；⑫申请人根据补充收费通知要求支付整改费用；⑬技术文件(TCF)，以及 CE 符合证明(CoC)、CE 标志；⑭申请人签署 CE 保证自我声明。在产品上贴附 CE 标志。

在办理 CE 认证时需提交的资料，包括：①产品使用说明书；②安全设计文件（包括关键结构图）；③产品技术条件（或企业标准）；④产品原理图；⑤关键元部件或原材料清单（请选用有欧洲认证标志的产品）；⑥整机或元部件认证书复印件（商务部，2016）。

3. 认证符合程序

依据符合模式的系统，多数指令允许制造商及其代表选择一个或组合模式，以示符合指令要求。一般而言，有 3 种符合途径。

（1）自我宣告。适用于没有强制要求验证的产品，自我宣告需根据所适用的指令与调和标准，由制造商或验证机构作出产品评估。此外，自我宣告需包括符合申报书的准备和附加 CE 标志（商务部，2016）。

（2）验证。①强制性验证（EC 型式验证）：大部分的产品不需要强制验证，不过特定产品需有欧盟验证机构所核发的验证证书；另有一些特定产品，如机械和医疗产品，则需有 EC 型式验证证明。②自愿性验证（型式验证、测试标志）：制造商往往委托欧盟验证机构进行测试和验证，以证明符合市场需要，且在产品责任上提供正面的、事实的证明，再者拥有精确技术档案资料与测试报告的确认，也有利于产品行销。自发性验证需要制造商准备符合申报书和附加 CE 标志。

（3）技术文件。所有符合模式 B 者需要的技术文件，应包含的内容有：符合声明书（及/或受管制产品的验证证书）；制造商的名称、地址与产品辨识；欧洲地区代理商姓名与地址；列出所遵循的调和标准和/或满足基本安全和健康要求的措施；产品说明（型号、产品名称等）；操作手册；产品的全部计划；测试报告；设计细节、操作描述、零组件清单、测试理论基础、电路图，含所有为满足健康与安全等基本要求的必要项目；制造商或欧盟代表全权负责技术文件和符合声明的正确性。制造商必须实施内部作业，以确保产品维持其符合性。技术文件在最后一批产品制造之后，在一个区域内至少应保留 10 年，以备检核。

4. 林产品 CE 认证

按照欧盟规定，从 2004 年 4 月 1 日起，欧盟以外国家生产并在欧盟地区销售的建筑用人造板强制实施 CE 认证，2007 年 1 月 1 起对强化地板强制实施 CE 认证，2008 年 3 月 1 日开始对实木地板强制实施 CE 认证。目前，实行 CE 认证的产品已包括：胶合板、刨花板、中密度纤维板、定向刨花板、水泥刨花板、实木板、地板、单板层积材、集成材等，以及家具、木门、木窗、木玩具等木制、竹材产品等（商务部，2016）。

按欧盟标准对人造板产品进行检验和试验是 CE 认证的重要内容。EN 13986 是人造板 CE 认证标准，该标准与我国国家标准相比，在有关抽样检验和合格评定方面存在较大的差异。主要体现在：一是抽样上的区别，我国人造板检验是采用 GB/T 2828 抽样检验方案，而欧盟采用 EN 326 抽样标准。从抽样统计结果看，我国在合格评定中采用 GB/T 2828 的置信率低于 EN 326。二是结果判定的区别，欧盟 EN 326 标准除算术平均结果外，更注重标准差和板内及板间差。这不仅要求企业从原料、工艺等方面保持稳定的生产工序，而且也要通过日常的产品检验、试验以及采用数理统计知识对结果进行描述，使之符合 EN 标准对于产品质量的要求，而这正是我国企业的薄弱点。

建筑用人造板 CE 认证分为 1 级、1 + 级、2 级、2 + 级、3 级、4 级共六个等级。涉及普通人造板的通常有两个级别(2+级和4级),4级即非结构室内用人造板(通常为家具和内装修用薄型人造板),建筑结构用人造板定为2+级。目前国内企业大多采用2+级认证,产品的适用性更广,有利于扩大产品出口范围。申请2+级需要授权的发证机构签发CE认证证书,并需要执行定期监督检查,该证书具有统一的代号,在欧盟成员国及其总部登记备案;而非结构用人造板4级不需要任何授权的发证机构签发证书,只需要企业自己提出公开的达到按标准质量的声明,企业自己就可以在其产品及其包装上打CE标记。

标志和相关的信息可直接贴到产品上,贴于产品的标签上,也可加贴到产品的包装上,或产品附带文件上。如对非结构用人造板而言,具体标志要求为:标注在物品的显著位置(只适用于滞燃性等级A2a,Ba和Ca);生产厂商名称;加贴CE标志的年份后两位数;符合性CE证书的编号(仅适用于滞燃性等级是A2a,Ba和Ca的产品);标志还应表明以下内容,主要包括:①技术等级;②阻燃性等级:B、C、D、E或F,或者对应的室内地面铺设材料的等级;③甲醛释放量等级:E1或E2;④五氯苯酚含量:五氯苯酚含量≤5mg/kg的不用标注。

欧盟市场实行人造板CE认证,一方面限制人造板的进口,以达到发展其成员国工业和经济的目的,另一方面规范并提高进入欧盟市场的人造板产品的整体水平。人造板CE认证对其成员国内部实为明智之举,但对人造板供应国则成为技术性贸易壁垒(商务部,2016)。因此,我国人造板出口企业应采取有效措施,避免造成经济损失。

5. 认证机构

CE认证由"指定机构"具体实施。指定机构是指由欧盟成员国的政府部门指定、经欧盟委员会批准的、可全权负责执行欧盟某一指令对产品进行第三方认证并颁发合格证书的机构。

由于CE认证的要求因指令的不同而不同。产品测试、现场审核(必要时)及技术文件评审是CE认证的基础。有些产品的制造商可以根据指令不经过第三方认证,而进行"自我声明"。但如果企业的自我声明不实,那么该企业将会受到制裁。当指令要求对产品进行第三方测试、认证或监督时,需要由指定机构或能力机构来完成。

如果企业不能准确地理解、把握指令和标准的具体要求及操作惯例,选择指定机构进行CE认证,既省时省力,又可以在认证过程中改进产品还可以在获证后对指令及标准的有效性进行跟踪。然而,面对国内外存在着许多大大小小的CE认证机构,申请CE认证的企业可从以下几个方面考虑选择适合于企业发展的认证机构(商务部,2016)。

(1)认证机构权威性。认证机构良好的信誉、公信力及足够的市场接受程度是其认证效力的立足点。因为产品连带责任的问题,买家均要求第三方认证机构对产品的安全及质量进行严格的监控。信誉良好的CE认证机构提供的检验认证会受到普遍接纳,而不会受到某些买家的拒认。

(2)认证机构的资质。认证机构是否加入互认组织和是否拥有欧盟的授权,对认证结果影响力有很大作用。当前,企业面临的市场已经是全球的市场,而大多数国家的认证测试标准都有互相重叠的地方。使用具有此种资格的CE认证机构的服务可以使得企业需要进行多国认证的时候,免去重新测试和支付测试费用。

(3)认证机构的效率。认证机构的效率往往是企业抱怨的问题,有时候企业会觉得认证时间太长,太麻烦,特别是有时等着证书出货或参加交易会,而证书却迟迟签发不下来。其实，这是因为绝大部分 CE 认证机构都是把测试和发证送到国外去做，这样来回所花的时间和费用当然不菲了。CE 认证机构实行本地化服务是解决效率问题的有效方法，即与外国检验机构驻中国国内或企业所在地的办事处、代理机构联络。

6. 注意事项

在申请认证的过程中，企业还应注意的是，如果某产品的一个或多个产品已经按照欧盟的某个协调标准进行了测试，并且证明了该样品符合该项标准，CE 测试证书只有在附有有关测试报告时有效。测试报告应包括按有关标准进行测试的结果。同时，产品评价活动计划，是 CE 测试的一个时间安排。只要双方都遵守这个时间安排，就可以基本保证申请人按期得到 CE 测试证书。

CE 认证申请的制造商或其确定的在欧盟的授权代理，应按规定编制技术文件并至少存 10 年，以备产品在欧盟市场受到质疑时，方便地提供。CE 认证的企业，还必须编写一份 EC 合格声明，声明产品符合欧盟的新方法指令要求和协调标准的要求，并且与技术文件一起保存。

为了加强对 CE 标志的市场监管，欧盟于 2008 年发布了条例（EC）765/2008 和决定768/2008/EC。具体的市场监管措施包括（商务部，2016）：①强化欧盟各港口海关检查进口商品的合格性的责任；②规定加贴 CE 标志产品的合格评定活动由指定评估机构完成，授权评估机构通知欧盟各成员国的程序，规定每个成员国只设一个评估机构，其评估通知对整个欧洲地区均有效；③规定生产商、分销商、进口商的责任，细化合格评定程序的不同模块。

7. 对我国的影响

与我国相关产品的国家标准相比，CE 认证的 EN13986 标准更加严谨，高度重视产品的生产过程管理，并要求企业建立生产控制体系（FPC），包括操作程度、常规检查、检验和评估等，以保证产品质量的稳定性与连续性，实现生产工序、设备、原辅料和产品质量的控制。如果已取得 ISO 9001 认证的企业，根据 ISO 9001 标准对企业进行生产控制管理，按照 EN 标准组织生产和质量检验，一般视为达到 CE 认证的管理体系要求。ISO 9001 着眼于整个企业建立一个生产经营管理体系，而 CE 认证 EN 13986 标准侧重于根据已有的管理体系对产品生产的过程实施控制。

我国是林产品生产、加工和贸易大国，欧盟是我国林产品出口的重要市场，CE 认证制度对我国人造板、家具等木质林产品出口产生了较大影响。我国林产品出口欧盟、美国等国家和地区必须通过 ISO 9001 国际质量管理体系认证和 ISO 14001 环境管理体系认证，或者国内企业加强生产过程的管理与控制、申请和通过 CE 认证，才能减少 CE 认证造成的负面影响和顺利跨越欧盟绿色贸易壁垒。

（四）森林认证体系

泛欧森林认证体系（Pan European Forest Certification Scheme，PEFC）于 1999 年 6 月 30 日在巴黎正式成立，由奥地利、比利时、捷克、法国、芬兰、爱尔兰、挪威、葡萄牙、西班牙、瑞典和瑞士共 11 个国家 PEFC 管理机构的官方代表组成 PEFC 认证理事会，是一个独立的、非赢利的非政府组织，获得了代表欧洲地区 1500 万林地业主的协会、一些国际森工和贸易组织的支持，通过第三方独立认证促进可持续性的森林管理。PEFC 是由欧洲林主发起建立的私有进程，根据赫尔辛基进程为基础的认证标准评估国家标准和体系，根据泛欧标准和国家采用的泛欧标准评估森林经营；国家水平上森林业绩要求不同，引进"区域认证"概念；国家政府机构的成员根据木材生产能力决定权限和进行决策，作为欧洲各国森林认证体系相互认可的框架促进森林的经济、环境和社会效益。PEFC 为推广可持续性森林管理的木材和纸制品的买方提供一个保障机制。

2003 年泛欧森林认证体系重新命名为"森林认证体系认可计划（Programme for the Endorsement of Forest Certification Schemes）认证"，旨在认可满足了一定的标准设定、第三方审核等认证认可程序的国家森林认证体系。各个国家森林认证体系在多方利益相关者的参与进程中逐渐形成并发展起来，PEFC 是这些国家体系评估和相互认可的保护组织。

PEFC 包含了欧洲、非洲、亚洲、北美洲、南美洲和大洋洲的国家体系。在 PEFC 的会员中，有芬兰、挪威、瑞典、德国、奥地利、英国、意大利、加拿大、美国、法国、拉脱维亚、捷克、瑞士、比利时、西班牙、丹麦、澳大利亚、巴西、智利、爱沙尼亚、卢森堡、马来西亚、斯洛伐克、俄罗斯、加蓬、葡萄牙、斯洛文尼亚、白俄罗斯、中国、摩洛哥、乌拉圭和喀麦隆等 35 个独立的国家森林认证体系。其中 23 个已经通过了严格的评估程序，涉及了公共咨询并使用独立评估师，对全体会员所作出的相互认可决定进行评估。这 23 个系统覆盖了超过 2 亿公顷的认证森林，并为全球加工业市场供应上百万吨的认证木材，使 PEFC 成为世界上最大的森林认证系统。其他国家会员体系正处在不同发展阶段，并朝着与 PEFC 互认的方向努力。国家体系是为了推广可持续性森林管理，根据政府间活动进程不断建立的系列机制，并获得了 149 个政府的支持，且覆盖了 85% 的世界森林面积。

截至 2016 年 6 月，全球共 33 个国家的 3.07 亿 hm^2 森林面积通过 FEFC 认证，其中包括北美洲 3 国累计 1.63 亿 hm^2（占 54%）、欧洲 23 国累计 9472.55 万 hm^2（占 31%）、大洋洲 1 国 2672.6 万 hm^2（占 9%）、亚洲 3 国累计 1081.07 万 hm^2（占 4%）和南美洲 4 国累计 523.64 万 hm^2；有 10909 家企业通过其 CoC 认证，其中包括欧洲累计 34 个国家的 9111 家、亚洲累计 18 国的 963 家、北美洲累计 3 国的 446 家、大洋洲累计 3 国的 229 家、南美洲累计 6 国的 153 家和非洲累计 4 国的 7 家（PEFC，2016）。其中，我国 563.90 万 hm^2 森林面积已通过 PEFC 认证，276 家公司通过其 CoC 认证。

由于 PEFC 并没有一套全球统一的原则和标准，并且获得 PEFC 的门槛较低，被许多环保机构认为缺乏必要的一致性（李思彤，2013）。

近年来，欧盟为迎合消费者的绿色消费需求，相继调整政府采购政策，加大对认证林产品的采购力度。为推动 FSC 认证，欧盟出台贸易鼓励安排政策，规定凡是生产过程达到欧盟要求的进口产品，可以给予关税优惠；同时规定，进入欧盟境内的木质家具必须获得 FSC 认证标识。获得 FSC 认证的国外企业在欧盟可以享受一定比例的关税优惠。

六、主要启示

在国际贸易的实践中，欧盟林产品贸易技术性壁垒具有名义上的合理性，形式上的合法性，内容上的广泛性和复杂性，手段上的隐蔽性和灵活性，做法上的歧视性，实施中的争议性，被许多国家用来当做保护自身利益的"护身符"，严重影响和阻碍了我国林产品出口欧盟市场。

（一）建立与国际接轨的标准体系

由于我国林产品贸易技术标准制定的滞后，导致欧盟等发达国家对我国设置了较高水平的绿色贸易壁垒。为提升企业的国际竞争力，突破发达国家对进口林产品在技术标准和法律法规方面的限制，提高跨越绿色贸易壁垒的能力，我国应建立与国际标准接轨的技术标准体系。

1. 提高国际标准的采用率

林产品出口企业突破绿色贸易壁垒的根本途径是积极采用国外的先进标准和提高国际标准采用率。国际标准体现着世界先进的科学技术水平，是各国通用的技术标准，发达国家纷纷采纳国际标准以保持国际竞争中的优势地位，国际标准已经成为林产品国际贸易中的重要因素。在我国，林业技术标准体系建设相对滞后，国际标准采用率低，有些产品甚至只有行业标准，没有国家标准。我国政府应加快林业技术标准体系建设的进程，充分吸纳林产品进口国技术标准的合理内涵，结合我国的技术水平，针对林产品不同的种类分别制定标准。增加自主知识产权和创新成果标准的数量，努力使更多的我国林业技术标准成为国际标准或者直接采纳国际标准。

我国的标准化机构要加大国际标准的推广力度，促使林产品出口企业及时了解国际先进技术，进行技术改造和提高自身的环保水平，提高林产品的科技含量和附加值，冲破各种形式的绿色贸易壁垒。

2. 积极参与国际标准制定

目前，国际标准的制定权大多为发达国家所控制，发达国家在维护自身利益的驱动下，有时将其国家标准转化为国际标准，对我国产生不利的影响。为提高我国林产品的国际竞争能力，突破绿色贸易壁垒的限制，我国政府要充分利用我国成为 ISO 常任理事国的身份，主动参与国际标准制定，争取主持有关国际标准的起草，提高我国实质性参与国际标准化活动的能力。实践表明，积极参与国际标准的制定，不仅有利于把握国际标准的发展动态，而且能够将我国的利益反映在国际标准中，提高我国的国际影响力，获得国际标准制定中的更大话语权，保护我国的经济权益，提高林产品的国际竞争力。通过标准的协调功能，消除由技术标准差异所形成的绿色贸易壁垒。发达国家利用技术优势和雄厚的经济实力，制定的环保技术标准远远高于我国所能达到的水平，为此，我国政府要强化与其他发展中国家的合作，积极发展多边贸易谈判，争取在国际标准制定中考虑到发展中国家的经济和技术发展水平，能够体现发展中国家的利益。

（二）借鉴和完善各种相关认证制度

目前，发达国家的认证制度对我国林产品进入国际市场形成巨大威胁。认证是第三方认证体系对产品和企业的生产管理体系根据相应的标准体系进行评定。林产品获得相关认证已成为其进入发达国家的市场准入条件，例如，我国木家具、人造板等木质林产品只有获得人造板 CE 认证才能进入欧盟市场。

1. 积极开展森林认证

我国木质林产品大量出口到欧盟等发达国家，而欧洲国家对环境敏感，尤其是"欧盟木材法案"对木材合法性的要求给我国木质林产品出口欧盟带来巨大威胁，未经森林认证的林产品将被排斥在欧洲国家市场之外。为有效突破发达国家设置的绿色贸易壁垒，我国要结合具体国情，考虑到林产品出口企业对森林认证的需求，在政府的主导下积极开展森林认证，在获得 PEFC 认可的前提下构建我国自己的并与国际接轨的森林认证体系。

2. 加强人造板 CE 认证

CE 认证对我国人造板、木家具等木质林产品出口欧盟提出挑战。CE 认证主要涉及两方面的工作：一是建立企业生产控制体系；二是对产品质量按欧盟的 EN 标准进行检验和试验。EN 标准要求企业建立日常的产品检验和试验及采用数理统计方法对结果进行描述，对我国人造板企业和木家具等企业来说具有较高难度。因此，政府要采取各种有效措施鼓励和帮助企业申请 CE 认证。检验检疫机构要发挥信息和技术的优势，帮助企业了解 CE 认证程序和要求，指导林产品出口企业根据欧盟的要求申请和获得 CE 认证。此外，还要加强社会责任认证。SA 8000 标准认证在国际社会广泛流行的背景下，政府需要积极引导企业承担更多的社会责任，维护企业员工的合法权益，改善工作条件和环境，保障职工工资收入，减少和避免企业生产过程中对环境的污染。

3. 完善认证机构互认机制

为减少我国林产品出口企业的重复认证和检验，降低认证成本，我国急需加强与欧盟认可的国际权威认证机构的协商与合作，通过签订认证协议，实现实质性互认，减少林产品贸易摩擦。政府需要根据国际标准或欧盟标准，加强对各认证机构的管理与考核，提高我国的认证能力和水平，使我国得到国际或欧盟认证机构的承认和授权，为林产品出口企业创造获得国际或欧盟认证的有利条件，提高林产品国际贸易效率，从而突破绿色贸易壁垒。

我国的认证制度与发达国家存在较大差距，认证制度很不完善，缺乏统一的认证体系，林产品出口企业通过相关认证的比例较低。为有效跨越绿色贸易壁垒，我国政府要建立规范的、统一的认证制度，理顺认证工作的管理体制，统一认证标准、认证机构及认证程序，培育与发展符合国际规则要求的林产品认证机构，扩大认证范围，促使认证机构公平有序地展开竞争，为出口林产品企业提供认证服务。

（三）加强中欧标准研制方面的合作

我国与欧盟在技术性贸易壁垒方面的摩擦是中欧贸易摩擦的一个主要方面。通过与欧盟在标准研制方面的合作，可以减少出口中遇到的技术性贸易壁垒，减少贸易摩擦。要充分考虑欧盟内部利益的多样性，以及不同国家与我国贸易摩擦的差异，与欧盟内部大国保持不同层级的经贸安排，与新加入欧盟的发展中国家加强"走出去"的合作，如在这些国家投资建厂等。

（四）建立灵活畅通的中欧沟通机制

中欧双方的沟通不应只局限于政府之间，还应该调动社会各界的力量，建立一种广泛的互相联系的体系。比如：支持和鼓励学者之间展开交流，除官方交流外，学者应该担任起沟通的桥梁。专家们应该积极地用其思想成果推动中欧关系的发展，而不应仅仅停留在学术交流层面。增进社会各阶层之间的相互理解、努力克服文化上的差异，使得双方能坦率、直接地讨论建立战略合作关系的各项问题。

第六节　北美市场林产品贸易的认证体系

木制品认证和测试公司(TECO)是北美一家赢利性的第三方认证和建筑板材产品测试机构。从事北美、中美和南美及欧洲生产的定向结构刨花板、胶合板、刨花板、中密度纤维板的评估和认证，1933年以来，TECO作为质量和创新的化身就一直享誉林产工业界。

TECO的总部位于威斯康星州的桑帕尔，目前在俄勒冈州的尤金和路易斯安那州的什里夫波特开办了测试实验室，装备了测试各种工程木制品和胶粘剂的设备。TECO注重向全球市场拓展，在加拿大、英国、日本和巴西派驻了代表。1993年，TECO得到日本政府认可，允许其提供JAS认证，并将JAS认证标识应用到出口至日本的建筑木制品上。TE-CO TESTED ⓒ认证标志作为合格和性能的符号得到全球的认同。木制品上出现这个标志，方便制造商在市场上识别木制品的质量及其可靠性，同时向建筑师、工程师和建筑商保证他们在建筑中设计和使用的这些产品既符合TECO所证明的性能要求也符合管理机构的性能要求(商务部，2016)。

TECO不是协会组织，可根据用户的特殊需要灵活地定制符合制造商要求的项目，无论是其独有的VIP＋ⓒ板材认证项目还是充实制造商的现场质量保证队伍，TECO可以满足每家企业的特殊需要。目前，TECO得到了美国林纸协会、国际测试材料标准协会(ASTM)、加拿大标准协会(Canadian Standards Association，CSA)、加拿大林产协会(Forest Products Association of Canada，FPS)、德州伐木工协会、国际板材原料组织、建筑板材协会(SBA)、建筑隔热板协会(SIPA)等的认可，认证项目有定向刨花板(OSB)认证项目、胶合板认证项目、复合板认证项目和JAS认证项目等。其中OSB认证项目适用于木质建筑板材的认证，包括定向刨花板和华夫板；胶合板认证项目适用于各类胶合板；复合认证项目适用于刨花板、中密度板、硬纸板、秸秆纤维及同类产品；而JAS认证是帮助制造商的产品顺利出口到日本建筑木制品市场。

一、定向刨花板认证项目

TECO的定向刨花板(OSB)认证项目(OSB Certification Programs)适用于木质建筑板材的认证，包括定向刨花板和华夫板。该认证项目分为奖牌认证项目(认证常用板材)和VIP＋ⓒ认证项目(认证特殊板材)，同时TECO还会协助企业提高其质量体系的能力。

(一)奖牌认证体系

奖牌认证体系(Medallion Certification Program)分为金、银、铜三级，旨在支持每个企业的特定需求并为符合或超过最低适用标准要求的板材提供保证。美国商务部自愿产品标准PS2，"木质建材性能标准"和加拿大等同采用标准(CSA0325)为北美建材市场提供了最低性能标准范围。TECO制订了自己的相关文件PRP－133，详细说明了维持TECO认证的要求。在TECO的任一实验室成功进行了产品质量测试后，要进行现场审核和产品复查测试，核实制造商的质量体系运作有效，有利于保证其产品符合相关标准。对缺乏生产定向刨花板或华夫板经验的制造商颁给铜奖，同时TECO在保证工厂所要求的质量控制方面和相关的产品测试方面发挥较大的作用。制造商建立了良好的质量体系并建设了厂内实验室，颁给金奖，TECO 则主要把精力放在质量体系的审核上。银奖则颁发给处于两者之间的制造商。无论工厂达到那个层次的奖项，产品上都会贴上 TECO TESTED ⓒ 的商标，使得最终用户知道这些产品进行了必要的评估并适合他们的使用目的（商务部，2016）。

（二）VIP + ⓒ 认证项目

TECO 的自愿检查项目（VIP + ）是唯一的板材认证项目（VIP + ⓒ Certification Program），允许制造商生产私有的板材的性能特性高于 PS2 标准要求。VIP + 项目将制造商同建筑编码联系在一起，使得它能获得其产品特定的编码审批报告。当设计特定的建筑或组件时，建筑师、工程师或设计人员就可以使用编码审批报告中所提供的设计值。如同奖牌项目一样，TECO 通过现场审核和复查测试，与制造商一道保证工厂符合认证项目的要求。有几家工厂已经申请了 TECO 的 VIP + 认证项目并形成了他们自己的名牌、高附加值的产品替代普通板材。国内企业了解详情可与下列人员联系：Greg Dupuis OSB Certification Supervisor greg. dupuis@ tecotested. com；Toll-Free：866 – 837 – 2790，Ext. 3207；Phone：608 – 837 – 2790；Fax：608 – 837 – 2830。

二、胶合板认证项目

TECO 的胶合板认证项目（Plywood Certification Programs）适用于各类胶合板。它是目前世界最为全面的工业认证项目之一。

TECO 根据工厂的特定需要提供两种胶合板认证项目：特有的派驻技术员项目和质量体系审核项目。胶合板生产商也可以生产专有的、高附加值、私有的板材，申请 TECO 的 VIP + ⓒ 认证项目，这是工业部门唯一可申请的此类认证。无论企业选择何种 TECO 认证，它都要协助企业提高其质量体系能力并帮助他们在生产板材过程满足或超过所采用的美国标准的要求。

（一）派驻技术员认证项目

派驻技术员认证项目（Technician-in-the-Mill Certification Program）是 TECO 特有的认证项目，并有数家客户，它为企业的日常胶合板生产、过程评估和质量保证提供现场质量专家。虽然是以独立、客观的第三方身份出现，TECO 技术员成为企业质量中不可或缺的一分子。除了得到满足胶合板厂目前生产所需至关重要的适时测试数据外，派驻技术员还为企业提供了现场培训和操作意见以提高企业的生产力和产品质量。TECO 派驻技术员项目，加之 TECO 在自己的实验室进行全面产品评估和测试活动，为企业提供了最高层次的质量保证。

（三）工厂审核项目

在 TECO 的任一实验室进行完成功的产品质量测试后，要进行现场审核和产品复查测试以检验制造商的质量体系运行有效，可以保证其产品符合相关的标准。实践证明工厂审核项目（Mill Audit Program）适用大、中、小型各类工厂。

（三）VIP + 认证项目

TECO 的自愿检查项目（VIP + ）是唯一的板材认证项目（VIP + Certification Program）。国内企业了解详情可与下列人员联系：Dick Bower Plywood Certification Supervisor dick. bower@ tecotested. com；Toll Free：866 – 837 – 2790 Ext. 3205；Phone：608 – 837 – 2790；Fax：608 – 837 – 2830。

三、复合认证项目

TECO 的复合认证项目（Composite Certification Programs）所列产品如下：刨花板、中密度板、硬纸板、秸秆纤维及同类产品。TECO 的复合认证体系为企业提高自身的质量体系能力而设计（商务部，2016）。

（一）物理性质认证项目

TECO 的物理性质认证项目（Physical Property Certification Program）是为了支持每个制造商的特定需要和经认证的板材符合或超过所采用的产品标准的最低要求提供质量保证所设计的。经过 TECO 的任何一个实验室成功地进行完产品质量测试后，就要进行现场审核和产品复查测试以检查制造商所有有效运行的质量体系符合所采用标准的要求。认证产品上的 TECO TESTED © 商标，使得最终用户知道，他们所使用的产品已经通过了所需要的评估并适合作相关的用途。

（二）甲醛认证项目

TECO 的甲醛认证项目（Formaldehyde Certification Program）适用于 TECO 俄勒冈尤金实验室进行现场、小型测试和大型测试的综合项目。该项目为制造商提供 TECO TESTED © 商标以向消费者保证他们的产品符合目前市场所需要采用的甲醛释放要求。国内企业了解详情可与下列人员联系：Darin Thompson darin. thompson@ tecotested. com，Phone：541 – 746 – 5241，Fax：541 – 746 – 0563。

四、JAS 认证项目

1993 年起，TECO 得到了日本政府的认可，使用 JAS 标志并批准为经注册的外国认证机构（RFCO）。TECO 的 JAS 认证项目（JAS Certification Programs）为制造商的产品认证提供日本 JAS 标准，使得他们的产品可以出口到日本建筑木制品市场。TECO 的 JAS 认证项目旨在指导制造商获得批准进入这一重要市场的步骤。TECO 提供应用、测试和接受过程的逐步指导。TECO 认证的产品类型包括：胶合板、定向刨花板（OSB）、层积胶合板（glulam）和 LVL。

（一）JAS 物理、力学性质认证项目

TECO 的 JAS 物理、力学性质认证项目为满足 JAS 对各类产品类型的特定要求提供必要的测试方法。在成功进行产品质量测试后，要进行现场审核和产品复查测试，以检查制造商所使用的质量体系充分地符合相关的标准。

(二)JAS 甲醛认证项目

TECO 的甲醛认证项目提供日本 JIS 标准要求的特定产品的甲醛测试。所进行的主要质量测试地点在俄勒冈尤金市的 TECO 实验室，主要确定释放限度。随后要进行定期释放测试以保证总是符合 JIS 释放限度。国内企业了解详情可与下列人员联系：Scott Drake Operations Manager，scott. drake @ tecotested. com，Toll Free：866 – 837 – 2790 Ext. 3201，Phone：608 – 837 – 2790，Fax：608 – 837 – 2830。

五、TECO 认证所采用的标准及相关指南

TECO 目前采用的美国标准主要有：①美国商务部自愿产品标准 PS1 – 95：建筑和工业胶合板(Construction and Industrial Plywood)，用于认证胶合板；②美国商务部自愿产品标准 PS2 – 92：木质建材性能标准(Performance Standard for Wood-BasedStructural-Use Panels)，用以认证 OSB、华夫板、木质复合板和一些胶合板；③TECO 的 PRP – 133：建筑板材性能标准和政策(Performance Standards and Policies for Structural-Use Panels.)；④CAN/CSA – O325. 0 – M04 建筑覆盖物(Construction Sheathing)用以认证 OSB 为原料的建筑覆盖物；⑤日本标准协会的相关标准；⑥TECO 定向刨花板设计和应用指南(OSB Design and Application Guide)；⑦TECO 胶合板设计和应用指南(Plywood Design and Application Guide)。

代表性国际组织或机构的认证体系及启示

Chapter 4　The Certification Systems of Representative International Organizations or Institutions and their Revelations

纵观全球，历史较为悠久并具权威性的开展林产品质量、安全、技术等标准认证和森林认证的国际组织不多，在产品标准认证方面主要有国际标准化组织（ISO）和瑞士通用公证行（SGS）等；在森林认证方面主要有 ISO 14001 与森林管理委员会（FSC）两大全球性体系和泛欧森林认证体系（PEFC）与泛非森林认证体系两大区域性体系，FSC 和 PEFC 得到了国际上的广泛认同；在社会责任认证方面有社会责任国际组织（SAI）等。选择 ISO、SGS、FSC 和 SAI 等代表性国际组织或机构，整理和了解他们的基本情况、标准体系、运作程序、认证经验和工作启示，可为我国林产品贸易技术标准体系的研究和建立提供重要参考。

第一节　国际标准化组织（ISO）

国际标准化组织（International Standards Organization，ISO）是目前世界上最大、最具有权威性的国际标准化专门机构，是一个独立的、非政府组织、自愿性国际标准开发组织，总部设于瑞士日内瓦，163 个成员（ISO，2016b）。ISO 还是联合国经社理事会的甲级咨询组织和贸发理事会最高级咨询组织，与 600 多个国际组织保持着协作关系。ISO 出版了2.1 万个国际标准，涵盖了从技术、食品安全、计算机、农业到医疗保健等所有技术和业务领域（ISO，2016a）。其前身是国家标准化协会（ISA）国际联合会和联合国标准协调委员会（UNSCC）。缩写"ISO"与机构英文全称首字母无关，而源于希腊语，表示"平等""均等"之意，容易使人联想到 ISA。

一、基本情况

ISO 于 1946 年 10 月 14~26 日，中国、英国、美国、法国和苏联等 25 个国家的 64 名代表集会于伦敦，正式表决通过建立。1947 年 2 月 23 日，ISO 章程得到 15 个国家标准化机构的认可，国际标准化组织于瑞士日内瓦宣告正式成立（ISO，2016a）。

（一）单位性质

ISO 是非政府性国际组织，不属于联合国，但与联合国许多组织和专业机构如欧洲经济委员会、粮食及农业组织、国际劳工组织、教科文组织、国际民航组织保持密切联系。其中，同国际电工委员会(IEC)的关系最为密切。根据分工，IEC 负责电工电子领域的国际标准化工作，其他领域则由 ISO 负责(国土资源部，2013b)。

(二)服务宗旨

ISO 的服务宗旨是：在全世界范围内促进标准化工作的开展，以便于国际产品流通和服务，并扩大在知识、科学、技术和经济方面的合作。其主要活动是制定国际标准，协调世界范围的标准化工作，组织各成员国和技术委员会进行情报交流，以及与其他国际组织进行合作，共同研究有关标准化问题。

(三)组织机构

ISO 设国家会员和通讯会员。现有国家会员 72 个，通讯会员 18 个(ISO，2016b)。每个国家限制由一个标准组织参加。ISO 组织机构主要由理事会和技术管理局组成(图 4-1)。

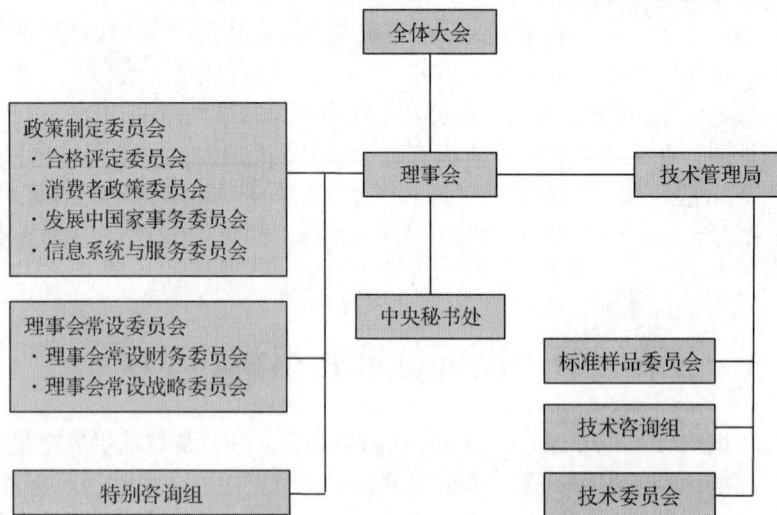

图 4-1 ISO 组织机构框架

1. 全体大会

ISO 最高权力机构，由各成员团体指定的代表组成，每年召开一次。研究工作方针，规定今后任务。

2. 理事会

大会闭会期间的常设管理机构，由 ISO 主席、副主席、司库、秘书长和全体大会选出的 18 个理事国(每年改选三分之一)组成。理事国任期两年，不得连任。每年召开 3 次会议。

3. 政策制定委员会

目前理事会下设四个政策制定委员会：

(1)合格评定委员会(CASCO)：成立于 1970 年。前称认证委员会(CERTICO)。现有 82 个成员，其中积极成员(P 成员)61 个，观察员(O 成员)21 个。中国是正式成员。此外，一些国际组织如 WTO、联合国欧洲经济委员会(UN/ECE)、国际实验室认可合作组织

（ILAC）、欧洲电工标准化委员会（CENELEC）也参加 CASCO 的工作。CASCO 的主要任务是：研究制定合格评定方法的国际标准和导则，并促进其应用；促进合格评定体系之间的相互承认与认可。具体工作由下设的 8 个工作组承担。

（2）消费者政策委员会（COPOLCO）：成立于 1978 年。其前身是 1968 年由 ISO 和 IEC 共同组建的消费者事务国际标准指导委员会（ISCA）。现有 71 个成员，其中积极成员 36 个，观察员 35 个。其主要任务是：协助消费者参加国家和国际标准化活动；向消费者提供标准信息服务和培训服务；为消费者提供交流经验和讨论问题的论坛。COPOLCO 每年召开一次会议。

（3）发展中国家事务委员会（DEVCO）：成立于 1961 年。前称发展委员会。现有 99 个成员，其中积极成员 66 个，观察员 33 个。中国是积极成员。其主要任务是：了解发展中国家在标准化及有关领域的需求，并提供满足这些需求的方法；为发展中国家提供一个论坛。DEVCO 每 3 年制定实施一项发展计划，旨在协助发展中国家开展标准化工作。

（4）信息系统与服务委员会（INFCO）：成立于 1967 年。前称情报委员会。现有成员 84 个。其中积极成员 64 个，观察员 20 个。中国是积极成员。其主要任务是：标准信息管理和标准化出版物销售；监督和指导 ISO 信息网（ISONET）的工作；研究制定标准文献工作通用程序和方法指南；管理和维护国际标准分类法（ICS）。

4. 技术管理局（TMB）

ISO 技术工作的最高管理和协调机构。主要任务是：对 TC/SC 结构进行全面管理；任命 REMCO 主席及技术顾问小组（TAG）成员；协调与其他国际组织和区域性组织之间的技术事宜。由理事会选出的 12 名成员代表组成。每年召开 3 次会议。根据需要可设立技术顾问小组（TAG），承担专业和跨专业问题的协调工作，以及标准化新领域的规划工作。

5. 中央秘书处（CO）

负责日常行政事务，编辑出版 ISO 标准及各种出版物，代表 ISO 与其他国际组织联系，有近 3280 个技术团体，制定企业、政府和社团所需的技术标准。

6. 标准样品委员会（REMCO）

1974 年设立标准样品特别工作组（REMPA），1975 年转为常设委员会，并改为现名。现有积极成员 24 个，观察员 32 个。中国是积极成员。其主要任务是：确定 ISO 使用的标准物质的定义、类别、等级、形态和结构；制定标准物质的应用导则和建议。每年召开一次会议。

7. 技术委员会（TC）

承担标准制修订工作的技术机构，由技术管理局设立并在其监督下工作。根据需要可下设分技术委员会（SC）和工作组（WG）。TC/SC 由各成员国自愿参加，TC/SC 主席和秘书经选举产生。TC/SC 成员分为积极成员（参加成员或 P 成员）和观察成员（O 成员）两种。ISO 共有 188 个 TC，546 个 SC。还与国际电工委员会（IEC）共同建立了联合技术委员会（JTC）。

8. 与林产品有关的技术标准委员会

ISO 与标准密切相关的机构是技术管理局，共设 238 个技术标准委员会，其中 13 个技术标准委员会与林产品有关，即纸张、纸板和纸浆（TC 6）；锯材和原木（TC 55）；软木塞（TC 87）；人造板（TC 89）；木材半成品（TC 99）；家具（TC 136）；胶合板（TC 139）；锯末板(TC 151)；门和窗(TC 162)；木结构(TC 165)；木材(TC 218)；地板涂覆(TC 219)等技术标准委员会(ISO，2016c)。与林产品有关的四大标准领域是木材技术、造纸技术、建筑材料和建筑物、环保、保健和安全。

(四)机构成员

ISO 成员分为 3 类：成员团体(正式成员)、通讯成员和注册成员。ISO 章程规定：一个国家只能有一个具有广泛代表性的国家标准化机构参加 ISO。正式成员可以参加 ISO 各项活动，有投票权；通信成员通常是没有完全开展标准化活动的国家组织，没有投票权，但可以作为观察员参加 ISO 会议并得到其感兴趣的信息；注册成员来自尚未建立国家标准化机构、经济不发达的国家。他们只需交纳少量会费，即可参加 ISO 活动。

(五)经费来源

ISO 的财政经费主要用于中央秘书处的活动及各技术委员会秘书处的技术工作。其财政来源主要来自成员团体的会费(70%)和每年标准及其他出版物的发行收入(30%)。成员团体的会费由分摊给他们的单位数和每个单位的金额(以瑞士法郎计算)决定。每个成员团体的会费单位数根据该国的国民生产总值(GNP)和进出口额来定。每个财政年度的单位值由理事会决定。每年召开 1 次理事会；每 3 年召开一次全体会员大会。

二、认证体系

ISO 指南提供了一个总体框架，已被广泛应用到很多领域。认证体系通常由标准、认证(认定)和认可三个要素组成。在实际运作过程中，标准制定机构和认可机构可以为同一机构，共同作为认证体系的管理机构。另外，管理机构通常还包括了对认证或认定声明以及标签的管理。

(一)标准

标准是开展认证评估时必须被满足和遵从的要求，由标准制定机构制定。

1. 标准类型

标准是认证(认定)体系的基础，一般适用的标准类型有体系标准和绩效标准。体系标准(管理体系或进程标准)详细说明了在一个机构内部所必须具备的管理系统，以确保他们所管理的质量、环境甚至是社会表现的一致性。因此，与管理要素相关的管理系统要求必须到位，比管理产出或结果要求更为重要。体系标准适用于所有的部门和行业，尤其是综合性公司，同时，还能够帮助一个机构系统理解自身的表现，保证其持续改进。但是，体系标准并没有明确绩效所要达到的水平，无法提供产品质量保证，因此一般没有产品标签(王虹等，2009)。绩效标准描述了所必须达到的绩效水平或结果，但却没有规定实现过程，只是产品标识的基础。

2. 制定过程

(1)一般程序。标准的制定过程相对较为复杂，许多标准特别是林业认证(认定)标准的制定都需要几年时间才能完成，一般程序如图4-2所示。

一个国际标准是 ISO 成员团体达成共识的结果，它可能被各个国家等同或等效采用而成为各自的国家标准。

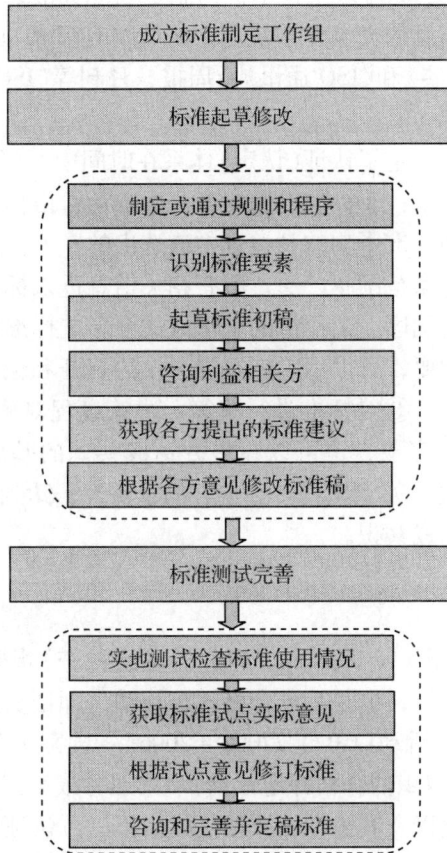

图 4-2　林业认证（认定）标准制定的过程

（2）制定阶段。国际标准由技术委员会（TC）和技术委员会分会（SC）经过申请阶段、预备阶段、委员会阶段、审查阶段、批准阶段、发布阶段等 6 个阶段形成（表 4-1）。若在开始阶段得到的文件比较成熟，则可省略其中的一些阶段。例如某标准文本是由 ISO 认可的其他国际标准化团体所起草，则可直接提交批准，而无须经历前几个阶段（国土资源部，2013a）

表 4-1　标准制定项目阶段和有关文件项目阶段相关文件

项目阶段	相关文件	
	名称	缩写
0. 预阶段	预备工作项目	PNI
1. 提案阶段	新工作项目提案	NP
2. 准备阶段	工作草案	WD
3. 委员会阶段	委员会草案	CD
4. 询问阶段	国际标准草案	DIS
5. 批准阶段	最终国际标准草案	FDIS
6. 出版阶段	国际标准	ISO 或 ISO/IEC

（3）已有成果。ISO 组织 2600 多个技术机构制定国际标准，已出版的标准达 7900 份。组建标准信息中心并协调信息的交流和系统化。出版物有《ISO 国际标准》《ISO 标准手册》《服务快讯》《ISO 目录》《年鉴》和《ISO 通讯》及周报、月刊等（ISO，2016a）。

3. 制定要求

一套标准所规定的内容决定了认证（认定）体系在时间中所要传递的信息，因此在制定标准时，要重点考虑如下要求：①标准的制定者。标准通常由标准制定小组或技术委员会来制定，小组成员为从受到标准影响的利益方中遴选出的专家。他们的任务是为标准制定提供最佳的信息和知识。专家范围越广泛，所有相关信息进入标准制定过程中的可能性就越大。②标准的制定和咨询程序。工作组的工作方式会影响标准的最终内容，因此一套清晰的文件化操作规则非常重要，可以用它来组织会议的召开和记录、材料的公式、问题和争议以及标准的决策等议题。③对标准进行决策。决策过程对确定标准的内容尤为重要。它可以由一个单独的利益方完成，也可以在多方达成共识的基础上进行。对于林业认证（认定）标准，现在人们已经开始意识到多利益方的重要性，达到这个目标有多种方式，目前普遍采用的是通过投票达成共识。

（二）认证（认定）

认证（certification）或认定（verification，也称验证或核查）指验证标准是否得到满足的过程，通常由认证机构来执行；也是一种合格评定活动，即证实产品、过程、体系、人员或机构满足有关规定要求的活动（GB/T 27000 - 2006）。国际上所称的合格评定活动一般包括：第一方（即企业自我组织的合格评定活动）、第二方或第三方的检验、检查、验证等评价活动或认证、注册活动以及其组合。认证是指由第三方认证机构证明产品、服务、管理体系符合相关技术规范的强制性要求或者标准的合格评定活动；认定是指通过提供客观证据查验满足规定要求的合格评定活动，可由第一方、第二方和第三方开展。通常情况下，二者的核心要求、要素和特征基本相同。相对而言，认定比认证的范围更广、形式更为多样，认证比较严格、系统和规范。

认证或认定机构大多数为商业公司，还有一些为大型国际组织或非营利性组织（王虹等，2009）。一般认证或认定过程包括认证申请、预评估、弥补差距、主评估、报告和认证决定、监督审核等步骤。

（1）认证申请。对于所有自愿性认证，申请认证（认定）的机构需要向认证机构提出申请。

（2）预审。认证机构一般对认证申请者做一个简单的初步考察，为主评估作出规划、同时确保申请者了解了认证要求，并明确认证申请者与标准的差距，但预审不是一个必需的过程。

（3）改进经营管理，弥补差距。申请者根据认证标准或预评估的结果，对目前企业运行与认证或认定标准之间存在的差距进行改进。

（4）主审。主审主要是为了确定申请者是否符合标准的要求。它通常由审核组实施。审核组通过文件评审、实地考察和利益方咨询来收集客观证据，以证明是否符合标准要求。当发现不符合之处时，要提出纠正要求以使申请者完全符合标准。

（5）报告和认证决议。审核组根据审核结果起草审核报告，报告包括审核的结果和对认证结论提出的建议。根据报告，认证机构作出认证决定。

（6）监督审核。对认证实施进行监督，以确保申请者的经营管理与标准的一致性。监督审核一般为一年一次。认证有效期一般为5年，5年以后进行再认证。

（三）认可

认可是确保执行认证的机构是合格的，具有相关的审核能力，能够得到可信的、一致的结果，通常由认可机构来执行。认可实质上是对认证（认定）机构的承认，以确保认证机构有足够的能力，符合体系的所有要求。认可通常被认为是可信认证的必要组成部分，如果没有认可机制，任何机构都能自称为认证机构来颁发证书。

认可包括3个要素（王虹等，2009），分别为认可机构的要求、认证机构规则和可信性。

（1）认可机构要求。包括认可机构内部的管理指南以及包括对认证机构业绩的持续监督认可流程。

（2）认证机构规则。认可机构必须就认证机构内部组织以及认证过程作出全面要求。当认可范围中包含了特别复杂的活动时，这就尤为重要。

（3）可信性。由于认可的目的是保证认证的可信度，认可机构自身的可信性就非常重要。认可机构可以通过履行认可机构的规则和为认证机构指定全面的规定来获得可信性，也可能通过与其他机构的合作、建立适当的投诉机制和使自身的活动透明化来提高自身的可信度。

（四）管理和运行

认证（认定）体系的管理者和管理结构十分重要，它对技术标准和体系目的及不同利益相关者的理解都会产生影响（国家质检总局，2011）。一般认证体系的所有权和管理总体架构是通过不同机构对体系要素的控制来实现的，包括标准、认证、认可和声明等要素（王虹等，2009）。在标准方面，大多国际标准的制定和维护是根据ISO的标准制定要求和指南开展的；在认证或认定实施方面，多数是由专门的商业公司或认证机构开展；在认可方面，多数ISO标准的认可是基于ISO提供的指南，由国家认可机构来完成和维护；在认证声明控制方面，总体上基于ISO提供的指南，是国家认可机构认可过程的一部分。

此种模式在管理和所有权上较为清晰，同时标准制定机构、认可机构和执行认证评估的认证机构的职责完全分开，避免了利益冲突，又确保了认证审核的质量和一致性。

三、两大管理标准体系

ISO 9000和ISO 14000标准是ISO颁布的一系列有关质量和环境管理标准的简称。ISO 9000标准是由ISO/TC 176制定的，旨在规范企业质量管理行为、推动国际贸易的一系列非强制性质量管理和质量保证标准的总称。与ISO 9000标准不同的是，ISO 14000标准是由ISO/TC 207起草的，旨在指导各类组织规范环境行为以改善环境绩效的非强制性环境管理标准（ISO，2016c）。该标准自1996年首次发布来，也得到了国际社会的广泛认同。

（一）ISO 9000质量管理体系

ISO 9000质量管理体系是指"由国际标准化组织质量管理和质量保证技术委员会（ISO/

TC 176)制定的所有国际标准",于1987年制订,后经不断修改完善而成的系列标准。现已有90多个国家和地区将此标准等同转化为国家标准(中国卫生质量管理编辑部,2014)。该标准族可帮助组织实施并有效运行质量管理体系,是质量管理体系通用的要求或指南。它不受具体的行业或经济部门限制,可广泛适用于各种类型和规模的组织,在国内和国际贸易中促进相互理解。

1. 标准体系特点

ISO 9000不是指一个标准,而是一族标准的统称,是运用先进的管理理念,以简明标准的形式推出的实用管理模式,是当代世界质量管理领域的成功经验的总结。ISO 9000是ISO发布的标准中最畅销、最普遍的产品。

ISO质量体系标准包括ISO 9000、ISO 9001、ISO 9004。ISO 9000标准明确了质量管理和质量保证体系,适用于生产型及服务型企业。ISO9001标准为从事和审核质量管理和质量保证体系提供了指导方针(ISO,2016c)。

ISO 9000质量体系标准包括了3个体系标准和8条指导方针。3个体系标准分别是ISO 9001、9002和9003;8个指导方针是ISO 9000 – 1至4和ISO 9004 – 1至4。其中首要标准是ISO 9001,它为设计、制造产品及提供服务的组织,明确指出了一套完整质量体系中的20条要素。ISO 9002为只制造产品但不设计产品及提供服务的组织明确指出了19条要素。ISO 9003为只进行检验的组织明确指出了16条要素。

2. 标准修订完善

ISO 9000标准每5至7年修订一次。第一批标准已于1987年公布后,到目前为止进行了4次修订(ISO,2016c)。

(1)1994年第一次修订——"有限修改"。此次修改保持了1987版标准的基本结构和总体思路,只对标准的内容进行技术性局部修改,并通过ISO 9000 – 1和ISO 8402两个标准,引入了一些新的概念和定义,如:过程和过程网络、受益者、质量改进、产品(硬件、软件、流程性材料和服务)等,为第二阶段修改提供了过渡的理论基础。

1994年,ISO/TC 176完成了对标准的第1次修改工作,提出了ISO 9000族标准的概念,发布了1994版的ISO 8402、ISO 9000 – 1、ISO 9001、ISO 9002、ISO 9003和ISO 9004 – 1等6个国际标准。到1999年年底,陆续发布了22项标准和2项技术报告。

(2)2000年第二次修订——"彻底修改"。第二次修改是在充分总结了前两个版本标准的长处和不足的基础上,对标准总体结构和技术内容两个方面进行的彻底修改。2000年12月15日,ISO/TC 176正式发布了2000版的ISO 9000族标准。

2000版ISO 9000族标准更加强调了顾客满意及监视和测量的重要性,增强了标准的通用性和广泛的适用性,促进质量管理原则在各类组织中的应用,满足了使用者对标准应更通俗易懂的要求,强调了质量管理体系要求标准和指南标准的一致性。2000版ISO 9000标准对提高组织的运作能力、增强国际贸易、保护顾客利益、提高质量认证的有效性等方面产生积极而深远的影响。

(3)2008年第三次修订。2004年,ISO 9001:2000在各成员国中进行了系统评审,以确定是否撤消、保持原状、修正或修订。评审结果表明,需要修正ISO 9001:2000。所谓"修正"是指"对规范性文件内容的特定部分的修改、增加或删除"。

根据ISO/指南72:2001《管理体系标准论证和制定指南》的要求,ISO/TC 176/SC2(国际标准化组织/质量管理和质量保证技术委员会/质量体系分委员会）向 TCl76 提交了论证报告，以表明有足够的合理性需要对 ISO 9001：2000 进行修正。

在 2004 年 ISO/TC 176 年会上，ISO/TC 176 认可了有关修正 ISO 9001：2000 的论证报告，并决定成立项目组（ISO/TC 176/SC 2/WG 18/TG 1.19），对 ISO 9001：2000 进行有限修正。

（4）2015 年第四次修订。2015 年是 ISO 9000 系列标准发布的 25 周年。在这第 25 周年，ISO 组织团体对 ISO 9001：2015 最终国际标准草案进行了投票表决，正式版ISO 9001：2015 标准于 2015 年 9 月 23 日正式发布。

这也是现在正在进行着的第四次修订，这一次标准的变化幅度相当大，特别是在结构、视野、兼容性、适用及易用性方面，同时也引入了一些最新的管理理念/要求（如：风险管理、知识管理等）。标准的编写者（ISO/TC 176）希望此次改版能为未来 10 年乃至更长时间提供一个稳定的核心标准（中检通检测，2016）。按照计划，至 2018 年 9 月，3 年体系转换周期内，所有的 ISO 9001：2008 证书都将作废且失效。

因此，ISO/TC 176 至今已颁布 ISO 9000 五个版本的标准：①第一版：ISO 8402。1986 年 3 月 ISO 9000 – ISO 9004：1987 年 3 月颁布，共六大标准。②第二版：1994 年 7 月 1 日颁布，共二十七大标准 ISO 9000 – ISO 9004（1994 版 3 种模式）。③第三版：2000 年 12 月 15 日颁布，共五大标准（ISO 9001：2000 版只有一种模式）。④第四版：2008 年 6 月 1 日颁布，共五大标准（ISO 9001：2008 版只有一种模式）。⑤第五版：2015 年 9 月 23 日颁布，目前包括 ISO 9001：2015、ISO 9000：2015、ISO 9004：2009 和 ISO 19011：2011 四个标准。

3. 质量认证步骤

ISO 9000 质量认证步骤如下：

第 1 步：制定一项实施 ISO 质量体系标准的计划；

第 2 步：参照 ISO 质量体系标准对现存的质量体系进行评价；

第 3 步：采取正确行动来遵守所有 ISO 质量体系要求；

第 4 步：建立文件和记录系统；

第 5 步：完成质量手册并使之行之有效；

第 6 步：让注册团体安排一次评估前的审核；

第 7 步：被认证组织为正式评估做准备；

第 8 步：注册团体实行评估审核。

（二）ISO 14000 环境管理体系

ISO 14000 环境管理系列标准是 ISO 继 ISO 9000 质量管理和质量保证系列标准之后推出的第二个管理性系列标准，用于组织内部环境管理体系的建立、实施与审核，通过经常和规范化的管理活动实现对减少污染和环境保护的承诺及应尽的义务，并通过审核和注册向外部予以证实。该标准适用于全球商业、工业、政府、非盈利组织和其他用户，对改善管理体系的有效性和每个组织的环境行为，加强国际合作与交流，减少世界贸易中的非关税壁垒具有重要促进作用。

1. 标准体系特点

ISO 充分意识到在环境保护方面的责任和应起的作用，于 1992 年建立了"环境战略咨询组（ISO/SAGE）"，1993 年成立了 ISO/TC 207"环境管理标准化技术委员会"，正式开发环境管理领域的标准化工作。ISO 14000 环境管理系列标准是 ISO 组织为 TC 207 预留的 100 个系列标准号，即 ISO 14001 – ISO 14100 的统称。制订这套标准的目的，主要是规范世界各国所有组织的环境行为，以达到减少环境污染、节省资源的目标，进而消除贸易壁垒。从 1996 年 9 月以来，ISO 14000 系列中已正式颁布了 6 个国际标准，其中 ISO 14001 是建立环境管理体系以及认证审核的最根本的准则（表 4-2）。目前，国际、国内所进行的 ISO 14000 认证是指对组织环境管理体系的认证，取得的是 ISO 14001 认证证书。该系列标准一经颁布便受到了国际社会的广泛关注和支持，特别是欧、美、日等国家的积极响应。申请并获得 ISO 14001 证书已成为通往国际市场的绿色通行证（郭兆军，2015）。

表 4-2　ISO 14000 系列标准号分配

	名称	标准号		名称	标准号
SC1	环境管理体系（EMS）	14001 – 14009	SC5	生命周期评估（LCA）	14040 – 14049
SC2	环境审核（EA）	14010 – 14019	SC6	术语和定义（T&D）	14050 – 14059
SC3	环境标志（EL）	14020 – 14029	WG1	产品标准中的环境指标	14060
SC4	环境行为评价（EPE）	14030 – 14039		备用	14061 – 14100

2. 管理认证实施

ISO 14000 管理体系认证，分为初次认证、年度监督检查和复评认证等。

（1）初次认证。①企业将填写好的《ISO 14000 认证申请表》连同认证要求中有关材料报给"中环联合（北京）认证中心"（以下简称"认证中心"）。认证中心收到申请认证材料后，会对文件进行初审，符合要求后发放"受理通知书"（这意味着如果材料提交不全，就不能取得受理资格，更谈不上签合同缴费了。对这一点，申请认证的企业和中环认证咨询辅导机构的工作人员都应给以足够重视，以免影响进度），申请认证的企业根据"受理通知书"与认证中心签订合同。②认证中心收到企业的全额认证费后，向企业发出组成现场检查组的通知，并在现场检查 1 周前将检查组组成和检查计划正式报企业确认。③现场检查按环境标志产品保障措施指南的要求和相对应的环境标志产品认证技术要求进行，对需要进行检验的产品，由检查组负责对申请认证的产品进行抽样并封样，送指定的检验机构检验。④检查组根据企业申请材料、现场检查情况、产品环境行为检验报告撰写环境标志产品综合评价报告，提交技术委员会审查。⑤认证中心收到技术委员会审查意见后，汇总审查意见，报认证中心总经理批准。⑥认证中心向认证合格企业颁发环境标志认证证书，组织公告和宣传。⑦获证企业如需标识，可向认证中心订购；如有特殊印制要求，应向认证中心提出申请并备案。⑧年度监督审核每年一次。

（2）年度监察。①认证中心根据企业认证证书发放时间，制订年检计划，提前向企业下发年检通知。企业按合同要求缴纳年度监督管理费，认证中心组成检查组，到企业进行现场检查工作。②现场检查时，对需要进行检验的产品，由检查组负责对申请认证的产品进行抽样并封样，送指定的检验机构检验。③检查组根据企业材料、检查报告、产品检验报告撰写综合评价报告，报认证中心总经理批准。④年度监督检查每年一次。

（3）复评认证。3 年到期的企业，应重新填写"ISO 14000 认证申请表"，连同有关材料报认证中心。其余认证程序同初次认证。

组织通过 ISO 14000 环境管理体系认证，可以获得如下利益：①由于对生产运行整体控制，可以减少"三废"排放，降低能耗，节省资源，从而有效地推行清洁生产，实现降低组织生产成本和污染预防；②可通过环境管理制度化、体系化，提高组织的环境意识和环境管理水平，改善环境行为，满足有关环境法律、法规的要求，减少环境事故风险，避免环境刑事责任；③对社会和环境负责任的组织可以树立良好的组织形象和产品形象，提高组织的知名度，增强用户的认同和信任，使环境效益和经济效益得以有机的结合；④良好的环境意识、环境条件和社会形象可以满足顾客需求、提高市场份额、吸引投资者、合作者和潜在的用户，有利于消除绿色贸易壁垒，促进经贸发展。

四、ISO 林产品技术标准

世界林产品种类繁多，相关标准也很多，这里简单介绍木材、人造板、木结构、木地板、木家具、软木及制品、纸及纸板和纸浆、竹藤制品等 8 类主要林产品相关标准的详细名称、发布日期、标准号等关键信息（ISO ，2016e）。

（一）木材

ISO 有关木材标准目录列于表 4-3。

表4-3　ISO 木材国际标准目录

序号	详细名称	发布日期	国际分类号	标准号
1	针叶锯材 – 缺陷 – 分类 Coniferous sawn timber - Defects - Classification	1974/12/1	79. 040	ISO 1029：1974
2	针叶锯材 – 缺陷 – 测量 Coniferous sawn timber - Defects - Measurement	1975/12/1	79. 040	ISO 1030：1975
3	针叶锯材 – 缺陷 – 术语和定义 Coniferous sawn timber - Defects - Terms and definitions	1974/12/1	01. 040. 79/79. 040	ISO 1031：1974
4	针叶锯材 – 尺寸 – 术语和定义 Coniferous sawn timber - Sizes - Terms and definitions	1974/12/1	01. 040. 79/79. 040	ISO 1032：1974
5	实木复合地板 – 一般特性 Solid wood parquet - General characteristics	1975/9/1	79. 080	ISO 1072：1975
6	圆木 – 尺寸和方法为量的测定测量要求 Round timber - Requirements for the measurement of dimensions and methods for the determination of volume	2011/9/15	79. 040	ISO 13059：2011
7	木材的物理和力学性能 – 试验方法对小清木标本 – 第 1 部分：水分含量的测定物理和机械测试 Physical and mechanical properties of wood - Test methods for small clear wood specimens - Part 1：Determination of moisture content for physical and mechanical tests	2014/10/1	79. 040	ISO 13061 – 1：2014

（续）

序号	详细名称	发布日期	国际分类号	标准号
8	木材的物理和力学性能 – 试验方法对小清木标本 – 第2部分：密度的测定物理和机械测试 Physical and mechanical properties of wood - Test methods for small clear wood specimens - Part 2：Determination of density for physical and mechanical tests	2014/10/1	79.040	ISO 13061 – 2：2014
9	木材的物理和力学性能 – 试验方法对小清木标本 – 第3部分：静态弯曲测定的强度极限 Physical and mechanical properties of wood - Test methods for small clear wood specimens - Part 3：Determination of ultimate strength in static bending	2014/12/1	79.040	ISO 13061 – 3：2014
10	木材的物理和力学性能 – 试验方法对小清木标本 – 第4部分：弹性的静态弯曲模量的测定 Physical and mechanical properties of wood - Test methods for small clear wood specimens - Part 4：Determination of modulus of elasticity in static bending	2014/12/1	79.040	ISO 13061 – 4：2014
11	木材的物理和力学性能 – 试验方法对小清木标本 – 第6部分：极限顺纹拉伸应力测定 Physical and mechanical properties of wood - Test methods for small clear wood specimens - Part 6：Determination of ultimate tensile stress parallel to grain	2014/12/1	79.040	ISO 13061 – 6：2014
12	木材的物理和力学性能 – 试验方法对小清木标本 – 第7部分：横纹测定极限拉伸应力 Physical and mechanical properties of wood - Test methods for small clear wood specimens - Part 7：Determination of ultimate tensile stress perpendicular to grain	2014/12/1	79.040	ISO 13061 – 7：2014
13	实木复合地板 – 橡木片的分类 Solid wood parquet - Classification of oak strips	1985/5/30	79.080	ISO 1324：1985
14	非结构性木材分级要求 Non - structural timber grading requirements	2012/8/1	79.040	ISO 16415：2012
15	实木地板一般要求 General requirements for solid wood flooring	2014/12/15	79.040	ISO 17959：2014
16	木地板的制造 – 根据品种标记符号 Wood for manufacture of wood flooring - Symbols for marking according to species	1976/3/1	79.080	ISO 2036：1976
17	阔叶树锯材 – 缺陷 – 分类 Sawn timber of broadleaved species - Defects - Classification	1973/8/1	79.040	ISO 2299：1973
18	阔叶树锯材 – 缺陷 – 术语和定义 Sawn timber of broadleaved species - Defects - Terms and definitions	1973/12/1	01.040.79/79.040	ISO 2300：1973
19	阔叶树锯材 – 缺陷 – 测量 Sawn timber of broadleaved species - Defects - Measurement	1973/8/1	79.040	ISO 2301：1973
20	木材 – 圆木和锯木 – 词汇 Timber - Round and sawn timber - Vocabulary	2013/9/1	79.040/01.040.79	ISO 24294：2013
21	实木复合地板 – 榉木条分类 Solid wood parquet - Classification of beech strips	1976/6/1	79.080	ISO 2457：1976
22	木材 – 洁净木材小样品的物理力学试验取样方法和一般要求 Wood - Sampling methods and general requirements for physical and mechanical testing of small clear wood specimens	2012/2/1	79.040	ISO 3129：2012

（续）

序号	详细名称	发布日期	国际分类号	标准号
23	木材–横纹抗压试验 Wood-Testing in compression perpendicular to grain	1975/11/1	79.040	ISO 3132：1975
24	针叶锯材–标称尺寸 Coniferous sawn timber-Nominal dimensions	1975/11/1	79.040	ISO 3179：1974
25	木材–极限顺纹剪应力测定 Wood-Determination of ultimate shearing stress parallel to grain	1976/1/1	79.040	ISO 3347：1976
26	木材–测定冲击弯曲强度 Wood-Determination of impact bending strength	1975/8/1	79.040	ISO 3348：1975
27	木材–静态硬度的测定 Wood-Determination of static hardness	1975/8/1	79.040	ISO 3350：1975
28	木材–耐冲击压痕测定 Wood-Determination of resistance to impact indentation	1975/12/1	79.040	ISO 3351：1975
29	阔叶木材原料实木复合地板块–一般特性 Broad-leaved wood raw parquet blocks-General characteristics	1977/2/1	79.080	ISO 3397：1977
30	阔叶木材原料实木复合地板块–橡树地板块分类 Broadleaved wood raw parquet blocks-Classification of oak parquet blocks	1977/2/1	79.080	ISO 3398：1977
31	阔叶木材原料实木复合地板块–榉木实木复合地板块分类 Broadleaved wood raw parquet blocks-Classification of beech parquet blocks	1976/4/1	79.080	ISO 3399：1976
32	木材–径向和切向收缩率的测定 Wood-Determination of radial and tangential shrinkage	1981/11/1	79.040	ISO 4469：1981
33	锯材–大量的平均含水率的测定 Sawn timber-Determination of the average moisture content of a lot	1981/12/1	79.040	ISO 4470：1981
34	木材–采样测定木材的均质看台物理和机械性能样品树木和日志 Wood-Sampling sample trees and logs for determination of physical and mechanical properties of wood in homogeneous stands	1982/5/1	79.040	ISO 4471：1982
35	针叶阔叶锯材–运输包装 Coniferous and broadleaved sawn timber-Transportation packages	1983/5/1	79.040	ISO 4472：1983
36	针叶树和阔叶树锯材原木–可见缺陷–测量 Coniferous and broadleaved tree sawlogs-Visible defects-Measurement	1989/6/22	79.040	ISO 4475：1989
37	木材–体积收缩率的测定 Wood-Determination of volumetric shrinkage	1982/12/1	79.040	ISO 4858：1982
38	木材–径向和切向肿胀的测定 Wood-Determination of radial and tangential swelling	1982/12/1	79.040	ISO 4859：1982
39	木材–体积膨胀的测定 Wood-Determination of volumetric swelling	1982/12/1	79.040	ISO 4860：1982
40	实木复合地板–冷杉和云杉条分类 Solid wood parquet-Classification of fir and spruce strips	1980/5/1	79.080	ISO 5320：1980
41	针叶木材原料实木复合地板块–一般特性 Coniferous wood raw parquet blocks-General characteristics	1978/2/1	79.080	ISO 5321：1978
42	实木复合地板和实木复合地板原料块–词汇 Solid wood parquet and raw parquet blocks-Vocabulary	1984/12/1	01.040.79/79.080	ISO 5323：1984

（续）

序号	详细名称	发布日期	国际分类号	标准号
43	实木铺路砖 – 硬木铺路石 – 质量要求 Solid wood paving blocks - Hardwood paving blocks - Quality requirements	1978/2/1	79.080	ISO 5326：1978
44	实木铺路砖 –一般特性 Solid wood paving blocks - General characteristics	1978/2/1	79.080	ISO 5327：1978
45	实木铺路石 – 软木铺路砖 – 质量要求 Solid wood paving blocks - Softwood paving blocks - Quality requirements	1978/2/1	79.080	ISO 5328：1978
46	实木铺路砖 – 词汇 Solid wood paving blocks - Vocabulary	1978/5/1	01.040.79/79.080	ISO 5329：1978
47	针叶木材原料实木复合地板块 – 冷杉和云杉实木复合地板块分类 Coniferous wood raw parquet blocks - Classification of fir and spruce parquet blocks	1978/5/1	79.080	ISO 5333：1978
48	实木复合地板 – 海岸松条分类 Solid wood parquet - Classification of maritime pine strips	1978/2/1	79.080	ISO 5334：1978
49	马赛克拼花板 – 一般特性 Mosaic parquet panels - General characteristics	1975/11/1	79.080	ISO 631：1975
50	针叶锯材 – 尺寸 – 测量方法 Coniferous sawn timber - Sizes - Methods of measurement	1975/4/1	79.040	ISO 737：1975
51	针叶锯材 – 大小 – 允许偏差和收缩 Coniferous sawn timber - Sizes - Permissible deviations and shrinkage	2015/8/1	79.040	ISO 738：2015
52	阔叶锯材 – 公称尺寸 Broadleaved sawn timber - Nominal sizes	2016/2/15	79.040	ISO 8903：1994
53	阔叶锯材 – 尺寸 – 测量方法 Broadleaved sawn timber - Sizes - Methods of measurement	1990/11/15	79.040	ISO 8904：1990
54	锯材 – 试验方法 – 顺纹剪切极限强度的测定 Sawn timber - Test methods - Determination of ultimate strength in shearing parallel to grain	1988/6/23	79.040	ISO 8905：1988
55	锯材 – 试验方法 – 局部横向压缩性的测定 Sawn timber - Test methods - Determination of resistance to local transverse compression	1988/7/14	79.040	ISO 8906：1988
56	伐木业 – 技术 – 术语和定义 Logging industry - Technology - Terms and definitions	2013/10/15	79.020/01.040.79	ISO 8965：2013
57	木材 – 物理和力学性能试验方法 – 词汇 – 第1部分：一般概念和宏观结构 Wood - Methods of physical and mechanical testing - Vocabulary - Part 1：General concepts and macrostructure	1987/10/29	79.040/01.040.79	ISO 9086 – 1：1987

（二）人造板

国际标准化组织人造板技术委员会(ISO/TC 89)是 ISO 人造板专业技术机构，负责提出各类人造板的名词术语、分类、尺寸公差、试验方法、抽样检验、加工性能、以及质量要求等方面的标准技术文件，技术委员会秘书处设在德国标准化协会(DIN)内。ISO/TC 89 下设三个分技术委员会和若干个工作组，具体负责各项标准文件的起草工作(商务部，2016)。人造板标准主要包括胶合板、纤维板和刨花板的标准，其标准目录列于表4-4。

表 4-4　ISO 人造板标准目录

序号	详细名称	发布日期	国际分类号	标准号
1	单板层积材（LVL）-黏合质量-第1部分：试验方法 Laminated Veneer Lumber（LVL）-Bonding quality - Part 1：Test methods	2011/4/15	79.060.99	ISO 10033-1：2011
2	单板层积材（LVL）-黏合质量-第2部分：要求 Laminated Veneer Lumber（LVL）-Bonding quality - Part 2：Requirements	2011/4/15	79.060.99	ISO 10033-2：2011
3	胶合板-分类 Plywood - Classification	2014/2/1	79.060.10	ISO 1096：2014
4	人造板-甲醛释放量的测定-第1部分：由1m³室法测定甲醛释放量 Wood-based panels - Determination of formaldehyde release - Part 1：Formaldehyde emission by the 1 - cubic - metre chamber method	2007/9/15	79.060.01	ISO 12460-1：2007
5	人造板-甲醛释放量的测定-第3部分：气体分析法 Wood-based panels - Determination of formaldehyde release - Part 3：Gas analysis method	2015/11/1	79.060.01	ISO 12460-3：2015
6	人造板-甲醛释放量的测定-第4部分：干燥器法 Wood-based panels - Determination of formaldehyde release - Part 4：Desiccator method	2016/1/15	79.060.01	ISO 12460-4：2016
7	人造板-甲醛释放量的测定-第5部分：提取方法（称为穿孔法）Wood-based panels - Determination of formaldehyde release - Part 5：Extraction method（called the perforator method）	2015/11/15	79.060.01	ISO 12460-5：2015
8	胶合板-规范 Plywood - Specifications	2007/4/1	79.060.10	ISO 12465：2007
9	胶合板-胶合质量-第1部分：试验方法 Plywood - Bonding quality - Part 1：Test methods	2007/11/15	79.060.10	ISO 12466-1：2007
10	胶合板-胶合质量-第2部分：要求 Plywood - Bonding quality - Part 2：Requirements	2007/11/15	79.060.10	ISO 12466-2：2007
11	胶合板-装饰单板贴面胶合板 Plywood-Decorative veneered plywood	2014/2/15	79.060.10	ISO 13608：2014
12	人造板-胶合板-夹芯板和压条板 Wood - based panels - Plywood - Blockboards and batten boards	2014/2/1	79.060.99	ISO 13609：2014
13	波纹纤维板-抗边缘破碎的测定-边缘涂蜡法 Corrugated fibreboard - Determination of edgewise crush resistance - Waxed edge method first edition			ISO 13821-2002
14	人造板-刨花板 Wood-based panels - Particleboard	2016/1/15	79.060.20	ISO 16893：2016
15	人造板 刨花板 第1部分：分类 Wood-based panels - Particleboard - Part 1：Classifications			ISO 16893-1-2008
16	人造板 刨花板 第2部分：要求 Wood-based panels. Particleboard. Part 2：Requirements			ISO 16893-2-2010
17	人造板-定向刨花板（OSB）-定义、分类和规格 Wood-based panels - Oriented strand board（OSB）- Definitions，classification and specifications	2009/11/15	79.060.20/ 01.040.79	ISO 16894：2009
18	人造板-干法纤维板 Wood-based panels - Dry - process fibreboard	2016/2/1	79.060.20	ISO 16895：2016

（续）

序号	详细名称	发布日期	国际分类号	标准号
19	人造板 干法纤维板 第1部分：分类 Wood-based panels – Dry - process fibreboard – Part 1：Classifications			ISO 16895 – 1 – 2008
20	人造板 干法纤维板 第2部分：要求 Wood-based panels. Dry - process fibreboard. Part 2：Requirements			ISO 16895 -2 -2010
21	人造板 – 弯曲弹性模量和弯曲强度的测定 Wood-based panels - Determination of modulus of elasticity in bending and of bending strength	2003/7/1	79. 060. 01	ISO 16978：2003
22	人造板 – 水分含量的测定 Wood-based panels - Determination of moisture content	2003/5/1	79. 060. 01	ISO 16979：2003
23	人造板 – 表面合理性的测定 Wood-based panels - Determination of surface soundness	2003/7/1	79. 060. 01	ISO 16981：2003
24	人造板 – 浸水后厚度膨胀的测定 Wood-based panels - Determination of swelling in thickness after immersion in water	2003/5/15	79. 060. 01	ISO 16983：2003
25	人造板 – 板的垂直平面抗拉强度的测定 Wood-based panels - Determination of tensile strength perpendicular to the plane of the panel	2003/5/15	79. 060. 01	ISO 16984：2003
26	人造板 – 与相对湿度变化有关的尺寸变化的测定 Wood-based panels - Determination of dimensional changes associated with changes in relative humidity	2003/5/15	79. 060. 01	ISO 16985：2003
27	人造板 – 耐湿性循环测试条件下测定 Wood-based panels - Determination of moisture resistance under cyclic test conditions	2003/9/1	79. 060. 01	ISO 16987：2003
28	人造板 – 耐湿性的测定 – 煮沸测试 Wood-based panels - Determination of moisture resistance - Boil test	2003/7/1	79. 060. 01	ISO 16998：2003
29	人造板 – 取样和试片切割 Wood-based panels - Sampling and cutting of test pieces	2003/7/1	79. 060. 01	ISO 16999：2003
30	人造板 - 纤维板、刨花板和定向刨花板（OSB）– 词汇 Wood-based panels - Fibreboard, particleboard and oriented strand board（OSB）- Vocabulary	2004/3/1	79. 060. 20	ISO 17064：2004
31	胶合板 – 术语和定义、物理特性和公差的测定 Veneers - Terms and definitions, determination of physical characteristics and tolerances	2008/2/1	79.060.01/01.040.79	ISO 18775：2008
32	单板层积材（LVL）– 规格 Laminated veneer lumber（LVL）- Specifications	2008/2/1	79. 060. 99	ISO 18776：2008
33	胶合板 – 尺寸公差 Plywood - Tolerances on dimensions	2013/11/1	79. 060. 10	ISO 1954：2013
34	人造板 – 在70℃或100℃测定浸水后的湿抗弯强度（沸点）Wood-based panels - Determination of wet bending strength after immersion in water at 70 degrees C or 100 degrees C（boiling temperature）	2005/10/15	79. 060. 01	ISO 20585：2005
35	胶合板 – 词汇 Plywood - Vocabulary	2007/8/1	79. 060. 10/01. 040. 79	ISO 2074：2007
36	胶合板 – 按外观分类 – 第1部分：总则 Plywood - Classification by surface appearance - Part 1 - General	2000/12/1	79. 060. 10	ISO 2426 – 1：2000

（续）

序号	详细名称	发布日期	国际分类号	标准号
37	胶合板 – 按外观分类 – 第 2 部分：硬木 Plywood - Classification by surface appearance - Part 2：Hardwood	2000/12/1	79.060.10	ISO 2426 – 2：2000
38	胶合板 – 按外观分类 – 第 3 部分：软木 Plywood - Classification by surface appearance - Part 3：Softwood	2000/12/1	79.060.10	ISO 2426 – 3：2000
39	人造板 – 螺钉轴向拔出耐受力的测定 Wood - based panels - Determination of resistance to axial withdrawal of screws	2009/7/15	79.060.01	ISO 27528：2009
40	单板层积材 – 尺寸规格与形状的测量 – 试验方法 Laminated veneer lumber - Measurement of dimensions and shape - Method of test	2009/5/1	79.060.99	ISO 27567：2009
41	人造板 – 湿法纤维板 – 第 1 部分：分类 Wood-based panels - Wet – process fibreboard - Part 1：Classifications	2009/8/1	79.060.20	ISO 27769 – 1：2009
42	人造板 – 湿法纤维板 – 第 2 部分：要求 Wood-based panels - Wet – process fibreboard - Part 2：Requirements	2009/8/1	79.060.20	ISO 27769 – 2：2009
43	建造用纤维板 – 砂含量的测定 Fibre building boards - Determination of sand content	1976/4/1	79.060.20	ISO 3340：1976
44	木工机械 胶合板切边机 – 术语和验收条件 Wood-working machines：Veneer pack edge shears：Nomenclature and acceptance conditions			ISO 7949 – 1985
45	人造板 – 试件尺寸的测定 Wood-based panels - Determination of dimensions of test pieces	2003/6/1	79.060.01	ISO 9424：2003
46	人造板 – 板材尺寸的测定 Wood-based panels - Determination of dimensions of panels	2003/6/15	79.060.01	ISO 9426：2003
47	人造板 – 密度的测定 Wood-based panels - Determination of density	2003/7/1	79.060.01	ISO 9427：2003
48	木工机械 胶合板板切片机 术语 Woodworking machines：Veneer slicing machines：nomenclature			ISO 9558 – 1989

（三）木结构

ISO 有关木结构标准目录列于表 4 -5。

表 4 -5　ISO 木结构国际标准目录

序号	详细名称	发布日期	国际分类号	标准号
1	木结构 – 设计标准检查 Timber structures - Review of design standards	2013/4/1	91.080.20	ISO/TR 18267：2013
2	木结构 – 阻粘剂黏结性能 – 第 3 部分：黏合试验用替代种类的使用 Timber structures - Bond performance of adhesives - Part 3：Use of alternative species for bond tests	2013/5/1	91.080.20	ISO/TR 20152 – 3：2013
3	竹 – 测定物理和机械性能 – 第 2 部分：实验室手册 Bamboo - Determination of physical and mechanical properties - Part 2：Laboratory manual	2004/5/1	79.04	ISO/TR 22157 – 2：2004

（续）

序号	详细名称	发布日期	国际分类号	标准号
4	木材－指形接头－最低生产要求和测试方法 Timber － Finger joints - Minimum production requirements and testing methods	2014/4/15	91.080.20	ISO 10983：2014
5	木结构－暗榫紧固件－第1部分：屈服力矩的测定 Timber structures - Dowel-type fasteners - Part 1：Determination of yield moment	2009/8/15	91.080.20	ISO 10984－1：2009
6	木结构－暗榫紧固件－第2部分：嵌入强度的测定 Timber structures - Dowel-type fasteners - Part 2：Determination of embedding strength	2009/8/15	91.080.20	ISO 10984－2：2009
7	木结构－特征值的测定－第1部分：基本要求 Timber structures - Determination of characteristic values - Part 1：Basic requirements	2014/3/1	91.080.20	ISO 12122－1：2014
8	木结构－确定特征值－第2部分：锯材 Timber structures - Determination of characteristic values - Part 2：Sawn timber	2014/3/1	91.080.20	ISO 12122－2：2014
9	木结构－胶合木－组件性能和生产要求 Timber structures - Glued laminated timber - Component performance requirements	2016/5/1	91.080.20	ISO 12578：2008
10	木结构－胶合木－构件的性能要求 Timber structures - Glued laminated timber - Component performance requirements	2016/5/1	91.080.20	ISO 12578：2016
11	木结构－胶合木－试验方法的胶线剪切强度 Timber structures - Glued laminated timber - Method of test for shear strength of glue lines	2007/10/1	91.080.20	ISO 12579：2007
12	木结构－胶合木－测试的胶线剥离方法 Timber structures - Glued laminated timber - Methods of test for glue－line delamination	2007/10/1	91.080.20	ISO 12580：2007
13	木结构－强度分级木材－试验方法、结构特性 Timber structures - Strength graded timber - Test methods for structural properties	2014/5/1	91.080.20	ISO 13910：2014
14	结构木材－机械强度等级－基本原理 Structural timber - Machine strength grading - Basic principles	2005/7/15	79.04	ISO 13912：2005
15	木材极点－基本要求和试验方法 Timber poles - Basic requirements and test methods	2010/4/1	91.080.20	ISO 15206：2010
16	木结构－对木质的屋顶和地板面板组件统一、集中、静态和集中的冲击负荷－试验方法 Timber structures - Uniform, concentrated static and concentrated impact loads on wood-based roof and floor panel assemblies - Test methods	2013/9/1	91.080.20	ISO 16507：2013
17	木结构－木基板材－结构特性的试验方法 Timber structures - Wood-based panels - Test methods for structural properties	2008/6/1	79.060.01/91.080.20	ISO 16572：2008
18	木结构－结构分类锯材 Timber structures - Structural classification for sawn timber	2015/9/1	91.080.20	ISO 16598：2015

（续）

序号	详细名称	发布日期	国际分类号	标准号
19	木结构－机械紧固件接头－准静态逆循环试验方法 Timber structures‐Joints made with mechanical fasteners‐Quasi‐static reversed‐cyclic test method	2003/12/15	91.080.20	ISO 16670：2003
20	木结构－测试方法－驾驶的螺丝扭转阻力 Timber structures‐Test methods‐Torsional resistance of driving in screws	2014/5/1	91.080.20	ISO 17754：2014
21	木结构－试验方法－楼板振动性能 Timber structures‐Test methods‐Floor vibration performance	2016/4/1	91.080.20	ISO 18324：2016
22	木结构－胶合木－面和边接裂解试验 Timber structures‐Glued laminated timber‐Face and edge joint cleavage test	2007/11/1	91.080.20	ISO 19993：2007
23	木结构－阻粘剂黏结性能－第1部分：基本要求 Timber structures‐Bond performance of adhesives‐Part 1：Basic requirements	2010/8/1	91.080.20	ISO 20152－1：2010
24	木结构－阻粘剂黏结性能－第2部分：附加要求 Timber structures‐Bond performance of adhesives‐Part 2：Additional requirements	2011/7/15	91.080.20	ISO 20152－2：2011
25	木结构－抗震墙静力和周期横向荷载试验方法 Timber structures‐Static and cyclic lateral load test methods for shear walls	2010/6/15	91.080.20	ISO 21581：2010
26	竹－结构设计 Bamboo－Structural design	2004/5/15	91.080.20	ISO 22156：2004
27	竹－测定物理和机械性能－第1部分：要求 Bamboo‐Determination of physical and mechanical properties‐Part 1：Requirements	2004/6/1	79.04	ISO 22157－1：2004
28	木结构－工字梁的弯曲强度－第1部分：测试，评估和鉴定 Timber structures‐Bending strength of I‐beams‐Part 1：Testing, evaluation and characterization	2010/5/15	91.080.20	ISO 22389－1：2010
29	木结构－工字梁的弯曲应用－第2部分：组件的性能和制造要求 Timber structures‐Bending applications of I‐beams‐Part 2：Component performance and manufacturing requirements	2012/1/15	91.080.20	ISO 22389－2：2012
30	木结构－单板层积材－结构特性 Timber structures‐Laminated veneer lumber‐Structural properties	2010/8/1	91.080.20	ISO 22390：2010
31	木结构－结构隔热板的墙壁－试验方法 Timber structures‐Structural insulated panel walls‐Test methods	2011/6/15	91.080.20	ISO 22452：2011
32	木结构－机械紧固件接头－为强度和变形特性测定的一般原则 Timber structures‐Joints made with mechanical fasteners‐General principles for the determination of strength and deformation characteristics	1983/5/1	91.080.20	ISO 6891：1983
33	木结构－胶合木－试验方法测定的物理机械性能 Timber structures‐Glued laminated timber‐Test methods for determination of physical and mechanical properties	2009/2/1	91.080.20	ISO 8375：2009
34	木结构－的穿孔金属板紧固件和接头测试 Timber structures‐Testing of punched metal plate fasteners and joints	2011/11/1	91.080.20	ISO 8969：2011

（续）

序号	详细名称	发布日期	国际分类号	标准号
35	木结构－机械紧固件接头的测试－木材密度的要求 Timber structures - Testing of joints made with mechanical fasteners - Requirements for wood density	2010/6/15	91.080.20	ISO 8970：2010
36	木材－轴向荷载作用下钉子和螺钉固着力的确定 Wood - Determination of nail and screw holding power under axial load application	1998/10/15	91.080.20	ISO 9087：1998
37	结构木材－可视强度等级－基本原理 Structural timber - Visual strength grading - Basic principles	2005/7/15	79.04	ISO 9709：2005
38	轻型框架木结构－四个国家设计文件的比较 Light - frame timber construction - Compare ISO of four national design documents	2010/4/1	91.080.20	ISO/TR 12910：2010

（四）木地板

国际标准化组织木材技术委员会（ISO/TC 218）成立于1998年，是负责非结构用针叶材和阔叶材原木、锯材、木材的各种加工处理技术以及木地板方面标准的国际标准技术委员会，下设术语（WG1）、原木（WG2）、锯材和加工材（WG3）、试验方法（WG4）、地板（WG5）、木制品（WG6）、废弃木材（WG7）共7个标准工作组。每年通过举行"木材标准化科学与实践国际会议"和"ISO/TC 218年会"，讨论最新国际木材标准化工作进展、总结和部署技术委员会年度工作。木地板国际标准由ISO/TC 218负责制定，具体标准目录见表4-6。

（五）木家具

国际标准化组织家具技术委员会（ISO/TC 136）通过制定家具领域的国际标准，特别是关于术语、安全要求和测试方法方面的标准，对产品管理和创新以及行业发展起到了协调和规范作用，对消除家具贸易方面的技术性贸易壁垒也具有重要意义。ISO/TC 136秘书处设在瑞典标准协会（SIS），拥有30个成员国和34个观察员国，中国是30个成员国之一（ISO，2016d）。上海市质检院提出的床类家具新标准项目《家具床类强度和耐久性测试方法》及建立新工作组"床类测试方法"提案于2014年5月20日在上海得到ISO/TC 136第12届年会的一致通过，标志着中国首个ISO/TC 136工作组落户上海（中国质量报，2014）。这是我国首次成功获得ISO/TC 136标准制修订话语权，成为中国家具标准走向世界的重要里程碑。

ISO/TC 136包括3个工作组：TC 136/WG1办公椅——测试方法；TC 136/WG2办公台和办公桌——测试方法；TC 136/WG3储物家具——判断强度和耐久性的测试方法。

家具种类繁多，用途也较多（如家用、办公等），材料各不同（如木制、金属、塑料等，还和纺织品等结合）。所以，ISO/TC 136还和其他ISO的TC或SC（分技术委员会）合作开展标准化活动，与之关系较为密切的TC或SC包括：①TC45：橡胶和橡胶制品；②TC59/SC3：建筑结构中的功能/使用者要求和性能；③TC61：塑料；④TC110/SC3：脚轮和车轮；⑤TC159：人体工学；⑥TC162：门和窗；⑦TC173：残疾人辅助用品。

表 4-6　ISO 木地板国际标准目录

序号	详细名称	发布日期	标准号
1	实木拼花地板 一般特性 Solid wood parquets - Classification of general characteristics	1975	ISO 1072 – 1975
2	实木拼花地板 栎木条分类 Solid wood parquets - Classification of vale strips	1985	ISO 1324 – 1985
3	木地板生产用材 树种代号 Wood for manufacture of wood flooring：symbols for marking according to species	1976	ISO 2036 – 1976
4	实木拼花地板 山毛榉木的分类 Solid wood parquets - Classification of beech strips	1976	ISO 2457 – 1976
5	阔叶树拼花地板原材 一般特性 Broadleaved wood raw parquet blocks - General characteristics	1977	ISO 3397 – 1977
6	阔叶树拼花地板原材 栎木拼花地板块的分类 Broadleaved wood raw parquet blocks - Classification of oak parquet blocks	1977	ISO 3398 – 1977
7	阔叶树拼花地板原材 山毛榉木拼花地板块的分类 Broadleaved wood raw parquet blocks - Classification of beech parquet blocks	1976	ISO 3399 – 1976
8	集成软木地砖 – 试验方法 Floor tiles of agglomerated cork - Methods of test	1987	ISO 3810 – 1987
9	弹性地板覆盖物．软木地板砖 – 规范 Resilient floor coverings - Cork floor tiles - Specification	2004	ISO 3813 – 2004
10	实木拼花地板 冷杉和云杉木条的分类 Solid wood raw parquet - Classification of fir and spruce strips	1980	ISO 5320 – 1980
11	针叶拼花地板原材 一般特性 Coniferous wood raw parquet blocks - General characteristics	1978	ISO 5321 – 1978
12	实木拼花地板和拼花地板原材 词汇(3 种语言版) Solid wood raw parquet block - General vocabulary(Trilingual edition)	1984	ISO 5323 – 1984
13	实木铺面木块硬质材铺面木块 质量要求 Solid wood paving block - Hardwood paving blocks - quality requirements	1978	ISO 5326 – 1978
14	实木铺面木块 一般特性 Solid wood paving block - General characteristics	1978	ISO 5327 – 1978
15	实木铺面木块 软质铺面木块 质量要求 Solid wood paving block - Softwood paving blocks - quality requirements	1978	ISO 5328 – 1978
16	实木铺面木块 词汇(三种语言版) Solid wood paving block - Vocabulary(Trilingualedition)	1978	ISO 5329 – 1978
17	针叶树拼花地板原材、冷杉和云杉拼花地板块的分类 Coniferous wood raw parquet blocks - Classification of fir and spruce parquet blocks	1978	ISO 5333 – 1978
18	针叶树拼花地板原材 冷杉和云杉拼花地板的分类 Coniferous wood raw parquet blocks - Classification of fir and spruce parquet blocks	1978	ISO 5333 – 1978
19	实木拼花地板 海岸松木条的分类 Solid wood parquet - Classification of maritime pine strips	1978	ISO 5334 – 1978
20	实木拼花地板 海岸松木条的分类 Solid wood parquet - Classification of maritime pine strips	1978	ISO 5334 – 1978
21	体育器械 – 自由体操用面 – 地板 Gymnastic equipment - Surfaces for floor exercises - Boards	1980	ISO 5907 – 1980
22	镶嵌地板 一般特性 Solid wood parquets - General characteristics	1975	ISO 631 – 1975

目前 ISO/TC136 在家具领域开展的标准化活动主要有：①术语和定义；②性能、安全和尺寸要求；③特定部件的要求（如硬件）；④测试方法。

ISO/TC136 制定的家具标准内容包括储物柜、桌、椅、凳、床、厨房设备及儿童家具等产品标准，以及家具表面性能、阻燃性能等性能标准和家具脚轮等配件标准，ISO 16000-1、ISO 16000-2、ISO 16000-3、ISO 16000-4 和 ISO 16000-6 共 5 个室内空气标准也涉及家具释放的有机物含量（ISO，2016c）。ISO 有关家具标准目录见表 4-7。

表 4-7　ISO 木家具国际标准目录

序号	详细名称	发布日期	国际分类号	标准号
1	办公家具-办公室工作椅-尺寸的测定方法 Office furniture - Office work chairs - Methods for the determination of dimensions	2012/11/15	97.14	ISO/TR 24496：2012
2	折叠床-安全要求和试验-第 1 部分：安全要求 Foldaway beds - Safety requirements and tests - Part 1：Safety requirements	1997/8/7	97.14	ISO 10131-1：1997
3	折叠床-安全要求和试验-第 2 部分：试验方法 Foldaway beds - Safety requirements and tests - Part 2：Test methods	1997/8/7	97.14	ISO 10131-2：1997
4	室内空气 第 10 部分：建材及家具挥发性有机成分排放量测定 排放试验单元法 Indoor air - Part 10：Determination of the emission of volatile organic compounds from building products and furnishing - Emission test cell method ampling, storage of samples and preparation of test specimens	2006		ISO 16000-10-2006
5	室内空气 第 11 部分：建材及家具挥发性有机成分排放量测定 取样、试样贮存及试样的制备 Indoor air - Part 11：Determination of the emission of volatile organic compounds from building products and furnishing - Sampling, storage of samples and preparation of test specimens	2006		ISO 16000-11-2006
6	室内空气 第 9 部分：来自建筑产品和家具的挥发性有机化合物排放的测定 排放试验室法 Indoor air - Part 9：Determination of the emission of volatile organic compounds from building products and furnishing - Emission test chamber method	2006		ISO 16000-9-2006
7	办公家具-办公室工作椅-稳定性，强度和耐久性测定的测试方法 Office furniture - Office work chairs - Test methods for the determination of stability, strength and durability	2007/6/15	97.14	ISO 21015：2007
8	办公室家具 办公室工作椅 测定稳定性、强度和耐用性的试验方法 Office furniture - Office work chairs - Test methods for the determination of stability, strength and durability			ISO 21015-2007
9	办公家具-桌子和办公桌-稳定性，强度和耐久性测定的测试方法 Office furniture - Tables and desks - Test methods for the determination of stability, strength and durability	2007/7/1	97.14	ISO 21016：2007
10	厨房设备-协调尺寸 Kitchen equipment - Coordinating sizes	1985/5/2	97.040.01	ISO 3055：1985
11	家具-表面抗冷液体性能的评定 Furniture - Assessment of surface resistance to cold liquids	1979/9/1	97.14	ISO 4211：1979

（续）

序号	详细名称	发布日期	国际分类号	标准号
12	家具－表面试验－第2部分：耐湿热性的评定 Furniture-Tests for surface finishes-Part 2：Assessment of resistance to wet heat	2013/5/15	97.14	ISO 4211－2：2013
13	家具－表面试验－第3部分：耐干热性的评定 Furniture-Tests for surface finishes-Part 3：Assessment of resistance to dry heat	2013/5/15	97.14	ISO 4211－3：2013
14	家具－表面试验－第4部分：耐冲击性的评定 Furniture-Tests for surfaces-Part 4：Assessment of resistance to impact	1988/7/7	97.14	ISO 4211－4：1988
15	家具－教育机构用桌椅－功能尺寸 Furniture-Chairs and tables for educational institutions-Functional sizes	1979/12/1	97.14	ISO 5970：1979
16	家具－储藏柜－强度和耐久性的测定 Furniture-Storage units-Determination of strength and durability	2005/12/15	97.14	ISO 7170：2005
17	家具－储藏柜－稳定性的测定 Furniture-Storage units-Determination of stability	1988/5/26	97.14	ISO 7171：1988
18	家具－桌子－稳定性的测定 Furniture-Tables-Determination of stability	1988/5/5	97.14	ISO 7172：1988
19	家具－椅子和凳子－强度和耐久性的测定 Furniture-Chairs and stools-Determination of strength and durability	1989/6/29	97.14	ISO 7173：1989
20	家具－椅子－稳定性测定－第1部分：直立式椅子和凳子 Furniture-Chairs-Determination of stability-Part 1：Upright chairs and stools	1988/7/7	97.14	ISO 7174－1：1988
21	家具－椅子－稳定性测定－第2部分：充分向后靠时具有倾斜和斜倚机械性能的椅子和摇椅 Furniture-Chairs-Determination of stability-Part 2：Chairs with tilting or reclining mechanisms when fully reclined, and rocking chairs	1992/10/1	97.14	ISO 7174－2：1992
22	居室用儿童床和折叠床－第1部分：安全要求 Children's cots and folding cots for domestic use-Part 1：Safety requirements	1997/8/14	97.14	ISO 7175－1：1997
23	居室用儿童床和折叠床－第2部分：试验方法 Children's cots and folding cots for domestic use-Part 2：Test methods	1997/8/14	97.14	ISO 7175－2：1997
24	内装潢用塑料涂层材料. 第1部分：PVC涂层编织物的说明书 Plastics-coated fabrics for upholstery. Part 1：Specification for pvc-coated knitted fabrics third edition	2001		ISO 7617－1－2001
25	塑料 室内装饰用涂塑织物 第2部分：聚氯乙烯涂覆纺织品规范 Plastics-coated fabrics for upholstery. Part 2：Specification for pvc-coated woven fabrics third edition	2003		ISO 7617－2－2003
26	塑料 室内装饰用涂覆材料 第3部分：聚氨酯涂覆纺织品的规范 Plastics-Coated fabrics for upholstery-Part 3：Specification for polyurethane-coated woven fabrics	1988		ISO 7617－3－1988

（续）

序号	详细名称	发布日期	国际分类号	标准号
27	家具－装潢家具可燃性的评定－第1部分：火源：燃着的香烟 Furniture - Assessment of the ignitability of upholstered furniture - Part 1：Ignition source：smouldering cigarette	1987/2/5	13.220.40/97.140	ISO 8191－1：1987
28	家具－装潢家具可燃性的评定－第2部分：火源：火柴火焰等同物 Furniture - Assessment of ignitability of upholstered furniture - Part 2：Ignition source：match - flame equivalent	1988/10/27	13.220.40/97.140	ISO 8191－2：1988
29	家用双层床－安全要求和试验－第1部分：安全要求 Bunk beds for domestic use - Safety requirements and tests - Part 1：Safety requirements	1994/11/3	97.14	ISO 9098－1：1994
30	家用双层床－安全要求和试验－第2部分：试验方法 Bunk beds for domestic use - Safety requirements and tests - Part 2：Test methods	1994/11/3	97.14	ISO 9098－2：1994
31	家具－儿童高脚椅－第1部分：安全要求 Furniture - Children's high chairs - Part 1：Safety requirements	2015/11/1	97.14	ISO 9221－1：2015
32	家具－儿童高脚椅－第2部分：试验方法 Furniture - Children's high chairs - Part 2：Test methods	2015/11/1	97.14	ISO 9221－2：2015

（六）软木及制品

ISO 有关软木及其制品的标准目录列于表4-8。

表4-8　ISO 软木及其制品国际标准目录

序号	详细名称	发布日期	国际分类号	标准号
1	软木塞－全球迁移的测定 Cork stoppers - Determination of global migration	2003/3/15	55.100/79.100	ISO 10106：2003
2	天然软木、再生软木、软木栓皮、碎栓皮、烧焦软木、软木废料、煮软木片和原软木废料－定义和包装 Virgin cork, raw reproduction cork, ramassage, gleanings, burnt cork, cork waste, boiled cork pieces and raw corkwaste - Definitions and packaging	2015/5/15	79.100	ISO 1215：2015
3	软木的木板－分级、分类和包装 Corkwood in planks - Grading, classification and packing	1998/12/20	79.100	ISO 1216：1998
4	软木－无气葡萄汁酒用软木塞的可视异常现象 Cork - Visual anomalies of cork stoppers for still wines	2013/1/15	55.100/79.100	ISO 16419：2013
5	软木－葡萄汁酒储存用软木塞－机械和物理规格 Cork - Cork stoppers for still wines - Mechanical and physical specifications	2013/1/15	55.100/79.100	ISO 16420：2013
6	软木－葡萄汁酒储存用软木塞－软木塞的质量控制抽样计划 Cork - Cork stoppers for still wine - Sampling plan for the quality control of cork stoppers	2012/12/15	55.100/79.100	ISO 17727：2012
7	软木粒和软木粉－分类、性质和包装 Granulated cork and cork powder - Classification, properties and packing	1992/11/25	79.100	ISO 1997：1992
8	软木粒－机械筛分粒度分析 Granulated cork - Size analysis by mechanical sieving	1990/10/25	79.100	ISO 2030：1990

（续）

序号	详细名称	发布日期	国际分类号	标准号
9	软木粒－表观密度的测定 Granulated cork - Determination of apparent bulk density	2015/10/1	79.100	ISO 2031：2015
10	弹性地板覆盖物－合成软木的水分含量的测定 Resilient floor coverings - Determination of moisture content of agglomerated composition cork	2004/4/1	79.100	ISO 2066：2004
11	软木粒－取样 Granulated cork - Sampling	1998/10/1	79.100	ISO 2067：1998
12	软木塞－可释放柠檬酸（TCA）测定 Cork stoppers - Determination of releasable 2,4,6 - trichloroanISO l (TCA)	2014/6/15	79.100	ISO 20752：2014
13	软木塞－测定氧化残留物－碘量滴定法 Cork stoppers - Determination of oxidizing residues - Iodometric titration method	2006/2/1	79.100/55.100	ISO 21128：2006
14	软木粒－水分含量的测定 Granulated cork - Determination of moisture content	1998/10/1	79.100	ISO 2190：1998
15	建筑物保温产品－工厂制膨胀软木（ICB）产品－规格 Thermal insulation products for buildings - Factory－made products of expanded cork（ICB）- Specification	2010/9/1	91.100.60/79.100	ISO 2219：2010
16	软木塞－感官分析 Cork stoppers - Sensory analysis	2005/6/15	79.100/67.240	ISO 22308：2005
17	软木塞－天然软木、再生软木、软木栓皮、碎栓皮、烧焦软木、软木废料、煮软木片和原软木废料－采样测定水分含量 Packed cork - Virgin cork, raw reproduction cork, ramassage, gleanings, burnt cork, boiled reproduction cork and raw cork waste - Sampling to determine moisture content	2015/8/1	79.100	ISO 2385：2015
18	软木塞－天然软木、再生软木、软木栓皮、碎栓皮、烧焦软木、软木废料、煮软木片和原软木废料－水分含量测定 Packed cork - Virgin cork, raw reproduction cork, ramassage, gleanings, burnt cork, boiled reproduction cork and raw cork waste - Determination of moisture content	2015/8/1	79.100	ISO 2386：2015
19	吸音纯膨胀软木地砖 Sound-absorbing expanded pure agglomerated cork in tiles	1989/5/18	91.100.60/79.100	ISO 2509：1989
20	凝聚软木地板砖－试验方法 Floor tiles of agglomerated cork - Methods of test	1987/9/10	79.100/79.080	ISO 3810：1987
21	弹性地板覆盖物－软木地板－规范 Resilient floor coverings - Cork floor tiles - Specification	2004/4/1	79.100	ISO 3813：2004
22	弹性地板覆盖物－组成软木表观密度的测定 Resilient floor coverings - Determination of apparent density of composition cork	2004/4/1	79.100	ISO 3850：2004
23	复合软木－伸缩缝填充物－试验方法 Composition cork - Expansion joint fillers - Test methods	2001/7/1	79.100/91.100.50	ISO 3867：2001
24	复合软木－伸缩缝填充物－规格、包装和标志 Composition cork - Expansion joint fillers - Specifications, packaging and marking	2001/7/1	79.100/91.100.50	ISO 3869：2001
25	软木塞－尺寸特性抽样检验 Cork - Stoppers - Sampling for inspection of dimensional characteristics	1981/5/1	55.100/79.100	ISO 4707：1981

（续）

序号	详细名称	发布日期	国际分类号	标准号
26	复合软木 – 衬垫材料 – 试验方法 Composition cork - Gasket material - Test methods	2015/9/15	79.100/21.140	ISO 4708：2015
27	复合软木 – 衬垫材料 – 分类体系、要求、取样、包装和标记 Composition cork - Gasket material - Classification system, requirements, sampling, packaging and marking	2000/12/15	79.100/21.140	ISO 4709：2000
28	软木 – 圆筒形制动器的起泡葡萄酒和气化葡萄酒 – 特点 Cork - Cylindrical stoppers for sparkling wines and gasified wines - Characteristics	2000/3/2	79.100/21.140	ISO 4710：2000
29	复合软木 – 规格、取样、包装和标记 Composition cork - Specifications, sampling, packaging and marking	2000/3/15	79.100	ISO 4714：2000
30	软木 – 词汇 Cork - Vocabulary	2007/7/1	79.100/01.040.79	ISO 633：2007
31	复合软木 – 试验方法 Composition cork - Test methods	2014/10/15	79.100	ISO 7322：2014
32	软木装饰板 – 规格参数 Cork decorative panels - Specification	2009/11/15	79.100	ISO 8724：2009
33	软木墙纸卷 – 规格参数 Cork wallcoverings in rolls - Specifications	2010/11/1	79.100	ISO 9149：2010
34	整体地板软木弹性砖片 – 边缘平直度和垂直度的测定与检验 Agglomerated cork floor tiles - Determination of dimensions and deviation from squareness and from straightness of edges	2001/5/1	79.100/91.100.60	ISO 9366：2001
35	圆柱形软木塞 – 物理试验 – 第1部分：尺寸的测定 Cylindrical cork stoppers - Physical tests - Part 1：Determination of dimensions	2007/5/15	55.100/79.100	ISO 9727 – 1：2007
36	圆柱形软木塞 – 物理试验 – 第2部分：凝聚软木塞质量和表观密度测定 Cylindrical cork stoppers - Physical tests - Part 2：Determination of mass and apparent density for agglomerated cork stoppers	2007/5/15	55.100/79.100	ISO 9727 – 2：2007
37	圆柱形软木塞 – 物理试验 – 第3部分：水分含量的测定 Cylindrical cork stoppers - Physical tests - Part 3：Determination of humidity content	2007/5/15	55.100/79.100	ISO 9727 – 3：2007
38	圆柱形软木塞 – 物理试验 – 第4部分：压缩后尺寸恢复的测定 Cylindrical cork stoppers - Physical tests - Part 4：Determination of dimensional recovery after compression	2007/5/15	55.100/79.100	ISO 9727 – 4：2007
39	圆柱形软木塞 – 物理试验 – 第5部分：提取力的测定 Cylindrical cork stoppers - Physical tests - Part 5：Determination of extraction force	2007/5/15	55.100/79.100	ISO 9727 – 5：2007
40	圆柱形软木塞 – 物理试验 – 第6部分：液体密封性的测定 Cylindrical cork stoppers - Physical tests - Part 6：Determination of liquid tightness	2007/5/15	55.100/79.100	ISO 9727 – 6：2007
41	圆柱形软木塞 – 物理试验 – 第7部分：粉尘含量的测定 Cylindrical cork stoppers - Physical tests - Part 7：Determination of dust content	2007/5/15	55.100/79.100	ISO 9727 – 7：2007
42	鞋底用合成软木 Composition cork for shoe outsoles	2014/9/1	61.060/79.100	ISO 9986：2014

（七）纸及纸板和纸浆

ISO 有关纸及纸板和纸浆的标准目录列于表 4-9。

表 4-9 ISO 纸及纸板和纸浆国际标准目录

序号	详细名称	发布日期	国际分类号	标准号
1	纸、纸板和纸浆 - 质量分数的测定的基本术语和公式 Paper, board and pulps - Basic terms and equations for optical properties	2015/11/15	85.040/85.060	ISO/TR 10688：2015
2	纸浆 - 实验室精炼的基本准则 Pulps - Basic guidelines for laboratory refining	2013/10/15	85.040	ISO/TR 11371：2013
3	纸、纸板和纸浆 - 不确定性估计测试方法 Paper, board and pulps - Estimation of uncertainty for test methods	2006/10/1	85.060/85.040	ISO/TR 24498：2006
4	纸、纸板和纸浆 - 图像分析测量的基本准则 Paper, board and pulps - Basic guidelines for image analysis measurements	2008/9/15	85.060/85.040	ISO/TR 25477：2008
5	纸和纸板 - 断裂韧性的测定 - 拉伸法的恒定速度（1.7mm/s）Paper and board - Determination of fracture toughness - Constant rate of elongation method（1.7 mm/s）	2013/4/15	85.060	ISO/TS 17958：2013
6	纸和纸板 - 自动在线检测 - 标准化的测量和在线测量仪的输出之间的可比性计量 Paper and board - Automated on - line testing - Metrological comparability between standardized measurements and output of on - line gauges	2015/11/15	85.060	ISO/TS 20460：2015
7	纸浆 - 质量分数的测定 Pulps - Determination of mass fraction of fines	2011/4/15	85.040	ISO 10376：2011
8	纸和纸板 - 碱储备的测定 Paper and board - Determination of alkali reserve	1994/12/22	85.060	ISO 10716：1994
9	纸、纸板和纸浆 - 镉含量的测定 - 原子吸收光谱法 Paper, board and pulps - Determination of cadmium content - Atomic absorption spectrometric method	2013/8/1	85.040/85.060	ISO 10775：2013
10	纸和纸板 - 纸芯的测定 - 第 1 部分：取样 Paper and board - Testing of cores - Part 1：Sampling	1994/12/8	85.060	ISO 11093 - 1：1994
11	纸和纸板 - 纸芯的测定 - 第 2 部分：试验样品的调理 Paper and board - Testing of cores - Part 2：Conditioning of test samples	1994/12/8	85.060	ISO 11093 - 2：1994
12	纸和纸板 - 纸芯的测定 - 第 3 部分：用烘干法水分测定 Paper and board - Testing of cores - Part 3：Determination of moisture content using the oven drying method	1994/12/8	85.060	ISO 11093 - 3：1994
13	纸和纸板 - 纸芯的测定 - 第 4 部分：尺寸的测量 Paper and board - Testing of cores - Part 4：Measurement of dimensions	1997/6/12	85.060	ISO 11093 - 4：1997
14	纸和纸板 - 纸芯的测定 - 第 5 部分：同心旋转特性的测定 Paper and board - Testing of cores - Part 5：Determination of characteristics of concentric rotation	2016/2/1	85.060	ISO 11093 - 5：2016
15	纸和纸板 - 纸芯的测定 - 第 6 部分：三点法测定抗弯强度 Paper and board - Testing of cores - Part 6：Determination of bending strength by the three-point method	2005/5/1	85.060	ISO 11093 - 6：2005

（续）

序号	详细名称	发布日期	国际分类号	标准号
16	纸和纸板 – 纸芯的测定 – 第 7 部分：三点法测定弯曲模量 Paper and board - Testing of cores - Part 7：Determination of flexural modulus by the three-point method	2011/9/15	85.060	ISO 11093 – 7：2011
17	纸和纸板 – 纸芯的测定 – 第 8 部分：实验模态分析法测定天然频率和弯曲模量 Paper and board - Testing of cores - Part 8：Determination of natural frequency and flexural modulus by experimental modal analysis	2012/9/1	85.060	ISO 11093 – 8：2012
18	纸和纸板 – 纸芯的测定 – 第 9 部分：平压强度的测定 Paper and board - Testing of cores - Part 9：Determination of flat crush resistance	2006/10/1	85.060	ISO 11093 – 9：2006
19	纸和纸板 – CIE 白度的测定、D65/10 度（室外日光）Paper and board - Determination of CIE whiteness，D65/10 degrees（outdoor daylight）	2004/11/15	85.060	ISO 11475：2004
20	纸和纸板 – CIE 白度的测定、C/2 度（室内照明条件）Paper and board - Determination of CIE whiteness，C/2 degrees（indoor illumination conditions）	2010/8/1	85.060	ISO 11476：2010
21	纸浆、纸和纸板 – 总氯和有机结合氯的测定 Pulp, paper and board - Determination of total chlorine and organically bound chlorine	1997/10/16	85.040/85.060	ISO 11480：1997
22	纸和纸板 – 使用单一垂直悬挂试片卷曲的测定 Paper and board - Determination of curl using a single vertically suspended test piece	2005/6/15	85.060	ISO 11556：2005
23	纸和纸板 – 压缩强度的测定 – 环压法 Paper and board - Determination of compressive strength - Ring crush method	2011/9/15	85.060	ISO 12192：2011
24	卫生纸和纸巾产品 – 第 1 部分：术语的一般指南 Tissue paper and tissue products - Part 1：General guidance on terms	2011/8/1	01.040.85/85.060	ISO 12625 – 1：2011
25	卫生纸和纸巾产品 – 第 11 部分：湿球爆破强度的测定 Tissue paper and tissue products - Part 11：Determination of wet ball burst strength	2012/12/15	85.060	ISO 12625 – 11：2012
26	卫生纸和纸巾产品 – 第 12 部分：打孔线的拉伸强度的测定 – 穿孔效率计算 Tissue paper and tissue products - Part 12：Determination of tensile strength of perforated lines - Calculation of perforation efficiency	2010/1/15	85.060	ISO 12625 – 12：2010
27	卫生纸和纸巾产品 – 第 15 部分：光学性能的测定 – 亮度和颜色与 C/2°（室内日光）光源的测量 Tissue paper and tissue products - Part 15：Determination of optical properties - Measurement of brightness and colour with C/2（indoor daylight）illuminant	2015/2/15	85.060	ISO 12625 – 15：2015
28	卫生纸和纸巾产品 – 第 16 部分：光学性能的测定 – 不透明度（纸背衬） – 漫反射法 Tissue paper and tissue products - Part 16：Determination of optical properties - Opacity（paper backing）- Diffuse reflectance method	2015/2/15	85.060	ISO 12625 – 16：2015
29	卫生纸和纸巾产品 – 第 3 部分：厚度、膨松厚度、表观体积密度和体积的测定 Tissue paper and tissue products - Part 3：Determination of thickness, bulking thickness and apparent bulk density and bulk	2014/3/15	85.060	ISO 12625 – 3：2014

（续）

序号	详细名称	发布日期	国际分类号	标准号
30	卫生纸和纸巾产品 – 第4部分：抗拉强度、断裂时伸长率和抗张能量吸收的测定 Tissue paper and tissue products - Part 4：Determination of tensile strength，stretch at break and tensile energy absorption	2005/4/15	85.060	ISO 12625 – 4：2005
31	卫生纸和纸巾产品 – 第5部分：湿拉伸强度的测定 Tissue paper and tissue products - Part 5：Determination of wet tensile strength	2005/4/15	85.060	ISO 12625 – 5：2005
32	卫生纸和纸巾产品 – 第6部分：克重的测定 Tissue paper and tissue products - Part 6：Determination of grammage	2005/2/1	85.060	ISO 12625 – 6：2005
33	卫生纸和纸巾产品 – 第7部分：光学性能的测定 – 亮度的测量和色彩搭配 D65/10°（室外日光）Tissue paper and tissue products - Part 7：Determination of optical properties - Measurement of brightness and colour with D65/10°（outdoor daylight）	2014/5/1	85.060	ISO 12625 – 7：2014
34	卫生纸和纸巾产品 – 第8部分：吸水时间和吸水能力、篮浸法 Tissue paper and tissue products - Part 8：Water-absorption time and water-absorption capacity，basket-immersion test method	2010/12/15	85.060	ISO 12625 – 8：2010
35	卫生纸和纸巾产品 – 第9部分：钢球式顶破强力的测定 Tissue paper and tissue products - Part 9：Determination of ball burst strength	2015/2/15	85.060	ISO 12625 – 9：2015
36	纸、纸板和纸浆 – 酸溶性镁、钙、锰、铁、铜、钠、钾的测定 Paper，board and pulps - Determination of acid-soluble magnesium，calcium，manganese，iron，copper，sodium and potassium	2011/11/15	85.060/85.040	ISO 12830：2011
37	纸和纸板 – 卷筒芯的内径规格 Paper and board - Specification for internal diameters of cores for reels	2006/11/1	85.060	ISO 13542：2006
38	纸、纸板和瓦楞纸板 – 压缩测试设备的描述和校准 Paper，board and corrugated fibreboard - Description and calibration of compression-testing equipment	2014/4/15	85.100	ISO 13820：2014
39	瓦楞纸板 – 边压强度的测定 – 上蜡边缘法 Corrugated fibreboard - Determination of edgewise crush resistance - Waxed edge method	2002/9/1	85.060	ISO 13821：2002
40	纸浆 – 标准自来水排水测量 – 电导率为 40～150 mm/s Pulps - Standard tap water for drainability measurements - Conductivity 40 mS/m to 150 mS/m	2010/3/1	85.040	ISO 14436：2010
41	纸浆 – 丙酮可溶物的测定 Pulps - Determination of acetone - soluble matter	2014/4/1	85.040	ISO 14453：2014
42	纸浆 – 物理测试标准水 Pulps - Standard water for physical testing	1997/6/5	85.040	ISO 14487：1997
43	纸和纸板 – 基本尺寸办公用纸 – 成包纸页卷曲的测定 Paper and board - Cut - size office paper - Measurement of curl in a pack of sheets	1999/3/4	85.060	ISO 14968：1999
44	纸浆、纸和纸板 – 7 指定的多氯联苯（PCB）测定 Pulp，paper and board - Determination of 7 specified polychlorinated biphenyls（PCB）	1999/11/11	85.060/85.040	ISO 15318：1999

（续）

序号	详细名称	发布日期	国际分类号	标准号
45	纸浆、纸和纸板 – 水提物中五氯酚的测定 Pulp, paper and board - Determination of pentachlorophenol in an aqueous extract	2011/8/15	85.060/85.040	ISO 15320：2011
46	纸和纸板 – 摩擦的静态和动态系数的测定 – 水平面方法 Paper and board - Determination of the static and kinetic coefficients of friction - Horizontal plane method	1999/9/30	85.060	ISO 15359：1999
47	再生纸浆 – 胶粘物和塑料的估算 – 第 1 部分：目测法 Recycled pulps - Estimation of Stickies and Plastics - Part 1：Visual method	2000/4/1	85.040	ISO 15360 – 1：2000
48	再生纸浆 – 胶粘物和塑料的估算 – 第 2 部分：图像分析法 Recycled pulps - Estimation of Stickies and Plastics - Part 2：Image analysis method	2015/11/1	85.040	ISO 15360 – 2：2015
49	纸浆 – 零距抗张强度（湿法或干法）的测定 Pulps - Determination of zero - span tensile strength, wet or dry	2000/3/1	85.040	ISO 15361：2000
50	纸和纸板 – z 向抗张强度的测定 Paper and board - Determination of z - directional tensile strength	2009/3/15	85.060	ISO 15754：2009
51	纸和纸板 – 杂质估算 Paper and board - Estimation of contraries	1999/8/12	85.060	ISO 15755：1999
52	纸浆 – 用自动光学分析纤维长度的测定 – 第 1 部分：偏振光法 Pulps - Determination of fibre length by automated optical analysis - Part 1：Polarized light method	2014/4/1	85.040	ISO 16065 – 1：2014
53	纸浆 – 用自动光学分析纤维长度的测定 – 第 2 部分：非偏振光法 Pulps - Determination of fibre length by automated optical analysis - Part 2：Unpolarized light method	2014/1/15	85.040	ISO 16065 – 2：2014
54	纸和纸板 – 耐油脂性的测定 – 第 1 部分：透气性测试 Paper and board - Determination of grease resistance - Part 1：Permeability test	2008/12/1	85.060	ISO 16532 – 1：2008
55	纸和纸板 – 耐油脂性的测定 – 第 2 部分：表面拒水性测试 Paper and board - Determination of grease resistance - Part 2：Surface repellency test	2007/9/15	85.060	ISO 16532 – 2：2007
56	纸和纸板 – 耐油脂性的测定 – 第 3 部分：用于玻璃纸和防油纸空隙松节油测试 Paper and board - Determination of grease resistance - Part 3：Turpentine test for voids in glassine and greaseproof papers	2010/10/1	85.060	ISO 16532 – 3：2010
57	瓦楞纸 – 实验室起楞后的边压强度的测定 Corrugating medium - Determination of the edge crush resistance after laboratory fluting	2014/3/1	85.060	ISO 16945：2014
58	纸、纸板和纸浆 – 525℃灼烧残渣（灰）的测定 Paper, board and pulps - Determination of residue（ash）on ignition at 525 degrees C	2015/6/15	85.040	ISO 1762：2015
59	纸、纸板和纸浆 – 总镁、总钙、总锰、总铁、总铜含量的测定 Paper, board and pulps - Determination of total magnesium, total calcium, total manganese, total iron and total copper	2007/12/1	85.040/85.060	ISO 17812：2007
60	纸和纸板 – 取样测定平均质量 Paper and board - Sampling to determine average quality	2002/3/15	85.060	ISO 186：2002

（续）

序号	详细名称	发布日期	国际分类号	标准号
61	纸、纸板和纸浆 – 用于监测和试验程序和调节测试的标准大气 Paper, board and pulps - Standard atmosphere for conditioning and testing and procedure for monitoring the atmosphere and conditioning of samples	1990/12/13	85. 060/85. 040	ISO 187：1990
62	纸和纸板 – 拉伸性能的测定 – 第 2 部分：拉伸法的恒定速度（20 mm/min）Paper and board - Determination of tensile properties - Part 2：Constant rate of elongation method（20 mm/min）	2008/12/15	85. 060	ISO 1924 – 2：2008
63	纸和纸板 – 拉伸性能的测定 – 第 3 部分：拉伸法的恒定速度（100 mm/min）Paper and board - Determination of tensile properties - Part 3：Constant rate of elongation method（100 mm/min）	2005/7/1	85. 060	ISO 1924 – 3：2005
64	纸 – 抗撕裂性的测定 – 埃尔门多夫法 Paper - Determination of tearing resistance - Elmendorf method	2012/5/1	85. 060	ISO 1974：2012
65	纸、纸板和纸浆 – 在 900℃灼烧残渣（灰）的测定 Paper, board and pulps - Determination of residue（ash）on ignition at 900 degrees C	2015/5/15	85. 060	ISO 2144：2015
66	书写纸和某些种类的印刷品 – 成品规格 – A 和 B 系列及机器方向的指示 Writing paper and certain classes of printed matter - Trimmed sizes-A and B series, and indication of machine direction	2007/9/15	85. 080. 10	ISO 216：2007
67	纸 – 半成品规格 – 主要和辅助范围的设计和公差以及机器方向的指示 Paper - Untrimmed sizes - Designation and tolerances for primary and supplementary ranges, and indication of machine direction	2013/7/15	85. 060	ISO 217：2013
68	纸 – 基本尺寸办公用纸 – 边缘质量的测量 Paper - Cut – size office paper - Measurement of edge quality	2004/10/15	85. 060/85. 080. 10	ISO 22414：2004
69	纸浆和造纸 – 有效残留油墨浓度的测定（ERIC 号）的红外反射测量 Pulp and paper - Determination of the effective residual ink concentration（ERIC number）by infrared reflectance measurement	2008/11/15	85. 040/85. 060	ISO 22754：2008
70	纸 – 漫反射测量法测定透射比 Paper - Determination of transmittance by diffuse reflectance measurement	2013/3/1	85. 060	ISO 22891：2013
71	纸浆 – 用自动光学分析纤维粗度的测定 – 偏振光法 Pulps - Determination of fibre coarseness by automated optical analysis - Polarized light method	2005/7/1	85. 040	ISO 23713：2005
72	纸浆 – 保水值的测定（WRV）Pulps - Determination of water retention value（WRV）	2014/2/1	85. 040	ISO 23714：2014
73	纸、纸板和纸浆 – 漫反射系数的测定（漫反射系数）Paper, board and pulps - Measurement of diffuse radiance factor（diffuse reflectance factor）	2014/8/1	85. 060/85. 040	ISO 2469：2014
74	纸、纸板和纸浆 – 蓝光漫反射系数测定 – 第 1 部分：室内日光条件（ISO 亮度）Paper, board and pulps - Measurement of diffuse blue reflectance factor - Part 1：Indoor daylight conditions（ISO brightness）	2009/10/1	85. 060/85. 040	ISO 2470 – 1：2009

（续）

序号	详细名称	发布日期	国际分类号	标准号
75	纸、纸板和纸浆 – 蓝光漫反射系数测定 – 第2部分：室外日光条件（D65 亮度）Paper, board and pulps - Measurement of diffuse blue reflectance factor - Part 2：Outdoor daylight conditions（D65 brightness）	2008/11/1	85.060/85.040	ISO 2470 – 2：2008
76	纸和纸板 – 不透明度（纸背衬）的测定 – 漫反射法 Paper and board - Determination of opacity（paper backing）- Diffuse reflectance method	2008/12/15	85.060	ISO 2471：2008
77	纸和纸板 – 抗弯曲性的测定 – 第1部分：偏转速率常数 Paper and board - Determination of bending resistance - Part 1：Constant rate of deflection	2010/11/15	85.060	ISO 2493 – 1：2010
78	纸和纸板 – 抗弯曲性的测定 – 第2部分：美国泰伯尔式测试仪 Paper and board - Determination of bending resistance - Part 2：Taber - type tester	2011/11/15	85.060	ISO 2493 – 2：2011
79	板材 – 水蒸气渗透率的测定 – 重量法 Sheet materials - Determination of water vapour transmission rate - Gravimetric（dish）method	1995/8/24	85.060	ISO 2528：1995
80	纸 – 耐破裂强度的测定 Paper - Determination of bursting strength	2014/8/15	85.060	ISO 2758：2014
81	板 – 耐破裂强度的测定 Board - Determination of bursting strength	2014/7/1	85.060	ISO 2759：2014
82	纸和纸板 – 大量水分含量的测定 – 烘干方法 Paper and board - Determination of moisture content of a lot - Oven – drying method	2009/6/1	85.060	ISO 287：2009
83	纸、纸板和纸浆 – 盐水提取物的 pH 值的测定 Paper, board and pulps - Determination of pH of salted water extracts	2009/12/15	85.040	ISO 29681：2009
84	纸浆 – 卡伯值的测定 Pulps - Determination of Kappa number	2015/8/1	85.040	ISO 302：2015
85	瓦楞纸板 – 单张纸厚度的测定 Corrugated fibreboard - Determination of single sheet thickness	2011/6/1	85.060	ISO 3034：2011
86	瓦楞纸板 – 平压强度的测定 Corrugated fibreboard - Determination of flat crush resistance	2011/11/1	85.060	ISO 3035：2011
87	板 – 耐刺穿性的测定 Board - Determination of puncture resistance	1975/6/1	85.060	ISO 3036：1975
88	瓦楞纸板 – 边压强度的测定（蜡边法）Corrugated fibreboard - Determination of edgewise crush resistance（unwaxed edge method）	2013/8/1	85.060	ISO 3037：2013
89	瓦楞纤维板 – 通过浸渍法测定胶水黏合的耐水性 Corrugated fibreboard - Determination of the water resistance of the glue bond by immersion	1975/5/1	85.060	ISO 3038：1975
90	瓦楞纸板 – 分离后的组分定量测定 Corrugated fibreboard - Determination of grammage of the component papers after separation	2010/8/1	85.060	ISO 3039：2010
91	纸浆 – 氯消耗的测定（脱木素度）Pulps - Determination of chlorine consumption（Degree of delignification）	2015/4/1	85.040	ISO 3260：2015

（续）

序号	详细名称	发布日期	国际分类号	标准号
92	纸浆－实验室纸张的对蓝光漫反射系数测量的准备（ISO 亮度）Pulps - Preparation of laboratory sheets for the measurement of diffuse blue reflectance factor（ISO brightness）	1999/3/11	85.040	ISO 3688：1999
93	纸和纸板－浸水后的耐破强度的测定 Paper and board - Determination of bursting strength after immersion in water	1983/9/1	85.060	ISO 3689：1983
94	纸和纸板－浸水后的拉伸强度的测定 Paper and board - Determination of tensile strength after immersion in water	2011/9/1	85.060	ISO 3781：2011
95	纸和纸板－耐拉毛性的测定－用 IGT 型测试仪（电动式）加速法 Paper and board - Determination of resistance to picking - Accelerated speed method using the IGT - type tester（electric model）	2006/7/1	85.060	ISO 3783：2006
96	纸、纸板、纸浆及相关术语－词汇－第 1 部分：字母索引 Paper, board, pulps and related terms - Vocabulary - Part 1：Alphabetical index	2016/3/1	01.040.85/85.040/85.020/85.060	ISO 4046 - 1：2016
97	纸、纸板、纸浆及相关术语－词汇－第 2 部分：制浆术语 Paper, board, pulps and related terms - Vocabulary - Part 2：Pulping terminology	2016/3/1	01.040.85/85.040	ISO 4046 - 2：2016
98	纸、纸板、纸浆及相关术语－词汇－第 3 部分：造纸术语 Paper, board, pulps and related terms - Vocabulary - Part 3：Paper - making terminology	2016/3/1	01.040.85/85.020	ISO 4046 - 3：2016
99	纸、纸板、纸浆及相关术语－词汇－第 4 部分：纸和纸板及加工产品 Paper, board, pulps and related terms - Vocabulary - Part 4：Paper and board grades and converted products	2016/3/1	01.040.85/85.060	ISO 4046 - 4：2016
100	纸、纸板、纸浆及相关术语－词汇－第 5 部分：纸浆、纸和纸板的性质 Paper, board, pulps and related terms - Vocabulary - Part 5：Properties of pulp, paper and board	2016/3/1	01.040.85/85.040/85.060	ISO 4046 - 5：2016
101	纸、纸板和纸浆－检测仪器的国际间校准－标准化和授权的实验室的提名和验收 Paper, board and pulps - International calibration of testing apparatus - Nomination and acceptance of standardizing and authorized laboratories	2005/4/15	85.040/85.060/85.020	ISO 4094：2005
102	纸浆－浆料浓度的测定 Pulps - Determination of stock concentration	1995/6/8	85.040	ISO 4119：1995
103	纸浆－实验室湿解离－第 1 部分：纸浆化学解离 Pulps - Laboratory wet disintegration - Part 1：Disintegration of chemical pulps	2004/9/1	85.040	ISO 5263 - 1：2004
104	纸浆－实验室湿解离－第 2 部分：纸浆在 20℃ 下机械解离 Pulps - Laboratory wet disintegration - Part 2：Disintegration of mechanical pulps at 20 degrees C	2004/9/1	85.040	ISO 5263 - 2：2004
105	纸浆－实验室湿解离－第 3 部分：纸浆在大于 85℃ 下机械解离 Pulps - Laboratory wet disintegration - Part 3：Disintegration of mechanical pulps at > 85 degrees C	2004/9/1	85.040	ISO 5263 - 3：2004
106	纸浆－实验室打浆－第 1 部分：打浆机法 Pulps - Laboratory beating - Part 1：Valley beater method	1979/7/1	85.040	ISO 5264 - 1：1979

（续）

序号	详细名称	发布日期	国际分类号	标准号
107	纸浆－实验室打浆－第2部分：PFI 磨法 Pulps - Laboratory beating - Part 2：PFI mill method	2011/2/15	85.040	ISO 5264－2：2011
108	纸浆－滤水性能的测定－第1部分：肖伯－黎格勒测定法 Pulps - Determination of drainability - Part 1：Schopper - Riegler method	1999/3/4	85.040	ISO 5267－1：1999
109	纸浆－滤水性能的测定－第2部分："加拿大标准"游离度法 Pulps - Determination of drainability - Part 2："Canadian Standard" freeness method	2001/9/15	85.040	ISO 5267－2：2001
110	纸浆－物理试验用实验室纸张的制备－第1部分：常规纸页成型法 Pulps - Preparation of laboratory sheets for physical testing - Part 1：Conventional sheet - former method	2005/2/1	85.040	ISO 5269－1：2005
111	纸浆－物理试验用实验室纸张的制备－第2部分：快速克滕法 Pulps - Preparation of laboratory sheets for physical testing - Part 2：Rapid - Köthen method	2004/11/1	85.040	ISO 5269－2：2004
112	纸浆－物理试验用实验室纸张的制备－第3部分：使用封闭水系统的常规法和快速克滕法板材成形 Pulps - Preparation of laboratory sheets for physical testing - Part 3：Conventional and Rapid - Köthen sheet formers using a closed water system	2008/5/15	85.040	ISO 5269－3：2008
113	纸浆－实验室纸张－物理性能的测定 Pulps - Laboratory sheets - Determination of physical properties	2012/10/1	85.040	ISO 5270：2012
114	纸和纸板－厚度、密度和比容的测定 Paper and board - Determination of thickness，density and specific volume	2011/11/15	85.060	ISO 534：2011
115	纸和纸板－吸水性的测定－科布法 Paper and board - Determination of water absorptiveness - Cobb method	2014/2/1	85.060	ISO 535：2014
116	纸浆－污物和碎片测定－第1部分：实验室纸张透射光检验 Pulps - Estimation of dirt and shives - Part 1：Inspection of laboratory sheets by transmitted light	2006/8/15	85.040	ISO 5350－1：2006
117	纸浆－污物和碎片测定－第2部分：磨浆板透射光检验 Pulps - Estimation of dirt and shives - Part 2：Inspection of mill sheeted pulp by transmitted light	2006/8/15	85.040	ISO 5350－2：2006
118	纸浆－污物和碎片测定－第3部分：使用黑色当量面积(EBA)法反射光目视检查 Pulps - Estimation of dirt and shives - Part 3：Visual inspection by reflected light using Equivalent Black Area（EBA）method	2007/12/1	85.040	ISO 5350－3：2007
119	纸浆－污物和碎片测定－第4部分：使用黑色当量面积(EBA)法反射光仪器检查 Pulps - Estimation of dirt and shives - Part 4：Instrumental inspection by reflected light using Equivalent Black Area（EBA）method	2006/9/1	85.040	ISO 5350－4：2006
120	纸浆－限制铜乙二胺(CED)溶液黏度值的测定 Pulps - Determination of limiting viscosity number in cupri － ethylenediamine（CED）solution	2010/2/15	85.040	ISO 5351：2010
121	纸和纸板－克重的测定 Paper and board - Determination of grammage	2012/7/15	85.060	ISO 536：2012
122	纸－耐折度的测定 Paper - Determination of folding endurance	1993/11/18	85.060	ISO 5626：1993

（续）

序号	详细名称	发布日期	国际分类号	标准号
123	纸和纸板 – 平滑度的测定（别克法）Paper and board - Determination of smoothness（Bekk method）	1995/3/9	85.060	ISO 5627：1995
124	纸和纸板 – 弯曲刚度的测定 – 一般原则为两点、三点、四点方法 Paper and board - Determination of bending stiffness - General principles for two-point, three-point and four-point methods	2012/1/15	85.060	ISO 5628：2012
125	纸和纸板 – 弯曲刚度的测定 – 共振法 Paper and board - Determination of bending stiffness - Resonance method	1983/12/1	85.060	ISO 5629：1983
126	纸和纸板 – 加速老化 – 第 1 部分：在 105℃ 的干热处理 Paper and board - Accelerated ageing - Part 1：Dry heat treatment at 105 degrees C	1991/1/24	85.060	ISO 5630 – 1：1991
127	纸和纸板 – 加速老化 – 第 3 部分：在 80℃、相对湿度 65% 的湿热处理 Paper and board - Accelerated ageing - Part 3：Moist heat treatment at 80 degrees C and 65% relative humidity	1996/6/13	85.060	ISO 5630 – 3：1996
128	纸和纸板 – 加速老化 – 第 4 部分：在 120 或 150℃ 的干热处理 Paper and board - Accelerated ageing - Part 4：Dry heat treatment at 120 or 150 degrees C	1986/12/18	85.060	ISO 5630 – 4：1986
129	纸和纸板 – 加速老化 – 第 5 部分：高温暴露在 100℃ Paper and board - Accelerated ageing - Part 5：Exposure to elevated temperature at 100 degrees C	2008/12/15	85.060	ISO 5630 – 5：2008
130	纸和纸板 – 加速老化 – 第 6 部分：暴露于大气污染（二氧化氮）Paper and board - Accelerated ageing - Part 6：Exposure to atmospheric pollution（nitrogen dioxide）	2009/6/1	85.060	ISO 5630 – 6：2009
131	纸和纸板 – 加速老化 – 第 7 部分：暴露于光 Paper and board - Accelerated ageing - Part 7：Exposure to light	2014/8/15	85.060	ISO 5630 – 7：2014
132	纸和纸板 – 漫反射颜色的测定 – 第 1 部分：室内光照条件（C/2 度）Paper and board - Determination of colour by diffuse reflectance - Part 1：Indoor daylight conditions（C/2 degrees）	2015/11/1	85.060	ISO 5631 – 1：2015
133	纸和纸板 – 漫反射颜色的测定 – 第 2 部分：室外光照条件（D65/10 度）Paper and board - Determination of colour by diffuse reflectance - Part 2：Outdoor daylight conditions（D65/10 degrees）	2015/11/1	85.060	ISO 5631 – 2 2015
134	纸和纸板 – 漫反射颜色的测定 – 第 3 部分：室内光照条件（D50/2 度）Paper and board - Determination of colour by diffuse reflectance - Part 3：Indoor illumination conditions（D50/2 degrees）	2015/11/1	85.060	ISO 5631 – 3：2015
135	纸和纸板 – 抗水渗透性测定 Paper and board - Determination of resistance to water penetration	1983/11/1	85.060	ISO 5633：1983
136	纸 – 浸水后尺寸变化的测定 Paper - Measurement of dimensional change after immersion in water	1978/10/1	85.060	ISO 5635：1978
137	纸和纸板 – 透气性（中等范围）的测定 – 第 3 部分：本特森方法 Paper and board - Determination of air permeance（medium range）- Part 3：Bendtsen method	2013/11/1	85.060	ISO 5636 – 3：2013

（续）

序号	详细名称	发布日期	国际分类号	标准号
138	纸和纸板 – 透气性（中等范围）的测定 – 第 4 部分：谢菲尔德法 Paper and board - Determination of air permeance（medium range）- Part 4：Sheffield method	2013/11/1	85.060	ISO 5636 – 4：2013
139	纸和纸板 – 透气性（中等范围）的测定 – 第 5 部分：格利法 Paper and board - Determination of air permeance（medium range）- Part 5：Gurley method	2013/11/1	85.060	ISO 5636 – 5：2013
140	纸和纸板 – 透气性（中等范围）的测定 – 第 6 部分：奥肯方法 Paper and board - Determination of air permeance（medium range）- Part 6：Oken method	2015/5/1	85.060	ISO 5636 – 6 2015
141	纸和纸板 – 浸水后吸水性的测定 Paper and board - Determination of water absorption after immersion in water	1989/11/2	85.060	ISO 5637：1989
142	固体纤维板 – 单层的克重的测定 Solid fibreboard - Determination of grammage of single layers	1978/10/1	85.060	ISO 5638：1978
143	纸和纸板 – 二氧化钛含量的测定 Paper and board - Determination of titanium dioxide content	1990/11/22	85.060	ISO 5647：1990
144	纸、纸板和纸浆 – 干物质含量的测定 – 烘干法 Paper, board and pulps - Determination of dry matter content - Oven – drying method	2008/10/1	85.060/85.040	ISO 638：2008
145	纸、纸板和纸浆 – 水抽提液电导率的测定 Paper, board and pulps - Determination of conductivity of aqueous extracts	1992/4/30	85.060/85.040	ISO 6587：1992
146	纸、纸板和纸浆 – 水萃取液 pH 值的测定 – 第 1 部分：冷萃取 Paper, board and pulps - Determination of pH of aqueous extracts - Part 1：Cold extraction	2012/11/1	85.060/85.040	ISO 6588 – 1：2012
147	纸、纸板和纸浆 – 水萃取液 pH 值的测定 – 第 2 部分：热萃取 Paper, board and pulps - Determination of pH of aqueous extracts - Part 2：Hot extraction	2012/11/1	85.060/85.040	ISO 6588 – 2：2012
148	纸浆 – 碱溶解度的测定 Pulps - Determination of alkali solubility	1982/11/1	85.040	ISO 692：1982
149	纸浆 – 耐碱性的测定 Pulps - Determination of alkali resistance	2015/4/1	85.040	ISO 699：2015
150	纸浆 – 采样测试 Pulps - Sampling for testing	1981/11/1	85.040	ISO 7213：1981
151	瓦楞纸 – 实验室起楞后平压强度的测定 Corrugating medium - Determination of the flat crush resistance after laboratory fluting	2011/2/15	85.060	ISO 7263：2011
152	纸浆 – 酸不溶性灰分测定 Pulps - Determination of acid – insoluble ash	2011/8/15	85.040	ISO 776：2011
153	纸浆 – 成批销售质量的测定 – 第 1 部分：浆板 Pulps - Determination of saleable mass in lots - Part 1：Pulp baled in sheet form	1994/8/11	85.040	ISO 801 – 1：1994
154	纸浆 – 成批销售质量的测定 – 第 2 部分：浆板（如急骤干燥浆）Pulps - Determination of saleable mass in lots - Part 2：Pulps（such as flash – dried pulps）baled in slabs	1994/8/11	85.040	ISO 801 – 2：1994

（续）

序号	详细名称	发布日期	国际分类号	标准号
155	纸浆－成批销售质量的测定－第3部分：浆包 Pulps - Determination of saleable mass in lots - Part 3：Unitized bales	1994/8/11	85.040	ISO 801－3：1994
156	纸和纸板－湿膨胀性的测定－第1部分：湿膨胀性高达68%的最大相对湿度 Paper and board - Measurement of hygroexpansivity - Part 1：Hygroexpansivity up to a maximum relative humidity of 68%	1994/12/15	85.060	ISO 8226－1：1994
157	纸和纸板－湿膨胀性的测量－第2部分：湿膨胀性高达86%的最大相对湿度 Paper and board - Measurement of hygroexpansivity - Part 2：Hygroexpansivity up to a maximum relative humidity of 86%	1990/12/6	85.060	ISO 8226－2：1990
158	纸和纸板－光泽度的测定－第1部分：75度光泽度与会聚光束、TAPPI方法 Paper and board - Measurement of specular gloss - Part 1：75 degree gloss with a converging beam, TAPPI method	2009/2/15	85.060	ISO 8254－1：2009
159	纸和纸板－光泽度的测定－第2部分：75度光泽度与平行光束、DIN方法 Paper and board - Measurement of specular gloss - Part 2：75 degree gloss with a parallel beam, DIN method	2003/1/15	85.060	ISO 8254－2：2003
160	纸和纸板－光泽度的测定－第3部分：20度光泽度与会聚光束、TAPPI方法 Paper and board - Measurement of specular gloss - Part 3：20 degree gloss with a converging beam, TAPPI method	2016/4/1	85.060	ISO 8254－3：2016
161	纸－通用装订孔－规格参数 Paper - Holes for general filing purposes - Specifications	1974/5/1	85.080.10/01.140.30	ISO 838：1974
162	纸、纸板和纸浆－微生物学检验－第1部分：细菌和细菌孢子基于解体的枚举 Pulp, paper and board - Microbiological examination - Part 1：Enumeration of bacteria and bacterial spores based on disintegration	2014/12/1	07.100.99/85.040/85.060	ISO 8784－1：2014
163	纸和纸板－毛细上升的测定－克列姆法 Paper and board - Determination of capillary rise - Klemm method	1986/8/28	85.060	ISO 8787：1986
164	纸和纸板－粗糙度/平滑（漏气法）测定－第1部分：通用方法 Paper and board - Determination of roughness/smoothness（air leak methods）- Part 1：General method	1986/9/11	85.060	ISO 8791－1：1986
165	纸和纸板－粗糙度/平滑（漏气法）测定－第2部分：本特森方法 Paper and board - Determination of roughness/smoothness（air leak methods）- Part 2：Bendtsen method	2013/9/15	85.060	ISO 8791－2：2013
166	纸和纸板－粗糙度/平滑（漏气法）测定－第3部分：谢菲尔德法 Paper and board - Determination of roughness/smoothness（air leak methods）- Part 3：Sheffield method	2005/2/15	85.060	ISO 8791－3：2005
167	纸和纸板－粗糙度/平滑（漏气法）测定－第4部分：打印冲浪方法 Paper and board - Determination of roughness/smoothness（air leak methods）- Part 4：Print - surf method	2007/11/15	85.060	ISO 8791－4：2007
168	纸、纸板和纸浆－纤维配料分析－第1部分：通用方法 Paper, board and pulps - Fibre furnish analysis - Part 1：General method	1990/12/6	85.040/85.060	ISO 9184－1：1990

（续）

序号	详细名称	发布日期	国际分类号	标准号
169	纸、纸板和纸浆－纤维配料分析－第2部分：染色指南 Paper, board and pulps - Fibre furnish analysis - Part 2：Staining guide	1990/12/6	85.040/85.060	ISO 9184 - 2：1990
170	纸、纸板和纸浆－纤维配料分析－第3部分：赫茨伯格染色试验 Paper, board and pulps - Fibre furnish analysis - Part 3：Herzberg staining test	1990/12/6	85.040/85.060	ISO 9184 - 3：1990
171	纸、纸板和纸浆－纤维配料分析－第4部分：格拉夫"C"染色试验 Paper, board and pulps - Fibre furnish analysis - Part 4：Graff "C" staining test	1990/12/6	85.040/85.060	ISO 9184 - 4：1990
172	纸、纸板和纸浆－纤维配料分析－第5部分：洛夫顿－梅利特染色试验（维斯巴尔修饰）Paper, board and pulps - Fibre furnish analysis - Part 5：Lofton - Merritt staining test（modification of Wisbar）	1990/12/6	85.040/85.060	ISO 9184 - 5：1990
173	纸、纸板和纸浆－纤维配料分析－第6部分：纤维粗度的测定 Paper, board and pulps - Fibre furnish analysis - Part 6：Determination of fibre coarseness	1994/7/21	85.040/85.060	ISO 9184 - 6：1994
174	纸、纸板和纸浆－纤维配料分析－第7部分：权重系数的测定 Paper, board and pulps - Fibre furnish analysis - Part 7：Determination of weight factor	1994/7/21	85.040/85.060	ISO 9184 - 7：1994
175	纸、纸板和纸浆－水溶性氯化物的测定 Paper, board and pulps - Determination of water-soluble chlorides	2006/4/15	85.040/85.060	ISO 9197：2006
176	纸、纸板和纸浆－水溶性硫酸盐的测定 Paper, board and pulp - Determination of water-soluble sulfates	2001/6/1	85.040/85.060	ISO 9198：2001
177	纸张－光散射和吸收系数（用库贝尔卡－蒙克理论）测定 Paper - Determination of light scattering and absorption coefficients（using Kubelka-Munk theory）	2009/5/1	85.040/85.060	ISO 9416：2009
178	纸和纸板－压缩强度－短跨度测试 Paper and board - Compressive strength - Short-span test	2008/10/15	85.060	ISO 9895：2008
179	纸和纸板－板材的水蒸气透过率的测定－动态扫描和静气的方法 Paper and board - Determination of water vapour transmission rate of sheet materials - Dynamic sweep and static gas methods	1990/10/25	85.060	ISO 9932：1990

（八）竹藤制品

ISO 有关竹藤制品国际标准目录见表4-10。

表4-10 ISO 竹藤国际标准目录

序号	详细名称	发布日期	标准号
1	竹结构设计 Bamboo - Structural design	2004	ISO 22156 - 2004
2	竹物理和机械性能的测定 第1部分：要求 Bamboo - Determination of physical and mechanical properties - Part 1：Requirements	2004	ISO 22157 - 1 - 2004
3	竹物理和力学性能测定 第2部分：实验室手册 Bamboo - Determination of physical and mechanical properties - Part 2：Laboratory manual	2004	ISO/TR 22157 - 2 - 2004

五、主要启示

(一)ISO 标准提高国际贸易和市场竞争力

人们对消费品的性能要求更多地转变为对产品质量和环保的要求。这使得 ISO 9000 和 ISO 14000 在国际贸易中所扮演的"品质"和"绿色"通行证的作用越来越强,并对我国出口贸易产生了积极推动作用。强化质量和环境管理,积极推行 ISO 质量和环境管理体系认证将是我国企业在未来激烈市场竞争中立足的必经之路。

(二)ISO 标准需本地化才能创造更大效益

尽管 ISO 认证体系使经济贸易展现奋发向上的一面,但作为一种新模式,很难适应我国复杂的企业情境和问题,并在实践中遇到了文化、观念和制度等许多障碍。我们需要学习 ISO 标准体系的管理精髓,消化吸收后因地制宜地应用,避免生搬硬套和借鉴失败。对于企业,必须认真研究和把握 ISO 认证体系管理流程、管理方法和管理条件,重视质量管理与日常工作、质量评估与组织考核之间的有机融合,具体分析实际情况,进而创造出更大的质量、经济和管理效益。

(三)ISO 新质量标准的实施难度越来越大

从 ISO 9000 标准的几次修订看,为应对实际环境的复杂性,标准的要求越来越不具体和灵活,这使得质量审核的分寸越来越难以把握(中国验厂网,2015)。如何把握 ISO 质量审核,亟待国家认证认可协会出台实施细则。

(四)ISO 标准管理在我国的发展空间巨大

进入新世纪以来,经济全球化和贸易自由化进程加快,各国关税水平大幅下降,配额、许可证等非关税措施的影响逐步减弱,而包括标准在内的技术贸易壁垒越来越成为阻碍国际贸易的重要因素,并引起国际社会及利益相关者的广泛关注。目前我国虽在 ISO 9000 认证和 ISO 14000 认证量上达到全球第一位,但由于企业基数较大,与发达国家相比我国仍然是 ISO 认证普及率较低的国家,其发展空间巨大。

第二节　瑞士通用公证行(SGS)

瑞士通用公证行(SGS)成立于 1878 年,130 多年来一直从事检验、检测、鉴定和认证工作,已经在全球范围内的累积了广泛的公信力,受到众多国际买家和政府的认可及信任。众多国际采购组织甚至政府海关要求商家提供一份 SGS 报告,其目的就是通过第三方公正机构验证其是否符合相关法规或标准。对 SGS 的贸易技术标准体系进行研究,对于在国际贸易中生产出符合法规和标准的贸易产品、应对他国实施新的贸易保护措施、打开国际市场和拓宽贸易渠道有重要意义。

一、基本情况

SGS 网络由遍布全球的 1800 余家分支机构和实验室以及 85000 余名专业人员所组成（SGS，2016）。

（一）主要工作

SGS 的主要工作业务包括审核、认证、咨询、检验、外包、测试，培训和鉴定等，涉及行业包括农产品及食品、汽车、化学品、建筑、消费品和零售、能源、金融、工业制造、生命科学、物流、矿产、石油及天然气和政府及公共机构。

（二）中国业务

通标标准技术服务有限公司（简称"通标"）就是 SGS 在中国设立的官方分支机构，1991 年 10 月由隶属于原国家质量技术监督局的中国标准技术开发有限公司和 SGS 集团合资，建立的一家从事检验、鉴定、测试和认证服务的合资企业。现已在中国设立了 50 多个分支机构和 100 多间实验室，拥有 1.3 万多名训练有素的专业人员（SGS 中国，2016a）。一直为全球各领域客户提供可持续发展解决方案，服务能力覆盖农产、矿产、石化、工业、消费品、汽车、生命科学等多个行业的供应链上下游。

二、贸易认证

根据产品贸易标准体系，SGS 的贸易认证包括贸易效率、监控、商品贸易、消费品和工业产品、林产品贸易认证的核查内容和实施程序。

（一）贸易效率

包括贸易核实、货物预报信息、产品认证和验证、产品符合性评定的主要内容及实施程序。

1. 贸易核实

主要内容：实体和贸易伙伴的真实情况；实体的商业活动；交易、文件和信息的真实性；货物规格；商品海关分级；价格和评估因素；原产地因素。

实施程序：专家通过直接联系人、现场访问和市场研究收集市场情报和特定交易信息，通过加工整理建成安全、符合客户特定要求的数据库。

2. 货物预报信息（ACI）

运作程序：出口商或货物代运人在货物装卸前（或之后）填写 ACI 表格，附上所需电子格式文档（提货单、发票和出口申报单）；SGS 检查这些文件和信息的完整性并符合所有适用的法规；通过 ACI 的应用程序，为与交易相关的所有授权方（进口商、货物代运人、海关等）实时提供在线相关信息；根据用户要求，可以通过为客户量身定制的访问权限来控制信息访问。

3. 产品认证和验证

主要内容：将产品进口到特定市场中，诸如伊朗、白俄罗斯、哈萨克斯坦和俄罗斯，需要严格遵守国家标准，并确保通过法律或者作为市场标准的严格复杂的合规性。

4. 产品符合性评定（PCA）

主要内容：合规性评定使用相应标准和技术法规要求审核产品合规性。之后由 SGS 产品专家审核，开展实验室测试、物理检查和工厂审核的验证活动并提交报告；协助制造商和供应商实现向阿尔及利亚、埃及、伊朗、肯尼亚、尼日利亚、俄罗斯及其他国家的合规出口。

（二）监控

包括运输监控、追踪、供应链安全管理的主要核查内容。

1. 运输监控

主要内容：它是一个基于 Web 安全的、多语种的平台，这种平台获取、控制和监控运输申报，从而大幅减少运输时间。

2. 追踪

主要内容：当货物在运输途中经过不同地域、国家和海关控制区域时，使它们持续行进并保持其完整性。

3. 供应链安全管理

主要内容：融资；制造；信息管理；运输；货品贮藏和运输；审批第三方参与者；合规及达标。

（三）商品贸易

以农产品为例，其主要内容：识别农产品贸易的相关风险；管理库存和供应链；获得进出口许可证；针对质量/数量进行分析和认证；简化贸易路线，获得所需文档；促进可持续性和可持续的经济增长；监控环境和健康标准；理解全球贸易战略；降低跨国贸易成本。

（四）消费品和工业产品

主要内容：取决于特定市场所在的国家和国际标准。通过测试、认证、审核、检验和复核，以保证产品合规。

（五）林产品贸易认证

SGS 关于林产品贸易的测试，着重在确保木材、木片、木球、固体生物质、黑液、纸浆、纸张、回收纸/纸包装等林产品的质量，包括化学处理和残留检测、取样，木片、木球、固态生物质检验和测试（表 4-11）。

（1）化学处理和残留检测。

（2）取样：抽检谷物、油籽、种子、液体和其他农产品，以及土壤、植物组织和水，获得数据，确定问题，验证质量。

（3）木片、木球、固态生物质检验和测试：验证木片、锯屑、木球和固态生物质及燃料的可用性、质量和装载。

表 4-11　SGS 关于贸易的测试内容

序号	科目	内容
1	检验和相关服务	
1-1		评估林区和农业用地生产，确定对发电站的生物质供应
1-2		人工林(森林或其他生物质供应源)投资的项目分析及持续投资检测
1-3		供应链研究，包括定时、物理收集、存储和处理等问题
1-4		对颗粒制造商和发电站的物理交付量验证(入站和出站控制)
1-5		储存条件评估和体积估算(采用三维测量)
1-6		库存中的气体排放验证
1-7		产品认证可按照国内和国际标准，根据产品交付要求审核和检验操作
1-8		储存设施的保险调查
1-9		气味研究
1-10		环境影响评估
1-11		可持续发展报告验证和认证
2	海运调查	
2-1		终端检查
2-2		装载、运输和卸载控制
2-3		货物取样
2-4		软管验证
2-5		货舱检查
2-6		装载中水分、筛网(微尘)、温度、密度测试
2-7		监测异物(例如塑料袋和结块材料)和装载预防
2-8		草案调查
2-9		气体排放验证，熏蒸剂、一氧化碳和其他有害气体检测
3	测试	
3-1		样本制备
3-2		木片、树皮、石头的尺寸验证
3-3		净热值(灰烬、水分、挥发物、总热值分析)
3-4		木质素
3-5		氯、硫、氮、碳、氢、氧
3-6		微量金属(砷、钙、铬、铜、铅、汞、钒、锌、苯并芘、五氯酚)
3-7		馏分分布
3-8		角度和稳定性验证
3-9		微尘，粒度
3-10		形状(长度和直径测量)，尺寸
3-11		颗粒耐久性测试
3-12		结合剂

三、工作启示

根据 SGS 服务工作经验，可总结如下几点主要启示供借鉴。

（一）全面提前获取贸易信息真实情况

自 1965 年以来，SGS 一直为世界各地的公共行政管理机构提供核实贸易交易服务。核实贸易信息的真实性可以减少港口代理费，进行实时交易跟踪，产生贸易情报及控制风险，并连接 SGS 风险分析工具，以便在货物到达之前识别出对公共健康、安全或合法贸易的潜在威胁，也可为客户量身定制连接到其他应用程序，比如连接到海关管理系统上（SGS 中国，2016b）。进行贸易时，全面提前获得贸易双方、商品和市场信息真实情况，有利于我国企业应对日趋激烈的国际市场竞争。

（二）据市场要求选择针对性出口商品

不同于其他机构的服务模式，SGS 不只是对产品进行检测，还会根据不同的出口市场，为企业选择相应的出口商品，确定该商品贸易是否具有可行性、获益性。SGS 还为企业提供有针对性的解决方案，包括：产品的设计缺陷问题、如何选择原材料、监管产品生产流程，以及提供出口国已出台的相关法律标准，甚至还包括产品环保、款式上的改变（张君安，2011）。这样的服务模式可以使企业减少贸易风险，提高产品在国际市场上的竞争力。

（三）减少货物运输中转并保持完整性

SGS 的客户遍布全球，业务量非常大，若只依靠企业自身的物流无法满足需求，所以 SGS 的大部分配送业务交给了知名的物流公司 TNT。凭借第三方物流公司的服务，可以使公司的原材料、半成品和成品能够在公司与供应商之间、公司内部前后端工厂之间、客户与公司之间高效流动，确保了产品在公司内外的流通，减少了货物运输中转并保持完整性（余洁，2011）。这种物流模式既可以提高配送效率，又可以降低配送成本。

（四）进行检测产品周边相关因素测评

SGS 拥有一站式检测服务，在检测某一产品时，还可以对产品周边相关因素开展测评。对于其他中小检测公司来说，受检测能力和设备落后限制，只能对客户提供部分的测试服务，而 SGS 凭借多年的检测经验、高技术水平及先进的设备，可以提供给客户整个生产流程的检测服务，提升客户的绿色生产水平，比如配套的 ISO 14064 碳排放认证，ROHS 体系认证，这些都是 SGS 可以领先对手的策略（张伟，2012）。SGS 可以帮助客户生产出合格的出口产品，形成共赢的检测合作关系。

第三节　森林管理委员会（FSC）

森林管理委员会（Forest Stewardship Council，简称 FSC）是一个独立的非政府组织，该组织的发起者为国际上一些希望阻止森林遭到不断破坏的非政府机构、环保人士、木材贸易组织及具有社会责任感的消费者等。1993 年，经过在 10 个国家的积极磋商，森林管理委员会（FSC）创立大会在加拿大多伦多召开，来自 25 个国家的 130 名与会者，其中包括来自环境保护组织、销售商、当地居民以及工业界的代表，投票决定建立 FSC 理事会，并推选出董事会，FSC 正式成立。1994 年，秘书处在墨西哥瓦哈卡设立，2003 年迁至德国波恩。

一、基本情况

FSC 国际森林认证体系作为一项全球性的森林认证体系，被视为 20 世纪世界范围内促进负责任的森林经营最重要的推动力之一，也是目前最为成熟和完善、市场认可度最高、世界环境保护组织和贸易组织最为支持的国际森林认证体系。这里仅从服务宗旨、主要任务、配套业务、组织机构和运作体系共 5 个方面简单介绍 FSC 的基本情况。

（一）服务宗旨

FSC 的成立旨在通过制定受到广泛认可的森林经营原则和标准，促进世界范围内对环境负责、对社会有益和经济上可行的森林经营。其中，对环境负责要求木材和非木材森林产品的采伐及采集不损害森林自身的生物多样性、生产力和生态过程；对社会有益要求森林经营帮助当地居民享有长远利益，裨益社会，激励当地居民制定长期经营方案，实现对森林资源的永续利用；经济上可行要求森林经营具有足够的盈利能力，利润获取不以浪费森林资源、损害生态系统、影响当地社区为代价。由于个体追求森林的经济价值具有盲目性和短时性，这与负责任的森林经营原则所要求的公益性和长期性有所背离。FSC 希望通过市场机制，合理布局林区的作业结构，改善森林经营方式，拓宽森林产品和服务的内涵，进而充分实现森林的价值，缓解二者之间的冲突（FSC，2005）。

（二）主要任务

2007 年，FSC 发布了《全球战略》，详述了所面临的挑战和机遇，并明确了它的 5 项主要任务。

（1）在全球范围内推行负责任的森林管理。对于气候变化、化石燃料消费量持续增加等森林管理所面临的新挑战，FSC 将努力促使所有地区、所有森林类型、所有森林经营者对森林资源进行负责任的经营管理。

（2）合理分配 FSC 系统的惠益并确保公平。FSC 将建立一项有效机制，以支持在 FSC 认证较少地区的森林管理者进行认证，如小农、社区森林管理者、热带地区等森林管理活动较少地区的营林者，确保 FSC 认证的惠益在整个供应链上公平分配。

（3）确保 FSC 系统的完整性、可信度和透明度。为维持 FSC 的可信度，FSC 将建立一项系统来评估其愿景、使命和价值主张的实现成果，并实施系统的监测和评价，开展专门研发工作，定期进行调查。

（4）提高产自 FSC 认证森林产品的商业价值。FSC 将通过提供服务，开展专项活动裨益 FSC 认证产品的购买者和出售者，全方位地以市场为导向，并与全球最大的 20 家森林产品公司高级代表保持直接联系。FSC 不断探索与公平贸易认证相结合的途径，支持小规模和社区林业的发展，尤其支持新兴市场的发展。

（5）加强建设覆盖全球的网络。FSC 将建立一项系统，便于其平衡与主要合作伙伴、组成机构和利益相关者之间的责任，快速响应市场需求的变化。FSC 将建立一个强大的网络，包括国家合作伙伴及全面的运营和决策制定结构，进而阐明国家和国际层面的责任分工。

（三）配套业务

在工作业务层面，FSC 要求森林经营者制订适合的经营方案并定期及时修正，经营方案需与 FSC 森林管理原则相一致，森林经营者在追求经济效益的同时也要兼顾其经营行为对环境和林区周边社区利益的影响。FSC 通过制订森林良好经营的标准和木材加工的产销监管链标准，来追踪木制品从森林到消费者的整个过程，进而控制合法及可持续的木材来源，同时为负责任且对林业感兴趣的企业和组织提供标准制定、商标保证、认可服务和市场准入等服务。

并且，生产者通过 FSC 标签向消费者传递产品的生产特征信息，区别于非可持续经营模式下生产的产品，保障了公众和消费者的知情权和选择权。贴有 FSC 标签的产品是经过独立认证的，它向消费者提供了担保，即产品的生产取材于能够满足当代和后代的社会、经济和生态需求的森林。具体的认证工作经 FSC 授权由独立的第三方认证机构开展，以保证认证的透明度和可信性。FSC 认定标准在林业领域是对社会和环境的要求最高的，并已经证实在各大洲不同森林类型、面积和产权制度下皆可行。

（四）组织机构

目前，FSC 已经建立了一个全球性的网络，包括 FSC、FSC 国家和地区办公室及 FSC 国家倡议等（图 4-3）。

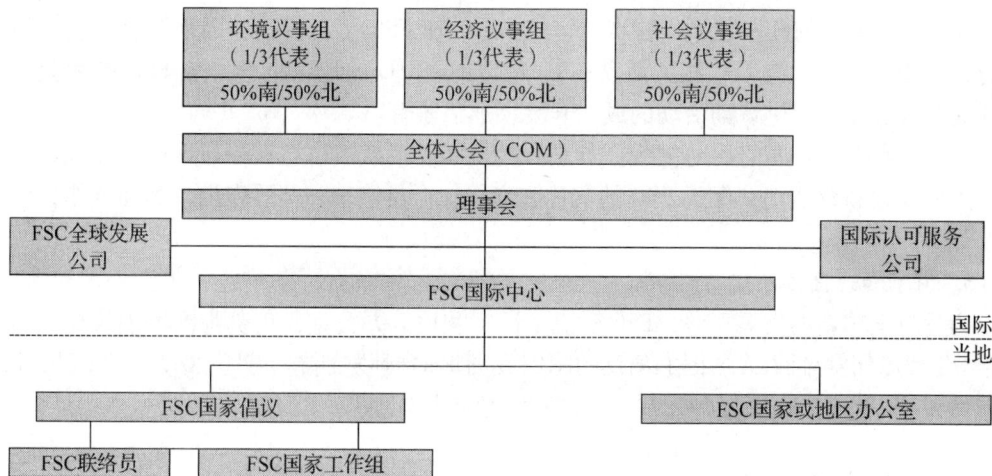

图 4-3　FSC 的组织结构

1. FSC

FSC 是一个会员制协会，会员大会（General Assembly of FSC Members）作为其最高决策机构，每 3 年召开 1 次。大会确定会员名单，回顾发展进程，审定机构章程、制度和政策，并通过成员投票方式加以修订。FSC 会员大会的组成兼顾社会、经济和环境各方面的利益，平衡南方国家（发展中国家）和北方国家（发达国家）的表决权。所有会员分为 3 个议事组：经济议事组（占 1/3）、环境议事组（占 1/3）和社会议事组（占 1/3）。其中每组又分为南部和北部两个小组，其代表各占50%。其中环境组、社会组的成员包括一些重要的非政府组织，如地球之友、绿色和平组织、世界自然基金会等；经济组主要成员有世界著名零售商、生产商等。至2016年7月，FSC共有856名会员，包括507家组织机构会员和349名个人会员，中国目前有8名会员。

FSC董事会(FSC Board of Directors)对FSC会员负责，由9名董事组成，任期3年。9名董事分别代表3个议事组，兼顾南北国家的平衡。总干事(Director General)在一组多领域专家支持下，负责FSC的日常运营。FSC包括三个分支机构(子公司)，分别是：FSC国际中心(FSC International Center, FSC IC)、FSC全球开发公司(FSC Global Development)、国际认可服务公司(FSC Accreditation Services International, ASI)。

FSC国际中心位于德国波恩，作为FSC全球网络组织架构的基础，负责制定FSC的全球战略方向，协调地区办公室的活动，批准国家倡议，制定全球标准，批准国家标准，并确保对FSC商标的保护，保证全球行动的一致性。FSC国际中心秘书处负责日常管理，由执行主任领导。执行主任是FSC的首席执行官，他既是董事会秘书、首席执行官，又是秘书处秘书长。FSC全球开发公司负责FSC市场的发展，以及FSC商标的推广和管理。国际认可服务公司负责认证机构的认可和授权。

2. 国家倡议

FSC国家倡议是FSC将其权利或活动下放到国家或地区的一种途径，它构成了FSC全球网络的基础，但与FSC财务独立。FSC批准的国家倡议可分为FSC联络员(Contact Person)和FSC国家工作组(Working Group)2种形式。联络员通常是对本国森林管理有话语权和决策权的个人。多个人可以组建国家工作组，开展标准制定工作。

FSC国家倡议的任务包括：在当地宣传FSC；使FSC更易接受，因地制宜；鼓励当地利益相关的进一步参与FSC相关活动；制定和测试FSC的地区标准；与FSC国际会员之间开展有效合作；促进认证活动的成功开展，加强监督。

FSC国家倡议开展的活动包括：向FSC提供和反馈该国信息；参与当地相关政策的制定；开展专题教育活动；保护FSC的名称和商标；会员管理；开展咨询，加强合作；处理争议等。

3. 国家和地区办公室

为适应全球新的发展形势，FSC建立了国家和地区办公室，负责为国家倡议提供培训和指导计划，也为尚未发展国家倡议的国家发展FSC提供支持。截至2013年12月，FSC共有发展了33个FSC国家办公室、7个FSC国家代表处、5名联络员。

(五)运作体系

FSC自身并不直接认证森林，它是标准制定机构和认可机构，通过授权独立的第三方认证机构来具体开展森林认证工作。认证包括两个部分：森林经营(FM)认证和产销监管链(CoC)认证，皆以自愿的绩效标准为基础。经过森林经营认证和产销监管链认证后，森林产品就可以贴上FSC商标和标志。FSC商标在负责任的生产和消费之间建立了可信的连接，确保消费者能够据此作出对社会和环境负责任的采购决策。绿色市场需要此商标来证明森林产品来自经营良好的森林，这是FSC认证发展的动力。

FSC的资金来源于提供认可服务收取的认可费、会员缴纳的会费，以及政府、环境组织和个人的捐赠，不包括企业的资助。目前，FSC 开展的重要项目包括：Certification of Forest Contractors（CeFCO）、FSC and Fairtrade Dual Labelling Pilot Project、ForCES-Forest Certification for Ecosystem Services、Transparent Forests 等。

二、标准体系

1994 年，FSC 制定了全球统一的《FSC 原则与标准》，共 10 条原则和 56 个标准，并进行了多次修订，最新修订的《FSC 原则和标准》（FSC – STD – 01 – 001 V5 – 0 D5 – 0 EN）于 2012 年 1 月通过。

（一）认证原则和标准

FSC 根据最新的《FSC 原则和标准（2012 年）》制定了一系列国际通用指标。这些原则和标准详述了对环境负责、对社会有益和经济上可行森林管理的基础要求和一般性原则，为认证森林经营提供了总体框架或一般性标准，不仅适用于热带、温带和寒带森林的不同森林类型和生态系统，而且适用于不同文化、政治和法律环境。实际审核时，必须根据不同地区、国别、区域或某种森林类型和非木质森林产品适用的更详细标准开展认定工作。

1. 适用范围

《FSC 原则与标准》是国际标准，在全球范围内适用。FSC 原则与标准适用于所有的热带、温带和寒带森林。许多原则与标准也适用于人工林和部分人工补植的森林，可以在国家和地区水平上起草更为详细的、适用于各类森林植被类型的标准。FSC 对于将天然林转化为人工林的规定非常严格，为了保护天然林不被采伐，1994 年 11 月以后在天然林地上营造的人工林一般不具备认证条件。

2. 制定修订

《FSC 原则与标准》由很多国家的代表共同参与制定，经过了广泛咨询，最终由 FSC 会员大会批准发布。它的修改也需得到 FSC 会员大会的批准，FSC 原则与标准需由成员复审修订。它主要是针对生产木材产品的森林经营而制定的，但在一定程度上也可应用于生产非木材产品或提供其他服务。

3. 主要原则

《FSC 原则与标准》是一个整体，排列次序与重要程度无关，10 条具体原则及说明如下。

原则 1：遵守法律及 FSC 的原则。森林经营应遵守所在国法律及其国家签署的国际公约和协议，并遵守 FSC 所有的原则与标准。

原则 2：所有权、使用权及责任。对土地及森林资源的长期所有权和使用权应明确界定、建档并形成法律文件。

原则 3：当地居民的权利。应当承认并尊重当地居民拥有、使用和经营其土地、领地及资源的法定及传统权利。

原则 4：社区关系与劳动者的权利。森林经营活动应维护或提高森林劳动者和当地社区的长期社会及经济利益。

原则 5：森林带来的收益。森林经营活动应鼓励有效利用森林的多种产品和服务，以确保森林的经济效益、广泛的社会效益及环境效益。

原则6：环境影响。森林经营应保护生物多样性及相关价值，如水资源、土壤及独特和脆弱生态系统与景观价值，并以此来保持森林生态功能及其完整性。

原则7：经营方案。应当制定和执行与森林经营规模和强度相适应的森林经营方案，并随时进行修改。应清楚阐述经营的长期目标以及实现这些目标的手段。

原则8：监测与评估。应按照森林经营的规模和强度进行监测，以评估森林状况、林产品产量、产销监管链、经营活动及其社会与环境影响。

原则9：维护高保护价值森林。在高保护价值森林中进行经营活动，应维护或加强这些森林的特征，并始终以预防方法，考虑高保护价值森林的各种决策。

原则10：人工林。应按照原则与标准1~9和原则10及其标准来规划和经营人工林，人工林可以提供一系列的社会和经济效益，并有助于满足全世界对林产品的需求，同时它对天然林形成一种补充，减轻对天然林的压力，并促进天然林的恢复和保护（FSC，2015）。

4. 地区标准

任何国家和地区都可根据FSC国家倡议手册，成立FSC国家工作组制定地区标准，使其更符合当地的特定环境，促进负责任的森林经营。FSC的地区标准适用于该地区，是《FSC原则与标准》在该地区开展森林认证审核的实际应用版本。它必须遵守《FSC原则与标准》，符合当地的社会、经济和生态环境，并且经过了公正、透明和系统的制定过程。它在《FSC原则与标准》的框架下制定了指标和检验方法。这些标准不仅与FSC的原则和标准相容，同时也与当地情况相适应。这些标准在当地制定，并与所有参与者磋商。必须把这些原则和标准有机结合于所有寻求FSC授权的认证机构及区域/国家FSC的标准和评估体系中。同时，应用FSC原则和标准需遵守相关的国家和国际法律和制度。FSC想作为其他所有支持优质森林经营创始行动的一种补充，并不是取代它们。为了保证全球不同地区FSC标准的一致性和完整性，任何地区标准都须经过FSC董事会的批准。这要求地区标准符合FSC标准制定的所有要求，包括标准的内容和制定过程，以保证FSC认证的可信性。一旦通过了FSC批准，在该标准适用的地理区域或范围内，FSC认证机构都必须应用此标准开展认证审核。

5. 国家标准

目前，很多国家的FSC工作组根据《FSC原则和标准》制定了FSC国家标准，并为每项指标提供了因地制宜的指标。截至2016年7月，FSC已经批准的国家及地区标准包括中非、智利、新西兰、西班牙、瑞典、葡萄牙、墨西哥、秘鲁、美国、卢森堡、英国、科索沃、喀麦隆、捷克共和国、加蓬、加纳、加拿大、荷兰、哥伦比亚、刚果民主共和国、刚果共和国、刚果盆地、芬兰、俄罗斯、德国、丹麦、玻利维亚、巴西、巴布亚新几内亚、爱尔兰、洪都拉斯、印度尼西亚、尼加瓜拉、波兰等34个国家及地区的46个标准（FSC，2016b）。

（二）认证类型

FSC共提供三种认证类型：森林经营（Forest Management，FM）认证、产销监管链（Chain of Custody，CoC）认证和受控木材（Controlled Wood，CW），分别对应于森林产品的生产和价值链的后续阶段（FSC，2016c）。

FM认证即FSC指派一个专家组评估森林的经营实践和成果,评估内容包括社会、经济和环境诸多方面,最终将认证证书授予森林经营活动符合FSC原则和标准的森林所有者或经营者,认证证书有效期为5年,实行年检制度。针对小农、社区森林管理者和其他森林管理活动较少地区的营林者实行简化认证程序。

CoC认证核实生产链上的材料和产品情况,经FSC认证产品的制造商、加工者和销售商将产品贴上FSC标签,便于消费者识别,最终作出支持负责任森林管理的购买决策。将FSC认证和未认证的产品混合,相关控制程序必须符合FSC产销监管链的要求。CoC认证对于环境和社会意识强烈、公共或私人采购政策中指定环保材料的市场至关重要。

CW即制造FSC混合产品中可以与FSC认证材料混合的可接受的材料,被视为推动全面实现森林认证的第一步。CW与FM和CoC密切相关,只能与贴有FSC混合标签的产品FSC认证的木材同时使用。考虑到经FSC认证的森林产品市场供给不足和波动,CW便于制造商应对市场供应的变化。同时,自2004年引入的FSC混合标签和CW扩大了市场对FSC认证产品的需求。只有FSC可接受的材料才可以被认定为CW材料,不包括:非法采伐的木材、采伐活动违反传统或侵害公民权利的木材、从具有高保护价值(HCVs)森林采伐的木材、从已转化为种植园或非林地用途的森林采伐的木材、转基因木材(GMTs)。按照FSC – STD – 30 – 010标准的要求,制造商可以根据CW公司标准(FSC – STD – 40 – 005)认证CW材料,也可以直接根据CW – FM认证标准认证。

(三)基本要素

标准是认证评估的基础,森林认证体系包括多种基本要素(图4-4)。

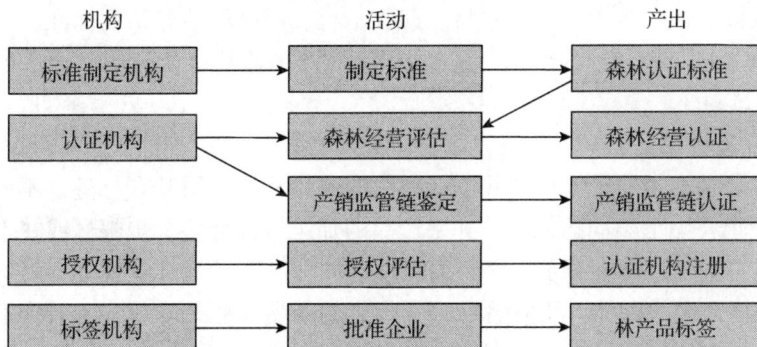

图4-4　森林认证体系要素

森林经营的认证(一致性评估):以独立方式按照标准对森林经营单位进行正式审核。

产销监管链的审核:通过对文件的评估、认证产品的销售或购买数量,以及对仓库和产品生产过程的定期检查确定产品的来源。

林产品的标签:以森林经营的认证与产销监管链的审核为基础,企业可以申请标签作为传递信息的工具。

授权:对认证机构的能力、可靠性和独立性进行认定(商务部,2016)。它是对认证和标签过程的补充,其目的是提高第三方认证机构的可信度。

（四）认证方法与认证机构

FSC 提供了 4 种认证方法：独立认证、资源管理者认证、联合认证以及小规模低强度森林的认证。认证过程一般都包括预审、主审、同行评审以及颁发认证证书等几个过程。如果符合认证标准要求，认证机构就可颁发认证证书。但认证机构仍可就一些次要的不符合项，要求森林经营单位在规定时间内采取措施进行整改。认证证书有效期为 5 年，每年接受一次年度监督审核。认证机构在网上公布认证报告概要，供各方查询与监督。截止 2016 年 7 月，FSC 认可了 26 家 MSC 认证机构，37 家 FSC 认证机构、26 家 ASC 认证机构，22 家 RSPO 认证机构，2 家 RSB 认证机构（FSC，2016b）。

（五）CoC 认证和认证标志

1. 产销监管链

2004 年，FSC 修改了其产销监管链标准，将其认证产品分为 3 类，并有不同的认证标志，包括 FSC 完全认证产品、FSC 混合来源认证产品和 FSC 回收产品。其中，FSC 完全认证产品指的是产品所有的原材料均来自于经过 FSC 认证的良好经营的森林；混合来源的认证产品包含了经过 FSC 认证的材料以及可控材料或回收材料；FSC 回收产品则由再回收材料生产而成。

可控木材指的是经过确定的没有采自以下森林的木材或木材纤维：非法采伐木材；以侵犯传统和公民权利采伐的木材；未经认证的高保护价值受到威胁的森林采伐的木材；将森林转变为人工林或非林业用地采伐的木材；来自转基因森林的木材。相应地，FSC 发布了有关 CoC 认证、产品分类、可控木材、回收木材、产品标签等系列标准。

另外，FSC 为了降低认证成本，还出台了针对产销监管链认证的联合认证和多地点认证的政策和标准。

2. 标签的使用

只有通过 FSC 产销监管链认证并按期年审的产品才能使用 FSC 标签。不同类型的产品按照 FSC 的要求将贴上不同的标志。如果产品的加工过程分多个步骤，或在不同的工厂甚至在不同的国家加工，每一个步骤都必须经过审核，以确保 FSC 认证的木材确实来自经过 FSC 认证或合格来源的森林。任何贴有 FSC 标志的产品，在 FSC 标志上都印有产销监管链证书号，一旦出现疑问，可查询证书持有者身份。

（六）认证进展

自 1994 年以来，FSC 体系正式开始开展认证森林工作。在最初几年，认证的森林面积增长缓慢。然而，自 1999 年起，认证森林面积呈指数增长，FSC 体系在全球获得了快速发展，成为世界最有影响的森林认证体系之一。

截至 2016 年 7 月，世界共有 81 个国家 1.91 亿 hm^2 面积的森林经过了 FSC 授权机构的认证，有效证书共 1402 份（表 4-12）。同时，有 118 个国家的 30750 家林业与木材加工企业通过了 FSC 的 CoC 认证（表 4-13）（FSC，2016c）。其中，我国开展 FSC 认证的森林面积 88.71 万 hm^2、有效证书 70 张，企业有效 CoC 证书 4536 张（FSC，2016a）。

表 4-12 2016 年 7 月全球各地区和国家的 FSC 认证面积和证书数量统计

各洲	国家/地区	FSC 认证面积（hm²）	证书数量	各洲	国家/地区	FSC 认证面积（hm²）	证书数量
非洲	喀麦隆	940945	4	欧洲	奥地利	587	2
	刚果共和国	2625003	4		白俄罗斯	8278669	43
	加蓬	2033627	3		比利时	23259	2
	加纳	3367	1		保加利亚	561685	4
	马达加斯加岛	1298	1		波斯尼亚和黑塞哥维那	1495526	17
	莫桑比克	49132	2		克罗地亚	2039223	3
	纳米比亚	152888	4		捷克	49902	4
	南非	1459436	23		丹麦	214059	5
	斯威士兰	124527	4		爱沙尼亚	1264498	7
	坦桑尼亚	172052	3		芬兰	1233604	6
	乌干达	38975	3		法国	149700	8
	合计	7601250	52		德国	1055073	58
亚洲	柬埔寨	12746	1		匈牙利	304273	6
	中国	887104	70		爱尔兰	446647	2
	印度	754911	10		意大利	41444	15
	印度尼西亚	2681500	34		拉脱维亚	1702655	15
	日本	393603	33		立陶宛	1083790	43
	韩国	390568	8		卢森堡	21521	3
	老挝	317	1		荷兰	136311	3
	马来西亚	675810	12		挪威	417899	5
	斯里兰卡	14603	2		波兰	6939250	18
	中国台湾	976	2		葡萄牙	371426	25
	泰国	61795	17		罗马尼亚	2523707	15
	土耳其	2365753	8		俄罗斯	41277466	138
	越南	157317	14		塞尔维亚	1001347	3
	合计	8397004	212		斯洛伐克	149387	8
拉丁美洲及加勒比海	阿根廷	448514	11		斯洛文尼亚	260291	2
	伯利兹城	197122	2		西班牙	247200	33
	玻利维亚	890375	8		瑞典	12216619	24
	巴西	6176239	110		瑞士	606348	8
	智利	2303158	22		乌克兰	2992592	41
	哥伦比亚	144024	10		英国	1589518	39
	哥斯达黎加	46677	14		合计	90695473	605
	厄瓜多尔	55544	4	北美洲	加拿大	54091054	69
	危地马拉	497968	8		墨西哥	921387	65
	洪都拉斯	20164	1		美国	13781975	116
	尼加拉瓜	21696	7		合计	68794417	250
	巴拿马	42884	9	大洋洲	澳大利亚	1235677	14
	巴拉圭	25022	3		斐济	85385	1
	秘鲁	498837	7		新西兰	1263820	19
	苏里南	386200	4		巴布亚新几内亚	36491	3
	乌拉圭	964608	23		所罗门群岛	39401	1
	委内瑞拉	155839	2		合计	2660774	38
	合计	12874872	245	全球	81 国	191023790	1402

表4-13　2016年7月全球各地区和国家的FSC产销监管链（CoC）认证统计

各洲	国家/地区	证书数量	各洲	国家/地区	证书数量	各洲	国家/地区	证书数量
非洲	喀麦隆	11		阿尔巴尼亚	2		巴林岛	1
	刚果共和国	2		奥地利	279		孟加拉国	48
	埃及	17		白俄罗斯	95		柬埔寨	2
	加蓬	10		比利时	295		中国	4536
	加纳	4		保加利亚	122		中国香港	617
	马达加斯加岛	1		波斯尼亚和黑塞哥维那	300		印度尼西亚	227
	毛里求斯	1					印度	325
	摩洛哥	5		克罗地亚	258		以色列	19
	莫桑比克	1		塞浦路斯	12		日本	1055
	纳米比亚	3		捷克	184		韩国	260
	塞舌尔	3		丹麦	263		科威特	1
	南非	111		爱沙尼亚	239		老挝	1
	坦桑尼亚	1		芬兰	114		黎巴嫩	16
	突尼斯	5		法国	773		中国澳门	1
	合计	175		德国	2191	亚洲	马来西亚	175
拉丁美洲及加勒比海	阿根廷	116		直布罗陀	1		缅甸	1
	伯利兹城	2		希腊	45		尼泊尔	1
	玻利维亚	12		匈牙利	145		阿曼	4
	巴西	1081		爱尔兰	109		巴基斯坦	18
	维尔京群岛	5		意大利	2010		菲律宾	10
	开曼群岛	1		拉脱维亚	292		卡塔尔	17
	智利	135	欧洲	列支敦士登	4		沙特阿拉伯	13
	哥伦比亚	29		立陶宛	256		新加坡	120
	哥斯达黎加	5		卢森堡	16		斯里兰卡	23
	多米尼加	2		马其顿	3		中国台湾	183
	厄瓜多尔	12		马耳他	13		泰国	104
	危地马拉	11		摩纳哥	3		土耳其	229
	圭亚那	3		荷兰	1261		阿拉伯	106
	洪都拉斯	2		挪威	51		越南	475
	巴拿马	4		波兰	1387		合计	8588
	巴拉圭	6		葡萄牙	207		澳大利亚	268
	秘鲁	33		罗马尼亚	436		文莱	1
	委内瑞拉	6		俄罗斯	399		斐济	2
	苏里南	6		圣马力诺	2		关岛	1
	乌拉圭	19		塞尔维亚	133	大洋洲	新西兰	154
	圣文森特和格林纳丁斯	1		斯洛伐克	122		巴布亚新几内亚	2
				斯洛文尼亚	209		萨摩亚	1
	合计	1491		西班牙	812		所罗门群岛	1
北美洲	巴哈马群岛	1		瑞典	333		合计	430
	加拿大	767		瑞士	479			
	墨西哥	119		乌克兰	121			
	波多黎各	3		英国	2383			
	美国	2817						
	合计	3707		合计	16359	全球总计	118 国	30750

（七）认证林产品

从认证产品类别看，不同贸易产品的认证程度不同。2014 年 FSC 全球市场调研报告显示，购买的产品中，经认证的林产品主要有纸类、木材/锯材、原木/圆木和面板，分别占 39.30%、13.40%、13.60% 和 12.60%；售卖的产品中，经认证的林产品主要是纸类、印刷材料和木材/锯材，分别占 17.80%、12.10% 和 8.3%（FSC，2016d）。

同时，国际家具行业也比较重视 FSC 这个重要的森林认证体系，并在很多国家得到推行，成为一些国家家具产品准入的通行证。在 FSC 的森林经营（FM）认证和产销监管链（CoC）认证中，家具生产企业受到 CoC 认证的影响较大，我国多数木家具企业都开展了 FSC 的 CoC 认证。

三、认证程序

FM（森林管理认证）的实施程序包括访问（审核）森林经营企业来确定森林的数量和位置、确定其价值和监督记录其管理过程等一系列程序（中国森林认证网，2009），具体步骤简介如下。

（一）决定申请

根据 FSC 要求，森林所有者决定申请对其经营活动进行认证，并选择信任认证机构。依据森林所有者信息，认证方可以判断成功的期望值。

（二）签订合同

要求认证方和被认证方签订合同。在签订合同前开展有关森林经营、森林经营认证过程以及课程的讨论。一般签订为期 5 年的合同。

（三）预评估

通常认证人员进行森林经营活动的预评估。这使认证人员初步了解森林经营活动的结构、管理和环境。而且森林所有者更熟识认证人员的要求。预评估的目的，就是要在主评估前从森林管理者那里进一步了解认证的森林面积。此外还有助于认证人员更有效地开展评估，所以需要咨询一些相关的人员。

（四）审阅管理文件

为了使认证人员了解完整的森林计划和管理过程的特点，森林所有者要事先提供为正式评估所需要的重要文件。这是节约时间和有效正式评估的需要。

（五）正式评估

当在预评估不合格的方面被解决，即可以计划公司的现场评估。对于已经建立森林认证（FSC）标准的国家，该标准即成为评价的基础。对于还没有制定森林认证（FSC）标准的国家，认证机构将使用被批准的、并做了适应性修改的森林认证标准。

森林认证的基础不是森林的目前状态，而是通过不断的定期监测来控制森林经营的质量。在评估期的所有活动包括：森林经营管理基础、人员和详细的计划文件以及有关人员的座谈。然后，与项目主管讨论评估的结果。依据评估的结果，认证人员起草一份报告，包括建议的认证结果或为克服不足而提出的修改意见。

（六）复评估

认证报告将由 2~3 名独立的公认的专家复评。他们将对认证机构的工作和报告进行评估，并将评估结果提交认证决策委员会作最后评估。

（七）发证和注册

假如以上步骤给出了积极的评价结果，森林企业将被授予合格证书。如有必要，可以附加在一定时间前必须满足的条件。要严格控制用认证证书从事的市场活动和森林认证标志作为注册商标的活动。

（八）定期审查

在规定的期间（一般每年一次），为了检查经营是否持续符合标准，认证人员进行一次短暂的和实地的森林经营活动审查。

认证的全过程需要好几个月。时间主要取决于工厂的大小和地理位置以及排除不足条件数量。预评估一般需要 1~4 天。正式评估则需要 2~14 天，这取决于企业规模和复杂程度。定期检查需要 1~7 天。

上述描述的步骤只是森林经营认证，并仅对"森林"本身有效。对使用经森林经营认证的林木，生产、销售带有 FSC 标识的产品，还需进行产销监管链认证。

四、主要启示

基于 FSC 的标准体系和工作经验，有以下几点启示值得借鉴。

（一）完善相关法规明确政府职能定位

在森林和林产品认证中，政府不是规则制定者，而应是一个维护规则执行的监督者。政府既可以通过提供一个平台，来促进社会大众广泛参与到森林和林产品认证体系的建立和运行中；也可以通过相关法规的制定和完善，来对森林及林产品认证的实施进行规范与促进，在一定程度上引导森林经营和林产品贸易朝着可持续发展的目标运行。

（二）推进中国认证体系的建立与互认

一方面，中国森林类型复杂，我们不能简单地套用国际现有认证体系，而应从我国具体的现实国情和林情及经济和技术发展水平出发，考虑已签署的国际公约、协议和市场状况，结合自身特点和需求，按照国家、区域、经营单位水平三个层次，建立健全中国自己的森林认证和林产品贸易认证标准体系及制度，既保障我国森林可持续经营又促进林产品国际市场准入。另一方面，实现与国际上其他认证体系的互认能够降低森林认证和林产品认证费用及成本，鼓励经营者和企业参与到森林认证和林产品认证中来，也能够更好地应对国际贸易绿色壁垒和促进林产品国际贸易可持续发展。

（三）广泛开展宣传以提高社会认可度

对森林认证和林产品认证进行广泛宣传，能够促进社会大众和普通消费者对认证林产品的深刻了解，并转化为消费需求行为，从而促进认证的社会认可和经济可行；同时，可引导公众参与到森林认证及林产品认证标准体系的制定和过程监督中来，促进认证工作的广泛参与和体现认证本身的公正性。

第四节　社会责任国际组织（SAI）

从 20 世纪 80 年代开始，欧美等发达国家的企业社会责任运动开始兴起，包括了对环保、劳工和人权的要求等，并以此引导消费者的关注焦点，从单纯关心产品质量转向产品质量、环境、职业健康和劳动保障等社会责任多方面内容。他们通过"购买权力"要求跨国公司承担社会责任，改善加工工厂（尤其是劳动密集型行业）的劳工待遇和环境保护等问题；另外一些涉及绿色和平、环保、社会责任和人权等的非政府组织以及舆论也不断呼吁，要求社会责任与贸易挂钩。迫于上述日益增大的压力和自身发展需求，很多欧美跨国公司都纷纷制定可以对社会作出必要承诺的责任守则（包括社会责任），或通过认证（环境、职业健康、社会责任）来应对不同利益相关团体的需要。

一、基本情况

随着发达国家工业结构调整，近年劳动密集型企业迅速向发展中国家转移，跨国公司（零售商）在全球采购和定点采购时，往往通过工厂检查方式对供货方的生产能力、规模条件及安全生产是否满足要求进行判定。同时，对供方和供应链也提出了相应要求。一些行业、地区、乃至全球性的行业组织和 NGO 也制定了各自的守则。据国际劳工组织（International Labor Organization，ILO）统计，这样的守则已超过 400 个（商务部，2016）。在众多企业社会责任守则中，与木制品有关并具有影响力的是"社会道德责任（Social Accountability 8000，SA 8000）标准及认证"。

二、发展简史

社会责任国际组织（Social Accountability International，SAI）于 1997 年在美国纽约成立，它专注于公司社会责任研究和实施 SA 8000 社会责任标准。SAI 咨询委员会由来自不同国家、不同行业、不同利益的代表组成，负责组织起草和修订社会责任国际标准。1997 年10 月，SAI 首次公布了社会道德责任标准（SA 8000）；2001 年 12 月 12 日，SAI 发表了SA 8000 标准第 1 个修订版。SA 8000 一问世，就受到了公众极大关注，在美欧工商界引起了强烈反响。专家们认为，SA 8000 是继 ISO 9000、ISO 14000 出现之后的又一个重要国际性标准，并迟早会转化为 ISO 标准；通过 SA 8000 认证将成为国际市场竞争中的又一重要武器。有远见的组织应未雨绸缪，及早检查本组织是否履行了公认的社会责任，在组织运行过程中是否有违背社会公德的行为，是否切实保障了职工的正当权益，以把握先机，迎接新一轮的世界性挑战。组织年度报告和公司宣传册中关于道德责任的陈述逐年增多，这一现象表明，管理与社会责任相结合的需求日益增大。尽管许多组织在运营中并无不道德行为，但却无从评判。而如今，组织行为是否符合社会公德可根据该组织与 SA 8000 要求的符合性予以确认和声明。

三、标准内容

SA 8000 标准是全球第一个可用于第三方认证的道德规范和社会责任国际标准（国务院国有资产监督管理委员会研究中心，2012），旨在将企业的经营管理与社会责任相结合，改善全球工人的工作条件、重视劳动者的身心健康和保护劳工的基本权益；是根据 ILO 公约、联合国儿童权利公约及世界人权宣言制定而成的，要求企业在谋取经济利益的同时，必须承担对环境、社会及企业内部利益相关者的责任。作为第三方认证的准则，SA8000 认证是依据该标准的要求审查、评价组织是否与保护人类权益的基本标准相符，保证企业生产的产品符合社会责任标准的要求，在全球所有的工商领域均可应用和实施。SA8000 标准的主要内容包括：①童工准则（Child Labour）；②强迫性劳工准则（Forced Labour）；③健康与安全准则（Health & Safety）；④组织工会的自由与集体谈判的权利准则（Freedom of Association and Right to Collective Bargaining）；⑤歧视准则（Discrimination）；⑥惩罚性措施准则（Disciplinary Practices）；⑦工作时间准则（Working Hours）；⑧工资报酬准则（Compensation）；⑨管理体系准则（Management Systems）。其中，规定禁止企业使用童工；根据当地法律确定工作时间长度，禁止强迫性劳动等；还就企业员工的工资、谈判权利及工作环境作了详细规定，并要求企业全面遵守这些社会责任准则。

四、主要优点

SA 8000 标准是一个通用的标准，不仅适用于发展中国家，也适用于发达国家；不仅适用于各类工商企业，也适合于公共机构；同时，SA 8000 标准还可以代替公司或行业制定社会责任守则。同时，SA 8000 认证的优点包括（商务部，2016）：①使公司能建立、维持及推行所需业务手则；②作为第一底线；③提供一个达到全球共识的国际标准；④减少对供货商的第二方审核，可明显节省费用；⑤适合各地方和行业应用，提供共通的比较准则；⑥考虑及根据当地法规及要求作为审核准则；⑦建立国际性公信力；⑧使消费者对产品建立正面情感；⑨对合作伙伴建立较长期价值。

五、相关影响

目前，SA 8000 标准在全世界迅速推广，越来越多的跨国公司与企业开始采纳和执行这一标准。该标准的出发点是好的，但是，随着关税壁垒及传统非关税壁垒作用的逐步弱化，发达国家急需寻找新的贸易保护措施。特别是，随着发展中国家经济的快速发展和在国际贸易中地位的上升，建立在低廉劳动力成本基础上的劳动密集型出口产品，凭借其价格优势对发达国家的市场产生了较大冲击。这样一来，SA 8000 标准被发达国家的贸易保护者所利用的风险加大，部分国家正考虑在国际贸易谈判中纳入劳工标准，从而为发达国家保护国内市场、削弱发展中国家产品的竞争力提供便利。我国的人造板、木家具、木地板等行业中，小型企业众多，规模较小，劳动环境较差，工作时间较长，企业员工的劳动权益经常受到侵害。SA 8000 标准认证的推广，必然对我国人造板等劳动密集型木业企业的发展带来巨大压力。

中国林产品标准及与国际标准之间的差异

Chapter 5 China's Forest Products Standards and their Differences between Chinese and International Standards

技术标准是从事生产、建设工作以及商品流通的一种共同技术依据。随着经济全球化和贸易自由化的快速发展，国际经济交往和技术交流日益频繁，打破了国家和区域的疆界，形成了世界范围内的大生产和大流通。技术标准既可成为促进全球经济交流与合作的催化剂，又可成为人为设置国际贸易壁垒的重要手段，因而经济全球化发展浪潮把标准化工作推上了十分重要的战略位置。在传统大规模工业化生产中，是先有产品后有标准；在知识经济时代，则往往是标准先行。当今世界流行着"三流企业卖苦力、二流企业卖产品、一流企业卖专利、超一流企业卖标准"的经营理念，这深刻揭示了"得标准得天下"的国际市场竞争游戏规则（张伟，2014）。也就是说，谁掌握了技术标准，谁就能够构建有利于自身贸易的游戏规则，并在行业发展中拥有关键话语权。研究和分析中国林产品技术标准及与国际标准之间存在的巨大差异，对于进一步采用国际先进标准和完善我国林业标准体系意义重大。

第一节　中国主要林产品技术标准

中国林产品标准化工作近年来有了较大发展。据初步统计，全国林产品标准有 1088 项，占现行林业标准总数 1463 项的 74.37%。现将人造板、木地板、木家具和竹藤制品等 4 类主要出口林产品的标准简单概述如下。

一、人造板

据全国人造板标准化技术委员会统计，2014 年在研人造板标准 51 项（附表 5），现行人造板标准 135 项（附表 6），其中国家标准 67 项、行业标准 68 项（全国人造板标准化技术委员会，2014a，2014b）；包括性能标准、产品标准和基础与综合标准 3 大类，其中产品标准在全国林产品标准中占有较大比例，内容涉及人造板二次加工产品、环保标准、术语标准等，基本涵盖了人造板工业的各个领域（商务部，2016）。按照我国的标准体系，全国林产品标准由国家标准、行业标准和地方标准 3 大部分组成，其中国家标准和行业标准构成了林产品标准的主要内容，而行业标准主要涉及林业、轻工业等。

（一）胶合板

我国胶合板产品标准主要包括：普通胶合板、功能性胶合板及胶合板相关产品、试验方法、有害物质限量标准，共26项（目录见表5-1），其中国标19项、行标7项。

表5-1　中国胶合板标准目录

序号	类别	中文名称
1	GB/T 9846.1 – 2004	胶合板 第1部分：分类
2	GB/T 9846.2 – 2004	胶合板 第2部分：尺寸公差
3	GB/T 9846.3 – 2004	胶合板 第3部分：普通胶合板通用技术条件
4	GB/T 9846.4 – 2004	胶合板 第4部分：普通胶合板外观分等技术条件
5	GB/T 9846.5 – 2004	胶合板 第5部分：普通胶合板检验规则
6	GB/T 9846.6 – 2004	胶合板 第6部分：普通胶合板标志、标签和包装
7	GB/T 9846.7 – 2004	胶合板 第7部分：试件的锯制
8	GB/T 9846.8 – 2004	胶合板 第8部分：试件尺寸的测量
9	GB/T 17656 – 2008	混凝土模板用胶合板
10	GB/T 18101 – 2000	难燃胶合板
11	GB/T 19536 – 2004	集装箱底板用胶合板
12	GB/T 22349 – 2008	木结构覆板用胶合板
12	GB/T 22350 – 2008	成型胶合板
14	GB/T 24311 – 2009	组合式包装箱用胶合板
15	LY/T 1115 – 1993	乒乓球拍用胶合板
16	LY/T 1364 – 2006	铁路客车用胶合板
17	LY/T 1417 – 2001	航空用桦木胶合板
18	LY/T 1170 – 1995	茶叶包装用胶合板
19	LY/T 1738 – 2008	实木复合地板用胶合板
20	LY/T 1860 – 2009	非甲醛类热塑性树脂胶合板
21	GB/T 5849 – 2006	细木工板
22	GB/T 20241 – 2006	单板层积材
23	LY/T 1599 – 2002	旋切单板
24	GB/T 17657 – 1999	人造板及饰面人造板理化性能试验方法
25	GB 18580 – 2001	室内装饰装修材料 人造板及其制品中甲醛释放量限量
26	GB/T 23825 – 2009	人造板及其制品中甲醛释放量测定 气体分析法

（二）纤维板

纤维板、刨花板是我国传统人造板产品。其中，纤维板包括湿法硬质纤维板、中密度纤维板和功能性特殊类型的纤维板，如：难燃中密度纤维板、薄型硬质纤维板等，产品标准目录如表5-2所示，其中国标11项、行标5项。

表 5-2　中国纤维板产品标准目录

序号	类别	中文名称
1	GB/T 12626.1 – 2009	湿法硬质纤维板 第 1 部分：定义和分类
2	GB/T 12626.2 – 2009	湿法硬质纤维板 第 2 部分：对所有板型的共同要求
3	GB/T 12626.3 – 2009	湿法硬质纤维板 第 3 部分：试件取样及测量
4	GB/T 12626.4 – 1990	硬质纤维板 检验规则
5	GB/T 12626.5 – 1990	硬质纤维板 产品的标志、包装、运输和储存
6	GB/T 12626.6 – 1990	硬质纤维板 含水率的测定
7	GB/T 12626.7 – 1990	硬质纤维板 密度的测定
8	GB/T 12626.8 – 1990	硬质纤维板 吸水率的测定
9	GB/T 12626.9 – 1990	硬质纤维板 静曲强度的测定
10	GB/T 11718 – 2009	中密度纤维板
11	GB/T 18958 – 2003	难燃中密度纤维板
12	LY/T 1205 – 1997	薄型硬质纤维板
13	LY/T 1204 – 1997	浮雕纤维板
14	LY/T 1611 – 2003	地板基材用纤维板
15	LY/T 1718 – 2007	轻质纤维板
16	LY/T 1795 – 2008	椰壳纤维板

（三）刨花板

刨花板包括家具或室内装修用的刨花板、定向刨花板，非木质原料生产的或其他功能性刨花板等，其产品标准目录如表 5-3 所示，其中国标 9 项、行标 2 项。

表 5-3　中国刨花板产品标准目录

序号	类别	中文名称
1	GB/T 4897.1 – 2003	刨花板 第 1 部分：对所有板型的共同要求
2	GB/T 4897.2 – 2003	刨花板 第 2 部分：在干燥状态下使用的普通用板要求
3	GB/T 4897.3 – 2003	刨花板 第 3 部分：在干燥状态下使用的家具及室内装修用板要求
4	GB/T 4897.4 – 2003	刨花板 第 4 部分：在干燥状态下使用的结构用板要求
5	GB/T 4897.5 – 2003	刨花板 第 5 部分：在潮湿状态下使用的结构用板要求
6	GB/T 4897.6 – 2003	刨花板 第 6 部分：在干燥状态下使用的增强结构用板要求
7	GB/T 4897.7 – 2003	刨花板 第 7 部分：在潮湿状态下使用的增强结构用板要求
8	GB/T 21723 – 2008	麦（稻）秸秆刨花板
9	GA 87 – 1994	防火刨花板通用技术条件
10	LY/T 1580 – 2010	定向刨花板
11	LY/T 1842 – 2009	竹材刨花板

二、木地板

木地板是近些年发展较快的产品之一。产品包括实木地板、实木复合地板、浸渍纸层压木地板，以及根据结构、功能或用途衍生的其他功能性地板。产品标准目录见表 5-4。

表5-4　中国木地板标准（包括行业标准）目录

序号	类别	中文名称
1	GB/T 15036.1－2009	实木地板 第1部分：技术要求
2	GB/T 15036.2－2009	实木地板 第2部分：检验方法
3	GB/T 18103－2000	实木复合地板
4	GB/T 24507－2009	浸渍纸层压板饰面多层实木复合地板
5	LY/T 1614－2011	实木集成地板
6	LY/T 1657－2006	软木类地板
7	GB/T 18102－2007	浸渍纸层压木地板
8	LY/T 1739－2008	装饰单板层压木地板
9	LY/T 1858－2009	涂饰浸渍纸层压木地板
10	GB/T 20239－2006	体育馆用木地板
11	GB/T 23471－2009	浸渍纸层压秸秆复合地板
12	GB/T 24508－2009	木塑地板
13	GB/T 24509－2009	阻燃木质复合地板
14	LY/T 1330－2011	抗静电木质活动地板
15	LY/T 1700－2007	地采暖用木地板
16	LY/T 1854－2009	室内高湿场所用木地板
17	LY/T 1859－2009	仿古木地板
18	LY/T 1861－2009	户外用木地板
19	GB/T 20238－2006	木地板铺装、验收和使用规范
20	GB/T 24599－2009	室内木地板安装配套材料
21	GB/T 1941－2009	木材硬度试验方法
22	GB/T 4822－1999	锯材检验
23	GB/T 6739－2006	涂膜硬度铅笔测定法
24	GB/T 9286－1998	色漆和清漆 漆膜的划格试验
25	GB/T 17657－1999	人造板及饰面人造板理化性能试验方法
26	GB 18580－2001	室内装饰装修材料 人造板及其制品中甲醛释放量限量
27	LY/T 1926－2010	抗菌木(竹)质地板 抗菌性能检测方法与抗菌效果
28	QB/T 4035－2010	浸渍纸层压木地板用表层耐磨纸

三、木家具

　　我国木家具标准包括：产品标准、家具力学性能、表面漆膜性能与有害物质限量等4个方面。现行标准目录见表5-5。

表 5-5　中国木家具标准(包括行业标准)目录

序号	类别	标准名称
1	GB/T 3324 – 2008	木家具通用技术条件
2	GB/T 3326 – 1997	家具 桌、椅、凳类主要尺寸
3	GB/T 3327 – 1997	家具 柜类主要尺寸
4	GB/T 3328 – 1997	床类主要尺寸
5	QB/T 1951.1 – 2010	木家具 质量检验及质量评定
6	QB/T 2383 – 1998	餐桌餐椅
7	QB/T 2384 – 2010	木制写字桌
8	QB/T 2385 – 2008	家具 深色名贵硬木家具
9	QB/T 2530 – 2011	木制柜
10	QB/T 2531 – 2010	厨房家具
11	QB/T 2601 – 2003	体育场馆公共座椅
12	QB/T 2602 – 2003	影剧院公共座椅
13	QB/T 2603 – 2003	木制宾馆家具
14	QB/T 3658 – 1999	木家具 公差与配合
15	QB/T 3659 – 1999	木家具 形状和位置公差
16	QB/T 4071 – 2010	课桌椅
17	GB/T 10357.1 – 1989	家具力学性能试验 桌类强度和耐久性
18	GB/T 10357.2 – 1989	家具力学性能试验 椅凳类稳定性
19	GB/T 10357.3 – 1989	家具力学性能试验 椅凳类强度和耐久性
20	GB/T 10357.4 – 1989	家具力学性能试验 柜类稳定性
21	GB/T 10357.5 – 2011	家具力学性能试验 第5部分：柜类强度和耐久性
22	GB/T 10357.6 – 1992	家具力学性能试验 单层床强度和耐久性
23	GB/T 10357.7 – 1995	家具力学性能试验桌类稳定性
24	GB/T 1720 – 1979(1989)	漆膜附着力测定法
25	GB/T 1721 – 2008	清漆、清油及稀释剂外观和透明度测定法
26	GB/T 1722 – 1992	清漆、清油及稀释剂颜色测定法
27	GB/T 1723 – 1993	涂料黏度测定法
28	GB/T 1727 – 1992	漆膜一般制备法
29	GB/T 1728 – 1979(1989)	漆膜、腻子膜干燥时间测定法
30	GB/T 1730 – 2007	漆膜硬度测定法 摆杆阻尼试验
31	GB/T 1731 – 1993	漆膜柔韧性测定法
32	GB/T 1732 – 1993	漆膜耐冲击测定法
33	GB/T 1733 – 1993	漆膜耐水性测定法
34	GB/T 1734 – 1993	漆膜耐汽油性测定法
35	GB/T 1735 – 1979(1989)	漆膜耐热性测定法
36	GB/T 1740 – 2007	漆膜耐湿热测定法

（续）

序号	类别	标准名称
37	GB/T 1741 – 2007	漆膜耐霉菌测定法
38	GB/T 1743 – 1979（1989）	漆膜光泽测定法
39	GB/T 1748 – 1979（1989）	腻子膜柔韧性测定法
40	GB/T 1749 – 1979（1989）	厚漆、腻子稠度测定法
41	GB/T 1762 – 1980（1989）	漆膜回黏性测定法
42	GB/T 1763 – 1979（1989）	漆膜耐化学试剂性测定法
43	GB/T 1764 – 1979（1989）	漆膜厚度测定法
44	GB/T 1766 – 2008	色漆和清漆 涂层老化的评级方法
45	GB/T 1768 – 2007	漆膜耐磨性测定法
46	GB/T 1770 – 2008	底漆、腻子膜打磨性测定法
47	GB/T 4893.1 – 2005	家具表面漆膜耐液测定法
48	GB/T 4893.2 – 2005	家具表面漆膜耐湿热测定法
49	GB/T 4893.3 – 2005	家具表面漆膜耐干热测定法
50	GB/T 4893.4 – 1985	家具表面漆膜附着力交叉切割测定法
51	GB/T 4893.5 – 1985	家具表面漆膜厚度测定法
52	GB/T 4893.6 – 1985	家具表面漆膜光泽测定法
53	GB/T 4893.7 – 1985	家具表面漆膜耐冷热温差测定法
54	GB/T 4893.8 – 1985	家具表面漆膜耐磨性测定法
55	GB/T 4893.9 – 1992	家具表面漆膜抗冲击测定法
56	GB/T 9271 – 2008	色漆和清漆 标准试板
57	GB/T 9276 – 1996	涂层自然气候暴露试验
58	GB/T 9753 – 2007	色漆和清漆 杯突试验
59	GB/T 9761 – 2008	色漆和清漆 色漆的目视比色
60	QB/T 1950 – 1994	家具表面漆膜耐盐浴测定法
61	QB/T 3655 – 1999	家具表面软质覆面材料剥离强度的测定
62	QB/T 3656 – 1999	家具表面硬质覆面材料剥离强度的测定
63	GB 18581 – 2009	室内装饰材料溶剂型木器涂料中有害物质限量
64	GB 18583 – 2008	室内装饰材料胶粘剂中有害物质限量
65	GB 18584 – 2001	木家具中有害物质限量

四、竹藤制品

　　竹藤制品是一类十分重要的非木质林产品，集经济、生态与社会效益于一体，竹藤植物是木材短缺情况下的主要替代性资源，在世界森林资源中占有重要地位。中国竹藤资源丰富，竹藤利用历史悠久，也是世界竹藤制品生产和出口最多的国家之一，出口商品种类繁多，包括竹凉席、竹地板、竹质窗帘和竹藤座具等，在北美、欧盟等发达国家和地区享有较高声誉（商务部，2016）。现行标准目录见表5-6。

表5-6 中国竹藤制品标准(包括行业标准)目录

序号	标准号	标准名称
1	GB/T 13123 – 2003	竹编胶合板
2	GB/T 13144 – 2008	包装容器 竹胶合板箱
3	GB/T 20240 – 2006	竹地板
4	GB/T 21128 – 2007	结构用竹木复合板
5	GB/T 21129 – 2007	竹单板饰面人造板
6	JG/T 156 – 2004	竹胶合板模板
7	JG/T 3059 – 1999	钢框竹胶合板模板
8	LY/T 1055 – 2002	汽车车厢底板用竹材胶合板
9	LY/T 1061 – 1992	竹质卫生筷
10	LY/T 1072 – 2002	竹篾层积材
11	LY/T 1574 – 2000	混凝土模板用竹材胶合板
12	LY/T 1575 – 2000	汽车车厢底板用竹篾胶合板
13	LY/T 1815 – 2009	非结构用竹集成材
14	LY/T 1842 – 2009	竹材刨花板
15	LY/T 1843 – 2009	竹席
16	SN/T 0503 – 1995	出口商品运输包装竹胶合板箱检验规程
17	TB/T 2412.1 – 1993	铁道货车用竹材层压板技术条件
18	TB/T 2412.2 – 1993	铁道货车用竹材层压板物理力学性能测试方法
19	GB/T 15780 – 1995	竹材物理力学性质试验方法
20	JG/T 199 – 2007	建筑用竹材物理力学性能试验方法
21	GB/T 23172 – 2008	藤编制品
22	GB/T 26914 – 2011	棕榈藤名词术语

第二节 中国林产品特殊化学指标

国家质检总局在2003年与2004年分别发布了《关于对进出口人造板及其制品增加有害物质检测的通知》和《关于对进出口木制品有害物质实施检测的补充通知》,要求进出口人造板及其制品应严格按照我国强制性标准《室内装饰装修材料 人造板及制品中甲醛释放限量(GB 18580 – 2001)》和《室内装饰装修材料 木家具中有害物质限量(GB 18584 – 2001)》进行检测;还有国标《室内装饰装修材料溶剂型木器涂料中有害物质限量(GB 18581 – 2001)》和《室内装饰装修材料胶粘剂中有害物质限量(GB 18583 – 2008)》标准,对相关有害物质限量指标值进行了明确的规定。其中,本体型粘剂中有害物质限量值指标为:总挥发性有机物≤100 g/L。

一、人造板甲醛释放量标准

国家标准"GB 18580 – 2001"关于中国人造板及其制品中甲醛释放量试验方法及限量值见表 5-7。

表 5-7　人造板及其制品中甲醛释放量试验方法及限量值

产品名称	试验方法	限量值	使用范围	限量标志
胶合板、装饰单板贴面胶合板、细木工板等	干燥器法	≤1.5 mg/L	可直接用于室内	E1
		≤5.0 mg/L	必须饰面处理后可允许用于室内	E2
饰面人造板（包括浸渍纸层压木地板、实木复合地板、竹地板、浸渍胶膜纸饰面人造板）	气候箱法	≤0.12 mg/m³	可直接用于室内	E1
	干燥器法	≤1.5 mg/L		

注：参考 GB 18580 – 2001。

二、木家具有害物质限量值

国家标准"GB 18584 – 2001"中关于木家具有害物质限量值见表 5-8。

表 5-8　木家具有害物质限量

项目	甲醛释放量（mg/L）	重金属含量（限色漆）（mg/kg）			
		可溶性铅	可溶性镉	可溶性铬	可溶性汞
限量值	≤1.5	≤90	≤75	≤60	≤60

注：参考 GB 18584 – 2001。

三、室内涂料有害物质限量

国家标准"GB 18581 – 2001"中关于室内装饰材料溶剂型木器涂料中有害物质限量值见表 5-9。

表 5-9　室内装饰材料溶剂型木器涂料中有害物质限量

项目	限量值		
	硝基漆类	聚氨酯漆类	醇酸漆类
挥发性有机化合物（VOC）（g/L）	≤750	光泽(600)≥80，600 光泽(600)<80，700	≤550
苯（%）		≤0.5	
甲苯和二甲苯总和（%）	≤45	≤40	≤10
游离甲苯二异氰酸酯（TDI）（%）	/	≤0.7	/

注：参考 GB 18581 – 2001。

四、粘剂中有害物质限量值

国家标准"GB 18583 – 2008"中关于溶剂型粘剂和水基型粘剂中有害物质限量值分别列于表 5-10 和表 5-11。

表 5-10　溶剂型粘剂中有害物质限量值

项目	指标			
	氯丁橡胶胶粘剂	SBS 胶粘剂	聚氨酯类胶粘剂	其他胶粘剂
游离甲醛(g/kg)	≤0.5		/	/
苯(g/kg)	≤5			
甲苯＋二甲苯(g/kg)	≤200	≤150	≤150	≤150
甲苯二异氰酸脂(g/kg)	/	/	≤10	/
二氯甲烷(g/kg)	≤50			
1，2-二氯甲烷(g/kg) 1，1，2-三氯甲烷(g/kg)	总量≤5.0	总量≤5.0	/	≤50
三氯乙烯(g/kg)				
挥发性有机物，g/L	≤700	≤650	≤700	≤700

注：参考 GB 18583 – 2008。

表 5-11　水基型粘剂中有害物质限量值

项目	指标				
	缩甲醛类 胶粘剂	聚乙酸乙烯酯 胶粘剂	橡胶类 胶粘剂	聚氨酯类 胶粘剂	其他胶粘剂
游离甲醛(g/kg)	≤1.0	≤1.0	≤1.0	/	≤1.0
苯(g/kg)			≤0.2		
甲苯和二甲苯总和(g/kg)			≤10		
总挥发性有机物(g/L)	≤350	≤110	≤250	≤100	≤350

注：参考 GB 18583 – 2008。

第三节　中外林产品标准间的比较

我国木质林产品出口的主要目标市场有美国、欧盟和日本，这里分别对各市场的大宗出口林产品标准进行选择性比较。

一、中国与 ISO 林产品国际标准的差异

我国林产品标准化工作近年得到了较大发展，标准体系也正在逐步形成。同时，全国现行人造板、木家具、木地板等产品标准，采用或修改国际或国外相关产品标准的工作越来越被重视。例如：胶合板 GB/T 9846.1 – 9846.8 – 2004 标准，就采用或修改 ISO 或 JAS 相关标准。其中，GB/T 9846.1 – 2004 胶合板 第 1 部分：分类，修改采用 ISO 1096：1999 胶合板 – 分类；GB/T 9846.2 – 2004 胶合板 第 2 部分：尺寸公差，非等效采用 ISO 1954：1999 胶合板 – 尺寸公差；GB/T 9846.3 – 2004 胶合板 第 3 部分：普通胶合板通用技术条件，甲醛释放量指标参照 JAS（昭和 39 年 4 月 11 日农林省告示第 383 号，最终改正：平成 12 年 6 月 28 日农林水产省告示第 29 号）；GB/T 9846.8 – 2004 胶合板 第 8 部分：试件尺寸的测量，修改采用 ISO 9424：1989 人造板 – 试件尺寸测量。现行人造板及饰面人造板理化性能试验方法 GB/T 17657 – 1999，等同采用 ISO 9427：1989、ISO 9425：1989 和

ISO 3340：1997 等相关指标的试验方法。现行纤维板、刨花板标准，基本采用欧盟或其他相关的国际或国外标准。中密度纤维板 GB/T 11718 - 2009，修改采用了 ISO/DIS 16895 - 2《人造板 干法纤维板 第 2 部分：技术要求》(英文版)中密度纤维板的相关部分；刨花板 GB/T 4897 - 2003 分非等效采用欧洲标准 EN 312：1997《刨花板》中对应的各部分，只是在技术要求上增加了如表面结合强度、2h 吸水厚度膨胀率等力学性能(商务部，2016)。

木地板标准与人造板标准情况相似。现行实木复合地板 GB/T 18103 - 2000，是在参照 ANSI/HPMA LHF - 1987 与日本地板农林水产省第 955 号公告(1991 年)、prEN 133329：1988 与 DIN 280：1990 等基础上制订的。实木集成地板 LY/T 1614 - 2004，非等效采用日本农业标准 JAS No. 112(1996)《集成材》和日本农业标准 MAFF No. 990 号公告(2000 年)《地板》，其中浸渍剥离试验方法和指标参考日本农业标准 JAS No. 112(1996)《集成材》标准中相应内容，抗弯载荷的试验方法和指标参考日本农业标准 MAFF No. 990 号公告(2000 年)《地板》的相应内容。其他如 GB/T 18102 - 2007 浸渍纸层压木地板，如吸水厚度膨胀率、尺寸稳定性等在检测方法上参照同类产品标准 EN 13329 - 2000 浸渍纸层压木地板(商务部，2016)。

即使如此，我国现行林产品标准在标准体系、标准检测方法上与全球性 ISO 标准还存在一定差异。具体表现在：首先，产品标准构成了我国林产品标准的主要内容。据统计，全国现行人造板产品标准占标准总数的 46.4%；而 ISO 标准主要以基础标准、方法标准为主，重在统一术语、统一试验方法、统一评定手段，使各方提供的数据具有可比性。如在上述 24 项 ISO 家具标准中，有 17 项是方法标准。其次，中国产品特色在现行标准中得到了充分体现。竹藤制品是具有中国特色的传统出口林产品，竹藤制品的国家、行业标准在我国林产品标准中占有相当比重，但在 ISO 标准体系中，很多产品没有对应的标准。再次，我国林产品标准与 ISO 标准的差异，还表现在同类产品的同类项目检测方法上，举例说明如下。

(一)胶合强度

我国现行 GB/T 17657 - 1999 对于胶合强度测定，等同采用了 JAS - 1992《普通合板》的方法，与 ISO 12466 - 1 - 1999《胶合板 胶粘质量的测定》在预处理方面存在较大区别。

ISO 12466 - 1 - 1999《胶合板 胶粘质量的测定》中对于胶合强度测预处理，规定必须遵循以下预处理的任一步骤：①在 20 ±3℃ 的水中浸泡 24h。②在沸水中浸泡 6 h，然后在 20 ±3℃ 的水中冷却 1h 左右，使试件的温度降到 20℃。③在沸水中浸泡 4 h，然后利用空气对流干燥箱在 60 ±3℃ 上干燥 20 h，然后浸泡在沸水中 4 个 h，接着在 20 ±3℃ 的水中冷却 1 h 左右，使试件的温度降到 20℃。④在沸水中浸泡 72 ±1 h，接着在 20 ±3℃ 的水中冷却 1 h 左右，使试件的温度降到 20℃。

GB/T 17657 - 1999 人造板及饰面理化性能测试中关于胶合强度测定：规定试件根据所属的胶合板类别分别进行处理，一般胶合板分为四大类，每一类胶合板的预处理方法如下：①Ⅰ类胶合板：将试件放入沸水中煮 4 h，然后将试件分开平放在 63 ±3℃ 的空气干燥箱中干燥 20 h，再在沸水中煮 4 h，取出后在室温下冷却 10 min。煮试件时应将其完全放于沸水中；②Ⅱ类胶合板：试件放在 63 ±3℃ 的热水中浸 3 h，取出后在室温下冷却 10 min。浸试件应全部放入热水中；③Ⅲ类胶合板：将试件浸在 30 ±3℃ 的水中 2 h，然后将每个试件分开平放在 63 ±3℃ 的空气干燥箱中干燥 1 h，取出后在室温下放置 10 min；④Ⅳ类胶合板：将含水率符合要求的试件作干状试验(商务部，2016)。

（二）加荷速度与木材破坏率

ISO 12466-1-1999 规定，在进行剪切强度测试时以等速均匀施加载荷，使试件在 30 ±120 s 内破坏。没有规定具体速度，同时精确至 1 N。在判断木材破坏率时，一般认为破坏经常发生在木材，或者剪切测试区域的锯槽切口之间的胶缝上。如果破坏发生在测试区域之外，或者面板表面有 50% 甚至更多的横纹破坏，那么就放弃这个结果，重新进行长度为 10 mm 的剪切测试。一旦试件的无效数量超过 20%，那就有必要重新选择样本。如果重新选择样本仍然达不到要求，那么这批试件都应该放弃（商务部，2016）。

GB/T 17657-1999 规定，在进行剪切强度测试时，以等速对试件加荷破坏，加载速度为 10 MPa/min，一般只规定破坏在 60 ±30 s 内发生，记下最大的破坏载荷，精确至 10 N。判断木材破坏率上，国内按照以下规定处理：①如各种非正常破坏试件的胶合拉伸剪切强度值符合标准规定指标的最小值时列入统计记录，如不符合规定的最小指标值时，予以剔除不计。②因剔除不计的非正常破坏试件的数量超过试件的总数一半时，应另行抽样检验。

（三）家具力学性能桌类稳定性

ISO 7172-1988 家具桌类稳定性测试。对矩形桌面要在桌面的长边和短边分别进行试验，而对非矩形桌面、独脚桌和带有活动桌板的则要求在其最不稳定边上做试验。在做垂直和水平加载稳定性试验时，没有规定垂直力的数值（商务部，2016）。GB/T 10357-1995 家具力学性能桌类稳定性测试。规定无论何种类型的桌类，都在其最不稳定边上做试验。在做垂直和水平加载稳定性试验时，规定垂直力的数值为 100N。并规定了加载点定位尺寸误差为 ±2%。

（四）特殊化学指标规定

随着绿色消费意识的提高，人们开始关注林产品中一些化学物质可能对居家生活和人体造成的负面影响，近年中国对林产品中有害物质的限量提出严格规定并要求进行检测，但与发达国家对进口木制品中特殊化学物质的限量和安全性规定仍存在一定差距（表 5-12）。

表 5-12　中外木制品中特殊化学物质限量规定的差异

	中国	美国	欧盟	日本
甲醛释放量	人造板 ≤1.5 mg/kg，木家具 ≤1.5 mg/kg	胶合板 ≤0.05 mg/kg，MDF ≤0.11 mg/kg，薄 MDF ≤0.13 mg/kg，刨花板 ≤0.09 mg/kg	E1 级：刨花板和 MDF ≤0.124 mg/kg	胶合板 Fc0 级 ≤0.7 mg/kg
有机挥发物	本体型粘剂中总 VOC ≤100 g/L		3 天后 ≤10 μg/m³	甲苯 ≤260 μg/m³，苯乙烯 ≤220 μg/m³
重金属含量	木家具中铅 ≤90 mg/kg、镉 ≤7 mg/kg、铬 ≤60 mg/kg、汞 ≤60 mg/kg	油漆中铅含量 <0.05%，儿童用品 ≤90 mg/kg		
五氯苯酚		人造板 <5 mg/kg		

发达国家对特殊化学物质指标和安全性能的规定主要以指令与法规的形式存在，他们从发展中国家进口林产品时往往按照本国自己对特殊化学物质的限量和安全性规定进行要

求；中国人造板中甲醛释放量标准明显高于欧美和日本，采用我国标准生产的木家具产品要出口到这些地区，显然会受到巨大限制。2001年加入WTO以来，随着林产品对外贸易的快速增长，中国出口林产品受到国外特殊化学物质指标和安全性能规定限制的情况将会越来越多，我国急需修订和提高相关标准和参数要求。

二、中国实木复合地板与美国工程木地板标准差异

美国市场木质林产品标准繁多，这里仅以木地板为例进行比较。中国实木复合地板与美国工程木地板标准的差异，主要体现在加工要求和主要理化性能指标方面，具体见表5-13。

表5-13　中国实木复合地板标准与美国工程木地板主要质量指标差异

		中国	美国
标准类型		实木复合地板	工程木地板
判定标准		优等、一等、合格	一级、特色级（未漆饰）；专业级、AA级、A级（漆饰）
拼接离缝		横拼：≤0.5 mm，最大单个长度≤板长的20%，纵拼：≤0.5 mm	≤面板厚度的3倍；≤6.4 mm
鼓泡、分层		不允许	不考核
厚度偏差		≤0.5 mm，公称厚度与平均厚度之差≤0.5 mm	不考核
面层净长偏差		≤2 mm	不考核
净宽偏差		≤0.1 mm；净宽偏差≤0.2 mm	±0.25 mm
直角度		≤0.2 mm	宽度方向上每25 mm不得大于0.23 mm
拼装高度差		平均值≤0.1 mm，最大值≤0.15 mm	0.31~0.63 mm
翘曲度		宽度凸翘曲度≤0.20%，凹翘曲度≤0.15%；长度凸翘曲度≤1.00%，凹翘曲度≤0.50%	仅长度方向要求≤0.23 mm/300 mm，任意地板块≤0.89 mm
含水率		5%~14%	5%~9%
静曲强度和弹性模量		考核	不考核
漆模附着力		考核	不考核
表面耐污染		考核	不考核
浸渍剥离	试件尺寸	75.0 mm×75.0 mm	127 mm×50.8 mm
	试件数	6	10的倍数
	浸渍条件	70±3℃；2 h	24±3℃；4 h
	干燥条件	60±3℃；3 h	49~52℃；19 h；使试件含水率<8%
	工具	精度0.02 mm的游标卡尺；精度0.5 mm的钢板尺	0.08 mm厚、12.7 mm宽的塞尺
	要求	任意两层累计长度≤该胶层长度的1/3（3 mm以下的不计）	任意两层≤50.8 mm的连续剥离；任一点深度≤6.4 mm 宽度≤0.08 mm
	评定标准	有5个试件合格	通过第一次循环的≥95%，通过第三次的≥85%
甲醛释放量	标准	≤0.12 mg/m³（气候箱法）≤1.5 mg/L（干燥器法）	气候箱负载率0.426 m²/m³或箱内最大浓度0.25 mg/kg
	测试方法	气候箱法和干燥器法	气候箱法

注：参考GB/T 18103-2000（合格品），ANSI/HPVA EF2002（合格的最低要求）。

由表5-13可知，中国实木复合地板与美国工程木地板在主要质量指标方面存在差别外，在测试或检测方法上也有区别。以浸渍剥离为例，我国的测试与美国的测试在试件尺寸、试件数、浸渍条件、干燥条件和标准等方面都有一定的区别，此外在甲醛释放量标准与测试方法上也有明显差异。

美国从中国进口的家具数量很大，而且近年来呈逐年上升的趋势。在美国，市场份额最大的家具产品是家用家具和办公家具。在分类上，美国商务部原先将家具归到1987年标准工业分类(SIC)代码中的25类(家具 furniture 和固定设备 fixtures)，目前，则归到了1997年北美工业分类体系中的337类(家具和相关产品制造)。在美国，家具既要符合各种法案，如《清洁空气法》《清洁水法》等，还要符合美国消费品安全委员会(CPSC)制定的一些相关联邦法规(16 CFR)(商务部，2016)。

三、中国与欧盟市场胶合板和木地板及家具标准的差异

欧盟市场的林产品相关标准也较多，这里仅就我国向该地区出口量较大的胶合板、木地板及家具标准进行简单比较。

(一)胶合板标准

我国胶合板标准与欧盟的区别主要在于加工要求和主要理化性能指标方面(商务部，2016)。加工要求方面的差异见表5-14。

表5-14 中国胶合板加工要求与欧盟的主要差异

缺陷种类	检量项目	中国	欧盟
胶合板等级	优等品、一等品、合格品		E、I、II、III、IV
表板拼接离缝	单个最大宽度(mm)	0.5，且每米板宽内1条	不允许
	单个最大长度	板长的10%	
芯板叠离	紧贴表板的芯板叠离	单个最大宽度2 mm，每米板宽内2条	不允许
	其他各层	单个最大宽度10 mm	
凹陷、压痕、鼓包	单个最大面积(mm²)	50，1个/m²	不允许
毛刺沟痕	不超过板面积(%)	5，深度不得超过0.5 mm	不允许
透胶	不超过板面积(%)	0.5	不允许
补片、补条	允许制作适当且填补牢固的	3个/m²，累计不超过板面积0.5%，缝隙不得超过0.5 mm	3个/m²(阔叶材胶合板)，5个/m²(针叶材胶合板)
树脂腻子		不考核	考核
板边缺损		自公称幅面内不允许	允许板边2 mm内缺陷

注：①以中国的阔叶树材一等品和欧盟的I级品为例；②参考 GB/T9846.4-2004 和 BS EN635-2。

由表5-14可知，中国阔叶树材一等品与欧盟的阔叶材胶合板的加工缺陷要求的区别主要体现在：我国的表板拼接离缝、芯板叠离、凹陷、压痕、鼓包、毛刺沟痕、透胶、树脂腻子方面的要求比欧盟低，而欧盟的板边缺损要求比中国的低。

在主要理化性能指标的要求方面，中国胶合强度的指标值见表5-15。

表 5-15　中国胶合板胶合强度指标值的要求

树种或木材或国外材商品材名称	类别（单位：MPa）	
	耐气候和耐水胶合板	不耐潮胶合板
椴木、杨木、拟赤杨、泡桐、橡胶木、柳桉、奥克榄、白梧桐、异翅香、海棠木	≥0.70	
水曲柳、荷木、枫香、槭木、榆木、柞木、阿必木、克隆、山樟	≥0.80	≥0.70
桦木	≥1.00	
马尾松、云南松、落叶松、云杉、辐射松	≥0.80	

注：①对不同树种搭配制成的胶合板的胶合强度指标值，应取各树种中胶合强度指标值要求最小的指标值。如测定胶合强度试件的平均木材破坏率超过 80% 时，则其胶合强度指标可比上表低 0.20MPa。测试结果的判断，应按以下规定进行：符合胶合强度指标规定的试件数≥有效试件数的 80% 时，该批胶合板的胶合强度判为合格；小于 60% 时，则判为不合格；≥60% 而小于 80% 时，允许重新抽样复检，其结果≥80% 时，判为合格，否则为不合格。②参考 GB/T 9846.3 – 2004。

中国与欧盟在胶合板的指标描述和胶合质量的测定方法都有明显的不同，尤其是在预处理方法上是有明显区别的，具体见表 5-16。我国胶合板产品出口到欧盟时，一定要依照对方的要求严格进行质量控制，以免发生不必要的纠纷。

表 5-16　中国胶合板胶合强度测定的预处理方法与欧盟的差异

类别	适用条件	中国		欧盟	
干燥条件	适用于正常的室内条件	将含水率 8%～12% 的试件作干燥实验			
潮湿条件	适用于受保护的应用	在 60±3℃ 的热水中浸渍 3 h，取出后在室温下冷却 10 min。	浸没在 20±3℃ 的水中 24 h	在沸水中浸泡 6 h，接着在 20±3℃ 的水中冷却至少 1 h，把试样的温度降到 20℃	
室外条件	为长期暴露在室外天气条件下而设计的	在沸水中煮 4 h，然后平放在 60±3℃ 的空气对流干燥箱中干燥 20 h，再在沸水中煮 4 h，取出后在室温下冷却 10 min		在沸水中浸没 4 h，然后在鼓风干燥箱在 60±3℃ 干燥 16～20 h，之后在 20±3℃ 的水中冷却至少 1 h 以把试样的温度降到 20℃	在沸水中浸泡 72±1 h，之后在 20±3℃ 的水中冷却至少 1 h，以把试样的温度降度 20℃。

注：参考 GB/T 17657 – 1999，GB/T 9846.3 – 2004 和 BS EN 314 – 1：1993。

（二）地板标准

中国的浸渍纸层压木地板标准 GB/T 18102 – 2007 在吸水厚度膨胀率与尺寸稳定性的检验方法上，参考了欧洲同类产品标准 EN 13329 – 2000（商务部，2016）。但主要质量指标与 EN 13329 存在一定差异（表 5-17）。欧盟标准须考核边缘抗性、家具和轮椅对其的影响，中国标准则没有这方面的要求。对于表面耐磨指标，欧盟标准较细，测试方法欧盟与中国存在一定差异。在吸水厚度膨胀率的测定方面，欧盟要求比较复杂。在抗冲击性能测试方法上，中国标准只采用一种型号的钢球进行测试，欧盟则分别采用大小钢球进行测试。

表 5-17　中国浸渍纸层压地板标准与欧盟的主要质量指标差异

项目		中国	欧盟
判定标准		优等品、一等品、合格品	住宅用(轻、一般、重),商业用(轻、一般、重)
构件长、宽度偏差		不单独考核	单独考核
层面净长偏差		公称长度 ln≤1500 mm 时,ln 与每个测量值 lm 之差绝对值≤1.0 mm;ln>1500 mm 时,ln 与 lm 之差绝对值≤2.0 mm	公称长度 ln≤1500 mm 时,ln 与每个测量值 lm 之差绝对值≤0.5 mm;ln>1500 mm 时,ln 与 lm 之差绝对值≤0.3 mm
光色牢固度		考核	考核
边缘抗性		不考核	考核
家具腿的影响		不考核	住宅用(重),商业用需考核
轮椅的影响		不考核	住宅用(重),商业用需考核
尺寸的稳定性		≤0.9 mm	≤0.9 mm
含水率		3.0%~10.0%	4.0%~10.0%
吸水厚度膨胀率	要求	优等品:≤18%	住宅用:≤20.0% 商业用:≤18.0%
	测试要求	取长宽方向 2 个试件,试件尺寸长 150±0.5mm、宽 25±0.5 mm,分别测 6 个点厚度。置于温度为 20±1℃浸泡 24 h±15 min,完成浸泡后擦干表面附水,在原测量点测定2h,测量工作必须在 30 min 内完成	取 2 个试件试件尺寸:长 150±1 mm、宽 50±1 mm 一块从长方向取,另一块从宽方向取试件初始状态必须置于温度为 23±2℃,相对湿度为 50%±5% 的条件下调至恒重;浸泡时间 24 h±15min 测量点有 6 个位置。
密度		考核,≥0.85 g/cm³	不考核
静曲强度		考核,≥35.0 MPa,最小≥28.0 MPa	不考核
内结合强度		考核,≥1.0 MPa,最小≥0.8 MPa	不考核
表面耐冷热循环耐划痕、耐干热、耐龟裂、耐水蒸气		考核	不考核
表面耐磨	要求	商用级:≥9000 转 家庭用Ⅰ级:≥6000 转 家庭用Ⅱ级:≥4000 转	家庭用:AC1(轻型):≥900 转 AC2(一般):≥1800 转 AC3(重型):≥2500 转 商业用:AC3(轻型):≥2500 转 AC4(一般):≥4000 转 AC5(重型):≥6500 转
	测试要求	采用砂布型号:P180 粒度,符合 JB/T 3389-1994 规定。并用 Taber S-34 标准锌板校验。换砂布转数:每磨 500 转换一次	采用砂布型号:S-42 砂布 换砂布转数:每磨耗 200 转换一次
抗冲击	测试要求	测试钢球直径为 48.2±0.2 mm,质量 324.0±5.0 g	利用大小钢球进行测试

注:参考 GB/T 18102-2007 和 BSEN 13329:2000。

(三)家具标准(办公桌)

中国没有专门的办公桌国家标准,只有轻工行业标准 QB/T 2384-2010 木制写字桌标准。欧盟办公桌标准与中国木制写字桌轻工业行业标准的主要区别在于力学性能的测试要求(表 5-18)不相同(商务部,2016)。由表 5-18 中可知,中国木制写字桌标准与欧盟办公桌标准在力学性能及其测试要求方面存在较大的差异。欧盟标准要求对桌面水平静载荷、桌腿跌落试验、桌面垂直耐久性等进行检测,而中国的木制写字桌标准无这方面的要求。同时,在检测要求方面,我国与欧盟存在差异,桌面水平耐久性的测定,用力的大小不相同。

表 5-18　中国木制写字桌标准与欧盟办公桌标准的测试要求主要差异

项目	中国	欧盟
桌面垂直静载荷	加力 1000 N，加载 10 次	垂直向下施一个 1000 N 的力，重复 10 次。每次加力应保持在 10 ± 2 s
副桌面垂直静载荷	加力 350 N，加载 10 次	不考核
桌面持续垂直静载荷	考核	不考核
桌面水平静载荷	不考核	考核
桌面垂直冲击	质量 25 ± 0.1 kg 冲击器，跌落高度 140 mm，冲击 2 次	不考核
桌腿跌落试验	不考核	考核
桌面垂直耐久性	不考核	考核
桌面水平耐久性	加力 150 N，循环加载 15000 次具体按 GB/T 10357.1 中 7.2.1 的规定试验合格	在距桌面顶端边缘 50 mm 的合适的棱角处，施加一个 300 N 的水平方向的力
桌面垂直加载稳定性	最小加力量 600 N 具体按 GB/T 10357.7 中 5.1 的规定试验合格	在最不稳定的桌边中心距桌边向内 50 mm 桌面处垂直向下施加 750 N 的力
桌面垂直和水平加载稳定性	垂直加 100 N，水平加力 40 N。按 GB/T 10357.7 规定试验	不考核
打开抽屉状态下桌子稳定性	可启闭装置开启时桌稳定性	考核
抽屉（或键盘托）和滑道强度、耐久性	考核	不考核
抽屉结构强度	考核	不考核
抽屉猛并试验、拉出安全性、搁板支撑件强度	考核	考核
金属镀层耐腐蚀抗盐雾	按 QB/T 3826 等进行	不考核
有害物质限量	按 GB 18584 规定	不考核

　　注：参考 QB/T 2384 – 2010 和 EN 527 – 2 和 EN 527 – 3。

四、中国与日本市场主要消费木质林产品标准的差异

　　中国出口到日本市场的木质林产品种类较多，这里仅就出口量较大的胶合板、木地板及家具标准进行简单比较。

（一）胶合板标准

　　我国胶合板标准与日本的差异主要表现在加工要求与主要理化性能指标方面（表 5-19 和表 5-20）。由表 5-19 可知，中国阔叶树材一等品与日本阔叶树材一等品胶合板的加工缺陷要求的区别主要体现在以下几个方面。

　　（1）表板拼接离缝方面。中国标准对表板拼接离缝只有宽度和长度的限制，而日本标准还要求颜色、纹理相匹配；芯板叠离方面。中国标准分别就紧贴表板、其他各层的芯板叠离作出了规定，而日本标准则分别就芯板重叠和芯板分离作出要求。

　　（2）凹陷、压痕、鼓包。中国标准允许单个最大面积不超过 50 mm^2，且不超过 1 个/m^2；日本标准没有明确的定量指标，而是允许有非常轻微的压痕或瑕疵，不允许有鼓包和褶皱。

　　（3）毛刺沟痕。中国标准允许不超过板面积 5%，深度不超过 0.5 mm 的毛刺沟痕；而

日本标准只定性地允许有轻微的毛刺沟痕。

（4）补片、补条。中国标准允许修补适当且填补牢固的 3 个/m^2，且累计不超过板面积 0.5%，缝隙不得超过 0.5 mm，日本标准则允许适当修补，而没有具体的定量要求。

（5）板边缺损。中国标准要求幅面内不允许有，日本标准要求四角平直且较好地修饰。

（6）透胶。中国标准要求不超过板面积的 0.5%，而日本标准没有考核。

（7）切槽或其他加工处理方面。中国标准对切槽或其他加工处理方面不考核，而日本标准则要求经过较好地处理。

表 5-19　中国胶合板加工标准要求与日本标准的差异

缺陷种类	检量项目	中国	日本
胶合板等级		优等品、一等品、合格品	一等品、二等品
表板拼接离缝	单个最大宽度（mm）	0.5，且每米板宽内 1 条	颜色和纹理匹配且离缝的长度不超过板长的 20%，宽度不超过 0.5 mm，经修补且没有交迭
	单个最大长度	板长的 10%	
芯板叠离	紧贴表板的芯板叠离	单个大宽度 2 mm，每米板宽内 2 条	允许芯板重叠不超过 2 个，重叠部分几乎没有凹凸不平的现象且长度不得超过 150 mm。允许有不超过 2 个仅有轻微褪色和凹凸不平且宽度不超过 3 mm 的芯板分离
	其他各层	单个最大宽度 10 mm	
凹陷、压痕、鼓包	单个最大面积（mm^2）	50，1 个/m^2	允许有非常轻微的压痕或瑕疵，不允许有鼓包和褶皱
毛刺沟痕	不超过板面积（%）	5，深度不得超过 0.5 mm	允许有轻微的毛刺沟痕
透胶	不超过板面积（%）	0.5	不考核
芯板厚度不均		不考核	考核
补片、补条	允许修补适当且填补牢固的	3 个/m^2，累计不超过板面积 0.5%，缝隙不得超过 0.5 mm	允许适当修补
切槽或其他加工处理		不考核	考核
板边缺损		自公称幅面内不允许	四角平直且较好地修饰

注：①以中国阔叶树材一等品和日本阔叶树材一等品为例；②参考 GB/T 9846 - 2004 和 JAS JPIC - EW. SE00 - 01。

表 5-20　中国胶合板与日本标准的主要理化性能要求差异

理化性能	中国	日本
含水率（%）	I 类、II 类：6%~14% III 类：6%~16%	≤14；厚度 <3mm 的 III 类板≤16
生物耐久性	不考核	考核
甲醛释放量	E1 级，限量值≤1.5 mg/L E2 级，限量值≤5.0 mg/L	平均值和最大值不得超过下列数值： Fc0 级，平均值 0.5 mg/L，最大值 0.7 mg/L； Fc1 级，平均值 1.5 mg/L，最大值 2.1 mg/L； Fc2 级，平均值 5.0 mg/L，最大值 7.0 mg/L
胶合强度	见文字说明*	

注：参考 GB/T 9846 - 2004 和 JAS JPIC - EW. SE00 - 01。

* 说明：对于胶合强度，中国与日本标准在预处理方法、技术要求等方面存在一定差异，具体表现在：（1）预处理方法：①潮湿条件使用的胶合板。日本标准采用循环煮沸法或蒸汽处理测试法，中国标准采用在 60 ±3℃的热水中浸渍 3h，取出后在室温下冷却 10 min 的方法；②干燥条件使用的胶合板。日本标准采用正常胶合强度测试法，中国标准采

用将含水率 8%~12% 的试件作干燥实验；③在不经常发生潮湿情况下使用的胶合板。日本标准采用冷热水浸渍剥离测试；④室外使用的胶合板。中国标准采用在沸水中煮 4h，然后平放在 60±3℃ 的空气对流干燥箱中干燥 20 h，再在沸水中煮 4 h，取出后在室温下冷却 10 min 的方法。(2)平均木材破坏率和胶合强度要求：中国标准对胶合强度分树种，就耐气候和耐水胶合板的要求分别为 0.70~1.00 MPa，而所有树种的不耐潮胶合板均要求≥0.70 MPa；日本标准则对不同树种的阔叶材胶合板分别要求≥7~10 kgf/cm^2 的胶合强度，而对针叶材胶合板则既要测定胶合强度也要测定平均木材破坏率。

（二）我国实木地板与日本单层地板材标准

我国实木地板标准与日本单层地板材标准的差异主要在于加工要求和主要理化性能指标要求方面（表 5-21）。

表 5-21　我国实木地板标准与日本单层地板材标准的主要差异

名称	中国	日本
标准类型	实木地板	单层地板材
判定标准	优等、一等、合格	无
翘曲度	宽度方向：凸翘曲度≤0.20%，凹翘曲度≤0.15%；长度方向：凸翘曲度≤1.00%，凹翘曲度≤0.50%	不影响使用者，允许
拼装高度差、拼装离缝	拼装高度差最大值≤0.3 mm、拼装离缝最大值≤0.4 mm	经表面加工的地板≤0.3 mm，其他的≤0.5 mm
厚度误差	公称厚度与平均厚度之差绝对值≤0.3 mm，厚度最大值与最小值之差≤0.4 mm	±0.3 mm
长度误差	公称长度与每个测量值之差绝对值≤1 mm	地板板材：+不限；－0 地板块和镶木地板：±0.5 mm
宽度误差	公称宽度与平均宽度之差绝对值≤0.3 mm，宽度最大值与最小值之差≤0.3 mm	±0.5 mm
槽最大高度和槽最大厚度之差	0.1~0.4 mm	不考核
侧面和横断面的加工	不考核	考核
凸榫的缺损	不考核	考核
含水率	7%≤含水率≤各地平衡含水率（10.0%~16.4%）	13%~20%
漆板表面耐磨性	≤0.10 且漆膜未磨透	≤0.15g/100r
胶合强度性能	不考核	考核
纵接胶合性能(仅适用于纵拼而成的，下面铺龙骨的地板板材)	不考核	考核
防虫(仅限于经防虫处理的地板材)	不考核	考核
漆膜附着力	考核	不考核
漆膜硬度	考核	不考核

注：参考 GB/T 15036.1—2009（以一等品为例）和 JAS JPIC - EW. SE00 - 09（以单层板为例）。

由表 5-21 可知，我国实木地板标准与日本单层地板材标准在加工要求方面有所差异，日本要求对侧面和横断面加工、凸榫的缺损进行考核，而我国无此要求。在主要理化性能指标方面，日本需考核胶合强度性能、纵接胶合性能、防虫处理，而中国无此要求。

（三）我国实木复合地板与日本复合地板材标准

我国的 GB/T 18103－2000 实木复合地板标准，参照了美国硬木层压地板标准 ANSI/HPMA LHF－1987、欧洲层压地板最终草案 prEN 13329（1998 年 8 月）、德国地板标准 DIN 280（1990）标准与日本地板农林水产省第 955 号公告（1991 年）等形成的。与日本复合地板标准 JAS JPIC－EW. SE00－09 存在一定差异。二者在加工要求和主要性能指标方面的差异见表 5-22。

由表 5-22 可知，日本复合地板材标准设置了纵接胶合性能、弯曲挠度、防虫处理、吸水膨胀性考核指标，而中国无此要求。在加工要求方面，日本规定的长度误差、厚度误差、宽度误差的标准高于中国标准（一等品）；相反，拼装高度差、翘曲度的要求，日本标准低于我国标准。甲醛释放量标准，日本标准高于中国标准（商务部，2016）。

另外，在理化性能抽样方案和合格评定方面还是有较大的差异。如对材料的取样要求，日本在进行含水率试验、浸渍剥离试验、抗弯强度试验、耐磨试验、防虫处理试验、游离醛释放量试验和吸水厚度膨胀试验时，按表 5-23 要求取样；在进行弯曲强度试验时，按表 5-24 要求取样。中国的取样要求见表 5-25。

对于合格评定，日本标准的检测项目包括：含水率试验、浸渍剥离试验、抗弯强度试验、弯曲试验、耐磨试验、防虫处理试验、吸水厚度膨胀试验，并按规定方法取试件。如果数量占总数 90% 以上的试件达到该试验要求的标准，即可认为这批产品合格；如果有达到试验要求的试件数量不到总数的 70%，则该批产品不合格；如果达到标准规定的试件个数占 70%～90%，则须重新加倍取样，再进行试验。试验结果中有 90% 以上达到标准者为合格，达到标准者不足 90% 为不合格。在检测游离甲醛释放量时，根据标准要求，与相应的平均值和最大值一致者，即认为该批量板材合格，与相应的平均值和最大值不一致时，即该批量板材被判为不合格。

中国标准在进行结果评定时，需各项理化性能检验均合格时，才判该批产品理化性能合格，否则不合格。

（四）桌类标准差异

我国桌类标准包括 GB/T 24821－2009《餐桌餐椅》、QB/T 4071－2010《课桌椅》、QB/T 2384－2010《木制写字桌》、GB/T 14531－2008《办公家具 阅览桌、椅、凳》、GB/T 3976－2002《学校课桌椅功能尺寸》等。日本就学生课桌而言，分为家庭用和教室用两类。教室用考核的主要质量指标与家庭用是有区别的，在指标体系设计上，家庭用的质量指标数量较多，教室用的质量指标数量较少。日本教室用课桌标准与我国学生课桌标准的区别在于主要性能要求与测试要求两个方面。具体见表 5-26（商务部，2016）。

由表 5-26 可知，日本教室用课桌标准，设置了稳定性试验，而中国学生课桌标准无此要求；在测试要求方面，桌面持续垂直静载荷、桌面水平静载荷施加的力，中国与日本有差异；桌腿跌落试验。除此之外，中国标准与日本标准在测试的要求上也有较大的差异，日本标准相对复杂。

表 5-22　我国实木复合地板标准与日本复合地板材主要质量指标差异

名称		中国	日本
标准类型		实木复合地板	复合地板材
判定标准		优等、一等、合格	无
凸榫缺损		不考核	铺龙骨的地板，缺损 1 mm 以上的部分 ≤ 总长度的 40%；其他的地板无要求
拼接离缝		横拼：最大单个宽度 0.2 mm，最大单个长度不超过板长 10%；纵拼：最大单个宽度 0.2 mm	不考核
鼓泡、分层		不允许	良好
厚度误差		±0.5 mm，公称厚度与平均厚度之差 ±0.5 mm ±0.3 mm	
长度误差		±2 mm	900 mm 以上的，±1 mm；900 mm 以下的，±0.5 mm
宽度误差		≤0.1 mm，净宽偏差 ≤0.2 mm	240 mm 以上的，±0.5 mm；240 mm 以下的，±0.3 mm
直角度		≤0.2 mm	四角方正，加工良好
拼装高度差		平均值 ≤0.1 mm，最大值 ≤0.15 mm	允许有 0.3 mm 的高度差
翘曲度		宽度方向：凸翘曲度 ≤0.20%，凹翘曲度 ≤0.15%；长度凸翘曲度 ≤1.00%，凹翘曲度 ≤0.50%	不影响使用者，允许
含水率		(5～14)%	≤14%
纵接胶合性能(仅适用于纵拼而成的，下面铺龙骨的地板板材)		不考核	考核
弯曲挠度(仅适用于下面铺龙骨者)		不考核	考核
防虫(仅限于经防虫处理的地板材)		不考核	考核
吸水膨胀性(仅适用于除用胶合板、基础材或单板层积材作基材的地板中吸水膨胀显著的原料)		不考核	考核
静曲强度与弹性模量		考核	不考核
漆膜附着力		考核	不考核
表面耐污染		考核	不考核
甲醛释放量	标准	≤0.12 mg/m³(气候箱法) ≤1.5 mg/L(干燥器法)	Fc0 级，平均值 0.5 mg/L，最大值 0.7 mg/L；Fc1 级，平均值 1.5 mg/L，最大值 2.1 mg/L；Fc2 级，平均值 5.0 mg/L，最大值 7.0 mg/L
	测试方法	气候箱法或干燥器法	分光光度法或光电比色法

注：参考 GB/T 18103－2000(以一等品为例)和 JAS JPIC－EW. SE00－09。

表 5-23　日本复合地板材主要理化性能检测取样要求

一批量中地板材个数		地板材试件取样块数
1000 块以下	2 块	
1001 块以上，2000 块以下	3 块	除游离甲醛释放量以外，重做其他试验时，从地板材试样中取样块数要加倍
2001 块以上，3000 块以下	4 块	
3001 块以上	5 块	

注：此表用于含水率试验、浸渍剥离试验、抗弯强度试验、耐磨试验、防虫处理试验、游离醛释放量试验和吸水厚度膨胀试验取样。

表 5-24 日本复合地板材弯曲试验取样要求

一个批量中地板材的个数		地板材试件取样块数
1000 块以下	4 块	
1001 块以上，2000 块以下	6 块	重做试验时，试验地板材的取样块数要加倍
2001 块以上，3000 块以下	8 块	
3001 块以上	10 块	

表 5-25 中国实木复合地板主要理化性能检测取样要求

提交检查批的成品块数量块	初检抽样数	复检抽样数
1000 块以下	2 块	4 块
1001 块以上	4 块	8 块

表 5-26 我国学生课桌与日本教室用课桌的主要性能要求（测试要求）差异

	项目	中国	日本
稳定性	垂直加载稳定性	不考核	考核
	垂直和水平加载稳定性		考核
静载荷试验	桌面垂直静载荷	加力 1000 N，10 次	仅考核桌面垂直静载荷
	桌面持续垂直静载荷	加载力为 2.0 kg/dm^2 持续 7 d	加载力为 1.5 kg/dm^2 持续 7 d
	桌面水平静载荷	小学 300 N，中学和大学 400 N，10 次，每次保载至少 10 s	施加一个 450 N 水平方向的力，试验要进行 10 次。每次加力应保持在不低于 10 s 的状态
冲击试验	桌面垂直冲击试验	冲击高度 180 mm，2 次	不考核
	桌腿跌落试验	按 GB/T 10357.1 规定的 4 级水平进行	测试较为复杂，在桌子的两端分别测试 5 次，根据提起桌子力的大小确定跌落高度
耐久性试验	桌面垂直耐久性试验	小学 400 N，中学和大学 600 N，10000 次，每次保载 2±1s	不考核
木质件的漆膜附着力		考核	不考核
电镀金层理化性能		结合性能、耐盐雾试验	考核
绝缘电阻		不考核	考核
有害物质限量		按 GB 18584 进行	不考核

注：参考 QB/T 4071-2010 和 JIS S1021：2004。

另外，日本标准中教室用课桌的用材要求与我国标准还存在以下差异。具体表现在日本 JIS S1021：2004 标准对教室用课桌的木质件的材料要求为胶合板、纤维板、刨花板的甲醛释放量必须符合以下规定：胶合板的甲醛释放量在日本农林标准 JAS 规定的 F☆☆☆（平均值 5.0 mg/L，最大值 7.0 mg/L）以下，纤维板的甲醛释放量在 JAS A5905 规定的 F☆

☆☆(平均值 0.5 mg/L,最大值 0.7 mg/L)以下,刨花板的甲醛释放量在 JAS A5908 规定的 F☆☆☆以下。

中国行业标准(QB/T 4071 - 2010)对课桌木质件材料的要求,明确规定的只是含水率(其余为合同要求),标准要求产品用木材应经干燥处理,含水率 = 8% - 产品所在地区平均木材平衡含水率 + 1%(商务部,2016)。

第六章

发展中国林产品进出口贸易
认证标准体系

　　林产品是以森林为原材料获取对象，生产过程涉及油漆、涂料、黏合剂等传统重污染性材料的使用，且由人们直接接触的消费品，林产品的质量安全及环境影响值得各国政府和国际组织的参与，迫切需要实施更加严格的技术标准并开展相关认证工作。

　　根据实施要求、服务内容、运作机制和面向对象等因素，世界林业或森林认证(认定)可分为不同类型。按照实施要求，可分为自愿性和强制性两种。从服务内容看，又可分为森林认证(含木材合法性认定)、林产品质量和安全认证、环境服务和社会责任认证等。根据运作机制，还可分为第三方独立认证(国际组织认证、政府机构认可或非政府组织认证)、需求方特别认证(认可)和供给方内部审核(认证)。从面向对象看，或是针对主体可分为原料供应商(森林经营者)认证、产品生产者(供应商)和销售者(贸易商)认证[产销监管链(CoC)审核]等，或是针对客体可分为产品合法性检验(认证)、技术标准认证(审核)、质量卫生检验检疫等，或是针对价值链(包括主体和客体)的追踪体系认证等。目前全球还没有专门的林产品贸易认证体系，但上述所有认证类型都是特别针对国际贸易而进行的。因此，有必要提出"贸易认证"概念，并建立相关体系。贸易认证是贸易林产品技术标准认证的简称，旨在按照国际公认的贸易技术标准体系对特定贸易商提供的产品经销和贸易服务进行的独立认证；具体来说，林产品贸易认证是对贸易林产品的质量、安全、知识产权、包装等进行与所有相关法规和公约、政策和标准要求的遵守性和符合性评估，以证明林产品贸易都是合规和达标的。

　　世界经济低速增长成为常态，发达地区财政货币政策选择空间达到极限，许多国家采取各种形式的贸易保护主义政策，全球贸易特别是木材及木制品进出口在 2015 年开始下降，2016 年呈持续下行态势。同时，我国林产品出口面临的贸易壁垒更加繁杂，国内居民对进口林产品可能诱发的环境、安全与质量问题也日益关注，进而推动了林产品进出口贸易技术标准需求。为规范林产品进口行为，确保国内环境安全与居民身体健康，以及促进林产品出口增长，依托现有技术标准及科技进展，构建和完善中国林产品进出口贸易技术标准体系非常重要和必要。

　　根据推动林产品贸易工作的主要内容及内在关联性，明确中国林产品贸易认证体系的发展目标、构建原则和基本依据，初步提出中国林产品进出口贸易技术标准体系框架，通过准确提炼归纳技术维、过程维、结果维中的标准化需求的主要内容，确定贸易认证标准体系结构层次图，同时探讨贸易认证实施管理及工作意见。

第一节　发展目标

中国林产品进出口贸易技术标准体系的建立与发展契合当今世界打击木材非法采伐及相关贸易，加强森林可持续经营管理、开展森林认证与木材合法性认定活动，提倡生态保护和绿色发展的全球时代潮流与国际贸易需求。建立与实施林产品进出口贸易技术标准体系，有利于规范我国林产品的生产、经营和贸易行为，推动林业对外贸易与投资，扩大我国林产品市场份额，为保护利用世界森林资源和应对缓解全球气候变化作出应有贡献。其发展应实现以下四个目标。

一、拓展林产品国际市场

建立林产品进出口贸易技术标准体系的初始驱动力源于：国际市场对安全林产品及合法木材的需求、发达国家相关法律法规的要求，使得非法采伐或来源不明木材及产品无法进入欧、美、澳等重要国际林产品消费市场。中国是一个林产品加工大国，由于国内资源不足，需要大量进口木材进行加工，并出口到发达国家市场。在这一过程中，中国的木材进口备受质疑，林产品出口遭遇到发达国家的绿色壁垒，使得中国林产品出口到国外市场遇到前所未有的困难。制定中国林产品进出口贸易技术标准体系的目的就是帮助政府和林产品企业，从技术层面上应对林产品国际贸易绿色壁垒，有效地保持和拓展国际市场。中国林产品进出口贸易技术标准体系的实施和发展应以满足国际市场对林产品的多样化需求及绿色环保要求为目标，否则，就失去了体系存在的必要性。

二、促进林业可持续发展

可持续发展是指既满足现代人的需求，又同时不损害后代人利益；既要经济、社会协调发展，又要保护好大气、淡水、海洋、土地和森林等自然资源和环境，促进人类社会安居乐业、永续生存和全面发展。我国人均资源相对不足，生态环境基础薄弱，实施可持续发展战略并实现人口规模、能源消耗和生态退化的零增长是中华民族彻底摆脱贫困、创建高度文明的明智选择。在经济全球化、贸易自由化、风险常态化的今天，针对如今及未来相当长一段时期内我国仍将是国际林产品生产、贸易和消费大国和发展中国家的国情，中国颁布和实施相关法规的内部条件和外部时机还不成熟，建立和完善林产品进出口贸易技术标准及体系就成为满足国际社会对可持续和合法性林产品需求与促进林业可持续发展的最重要备选方案之一。

三、提升中国的国际形象

与各林业发达国家相比，我国林业发展水平较低，森林施政水平亟待提高。林产品进出口贸易技术标准体系的建立和实施，既有利于提高林木资源、林产品经营与贸易的管理能力，又有利于推动我国林业发展的标准化建设进程，也有利于奠定中国林业发展的法制化管理基础，还有利于顺应保护全球森林资源的时代潮流，更有利于强化中国林产品进出口贸易管理、改善和提高我国的国际社会形象。

第二节　构建原则

根据《标准体系表编制原则和要求（GB/T13016 – 1991）》，林产品贸易认证标准化体系建设需遵循目标明确、全面成套、层次恰当和划分清楚或体系明晰等 4 项基本编制原则。①目标明确。明确建立标准体系的目标是标准体系编制的首要任务，林产品贸易认证标准体系的建立目标是促进林产品国际贸易工作标准化进程和贸易林产品标准组成科学合理，达到和实现林产品贸易标准行业和国家管理目标。②全面成套。基于标准化对象的标准分类，标准体系应包括基础标准、技术标准和管理标准。考虑到贸易林产品的技术时效性，林产品贸易认证标准体系在考虑以技术标准为主的同时，还应考虑基础标准和管理标准内容，从而体现林产品认证标准体系、子体系及子子体系和标准明细表所列标准的全面成套。③层次恰当。根据标准适用范围，恰当地将不同类别标准安排在体系中的不同层次上；尽量扩大标准适用范围，在大范围内可协调统一的标准，不在小范围内各自制定，达到体系组成合理简化；列入标准明细表内的每一项标准都应安排在恰当的层次上。林产品贸易认证标准的制定应合理安排体系层次，同一标准不应列入两个以上分体系内，考虑大范围的统一协调性和合理简化性。④划分清楚或体系明晰。按行业、专业或门类等标准化活动性质的同一性，划分贸易林产品标准体系表内的子体系或类别，保证标准划分明确或体系明晰。

并且，林产品贸易认证标准体系的构建也应遵循完整性、协调性、时效性、扩展性和合作性等通用原则。①完整性。强调专业标准化技术委员会机构的管理地位，既要保证标准结构层次图的完整性，又要保证各子系统标准内容的完整性，还要保证标准体系表的组成完整性。②协调性。明确基础标准、技术标准和管理标准的内容范围，标准体系内各标准之间、体系内标准与体系外标准之间必须相互协调，避免术语和技术参数的不统一及标准的重复、交叉、矛盾等不协调和不配套现象。③时效性。重视标准起草或制定单位和实施执行单位，明确标准制定时间、修订时间和实施时间，缩短标准从起草到实施的工作周期，保证标准时效性。④合作性。在标准制定和体系建设过程中，既要加强与 ISO 的合作，又要加强与 ISO 各专业技术委员会及国内相关领域专业标准化技术委员会的沟通联系，尽可能使我国标准体系建设与国际技术标准组织的分类一致（楚杰等，2012），这有利于参与国际标准制定、修订和工作组合作。⑤扩展性。随着经济发展和科技进步，标准体系应得到及时补充扩展，满足标准领域的时代需求。构建标准体系，既要体现当前科学技术和行业发展水平，也要预见未来技术发展趋势并预留足够扩展空间。

总之，林产品贸易认证标准体系的构建，既要保证中国林产品进出口贸易技术标准体系健康有序发展，又要遵循下列标准体系的发展原则。

一、适宜性

适宜性包括适期性和合规性，适期性就是与现阶段社会经济、科学技术发展水平相适应，合规性就是与目前国际协定、国家法律、政府政策、部门规章、制度规范和技术标准相吻合。

中国林产品进出口贸易技术标准体系的建立和运作应满足中国相关法律法规、政策制度、标准规范的要求。认证机构的批准也应满足法律政策要求，满足相关部门的认可批准、在工商部门注册和得到中国林产品进出口贸易技术标准体系的授权这三个基本要求。认证审核员的审核活动也在我国法律规定范围内开展。通过认证的企业，在宣传声明时应遵守法律要求。也就是说，整个体系的运作必须规范，不得与现行法律法规相冲突。

二、包容性

根据现阶段社会经济和科学技术发展水平，林产品贸易技术标准认证与林产品贸易有关的森林经营、木材生产、产品加工、运输销售等环节进行相关国际协定、适用法律、政策规章和技术标准的校实与认证，涉及林业、商务、海关、交通、工商、企业等众多部门和领域，具有明显的巨大包容性、择机整合性和持续适应性。

三、透明性

中国林产品进出口贸易认证的标准和程序、认证结果、整个体系管理应具有透明性。所有认证工具应向公众开放，让公众随时了解认证体系的要求、认证标准的修改和管理的变化等情况。企业在需要时可按照体系制定的各种工具提高进出口贸易管理，推动企业对贸易认证的认识和实际操作能力，进而在大环境上帮助中国满足国际市场绿色消费的环保要求。

四、技术统一性

中国林产品进出口贸易技术标准体系在技术上应具有统一性。认证标准要有通用性，最大限度满足各类木材来源的认证审核需要，标准的符合性也应一致，不能因木材来源不同也搞差别化对待。在开展认证活动时，要满足认证程序的统一要求，每次认证审核都严格按照程序要求开展。这样才能保证认证结果的公平性，同时保证体系的公信力。

五、多方参与性

中国林产品进出口贸易技术标准体系应是一个多方参与的体系，在体系制定期间，需要政府相关部门的推动和相关协会的组织；在体系实施期间，需要协会的努力、森林经营单位及加工企业的参加、公众和 NGO 组织的监督。在各个阶段，需要各方形成一股合力，提高体系的透明性和可持续性，提升国内国际的影响力和接受度，便于更广泛更深入地开展林产品进出口贸易认证工作，满足贸易认证体系建立的目标。

六、独立自愿性

（1）独立性。中国林产品进出口贸易技术标准体系是一个政府引导的第三方认证体系，而且体系管理机构也是由政府主管部门组成，在一定程度上体现政府的意志，这很容易造成体系依附于政府的意志和权力进行运作。这与认证的市场发展性质是相违背的。在发展过程上，中国林产品进出口贸易技术标准体系必须保持自身的独立性，主要体现在资金管理的独立性、体系运作的独立性、认证审核的独立性、证书和标志管理的独立性等方面，不能受到政府意志的掌控。只有这样，才能保证认证审核的公平性和公信力。

（2）自愿性。中国林产品进出口贸易技术标准体系定位于一种市场化行为，具有自愿性性质，即不能强迫企业使用该体系进行认证。企业能自由地选择是否通过认证，也能自由地选择市场上可用的认证体系进行认证。中国林产品进出口贸易技术标准体系不得利用国家权力强制要求企业通过该体系认证。

第三节　基本依据

构建中国林产品进出口贸易技术标准体系的基本依据主要有法规支撑、标准规范和现有成果依据。

一、法规支撑

按照认证标准要求，与林产品贸易有关的森林经营、木材生产、产品加工、运输销售等环节都应满足所在国的国际协定、适用法律和政策规定。因此，建立中国林产品贸易技术标准认证体系框架首先应该明确其适用法律与政策规定及国际公约，奠定贸易认证标准的重要法规基础。

根据贸易认证定义，参考国内外相关标准，将贸易认证标准分为：

（1）贸易产品来源可查，包括木材产地、林地权属、林木采伐、树种信息［树（材）种品名、规格、数量、材积及有效期限］、环境友好（产品质量达标、产品安全保障、产品生产加工企业正规等）；

（2）贸易企业经营合法，包括公司注册、正常纳税、遵纪守法（银行会计、技术监督、市场监管、广告宣传、行政公安）、劳工安全、社会责任、尽职调查、生态保护等；

（3）贸易行为管理有效，包括产品流通运输法规、贸易海关规定、国家贸易政策和国际相关协定等共3个子系统或方面，从林地所有权和使用权、森林经营规划、采伐计划与限额管理、采伐许可、依法采伐、树种信息、受保护区域和物种、环境影响评估、健康和安全、合法就业、传统权利、依法注册、依法缴纳林业税费、增值税和其他销售税、收入和利润税，运输与贸易、海关规定和 CITES 公约等方面对中国相关适用法律及规定进行了梳理和归纳（表6-1）。

由此可知，中国在森林经营和木材生产加工销售方面有较为完善的法律体系，不但包括《中华人民共和国森林法》《中华人民共和国公司法》《中华人民共和国安全生产法》《中华人民共和国劳动保护法》《中华人民共和国工会法》《中华人民共和国村民委员会组织法》等法律，还包括《中华人民共和国森林法实施条例》《森林采伐更新管理办法》《森林采伐作业规程》《劳动保障监察条例》《中华人民共和国濒危野生动植物进出口管理条例》《财政部、国家税务总局关于天然林保护工程实施企业和单位有关税收政策的通知》等相关管理办法、条例、通知、技术规程，涵盖了森林经营、林业税收、林业工人健康与安全保护、环境保护、林区居民权益的保护、林产品加工销售企业经营、林产品贸易与运输等方面。所涉及的部门主要包括商务部门、外交部门、林业部门、海关部门、检验检疫部门、财政部门、工商部门、劳动保障部门、民政部门、环境部门等。这些法律法规规范了林业生产和经营活动，有效保证了中国木材生产加工和贸易经营的合法性，同时构成中国林产品进出口贸易认证技术标准体系的法律基础和重要支撑。

表 6-1　中国林产品贸易技术标准体系相关法律法规一览

序号	子系统	原则类别	标准范畴	相关法规
1		木材产地	木材来源	《中华人民共和国森林法》
2		林地权属	林地所有权和使用权	《林木和林地权属登记管理办法》《占用征用林地审核审批管理办法》
3			森林经营规划（方案）	《森林经营方案编制与实施纲要》
4	（1）贸易产品来源可查	林木采伐	采伐计划与限额管理	《森林采伐更新管理办法》《森林采伐作业规程》
5			采伐许可	《森林采伐更新管理办法》
6			依法采伐	《森林采伐作业规程》
7		树种信息	重要信息	《中华人民共和国森林法实施条例》
8			产品质量	《中华人民共和国产品质量法》
9		环境友好	产品安全	《中华人民共和国食品安全法》《农产品质量安全监测管理办法》
10		生产企业	生产加工企业正规	《中华人民共和国公司法》《企业动产抵押物登记管理方法》《城乡个体工商户管理暂行条例》及实施细则《私营企业暂行条例》及施行办法、《个人独资企业法》《合伙企业法》《合伙企业登记管理办法》
11			公司登记	《中华人民共和国企业法人登记管理条例及其施行细则》
12		商标注册	商标注册	《商标法》及其《实施细则》《驰名商标认定和管理暂行规定》《集体商标、证明商标注册和管理办法》《特殊标志管理条例》《商标印制管理办法》《企业商标管理若干规定》《商标代理管理办法》
13			依法缴纳林业税费	《中华人民共和国税收征收管理法》《财政部、国家税务总局关于天然林保护工程实施企业和单位有关税收政策的通知》
14		纳税交费	增值税和其他销售税	《关于对采伐国有林区原木的企业减免农业特产税的通知》
15			收入和利润税	《中华人民共和国税收征收管理法》《中华人民共和国营业税暂行条例》
16			银行会计	《中华人民共和国中国人民银行法》《中华人民共和国商业银行法》《中华人民共和国会计法》
17			技术监督	《组织机构代码管理办法》
18			市场监管	《反不正当竞争法》《租赁柜台经营活动管理办法》《合同法》《经济合同示范文本管理办法》《关于查处利用合同进行的违法行为的暂行规定》《合同争议行政调解办法》《合同鉴证办法》
19	（2）贸易企业经营合法	遵纪守法	广告宣传	《商品展销会管理办法》《中华人民共和国广告法》《广告管理条例》《户外广告登记管理规定》
20			行政公安	《中华人民共和国行政处罚法》《投机倒把行政处罚暂行条例》及其《施行细则》《工商行政管理机关行政处罚程序暂行规定》《工商行政管理机关行政处罚案件听证暂行规则》《中华人民共和国行政复议法》《行政诉讼法》《工商行政管理所条例》《中华人民共和国国家赔偿法》《工商行政管理机关行政赔偿实施办法》
21		劳工安全	劳工健康	《作业安全和防护以及职业病防治法》
22			劳工安全	《中华人民共和国安全生产法》
23			传统权利	《中华人民共和国村民委员会组织法》《人民调解委员会组织条例》《中华人民共和国民族区域自治法》《林木林地权属争议处理办法》《中华人民共和国森林法》

（续）

序号	子系统	原则类别	标准范畴	相关法规
24		社会责任	就业权利	《中华人民共和国劳动法》《中华人民共和国劳动合同法》《中华人民共和国劳动保护法》《中华人民共和国劳动促进法》《中华人民共和国妇女权益保障法》《劳动保障监察条例》
25			公共利益	《中华人民共和国消费者权益保护法》《欺诈消费者行为处罚办法》《中华人民共和国工会法》《中华人民共和国未成年人保护法》
26			企业管理	"企业管理制度"
27		尽职调查	风险评估	"风险评估和控制管理制度"
28			应对策略	限时规避计划、独立第三方审计、披露调查结果
29		生态保护	受保护区域和物种	《长江上游、黄河中上游天然林资源保护工程实施方案》《生态公益林建设导则》《生态公益林建设规划设计通则》《生态公益林建设技术规程》《国家级公益林区划界定办法》
30			环境影响	《中华人民共和国环境影响评价法》
31		流通运输	产品流通	"农产品流通标准"、"商品流通企业会计制度"
32			商品运输	"商品运输及物流合理化"
33			检验检疫	《植物检疫条例实施细则(林业部分)》
34			海关规定	《中华人民共和国海关法》《中华人民共和国进出境动植物检疫法实施条例》
35	（3）贸易行为管理有效	法规政策	贸易法规政策	《中华人民共和国对外贸易法》，进口关税、国内消费税、出口退税和配额管理等政策
36		国际公约	CITES 公约	《濒危野生动植物种国际贸易公约》《国际劳工组织公约》《中华人民共和国濒危野生动植物进出口管理条例》《生物多样性公约》《保护野生动物迁徙物种公约》
37		区域协定	多边协定	《国际热带木材协定》《植物检疫及其虫害与疾病防护合作协定》
38			双边协定	《中华人民共和国政府与日本国政府保护候鸟及其栖息环境的协定》《中华人民共和国政府与澳大利亚政府保护候鸟及其栖息环境的协定》

此外，我国还有标准认证（认定）方面的管理和运行法规，如：《中华人民共和国标准化法》(1988)，《中华人民共和国进出口商品检验法》(1989、2002、2013)，《中华人民共和国产品质量法》(1993、2000、2009)；《中华人民共和国认证认可条例》(2003)，《中华人民共和国标准化法实施条例》(1990)，《中华人民共和国进出口商品检验法实施条例》(2005、2013)；《强制性产品认证管理规定》(2001、2009)、《强制性产品认证标志管理办法》(2001)，《强制性产品认证机构、检查机构和实验室管理办法》(2004)，《承担强制性产品认证检测检查机构指定管理办法》(2005)，《强制性产品认证收费规定》(1999、2002、2009)，《国务院关于加强食品等产品安全监督管理的特别规定》(2007)等。这些法规的制定为中国林产品进出口贸易认证技术标准体系的实施和管理提供了关键支撑和法律依据。

二、标准规范

国家标准《标准体系表编制原则和要求(GB/T 13016-2009)》是当前我国指导标准体系制定的理论基础，规范全国、行业、专业、企业及其他组织编制标准体系。中国进出口贸易林产品技术标准体系框架的构建也应遵循这些原则和要求。

国标《标准化工作导则 第1部分：标准的结构和编写（GB/T 1.1 - 2009）》，规定了标准的结构、起草表述规则和编排格式，指导标准体系表中具体标准的制定，适用于国家标准、行业标准、地方标准及国家标准化指导性技术文件的编写，其他标准的编写可参照使用。

国标《标准化工作导则 第2部分：标准中规范性技术要素内容的确定方法（GB/T1.2 - 2002）》和基于标准化对象分类的标准框架结构，可按标准化对象对标准体系进行重新分类，指导林产品贸易认证标准体系的内容框架和层次划分。

三、现有成果

（1）中国林业产业及对外贸易发展特点、近年行业科研成果和现有国内林产品贸易标准是林产品贸易认证标准体系建设和标准制定的基础。一方面，贸易林产品标准体系要覆盖当前林业产业发展的各个门类，保证具体标准在产业发展中发挥作用；另一方面，通过具体标准的实施，推动科技成果应用和产业进步；再一方面，通过规范标准体系，为相关子体系及新标准的未来扩展，预留一定的发展空间。

（2）我国现行林业标准体系，特别是23~25个林业标准化技术委员会归口管理的标准体系，包括众多子体系，可为林产品贸易认证标准体系的建立提供参考。

（3）国外林产品贸易和国内其他行业标准体系构建的原理与方法，以及国际标准化组织（ISO）及相关技术委员会的工作进展，可为林产品贸易认证标准体系提供借鉴。

四、构建方法

标准体系表是标准体系的直观表现形式，由标准体系框架和明细两部分组成。标准明细依附于体系框架，体系框架包括总层次和总序列两种形式。参照国内其他行业标准体系编制研究，林产品贸易认证标准体系的构建以层次方法为主，将依据国家标准、行业标准、专业标准、门类标准、具体标准的层次划分，力求使各标准处于最佳的秩序结构。同时，目前企业标准体系研究所应用的基本方法，主要包括分类法、层次法、系统法和过程法，在本标准体系框架和标准明细的构建中，亦加以综合应用。

第四节　体系框架

林产品国际贸易和我国林产品对外贸易的快速发展，迫切需要构建中国林产品贸易认证标准体系。一般地，林产品可分为木质林产品、非木质林产品（含森林食品、林化产品等）和竹藤类林产品等3大类；基于海关税则号的木质林产品种类达到518种（8位代码、主要分布在第4、6、9章），通常分为木片、木炭、原木、木碎料、锯材、单板、可连接型材、刨花板、纤维板、胶合板、强化木、木制品、软木及制品、纸浆、废纸、纸、纸板及纸制品、活性碳、印刷品、木家具等19类；《中国林业产业与林产品年鉴》将林产品分为木质林产品（又分为16类）、非木质林产品（又分为12类）、竹藤类林产品（又分为12类）、林业机械产品（又分为8类）和各林业产业包括的产品（又分为26类林业产业及相应的产品）。根据国际贸易标准分类的各类商品名称，林产品应该归类于2、4和6类（表6-

2）。总之，林产品种类繁多、分类复杂。近年来中国林产品外贸受到全球金融危机和国际纠纷案件影响严重，国内林产品企业经济损失巨大、发展困难重重；全国林产品贸易总额在 2009 年和 2015 年先后出现下降，急需构建中国林产品贸易认证标准体系框架以应对国际贸易壁垒和摩擦。

表 6-2　国际贸易标准分类的各类商品名称

初级产品				
0 类	1 类	2 类	3 类	4 类
食品和活畜	饮料及烟类	非食用原料（燃料除外）	矿物燃料，润滑油及有关原料	动植物油，脂及蜡
工业制品				
5 类	6 类	7 类	8 类	9 类
化学成品及相关产品	按原料分类的制成品	机械及运输设备	杂项制品	未分类商品

一、标准体系结构

　　标准体系是指一定范围内的标准，按其内在联系形成科学的有机整体。标准体系一般包括层次结构图和标准明细表两个部分。

　　中国林产品贸易认证标准体系结构，是指与林产品进出口贸易认证相关的标准，基于标准化对象按照内在联系而形成的有机整体，是编制林产品贸易认证标准、制修订规划和计划的依据之一，应随着科学技术的发展而不断更新和充实，并从宏观上指导和规范林产品贸易认证标准的制定，提高林产品贸易标准化水平，促进林产品贸易科技成果的应用与推广，助力国内外正常贸易秩序的建立。

　　依据现行法规支撑、标准规范和现有成果，中国林产品贸易认证标准体系框架构建如图 6-1 所示，包括基础标准、技术标准和管理标准等 3 部分，三者相互独立、互为补充、彼此协调、共同发展。每部分又分为 6 个、9 个和 6 个子系统，形成自己的层级和分类。各子系统下设的各类标准涉及林产品原料、分类参数、质量性能、生产加工、贮藏运输、销售消费、贸易管理和应用评价的整个过程，力求既涵盖现有标准体系，又能比较全面地反映林产品贸易发展现状、趋势和科技进展。需要说明的是，体系中的标准层次不影响标准发布的级别。

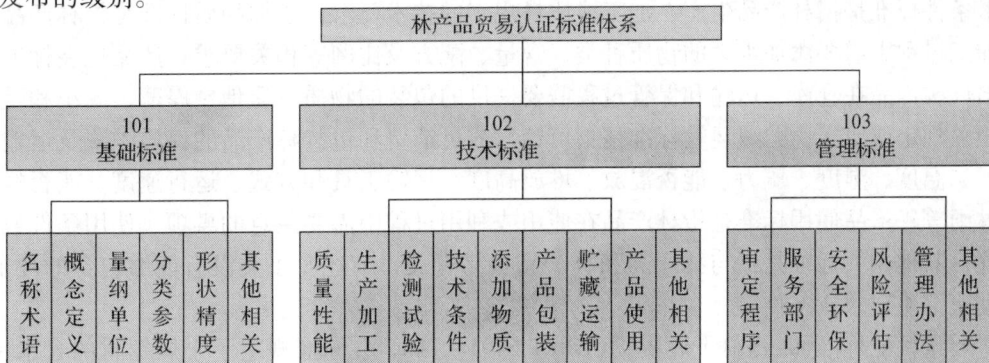

图 6-1　基于对象的林产品贸易认证标准体系框架结构

二、标准体系内容

基于标准化对象的中国林产品贸易认证标准体系整体框架，结合国际合作与贸易现状及趋势，运用贸易相关现有科技成果，提出中国林产品贸易认证标准体系的主要内容。

（一）基础标准

基础标准是指林产品的名称、定义（释义）、概念（内涵界定）、分类（原则与体系）、参数、精度、外观、术语、技术要求与规范、适用范围与方法、描述性文字或表格等方面的基础性标准，可初步划分为名称术语、概念定义、量纲单位、分类参数、形状精度和其他相关等 6 小类。

名称术语标准如《中国主要进口木材名称（GB/T 18513 - 2001）》规定了中国主要进口针叶树和阔叶树木材的中文及拉丁名、国外商品木材名称、所属科别、材色及密度和主要产地，涉及来自世界 1010 种树共 423 个（类）木材，对于规范木材市场、促进国际合作和维护贸易秩序具有重要作用。

概念定义标准如《刨切单板（GB/T 13010 - 2006）》标准规定了刨切单板的术语和定义、分类、要求、试验方法、检验规则以及标志、包装、运输和贮存等，适用于作为成品装饰材料用的天然木质刨切单板，不适用于调色单板、集成单板和重组装饰单板。其内容主要包括刨切单板在内的 8 种术语，分别按单板表面花纹、板边加工状况和加工方式划分的 6 类刨切单板名称，以及刨切单板用材树种、规格尺寸及其偏差、含水率、表面粗糙度和外观质量等 5 个方面的要求。

（二）技术标准

技术标准是林产品生产加工、质量安全、技术条件的相关规定和要求，可划分为质量性能、生产加工、检测试验、技术条件、添加物质、产品包装、贮藏运输、产品使用和其他相关等 9 小类。

质量性能标准是指与林产品质量（有害物质含量及释放限量标准）、性能、规格、原料来源、质量等级、安全要求及注意事项等有关规定；生产加工标准是指与林产品生产加工过程中的工艺流程、技术规程、生产或管理技术方法与要求、作业规程与要求以及生产设施或器具有关的标准；检测试验标准是指与林产品检查、测定、试验有关的方法或程序；技术条件标准是指林产品生产、加工或质量规定的技术要求；添加物质标准是指林产品生产加工过程中需要添加进去的物质种类、含量、配方及比例等相关要求；产品包装标准是指出厂林产品在仓库、运输和保管过程需要提供的包装的物质、质地、厚薄、大小和重量等相关规定或要求；贮藏运输标准是指可销售或可消费和包装林产品的保质贮藏及运输条件，如温度、湿度、压力、能否混放、堆放高度、运输工具和方式、运行速度、能否经得起淋雨等；产品使用标准是指林产品在使用或利用过程中需要注意的事项、使用条件或要求等；其他相关标准是指与林产品和林产品贸易有关、前述 8 小类没有能够包含的环节，如健康卫生要求或条件。

质量性能标准如《锯材干燥质量（GB/T 6491 - 2012）》标准规定了干燥锯材的含水率、质量等级、质量指标及其检测规则，适用于各种用途的干燥木材。它罗列了不同用途干燥锯材的含水率要求，如制作木桶和文具的干燥木材平均含水率要求分别为6%和7%；依干燥质量将干燥木材分为一级、二级、三级和四级4个等级；使用了平均最终含水率、干燥均匀度、厚度上的含水率偏差、残余应力和可见干燥缺陷等5个质量指标。

生产加工标准如《锯材窑干工艺规程（LY/T 1068－2012）》标准规定了锯材窑干作业中选材、堆垛、含水率检验板制作及应用、干燥过程管理等基本守则和国产主要木材窑干基准，适用于锯材以湿空气或炉气－湿空气、常规过热蒸汽为介质的窑干。为有效指导木材干燥生产、提高锯材干燥技术和质量，该标准通过4则选材、11则锯材堆垛、11则含水率检验板以及13则干燥过程管理条款以及4张窑干推荐基准表对锯材窑干工艺规程的各个方面进行了详细规定（国家林业局，2012）。

检测试验标准如《人造板抽样检验指导通则（LY/T 1717－2007）》标准规定了人造板抽样检验的术语、定义、符号和缩略语、人造板产品外形尺寸和外观质量的计数抽样检验、人造板物理力学性能检验结果的表示和判定、生产企业产品质量控制的计量抽样检验、两检验室测量结果一致性的统计检验和检验报告，适用于人造板实施型式评价、例行生产、监督、交收、质量一致性等多类检验的抽样系统、抽样计划、抽样方案和检验数据统计处理（国家林业局，2007）。

（三）管理标准

林产品贸易管理标准是指与林产品贸易管理或服务有关的规定、程序、指南、办法、制度、规章、法规、政策等要求或条件，可划分为审定程序、服务部门、安全环保、风险评估、管理办法和其他相关等6小类。

审定程序标准是指与贸易林产品质量管理、检验检疫或安全检查、流通运输监督、贸易海关管理等有关的审定程序或规定；服务部门是指与林产品贸易认证有关的林业、商务、海关、质检、税务等管理服务部门，针对林产品进出口贸易所做的特别管理规定或要求；安全环保是指贸易林产品在质量安全、人类健康、生态系统和环境保护方面应达到的基本要求或条件；风险评估是贸易林产品通过进出口对人类健康、生态环境和社会经济可能造成的风险阀值规定；管理办法主要指与贸易林产品有关的国家法规、政策、指南、规章、制度等关键要求和规范；其他相关标准是指与贸易林产品管理有关的政府间合作备忘录、服务或贸易双边协议、多边协定、国际公约、宣言或文书等规定和条款。

审定程序标准如"中华人民共和国海关进出口货物报关单填制规范"依据《中华人民共和国海关法》及有关法规制定，主要规范进出口货物收发货人的申报行为、统一进出口货物报关单填制要求和保证报关单数据质量，涉及录入编号、海关编号、口岸、备案号等48项规定（海关总署，2014），对于促进产品国际贸易的标准化管理意义重大。

三、体系标准明细

《标准体系表编制原则和要求（GB/T 13016－2009）》中明确规定了作为标准使用的明细表栏目划分，共有：序号、标准体系表编号、标准号、标准名称、宜定级别、实施日期、国际国外标准号及采用关系、被代替标准号或作废、备注等9项。林产品贸易认证标准涉及范围广、部门多，审定周期较长、时效性要求较高；为了保证标准实施顺畅和时效性，建议在原有9个栏目的基础上增加专业领域、起草时间（年月）、所处阶段、制定单位、实施单位和实效期(标准年龄)等6项，要求新起草的标准必须将上述栏目完整填写(表6-3)。

表6-3　建议采用的林产品贸易认证标准明细

序号	标准体系表编号	标准号	标准名称	宜定级别	专业领域	起草时间(年.月)	所处阶段	制定单位	实施单位	实施日期	国际国外标准号及采用关系	实效期(标龄,年)	被代替标准号或作废	备注
1														
2														
3														
4														
5														

注：宜定级别指对国家、行业、地方和企业标准，或强制性和推荐性标准的标出或说明；国际国外标准采用关系可用等同 IDT、修改 MOD 和非等效 EQV 等3种符号表示。专业领域是指标准所属的专业学科领域或研究方向；增加所处阶段栏目是为了便于了解标准制修订进程信息，通常可划分为：预阶段、立项、起草、征求意见、审查、批准、报批、出版、复审和废止等9个阶段；实施期是指标准的实际年龄，可为标准修订及项目立项提供参考或依据。

同时，建议标准化技术委员会将颁布实施的标准按要求填写明细表，并随时更新标准统计表(格式如表6-4所示)，规范指导和监督管理标准研制及体系完善工作。

表6-4　建议采用的林产品贸易认证标准统计表格式

统计项	应有数(个)	现有数(个)	现有数/应有数(%)
标准类别			
国家标准			
行业标准			
地方标准			
企业标准			
小计			
基础标准			
技术标准			
管理标准			
小计			

四、体系编制说明

(1)编制体系表的依据及目标。中国林产品贸易认证标准体系表编制的依据有现行法规支撑、标准规范和现有成果(见构建依据)。编制体系表的目标是促进林产品国际贸易工作标准化进程和贸易林产品标准组成科学合理，提高林产品贸易标准化水平，拓展林产品国际市场、促进林业可持续发展和提升中国的国际形象(见发展目标)，达到和实现贸易认证管理目标。

(2)国内外标准概况。虽然国际国外林产品贸易认证标准体系尚未建立，但欧美等发达国家在近年先后出台了与贸易林产品有关的法案和政策、协议或进程，对中国木材原料进口和林产品出口造成了严重影响。国内其他行业如农业和食品标准概况，国外如美国、欧盟、英国和日本林业或林产品贸易标准情况，国际组织如 ISO 、SGS 和 FSC 等的标准体系情况详见各分报告。

（3）综合统计表，找差距和明确今后的主攻方向。前文表 2-19 统计结果表明，我国尚未建立科学完整的林产品贸易认证标准体系，与当前林产品对外贸易快速发展的要求极不适应。同时，林产品国际贸易涉及林业、商务、海关和质检等多个部门，各部门制定实施的林产品贸易有关标准，难以形成科学的有机整体和目标明确、全面成套、层次适当、类别清楚的标准体系，并且标准制定缺乏主动性、前瞻性，没有体现标准化的优势和作用，影响和制约着林产品国际贸易的健康发展。这些薄弱环节和问题，就是我们未来努力的方向。

（4）专业划分依据和划分情况。中国林产品贸易认证标准体系的专业划分依据是林业学科专业门类，重点突出林业行业和林产品贸易专业的配套标准，划分情况详见图 6-1 所示。

（5）与其他体系交叉情况和处理意见。林产品贸易认证标准体系与林业行业内现行 23 个标准化技术委员会及 2 个涉林标准化技术委员会所归口管理的标准存在交叉和重复情况，为了使不同的综合体系表对同一类标准的不同要求之间取得协调，使其既满足于用户需要又有利于生产，可将综合标准体系表对有关行业、专业提出的配套标准纳入本标准体系表内。综合标准化工作的基本原则和方法参考《综合标准化工作指南 GB/T 12366 – 2009》。

（6）与其他体系的协调配合。林产品贸易认证涉及林业、商务、海关和质检等多个部门，各部门制定和实施林产品贸易有关标准，需要参考《综合标准化工作指南 GB/T 12366 – 2009》，加强沟通与合作，研究和制定相关标准并形成科学的有机整体和目标明确、全面成套、层次适当、类别清楚的标准体系，以促进和推动林产品国际贸易的健康发展。

五、体系框架特点

林产品贸易认证标准体系框架特点主要有：①体系对象的功能性。以职能式组织形式为体系内容划分对象，突出管理标准的地位和作用，实现目前标准化工作从基础和辅助地位，向指导产业发展的主导地位转变。②领域划分的完整性。标准体系框架不仅吸取了现有标准体系结构层次图的内容，而且提出了管理标准和各子系统的划分依据，对象性更强，体现了体系的全面性和系统性。③标准明细表栏目的补充完善与排序规定，可以帮助克服现有体系中标准水平低下、采标量不足、国际化进展慢、实施效果不好及协调性差等问题。④可以考虑将 ISO 相关技术委员会工作组名称列入，做到中国林产品贸易认证标准体系与国际技术标准组织的分类协同，方便我国工作组参与与国际标准的修订工作。

第五节 实施管理

中国林产品贸易认证标准体系涵盖了林产品整个供应链，包括林产品种类区分、概念界定、量纲单位、技术方法、产品生产加工、包装贮藏、流通运输、进出贸易、海关管理、程序指南、政策法规和国际协议等方面的要求或规定。根据需求，贸易标准认证机构可对供应链上的任何一家森林经营单位、林产品生产加工和销售企业、进出口贸易公司进行相关标准的认证或认定。

一、组织机构

根据国际通用要求和我国实际情况，中国林产品贸易认证的组织管理或服务机构分为3级，如图6-2所示。

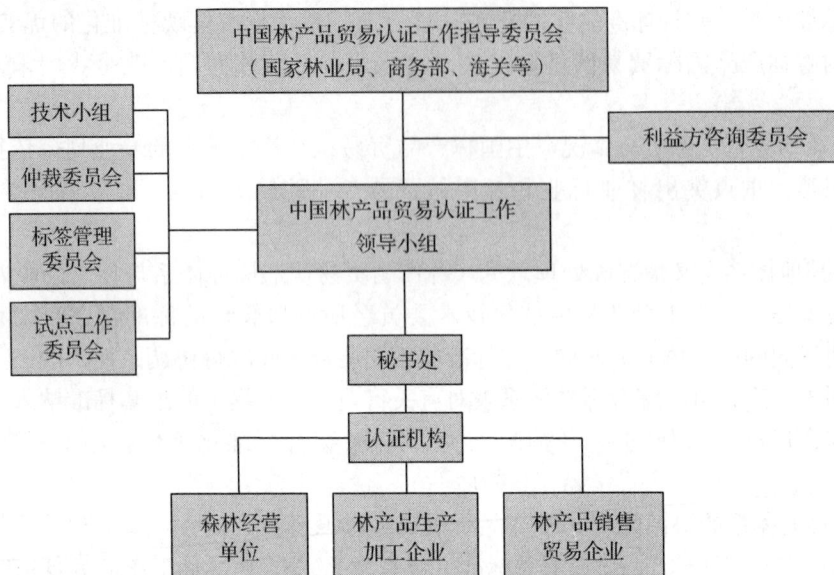

图6-2 中国林产品贸易认证体系组织机构框架

(一)中国林产品贸易认证工作指导委员会

由林业局、商务部、海关、外交部、财政部和工商局等相关司局代表组成中国林产品贸易认证工作指导委员会，负责指导中国林产品进出口贸易技术标准体系的发展与咨询。

(二)中国林产品贸易认证工作领导小组及秘书处

由国家林业局领导签头，各司局共同参与中国林产品贸易认证工作领导小组，作为中国林产品进出口贸易技术标准体系的管理机构，秘书处设于国家林业局发展规划与资金管理司涉外经济处。具体职责是与国家认监委等有关部门协调相关工作，发布认证标准、导则和指南等文件，授权管理认证机构，核发认证证书，管理认证企业等各类相关信息。同时，设立技术小组、仲裁委员会、标签管理委员会和试点工作委员会等机构。技术小组由相关专家组成，主要职责为：制定认证标准、导则和指南等文件；仲裁委员会由国家林业局发展规划与资金管理司相关部门、相关协会等组织代表组成，负责处理认证相关的申诉、举报和纠纷等事务；标签管理委员会负责管理标识和标志的使用；试点工作委员会负责标准、导则和指南的测试与修改，以及试点项目的评估等工作。

(三)中国林产品认证利益方咨询委员会

邀请各NGO组织、协会、相关政府部门、企业就林产品贸易认证的相关问题和工作进行商议，共同促进中国林产品进出口贸易技术标准体系的发展。

前期也可直接成立中国林产品进出口贸易技术标准体系管理委员会,由国家林业局主管部门计财司牵头,其他政府部门及利益方共同参与,作为中国体系的管理机构。秘书处设于计财司外经处,由国家林业局林产品国际贸易研究中心提供技术支持。

二、管理内容

按照国际规范,并参考相关标准框架或体系,中国林产品贸易认证管理体系框架或主要内容包括体系管理类文件和技术规范性文件两个部分,其中体系管理类文件主要包括中国林产品贸易认证指南、标准认证实施细则、认证标识管理办法、认证争议解决机制和认证机构管理办法;技术规范类文件可分为基础、生产、贮运、贸易、国内管理和国际协议等方面,基础标准主要是林产品贸易中所涉及的通用术语、符号、代号、分类、形状、参数等方面的标准,生产标准主要是贸易林产品的试验、生产、加工方法、技术规范和工艺流程方面的标准,贮运标准主要是贸易林产品的贮存、运输规范与要求,贸易标准主要是贸易林产品木材原料来源合法、产品中有害物质释放限量合规达标、经营企业经过产品质量认证、环境认证、森林认证等,国内管理标准主要是符合国家相关法规、政策、规定和制度,包括工商、税务、海关、检验检疫等方面的条款,国际协议主要是与中国签署的与林产品贸易有关的国际公约和双边或多边协定。中国林产品贸易认证管理框架及主要内容如表6-5所示。

三、认证审核

认证审核由经中国林产品贸易认证管理委员会授权的认证机构开展。认证机构根据林产品贸易认证标准和程序对森林经营单位、林产品生产加工企业、销售和贸易企业等进行认证。其程序主要包括以下7个方面。

(1)贸易认证申请。森林经营单位、林产品生产加工、销售及贸易等企业可以作为申请人,向认证机构提出认证申请,并提交申请材料。

(2)认证申请受理。认证机构收到申请后,在规定时间内完成筛查,决定是否接受申请。

(3)认证审核。林产品贸易认证审核采用文件审核、现地审核和利益方访谈3种方式,审查森林经营单位或供应链上的企业是否建立了相关的管理体系、尽职调查体系和合法性保障体系,并对林产品贸易认证作了要求并实施有效制度加以保障;是否在实际经营中遵守相关法律法规的要求;是否在生产中实施了相关的制度等。在审核时,确定不符合项,要求企业进行限时整改。

(4)审核报告。编写审核报告,根据标准和审核发现提出严重或轻微不符合项。在最终报告出来之前,交由森林经营单位或生产企业征求意见。

(5)认证决定。认证机构对审核报告和相关证据进行复审,如无意见,作出认证决定。并向通过认证的单位颁发认证证书。允许其在产品外使用认证标识。

认证机构发现获证单位在林产品贸易方面存在重大情况变化或过错,有权暂停、撤销和注销证书。在获证单位更正并提出申请之后,可恢复和变更证书。

(6)监督审核。每年开展一次监督审核,并在有重大情况发生时,启动监督审核。

(7)再认证。获证单位在认证证书到期之前,提出再认证申请。

表 6-5　中国林产品贸易认证管理框架及主要内容

序号	类别	拟制定标准名称		标准规范对象和主要内容
		已有标准	待制标准	
1	体系管理类文件	无	中国林产品贸易认证指南	指导中国林产品贸易企业、贸易认证机构及审核人员有效开展林产品贸易认证工作
		无	中国林产品贸易认证实施细则	对林产品贸易认证程序、操作步骤等各方面作出规定
		无	中国林产品贸易认证标识管理办法	对标识使用、授权使用、使用条件和方式、证书管理等作出规定
		无	中国林产品贸易认证争议解决机制	规定争议和纠纷的解决办法
		无	中国林产品贸易认证机构管理办法	规定认证机构的认可管理，审核员审核指导，对认证机构开展认证指导
2	技术规范类文件	基础	中国主要进口木材名称（GB/T 18513 – 2001）等	贸易林产品的概念、分类及使用单位、名称代号、形状精度等	林产品种类区分及概念界定、名称术语、量纲单位、代号精度与形状参数等
		生产	森林认证木材合法性认定	林产品生产加工、试验方法、技术规范和工艺流程	林产品生产加工、试验方法、技术规范和工艺流程等
		贮运	林产品的贮存、运输规范与要求	不同贸易林产品的贮存、运输规范与要求	不同贸易林产品的贮存、运输要求或条件
		贸易	对外贸易法、进出口管理条例	贸易林产品原料来源、产品有害物质释放限量、经营企业经过产品质量认证等	贸易林产品木材原料来源合法、产品中有害物质释放限量合规达标、经营企业经过产品质量认证、环境认证等
		管理	现有国家法律、政府政策、部门规章、海关规范	林业、商务、工商、税务、海关、质检等部门规定	加强对贸易林产品的规范管理，促进林业产品国际贸易的健康发展
		协议	已有国际公约、贸易或服务双边协议	等签订的公约、文书或协议等	符合国际公约和与国外签订的各种协议

注：此表既可以调整，也可以随时更新完善。

四、认证认可

认证认可包括技术标准和认证机构的国内国际权威认可。

任何机构按照中国林产品进出口贸易技术标准体系开展认证，必须先取得中国林产品贸易认证管理机构的认可。要取得认可，认证机构必须具备以下条件：①在工商部门注册；②经秘书处批准；③具备开展认证的能力，并有相应的认证人员，保证认证工作的顺利开展；④接受中国林产品贸易认证的标准和导则，开展林产品贸易认证；⑤是独立的第三方机构。

认证机构须向中国林产品贸易认证管理机构提出认可申请，并提交相关申请材料。管理机构对材料进行评审，审查申请机构是否具有开展林产品贸易认证的能力，是否具有可靠性和独立性。评审通过后，管理委员会与申请机构签订合同，授权机构在规定范围内开展认证活动。

认证机构应独立公正地开展林产品贸易认证，并根据要求向中国林产品贸易认证管理机构上报认证方面的信息、获证单位的信息及其变化。认证机构如违反许可条件及相关要求，中国林产品贸易认证管理机构有权终止许可。

五、工作意见

为加快中国林产品贸易认证工作进程，提高林业标准化工作水平，促进林产品国际贸易健康发展，建议在中国林产品贸易认证实施过程中抓紧抓好以下主要工作。

（一）加强组织建设

目前不仅缺乏林产品贸易标准，也缺乏专门的林产品贸易标准化技术委员会；同时，林产贸易相关技术标准及认证分散在不同组织中，既有森林认证归口"全国森林可持续经营与森林认证标准化技术委员会（TC 360）"，又有木材合法性认定暂时归口"国家林业局计划与资金管理司"和"中国林产工业协会"，也有林产品加工贸易单耗标准归口"海关总署"负责，还有贸易林产品标准归口在有关标准技术委员会，以及贸易林产品进出口相关标准主要由产品质量认证机构、进出口检验机构和海关负责。这种机构分散、多头管理的组织模式，不利于林产品进出口贸易的快速通关服务和高效管理，也不利于贸易企业合同的按时履行和成本节约，严重影响到林产品国际贸易的正常发展。因此，急需及时建立起一个专门的全国林产品贸易技术标准认证组织机构"中国林产品贸易认证标准化技术委员会"，履行标准管理、认证服务、认可监督职能，负责贸易林产品标准体系的建立、服务和研究工作，建立一支完善的管理服务团队、技术研发团队和实施执行团队，整合林产品贸易相关标准，形成贸易认证标准体系，开展贸易认证工作，发挥标准化工作的法律效力，帮助林产品贸易企业规避出口壁垒、消除贸易隐患，促进中国林产品对外贸易的持续健康发展。

（二）强化标准管理

细化标准工作管理法则，加大标准化工作监管力度；理顺标准各项指标之间的执行关系，保证标准制定后的执行性和持续性。一是建设标准管理信息系统，规范现有标准数据库和技术档案，阶段性总结标准化制定和执行中存在的问题和不足，定期进行技术检查和监督；构建以贸易林产品标准化为基础的知识地图系统，随时展示林产品贸易认证标准进展信息。二是建立标准执行工作服务信息平台，面向企业、科研人员和社会大众，加强沟通与交流，促进新标准的实施和执行；对区域范围内优先执行国际化标准的企业通过核实予以表彰和奖励，对不执行强制标准的企业予以及时通报和处罚，保证标准执行情况的公开化和透明度，提高标准化工作水平。三是加大林产品贸易认证标准化工作的推广宣传力度，进一步明确在林产品贸易领域中各标准的具体实施细则，尤其是补充和完善基础标准及管理标准中强制标准的内容，加快最新标准体系框架的实施进程，使其在标准化工作中切实发挥主导作用。

（三）开展标准研究

一方面，现有技术标准陈旧分散，亟待修订整合。现行与林产品贸易相关的技术标准数量已经不少；但是，贸易林产品相关标准相对分散、森林认证标准体系较为完善、木材合法性认定标准正在起步、林产品加工贸易单耗标准实在太少。并且，现行许多标准都与林产品贸易有关，造成相关标准非常分散。同时，部分标准略显陈旧，如《林木种质资源保存原则与方法(标准号：GB/T 14072 – 1993)》和《林业资源分类与代码 国营林场名称与代码(标准号：LY/T 1119 – 1993)》等标准较为突出、急需修订。因此，为确保相关重要标准跟上时代与科技进步和符合国际形势要求，有关政府部门与研究机构需及时修订更新过时标准，并在此基础上整合现有技术标准，形成从产品来源、生产、加工、贮藏、运输、销售、贸易到消费整个产业链的可追溯性林产品贸易技术标准体系。

另一方面，贸易相关标准基础缺乏，有待研制补充。贸易林产品相关标准、森林认证标准、木材合法性认定标准和林产品加工贸易单耗标准等4类标准均与林产品贸易密切相关，且数量较多，但这并不能掩盖中国林产品贸易相关技术标准涉及面较窄、基础缺乏和体系不全的缺陷，真正规范林产品进出口贸易的现行标准确实十分稀少。从贸易林产品来源、生产、贸易到消费整个过程中，相关标准均不见研制和实例。如：缺少与林产品使用安全相关的有害物质含量与释放量标准、林产品质量检验监督标准、进出口贸易林产品有害生物检疫标准等。同时，森林认证历史不长，业务范围较窄，涉及领域有限；加工贸易单耗标准仅涉及3种林产品。因此，加快研究制定和补充增加未曾涉足领域的林产品进出口贸易相关标准，整合和完善林产品贸易技术标准体系，有效规范和指导林产品国际贸易的正常开展意义重大。

(四)重视交流合作

从国际化战略高度，重视与国内外政府部门、高等院校、科研院所、国际组织和认证公司等，持续开展标准化工作方面的交流与合作，加强林产品贸易认证标准项目研究，培养标准化工作人才，推动我国林产品贸易认证标准化工作进程。

一方面，林产品贸易标准缺乏，贸易认证工作没有开展。现行1463项林业标准中，还没有一项真正意义上的林产品贸易标准及相关标准。林产品贸易标准的缺乏造成了林产品贸易认证工作无法开展，急需研制相关标准和开展贸易认证工作。另一方面，贸易标准的认可度或权威性较低，相关标准有待研制和推广。在林产品贸易认证标准体系中，不仅缺乏核心标准，也缺乏相关标准，从而影响了林产品贸易标准体系的建立和认证工作的开展，因此，尽快研制林产品贸易认证核心标准，提高贸易标准的认可度或权威性，同时研制和推广贸易林产品相关标准，增加社会、政府、市场和企业对林产品贸易认证的认识十分重要。再一方面，林产品贸易认证的国内和国际认可度均有待提高。林产品贸易认证涉及国际贸易伙伴国和国际市场，加强国际交流与合作，推广和介绍中国林产品贸易技术标准体系，建立双边和多边标准认可机制，扩大相关标准的国际认同，提高国际社会、国际市场和其他国家企业对林产品贸易认证的认可度，对于促进中国林产品对外贸易的持续健康发展也非常重要。

第七章

研究结论与讨论及突破贸易壁垒对策建议

Chapter 7　Research Conclusions & Discussion and some
Countermeasure Suggestions against TBT

根据中国林产品进出口贸易形势和国际市场环境，总结本研究得出的主要结论、分析需要进一步探讨的方面和问题，提出中国突破技术性贸易壁垒和满足国际市场需求的对策建议。

第一节　研究结论

根据本项目研究成果，可获知以下几点主要结论。

一、中国林产品进出口贸易标准体系研究非常重要

中国林产品进出口贸易标准体系研究的重要性主要体现在 3 个方面。

（一）标准化管理和认证制度建设成为时代要求

林业对外投资与负责任贸易行动受到全球重视，国际社会特别是发达国家启动了各种政策、标准和制度，对林产品质量和安全提出了更高要求，林产品贸易认证成为推动绿色消费和可持续贸易的一种有力工具。顺应时代潮流，中国需要进一步完善林业标准体系，积极实施和推进林产品标准化管理，强化认证制度建设，以应对日益盛行的绿色贸易和技术手段壁垒。长期以来，我国林产品行业没有一套比较完备的法律制度和标准，从而导致了林产品质量较低、竞争力弱和经济效益差等问题。要改变这一现状，必须根据我国的具体国情和当前社会经济及科技水平，参考国际通行标准和发达国家的先进技术标准，适时研究和制订林产品生产标准、质量标准、安全标准和管理规范，及时建立和完善与时代发展相适应的林产品行业技术标准体系和认证制度。

（二）中国林产品出口遭遇的贸易壁垒日益严重

中国林产品进出口贸易快速发展，遭遇到的技术标准壁垒繁多、贸易争辩案件增加、相关经济损失巨大，急需开展技术标准研究和认证工作，应对国际贸易摩擦与纠纷并维护

271

外贸企业合法权益。近年来，在 WTO 推动下，关税高峰、关税升级和关税配额等传统关税壁垒在林产品贸易中的作用不断减弱；欧美发达国家多采用非关税措施来约束林产品进口，具体表现在对反倾销、技术标准和政策法规等新型手段的滥用上，已影响到中国林产品对外贸易的正常发展。据初步统计，2010~2015 年，我国林产品出口遭受的贸易争端案件总数 148 起、平均每年 24.7 起，2016 年 1~6 月林产品出口涉案 22 起(中国贸易救济信息网，2016)，呈逐年加重趋势；在所有对我国发起林产品贸易救济调查案的国家或地区中，美国居首位，其后为印度、欧盟、韩国、澳大利亚、巴基斯坦、阿根廷和土耳其。总体上看，这些措施可划分为知识产权、救济措施、技术手段和绿色贸易等 4 种类型。中国林产品出口所遭遇的技术手段壁垒可分为有害物质含量标准、安全性能和防火性能要求、强制性认证制度等，遭遇的绿色贸易壁垒主要表现为环境标志和绿色消费两种形式，急需开展林产品贸易认证工作和维护我国涉外林业企业合法权益。

(三)林产品贸易认证成为突破壁垒的关键举措

针对绿色贸易中的林产品绿色消费和技术手段中的强制性认证，全球范围内发起了建立森林及林产品认证制度和促进林产品负责任贸易的行动。由于国际分工不同，形成了俄罗斯、非洲及东南亚国家等为原料供给国，中国、越南等国家为中间加工国，北美和欧洲国家等为进口消费国的世界林产品生产与贸易格局，林产品负责任贸易问题对各国经济和贸易的影响大小也不同。为推动林产品负责任贸易和促进森林可持续经营，一些国家或国际组织开始推出森林与林产品标准体系和认证措施及办法，试图依靠政府、协会或第三方力量，引导市场对林产品的绿色消费。虽然目前还没有一个应对林产品贸易认证的共同机制，但国际社会对提高林产品质量和安全标准要求的认识是完全一致的：既有国家法规政策，也有协会或企业的自愿性倡议，还有非政府组织推行的独立第三方认证市场机制。这为林产品贸易认证成为突破国际绿色壁垒的关键行动提供了机会。

二、建立标准体系奠定通过认证突破壁垒重要基础

目前，我国缺乏林产品贸易技术标准及体系，在实施林业外交谈判解决贸易争端与森林问题和应对气候变化对策中常处于尴尬境地并陷于被动局面。研究林产品技术标准，可为我国完善林产品贸易认证体系提供重要依据。根据国情和林情，建立政府或协会主导的独立第三方林产品贸易认证体系，开展贸易认证程序和管理办法研究，设立林产品贸易认证监管及许可证发放机构，管理或认可相关认证机构开展认证审核和发放证书；适时开展中国林产品贸易认证工作，满足国际市场林产品质量和安全要求。开展林产品贸易技术标准体系研究和认证工作，有利于突破绿色贸易壁垒、促进林产品市场准入、维护我国涉外林业企业合法权益、推动林产品国际贸易规范化和标准化。研究和建立林产品进出口贸易技术标准体系是突破国际贸易壁垒的重要基础和前提。

项目构建的中国林产品贸易认证标准体系框架，发展目标明确、构建原则到位、构建依据充分、构建方法正确、框架构建合理、结构层次清晰，为中国林产品进出口贸易认证工作开展提供了重要依据和奠定了良好基础。通过中国林产品贸易认证标准体系研究，确定了贸易认证标准研究的方向，也明确了推进林产品对外贸易发展需要的骨干和枝叶标准，为今后贸易认证标准的分阶段、分批次编写和推广打下基础。林产品贸易认证标准体

系也是一个开放的、实用的体系，需要在实践中不断完善和修正，以促进林产品国际贸易的持续健康发展。

三、中国开展林产品贸易认证工作具有现实可行性

发达国家热衷于森林问题和绿色贸易，实质上是制约发展中国家的发展权益。美国和欧洲是我国林产品贸易的主要出口市场，他们凭借高度发达的经济和技术优势提高木材和林产品质量与安全标准要求，增加了国际贸易摩擦的潜在风险，对中国林产品出口造成很大影响。中国是林业大国，也是世界林产品国际贸易链上的加工和进出口大国，主动建立起自己的林产品贸易认证标准体系和积极参与国际森林问题谈判事关发展中国家权利和我国根本利益。

林产品贸易认证是检验林产品质量和安全控制是否满足相关标准规定的一种工具；森林认证是一种运用市场机制来促进森林可持续经营以实现生态、社会和经济目标的工具。目前开展林产品贸易认证更具优势。一是标准导向性更高。随着人们环保意识和消费观念的转变，贸易林产品质量和安全标准与时俱进，不断通过国际公约、国家法规、政策指南的改进来提高要求，比森林认证更具引导性和示范性。二是贸易针对性更强。林产品贸易认证主要针对国际市场的林产品质量和安全标准要求，在满足国际贸易相关法规、政策指南方面更具针对性和可操作性。三是市场适用性更广。林产品贸易认证的目标是维持国际秩序和促进对外贸易，企业产品只要遵守当地法规、符合相关标准，都可以进行认证；同样满足市场要求，比森林认证简便易行，准备时间较短，企业承担费用较低，具有市场适用性和企业接受性。因此，目前中国开展林产品贸易工作具有研究迫切性和现实可行性。

第二节　相关讨论

一、研究的主要进展与不足

(一)取得的阶段性成果

全面梳理和明确了中国林产品进出口技术标准体系进展，归纳和探讨了我国外贸主要伙伴国家和地区林产品国际贸易及标准体系概况，研究和总结了全球代表性国际组织或机构认证工作及经验启示，分析和展示了中国林产品标准及与国际标准之间的差异，着重构建了中国林产品进出口贸易技术标准体系，特别提出了破解国际贸易技术壁垒的对策建议。

(二)不足

因课题研究领域涉及内容较多、支持项目研究工作的经费有限、开展具体研究的时间较紧，本文除偏重定性探讨缺乏定量分析外，贸易认证标准体系框架的运行与完善、贸易林产品标准及指标的改进与推广、贸易认证标准及体系的市场接受与国际认可等工作还有待进一步加强和研究。虽然我国林业标准化工作取得了巨大成绩，林业标准体系逐步完

善，但随着经济全球化和市场一体化进程加快，我国林产品对外贸易不断发展，标准化工作的地位日趋重要，贸易认证标准缺乏成为影响我国林产品国际贸易发展的重要因素之一。因此，开展贸易认证标准研究、建设贸易认证标准体系、提高林产品贸易标准化水平十分紧迫和重要，必须引起全社会的普遍关注和高度重视。

二、需要进一步研究的方向

保护主义、技术标准和贸易壁垒增多，已对林产品国际市场和贸易带来巨大影响。林产品贸易认证标准对林产品加工的质量监测和安全评估等具有明显导向作用，认证产品的扩大有利于促进林业可持续发展和森林资源保护，其直接影响积极正向，突出表现为改善生产和示范效应。从实践角度定性分析，开展林产品贸易认证工作的正面影响主要表现在促进林业可持续发展和生态环境保护、推动森林问题谈判落实国际政治承诺、调整林业产业结构转变经济发展方式、减少林区生计冲突促进当地社会稳定、优化林业投资和林产品国际贸易格局。然而，其潜在影响会因社会发展水平、环境意识强弱、国家经济财力、企业经营条件的不同差异巨大，很难简单判断间接影响的正面或负面性。同时，林产品贸易认证的影响问题比较复杂，目前还没有关于林产品贸易认证对林产品国际贸易影响强度的定量测算模型和环境测评体系；并且，林产品贸易认证对于森林可持续经营的间接影响和相关潜在影响也有待进一步研究和探讨。

第三节　对策建议

近年我国已成为世界林产品生产、消费和贸易大国，每年出口的林产品特别是木质林产品在国际出口贸易中名列前茅、进出口总额在全球林产品国际贸易中的地位逐年上升，进而受到欧美等发达国家及环境敏感地区的法规、标准和合格评定程序的制约日益突出。同时，中国出口大宗林产品如木家具、人造板（胶合板、纤维板与刨花板）、木地板（实木地板、实木复合地板、浸渍纸层压木质地板）和木制品，以及竹藤制品的中国标准与国际及美、欧、日三大目标市场的相关法规、技术标准及认证项目差距明显。因此，针对目标市场法规与标准及需要关注的森林认证、美国 CARB 认证与甲醛标准化法案、欧盟生态标签、社会责任认证、雷斯法修正案与欧盟木材及木制品规例等问题，及时探讨和提出中国林产品生产和出口企业突破国际贸易技术壁垒、达到并满足目标国家技术要求与市场需求、减少对外贸易风险的对策建议十分重要和必要。

一、采用国际先进标准，重视技术标准建设

我国林产品技术标准建设起步晚、起点低、发展慢。主要表现在：一是我国林产品标准体系建设不完善。有些产品至今还只是行业标准，如木家具标准，木家具质量检验及质量评定、餐桌餐椅、木制写字桌、名贵硬木家具、木家具公差与配合、木家具形状和位置公差、木衣箱、课桌椅等 8 项标准为轻工业标准，仍无相应的国家标准。二是我国已颁布的林产品国家标准与发达国家的差距较大。例如，欧盟的家具标准多达 101 项，分别有木材结构、地板加热设施、承重构件、胶粘剂、木制和拼接地板、机械安全、木地板等，中

国目前的木地板标准仅 28 项国家标准和林业行业标准；欧盟家具标准体系比我国复杂和完善。三从标准要求看，我国所要求的指标数量相对较少，而发达国家所要求的指标数量相对较多。在胶合板质量指标方面，中国与欧盟有较大差异。中国分为优等品、一等品和合格品，而欧盟分为 E、I、II、III、IV 五个等级。在具体的指标上，欧盟考核树脂腻子等指标，而我国则没有考核；在考核的指标中，欧盟 I 级板要求比中国一等品要求也明显高。四是标准的分类和构成不一样，如中国的胶合板按面板树种进行分类，而欧盟、日本按面板是针叶材还是阔叶材进行分类；在标准体系中，有些标准是国际上和发达国家有而中国没有的，也有些是中国有而国际上和发达国家没有的，在出口时会面临标准不匹配的问题。

因此，通过采用国际先进标准和重视技术标准建设是尽快推动标准化工作与国际惯例接轨、中国标准与国际通用标准或发达国家标准相配套、促进我国林产品外贸持续健康发展的重要手段。同时，为加快国际先进标准采用和国内林产品标准化建设步伐，充分吸收发达国家和地区相关标准中的合理内涵，把我国林产品主要出口国家和地区的标准中大多数国家考虑的指标加入到现有标准中去，针对不同品种林产品分别制定和完善相应的标准体系。

二、开展贸易产品认证，强化企业社会责任

贸易产品认证是今后林产品进入国际市场的主要通行证。为此，我国林产品生产、经营和贸易企业应积极开展各个目标市场所要求的产品认证工作。2007 年 10 月，中国森林认证标准 LY/T 1714 – 2007《中国森林认证 森林经营认证》与 LY/T 1715 – 2007《中国森林认证 产销监管链认证》颁布实施；2009 年 11 月，经国家认监委批准，国家林业局成立了我国首家森林认证的认证机构——中林天合（北京）森林认证中心（ZTFC）（http：//cfcc – zt-fc.com），并相继完成对广西区国营东门林场进行木材合法来源认证，辽宁省抚顺林业局下属 6 个林场、APP 中国林务等单位的森林经营认证预评估、主评估。

在未来工作中，既要强化信息交流和宣传工作，通过对森林认证的宣传与森林认证知识的普及，使企业充分了解国际市场对产品认证的要求；又要针对国内森林认证的发展现状、外向型木制品生产加工企业的需求，以及森林认证对促进中国森林可持续经营的潜在作用，国家林业主管部门加强相关政策制定，规范和引导林产品生产、加工与经销企业，开展森林认证和产销监管链认证；也要加强与国外森林认证机构的联络，开展中国森林认证与国际森林认证体系的互认。中国森林认证实践已经起步，应加快开展认证示范项目，在认证实践中完善森林认证原则和标准，推动和加速我国森林认证进程；通过在国内森林认证机构的认证工作，逐步实现森林可持续经营。

在企业社会责任方面，中国应结合国情，按照政府引导、妥善应对、稳步推进、和谐发展的原则开展认证工作。企业社会责任是个系统工程，是中国企业和社会必须面对的问题。在这个问题上，仅靠某一部门的力量无法解决，各个部门应联合起来，齐抓共管。同时，应积极宣传中国有关劳工权益的法律法规，结合我国企业社会责任的总体情况，进一步促进《中华人民共和国劳动法》《中华人民共和国环境保护法》《中华人民共和国安全生产法》等相关法律法规的贯彻落实；加大执法力度，提高企业遵守法律法规的自觉性和诚信意识。要认真研究 SA 8000 中的合理成分，提出中国企业应当承诺的社会责任基本要求，

尽快制定中国企业社会责任标准或技术规范，并作为企业社会责任自我评价和第三方评价的依据。

三、加强企业科技创新，及时调整产品结构

现代林业企业的科技水平是生产高质量产品的关键。我国要生产出高质量的林产品满足国际市场的需要，必须从加强和提高企业自身科技创新能力与水平着手。采用国际先进大型设备，积极开展自主创新，建立企业、研究所、高等院校科技合作网络，培养高素质人才，支持创新技术发展。林业企业、科研院所、高等院校应考虑合作，制定林产品长期研究发展计划，确定优先领域，避免重复研究，加强自主创新技术发展。我国林产品企业可以通过提高自身的研发能力和对外合作水平，提高产品档次，争创知名品牌，实现由数量主导型向品种、出口、效益型转轨。同时，随着全球范围森林保护力度的不断加强，木材价格上升是必然趋势，建议林产品生产企业根据自身发展情况，调整生产方向和产品结构，如木地板生产企业应多生产强化复合地板、实木复合地板，少生产实木地板，从而满足国际市场对环保林产品的需求。

四、研制使用环保产品，维护人类生存环境

当今世界，人们日益关注自身的健康和生存环境，因此对林产品的环保性能要求越来越高。我国出口的林产品中，除外观要求外，进口国对我国产品的最大限制是产品的环保要求，主要体现在对甲醛、重金属等有害物质的限量要求。为了使林产品出口达到国际市场标准、实现出口贸易的大幅度增长，企业必须采取应对措施，研制和使用环保产品。如目前普遍使用的尿醛胶黏合剂，是甲醛释放量超标的一个重要原因。只有从胶水入手，研制新型胶水，减少林产品中的甲醛含量，以符合国际标准；对于重金属，用于木质林产品的有色涂料由于颜色不同，重金属含量也有所不同，现代涂料制造工艺，应使用计算机配色，通用色浆调色，满足国际上大多数国家的标准和规定；对于砷，如果产品中含有除CCA外的砷制品，也应进一步改进木材防腐处理工艺、寻求新的防腐替代品，力求把国际技术限制的不良影响降至最低。同时，还要重视解决林产品生产加工过程、使用和回收利用整个寿命周期中的环境问题。

五、实现企业规模经营，提高行业经济效益

通过引导林产品贸易企业按照市场经济体制和现代企业制度的要求，鼓励和指导林业企业在自愿的基础上，通过兼并、联合、重组等方式，实现企业规模经营和提高行业经济效益。推动有条件的外贸企业和大型生产企业向集团化、国际化、综合化方向发展，充分利用国际、国内两个市场、两种资源，进一步吸引外商直接投资，提高利用外资和海外投资的质量和水平，形成一批有实力的跨国企业集团。同时，帮助符合条件的林产品生产企业积极主动地获取外贸自营权，以便尽快走向国际市场，到境外参展和推销林产品。

六、开拓多元销售市场，减少国际贸易风险

中国林产品出口贸易主要集中于美国、欧盟、日本等重点市场，近年来这些国家对林产品制定了多项技术法规，要求对一些特殊化学成分进行检测，主要包括甲醛释放量的检

测，铅、镉、砷、铬等重金属的检测，对木材、木制品禁用防腐剂铜、铬、砒霜、杂酚油的检测，对儿童家具安全性能检测、软体家具助燃性能测试等。所设关卡障碍越来越多，为了避免对这些市场的过分依赖，提高出口林产品的抗风险能力，我国林产品企业应在深度开发这些重点市场的同时，积极开拓中东、拉美和东欧市场，以减少贸易风险，争取在国际市场竞争中占据有利地位。

七、建立外贸预警机制，增强风险抵御能力

在林产品出口中，我国企业对国外相关的技术规范、标准和合格评定程序还不是很熟悉，我国的检验检疫部门、商贸主管部门和标准管理部门还没有精力去了解。目前，我国林产品出口大多还是按订单进行生产、出口，生产中由客户提供产品质量要求、按客户需求进行出口贸易。这对于企业的发展和出口来说，比较被动，长期下去会影响企业的持续健康发展。造成这一情况的重要原因是我国林产品贸易的预警机制还不完备。建立高效、畅通的信息发布、咨询、检索体系，并逐步完善技术门槛的预警机制十分迫切和重要。各地相关部门应根据林产品企业的发展情况成立咨询中心、咨询网络和咨询点，为企业提供相关的技术法规、标准、合格评定程序等信息；对林产品在出口中遭遇的技术门槛情况及时在相关行业和企业中通报，提出解决措施，快速应对、避免损失。

附　录 *

一、附表

表1　现行木材标准名录（2014年1月21日）

序号	标准领域	标准级别	标准编号	标准名称
1	基础	国标	GB/T 1931 – 2009	木材含水率测定方法
2	基础	国标	GB/T 1936.1 – 2009	木材抗弯强度试验方法
3	基础	国标	GB/T 1935 – 2009	木材顺纹抗压强度试验方法
4	基础	国标	GB/T 1934.2 – 2009	木材湿涨性测定方法
5	基础	国标	GB/T 28990 – 2012	古建筑木构件木材内部腐朽与残余弹性模量应力波无损检测测试规程
6	基础	国标	GB/T 1934.1 – 2009	木材吸水性测定方法
7	基础	国标	GB/T 1933 – 2009	木材密度测定方法
8	基础	国标	GB/T 14017 – 2009	木材横纹抗拉强度试验方法
9	基础	国标	GB/T 1932 – 2009	木材干缩性测定方法
10	基础	国标	GB/T 1938 – 2009	木材顺纹抗拉强度试验方法
11	基础	国标	GB/T 1930 – 2009	木材年轮宽度和晚材率测定方法
12	基础	国标	GB/T 14018 – 2009	木材握钉力试验方法
13	基础	国标	GB/T 1929 – 2009	木材物理力学试材锯解及试样截取方法
14	基础	国标	GB/T 1927 – 2009	木材物理力学试材采集方法
15	基础	国标	GB/T 18107 – 2000	红木
16	基础	国标	GB/T 15035 – 2009	木材干燥术语
17	基础	国标	GB/T 29894 – 2013	木材鉴别方法通则
18	基础	国标	GB/T 18959 – 2003	木材保管规程
19	基础	国标	GB/T 15777 – 1995	木材顺纹抗压弹性模量测定方法
20	基础	国标	GB/T 16734 – 1997	中国主要木材名称
21	基础	国标	GB/T 17658 – 1999	阻燃木材燃烧性能试验火传播试验方法
22	基础	国标	GB/T 17660 – 1999	木材缓冲容量测定方法
23	基础	国标	GB/T 17663 – 1999	主要商品木材树种代号

注：已颁布实施的现行木材标准可分为基础、原木、锯材、防腐、结构材和木制品等领域，据2014年1月统计共149项。

----

* 本附录提供了正文所参考的重要资料，涉及现行木材标准名录、在研项目、林业标准"十三五"规划、森林认证标准体系、人造板标准项目和现行标准情况（附表1~表6）、两部重要指南、贸易相关法规、条例或措施的文献源与进出口货物报关单填制规范（附件4篇）和缩略语（166条）供查阅。

序号	标准领域	标准级别	标准编号	标准名称
24	基础	国标	GB/T 6043－2009	木材 pH 值测定方法
25	基础	国标	GB/T 1936.2－2009	木材抗弯弹性模量测定方法
26	基础	国标	GB/T 18000－1999	木材缺陷图谱
27	基础	国标	GB/T 1937－2009	木材顺纹抗剪强度试验方法
28	基础	国标	GB/T 23229－2009	水载型木材防腐剂分析方法
29	基础	国标	GB/T 1943－2009	木材横纹抗压弹性模量测定方法
30	基础	国标	GB/T 1942－2009	木材抗劈力试验方法
31	基础	国标	GB/T 1941－2009	木材硬度试验方法
32	基础	国标	GB/T 1940－2009	木材冲击韧性试验方法
33	基础	国标	GB/T 1939－2009	木材横纹抗压试验方法
34	基础	国标	GB/T 1928－2009	木材物理力学试验方法总则
35	基础	国标	GB/T 18513－2001	中国主要进口木材名称
36	基础	行标	LY/T 2054－2012	锯材机械加工性能评价方法
37	基础	行标	LY/T 2152－2013	木材抗冲击压痕的测定方法
38	基础	行标	LY/T 2146－2013	古建筑木构件木材腐朽的非破坏性检测评价
39	基础	行标	LY/T 1788－2008	木材性质术语
40	基础	行标	LY/T 2147－2013	木材除湿干燥工艺规程
41	基础	行标	LY/T 2151－2013	木材综纤维素含量、酸不溶木质素含量的近红外光谱法测定
42	基础	行标	LY/T 2053－2012	木材的近红外光谱定性分析方法
43	基础	行标	LY/T 2056－2012	木粉腻子及其性能评价方法
44	基础	行标	LY/T 1680－2006	木材综合利用规范
45	基础	行标	LY/T 1822－2009	废弃木材循环利用规范
46	原木	国标	GB/T 5039－1999	杉原条
47	原木	国标	GB/T 15779－2006	旋切单板用原木
48	原木	国标	GB/T 15787－2006	原木检验术语
49	原木	国标	GB 4814－2013	原木材积表
50	原木	国标	GB/T 17659.1－2003	原木锯材批量检查抽样、判定方法　第一部分：原木批量检查抽样、判定方法
51	原木	国标	GB/T 155－2006	原木缺陷
52	原木	国标	GB/T 4815－2009	杉原条材积表
53	原木	国标	GB/T 17661－1999	锯材干燥设备性能检测方法
54	原木	国标	GB/T 143－2006	锯切用原木
55	原木	国标	GB/T 4813－1995	阔叶树锯切用原木尺寸、公差、分等
56	原木	国标	GB/T 4812－2006	特级原木
57	原木	国标	GB 4820－2013	罐道木
58	原木	国标	GB/T 17659.2－1999	原木锯材批量检查抽样、判定方法　第二部分：锯材批量检查抽样、判定方法
59	原木	国标	GB/T 144－2013	原木检验
60	原木	国标	GB 142－2013	直接用原木坑木
61	原木	国标	GB/T 17662－1999	原木缺陷术语符号
62	原木	国标	GB/T 11716－2009	小径原木
63	原木	国标	GB/T 15106－2006	刨切单板用原木

序号	标准领域	标准级别	标准编号	标准名称
64	原木	国标	GB/T 29893 – 2013	结构规格材用原木
65	原木	国标	GB/T 11717 – 2009	造纸用原木
66	原木	国标	GB/T 7909 – 1999	造纸木片
67	原木	行标	LY/T 1502 – 2008	马尾松原条
68	原木	行标	LY/T 1793 – 2008	木纤维用原木
69	原木	行标	LY/T 1509 – 2008	阔叶树原条
70	原木	行标	LY/T 1511 – 2002	原木产品标志号印
71	原木	行标	LY/T 1505 – 1999	次加工原木
72	原木	行标	LY/T 1079 – 2006	小原条
73	原木	行标	LY/T 1294 – 1999	直接用原木电杆
74	原木	行标	LY/T 1353 – 1999	立木材积表
75	原木	行标	LY/T 1504 – 2013	脚手杆
76	原木	行标	LY/T 1503 – 2011	加工用原木枕资
77	原木	行标	LY/T 1371 – 2013	原木归楞
78	原木	行标	LY/T 1506 – 2008	短原木
79	锯材	国标	GB/T 4817 – 2009	阔叶树锯材
80	锯材	国标	GB/T 6491 – 1999	锯材干燥质量
81	锯材	国标	GB/T 4822 – 1999	锯材检验
82	锯材	国标	GB/T 20445 – 2006	刨光材
83	锯材	国标	GB/T 153 – 2009	针叶树锯材
84	锯材	国标	GB/T 11917 – 2009	制材工艺术语
85	锯材	国标	GB 154 – 2013	枕木
86	锯材	国标	GB/T 4823 – 2013	锯材缺陷
87	锯材	国标	GB/T 449 – 2009	锯材材积表
88	锯材	行标	LY/T 1293 – 1999	原条材积表
89	锯材	行标	LY/T 1068 – 2002	锯材窑干工艺规程
90	锯材	行标	LY/T 1062 – 2006	锯材生产综合能耗
91	锯材	行标	LY/T 1002 – 1991	车立柱
92	锯材	行标	LY/T 1794 – 2008	人造板木片
93	锯材	行标	LY/T 1158 – 2008	橡材
94	锯材	行标	LY/T 1157 – 2008	檩材
95	锯材	行标	LY 1200 – 1997	机台木
96	锯材	行标	LY/T 1156 – 1994	造纸板皮
97	锯材	行标	LY/T 1069 – 2002	锯材气干工艺规程
98	锯材	行标	LY/T 1285 – 2011	船舶锯材
99	锯材	行标	LY/T 2148 – 2013	脱脂松木锯材
100	锯材	行标	LY/T 1295 – 1999	铁路货车锯材
101	锯材	行标	LY/T 1296 – 1999	载重汽车锯材
102	锯材	行标	LY/T 1352 – 1999	毛边锯材
103	锯材	行标	LY/T 1507 – 2009	木杆
104	锯材	行标	LY/T 1513 – 1999	乐器锯材钢琴用材
105	锯材	行标	LY/T 1656 – 2006	实木包装箱板
106	锯材	行标	LY/T 1974.1 – 2011	民族乐器锯材：第1部分古琴用材

序号	标准领域	标准级别	标准编号	标准名称
107	锯材	行标	LY/T 1974.1–2011	民族乐器锯材：第2部分琵琶用材
108	锯材	行标	LY/T 1184–1995	橡胶木锯材
109	防腐	国标	GB/T 18261–2013	防霉剂防治木材霉菌及蓝变菌的试验方法
110	防腐	国标	GB/T 13942.2–2009	木材天然耐久性野外试验方法
111	防腐	国标	GB/T 14019–2009	木材防腐术语
112	防腐	国标	GB/T 13942.1–2009	木材天然耐久性实验室试验方法
113	防腐	国标	GB/T 29896–2013	接触土壤时木材防腐剂的抗流失性测定方法
114	防腐	国标	GB/T 27652–2011	防腐木材化学分析前的预处理方法
115	防腐	国标	GB/T 29901–2013	木材防水剂的防水效率测试方法（评价加压处理材防水效果的试验方法）
116	防腐	国标	GB/T 29902–2013	木材防腐剂性能评估的土床试验方法（土床试验评价木材防腐剂的方法）
117	防腐	国标	GB/T 29900–2013	木材防腐剂性能评估的野外近地面试验方法（防腐处理材非触地的野外试验评价标准）
118	防腐	国标	GB/T 27655–2011	木材防腐剂野外埋地耐久试验方法（木材防腐剂性能评估的野外埋地试验方法）
119	防腐	国标	GB/T 27651–2011	防腐木材使用分类和要求
120	防腐	国标	GB/T 276565–2011	水果支护用防腐木（农作物支护用防腐小径木）
121	防腐	国标	GB/T 27654–2011	木材防腐剂
122	防腐	国标	GB/T 18260–2000	木材防腐剂对白蚁毒效实验室试验方法
123	防腐	国标	GB/T 27653–2011	ACQ防腐木材中季铵盐的分析方法–两相滴定法
124	防腐	行标	LY/T 1283–2011	木材防腐剂对腐朽菌毒性实验室试验方法
125	防腐	行标	LY/T 1284–2012	木材防腐剂对软腐菌毒性实验室试验方法
126	防腐	行标	LY/T 1925–2010	防腐木材产品标识
127	防腐	行标	LY/T 1636–2005	防腐木材的使用分类和要求
128	防腐	行标	LY/T 1635–2005	木材防腐剂
129	防腐	行标	LY/T 1284–1998	木材防腐剂对软腐菌毒性实验室试验方法
130	结构材	国标	GB/T 29895–2013	横向振动法测试木质材料动态弯曲弹性模量
131	结构材	国标	GB/T 29897–2013	轻型木结构用规格材目测分级
132	结构材	国标	GB/T 28993–2012	结构用锯材力学性能测试方法
133	结构材	国标	GB/T 28987–2012	结构用规格材特征值的测试方法
134	结构材	国标	GB/T 28986–2012	结构用木质复合材产品力学性能评定
135	结构材	国标	GB/T 28985–2012	建筑结构用木工字梁
136	结构材	行标	LY/T 2059–2012	木结构用钢钉
137	结构材	行标	LY/T 1975–2011	木材和工程复合木材的持续负载和蠕变影响评定
138	木制品	国标	GB/T 20446–2006	木线条
139	木制品	国标	GB/T 15036.2–2009	实木地板第2部分：检验方法
140	木制品	国标	GB/T 15036.1–2009	实木地板第1部分：技术要求
141	木制品	国标	GB/T 28992–2012	高温热处理实木地板
142	木制品	国标	GB/T 19790.1–2005	一次性筷子 第一部分：木筷
143	木制品	行标	LY/T 2143–2013	实木衣架
144	木制品	行标	LY/T 1159–2006	木牙签
145	木制品	行标	LY/T 2145–2013	梳篦

（续）

序号	标准领域	标准级别	标准编号	标准名称
146	木制品	行标	LY/T 2149 – 2013	木质太阳伞
147	木制品	行标	LY/T 2055 – 2012	木镜
148	木制品	行标	LY/T 1512 – 2003	木质卫生筷子
149	木制品	行标	LY/T 1924 – 2010	木制茶具

资料来源：全国木材标准化技术委员会. 国内标准化 > 标准制修订情况：现行的木材标准［EB/OL］.（2014a – 01 – 21）.［2014 – 10 – 14］. http：//www.woodstd.com/internal/? pid = 45

表 2　在研木材标准制修订计划项目（2014 年 5 月 16 日）

序号	领域	项目名称	阶段	标准类别
1		木蜡油	起草阶段	产品标准
2		木材及其复合材料耐火试验方法 锥形量热仪法	起草阶段	方法标准
3		木材顺纹抗压弹性模量测定方法	起草阶段	方法标准
4		废弃木材保管规范	起草阶段	基础标准
5		沉香	起草阶段	产品标准
6		防火木材及木质产品吸湿特性试验方法	起草阶段	方法标准
7		结构用木质材料强度性能数据分析方法	起草阶段	方法标准
8	基础	结构用人造板特征值的确定方法	起草阶段	方法标准
9		热处理木材鉴别方法	起草阶段	方法标准
10		人造板生产用回收木材质量要求	起草阶段	产品标准
11		室内用化学改性木材通用技术要求	起草阶段	基础标准
12		户外涂饰木材表面耐候性试验方法	起草阶段	方法标准
13		户外涂饰木材表面质量等级与评价方法	起草阶段	方法标准
14		红木	起草阶段	基础标准
15		主要商品木材树种代号	起草阶段	基础标准
16		回收利用木材交付要求	征求意见	方法标准
17		短原木	起草阶段	产品标准
18		小原条	起草阶段	产品标准
19	原木	原条检验	起草阶段	产品标准
20		木杆	起草阶段	产品标准
21		原条材积表	征求意见	方法标准
22		桅材	起草阶段	产品标准
23		锯材检验术语	起草阶段	基础标准
24		锯切薄板	起草阶段	产品标准
25	锯材	民族乐器锯材　柳琴用材	起草阶段	产品标准
26		民族乐器锯材　阮用材	起草阶段	产品标准
27		原木锯材批量检查抽样、判定方法	起草阶段	方法标准
28		第 2 部分：锯材批量检查抽样、判定方法		

注：木标委 2014 年在研的木材标准项目共 73 项。

序号	领域	项目名称	阶段	标准类别
29		无机水载型木材防腐剂固着时间的确定方法	起草阶段	方法标准
30		防腐及改性处理木材接触时金属的腐蚀速率测定方法	起草阶段	方法标准
31	防腐	改性木材的分类与标识规范	起草阶段	基础标准
32		木材防腐剂及改性剂对金属的腐蚀速率测定方法	起草阶段	方法标准
33		有机型木材防腐剂分析方法 三唑及苯并咪唑类	起草阶段	方法标准
34		结构用竹集成材	起草阶段	方法标准
35		木质材料和木结构连接极限状态设计标准抗力计算规范	起草阶段	方法标准
36		木质结构材螺栓连接力学性能测试方法	起草阶段	方法标准
37		轻型木结构设计值确定方法	起草阶段	方法标准
38		顺向单板条层积材	起草阶段	产品标准
39		结构用定向刨花板设计能力的确定	起草阶段	方法标准
40		胶合木结构 构件用木质复合层板	起草阶段	产品标准
41		结构人造板 集中载荷和冲击载荷性能测试方法	起草阶段	方法标准
42		结构用胶合板	起草阶段	产品标准
43		结构用木材材料术语	起草阶段	产品标准
44		结构用木材强度等级	起草阶段	基础标准
45		结构用木质覆面板保温墙体试验方法	起草阶段	方法标准
46		木材构造术语	起草阶段	基础标准
47	结构材	木结构–垂直胶合木性能分等	起草阶段	基础标准
48		木结构剪力墙静载和循环侧向载荷试验方法	起草阶段	方法标准
49		木结构建筑墙用木挂板	起草阶段	产品标准
50		木结构胶粘剂胶合性能基本要求	起草阶段	基础标准
51		木结构–结构人造板集中载荷、冲击载荷性能测试方法	起草阶段	方法标准
52		木结构–楼板、墙板和屋顶用承重板的性能规范和要求	起草阶段	基础标准
53		木结构试验 框架墙体软重物体撞击试验	起草阶段	方法标准
54		木结构用材基本要求	起草阶段	基础标准
55		增强型胶合木	起草阶段	产品标准
56		结构用胶合木力学性能特征值的确定方法	起草阶段	方法标准
57		木结构机械紧固件接头测试用木材密度要求	起草阶段	基础标准
58		室外木结构材用涂料	起草阶段	产品标准
59		结构用人造板均布载荷测试方法	起草阶段	方法标准
60		胶结处木材破坏率的测定方法	征求意见	方法标准
61		结构用指接材胶粘剂评价测试方法	征求意见	方法标准
62		栎木(橡木)实木地板	起草阶段	产品标准
63		乙酰化木材	起草阶段	产品标准
64		木门分类和通用技术要求	起草阶段	产品标准
65		地采暖用实木地板	起草阶段	产品标准
66	木制品	地采暖用实木地板技术要求	起草阶段	产品标准
67		木地板用紫外光固化涂料	起草阶段	产品标准
68		木质门窗用材规范(改为：木门用纤维板)	起草阶段	方法标准
69		木质移动门	起草阶段	产品标准

序号	领域	项目名称	阶段	标准类别
70		木制品耐光色牢度等级评定	起草阶段	方法标准
71	木制品	铅笔板	起草阶段	产品标准
72		木栅栏	起草阶段	产品标准
73		门窗用材规范	征求意见	产品标准

资料来源：全国木材标准化技术委员会．在研木材标准制修订计划项目［EB/OL］．（2014b－5－16）．［2014－8－1］．http：//www．woodstd．com/internal/？pid＝48

表 3　"十三五"期间拟修订林业国家标准和行业标准目录（2015 年 12 月 22 日）

序号	标准编号	标准名称
	生态建设与保护领域	
1	GB/T 15162－2005	飞播造林技术规程
2	LY/T 1210－1999	森林土壤样品的采集与制备
3	LY/T 1211－1999	森林植物(包括森林枯枝落叶层)样品的采集与制备
4	LY/T 1212－1999	森林土壤水和天然水样品的采集与保存
5	LY/T 1213－1999	森林土壤含水量的测定
6	LY/T 1214－1999	森林土壤土水势的测定
7	LY/T 1215－1999	森林土壤水分－物理性质的测定
8	LY/T 1216－1999	森林土壤最大吸湿量的测定
9	LY/T 1217－1999	森林土壤稳定凋萎含水量的测定
10	LY/T 1218－1999	森林土壤渗透率的测定
11	LY/T 1219－1999	森林土壤温度的测定
12	LY/T 1220－1999	森林土壤呼吸强度的测定
13	LY/T 1221－1999	森林土壤空气中二氧化碳含量的测定
14	LY/T 1222－1999	森林土壤溶液中氧含量的测定
15	LY/T 1223－1999	森林土壤坚实度的测定
16	LY/T 1224－1999	森林土壤土粒密度的测定
17	LY/T 1225－1999	森林土壤颗粒组成(机械组成)的测定
18	LY/T 1226－1999	森林土壤微团聚体组成的测定
19	LY/T 1227－1999	森林土壤大团聚体组成的测定
20	LY/T 1232－1999	森林土壤全磷的测定
21	LY/T 1233－1999	森林土壤有效磷的测定
22	LY/T 1237－1999	森林土壤有机质的测定及碳氮比的计算
23	LY/T 1238－1999	森林土壤腐殖质组成的测定
24	LY/T 1239－1999	森林土壤 pH 值的测定
25	LY/T 1240－1999	森林土壤交换性酸的测定
26	LY/T 1241－1999	森林土壤水解性总酸度的测定
27	LY/T 1242－1999	森林土壤石灰施用量的测定
28	LY/T 1243－1999	森林土壤阳离子交换量的测定

（续）

序号	标准编号	标准名称
29	LY/T 1244 – 1999	森林土壤交换性盐基总量的测定
30	LY/T 1245 – 1999	森林土壤交换性钙与镁的测定
31	LY/T 1246 – 1999	森林土壤交换性钾与钠的测定
32	LY/T 1247 – 1999	森林土壤盐基饱和度的测定
33	LY/T 1248 – 1999	碱化土壤交换性钠的测定
34	LY/T 1249 – 1999	土壤碱化度的测定
35	LY/T 1250 – 1999	森林土壤碳酸钙的测定
36	LY/T 1251 – 1999	森林土壤水溶性盐分分析
37	LY/T 1252 – 1999	森林土壤粘粒（<0.002mm）的提取
38	LY/T 1253 – 1999	森林土壤矿质全量元素（硅、铁、铝、钛、锰、钙、镁、磷）烧失量的测定
39	LY/T 1254 – 1999	森林土壤全钾、全钠的测定
40	LY/T 1255 – 1999	森林土壤全硫的测定
41	LY/T 1256 – 1999	森林土壤强酸消化元素的测定
42	LY/T 1257 – 1999	森林土壤浸提性铁、铝、锰、硅、碳的测定
43	LY/T 1258 – 1999	森林土壤有效硼的测定
44	LY/T 1259 – 1999	森林土壤有效钼的测定
45	LY/T 1260 – 1999	森林土壤有效铜的测定
46	LY/T 1261 – 1999	森林土壤有效锌的测定
47	LY/T 1262 – 1999	森林土壤有效铁的测定
48	LY/T 1263 – 1999	森林土壤交换性锰的测定
49	LY/T 1264 – 1999	森林土壤易还原锰的测定
50	LY/T 1265 – 1999	森林土壤有效硫的测定
51	LY/T 1266 – 1999	森林土壤有效硅的测定
52	LY/T 1267 – 1999	森林植物与森林枯枝落叶层样品的制备
53	LY/T 1268 – 1999	森林植物与森林枯枝落叶层灰分的测定
54	LY/T 1269 – 1999	森林植物与森林枯枝落叶层全氮的测定
55	LY/T 1270 – 1999	森林植物与森林枯枝落叶层全硅、铁、铝、钙、镁、钾、钠、磷、硫、锰、铜、锌的测定
56	LY/T 1271 – 1999	森林植物与森林枯枝落叶层氮、磷、钾、钠、钙、镁的测定
57	LY/T 1272 – 1999	森林植物与森林枯枝落叶层全氯的测定
58	LY/T 1273 – 1999	森林植物与森林枯枝落叶层全硼的测定
59	LY/T 1274 – 1999	森林植物与森林枯枝落叶层全钼的测定
60	LY/T 1275 – 1999	森林土壤水化学分析
61	LY/T 1572 – 2000	东北、内蒙古天然次生林经营技术
62	LY/T 1594 – 2002	中国森林可持续经营标准与指标
63	LY/T 1606 – 2003	森林生态系统定位观测指标体系
64	LY/T 1626 – 2005	森林生态系统定位研究站建设技术要求
65	LY/T 1646 – 2005	森林采伐作业规程
66	GB/T 15778 – 1995	林业资源分类与代码 自然保护区
67	LY/T 1290 – 2005	蓝狐饲养技术规程

（续）

序号	标准编号	标准名称
68	LY/T 1291－1998	活体野生动物运输要求
69	GB/T 15161－1994	林业资源分类与代码 林木病害
70	GB/T 15783－1995	主要造林树种林地化学除草技术规程
71	LY/T 1172－1995	全国森林火险天气等级
72	LY/T 1388－1999	森林灭火手泵
73	LY/T 1389－1999	森林消防头盔
74	LY/T 1437－1999	烟剂林间药效试验方法
75	LY/T 1628－2005	黄脊竹蝗防治技术规程
	林业产业领域	
76	GB 2772－1999	林木种子检验规程
77	GB 6000－1999	主要造林树种苗木质量分级
78	GB 7908－1999	林木种子质量分级
79	GB/T 10016－1988	林木种子贮藏
80	GB/T 14175－1993	林木引种
81	GB/T 16619－1996	林木采种技术
82	GB/T 16621－1996	母树林营建技术
83	GB/T 8822.10－1988	中国林木种子区 华北落叶松种子区
84	GB/T 8822.11－1988	中国林木种子区 侧柏种子区
85	GB/T 8822.1－1988	中国林木种子区 油松种子区
86	GB/T 8822.12－1988	中国林木种子区 云杉种子区
87	GB/T 8822.13－1988	中国林木种子区 白榆种子区
88	GB/T 8822.2－1988	中国林木种子区 杉木种子区
89	GB/T 8822.3－1988	中国林木种子区 红松种子区
90	GB/T 8822.4－1988	中国林木种子区 华山松种子区
91	GB/T 8822.5－1988	中国林木种子区 樟子松种子区
92	GB/T 8822.6－1988	中国林木种子区 马尾松种子区
93	GB/T 8822.7－1988	中国林木种子区 云南松种子区
94	GB/T 8822.8－1988	中国林木种子区 兴安落叶松种子区
95	GB/T 8822.9－1988	中国林木种子区 长白落叶松种子区
96	LY/T 1337－1999	板栗丰产林
97	LY/T 1344－1999	主要针叶造林树种优树选择技术
98	LY/T 1345－1999	主要针叶造林树种种子园营建技术
99	LY/T 1385－1999	长白落叶松、兴安落叶松速生丰产林
100	LY/T 1435－1999	红松速生丰产林
101	LY/T 1495－1999	杨树人工速生丰产用材林
102	LY/T 1527－1999	水杉速生丰产用材林
103	LY/T 1528－1999	湿地松速生丰产用材林
104	LY/T 1559－1999	红皮云杉人工林速生丰产技术
105	LY/T 1630－2005	樟子松速生丰产商品林
106	GB 18101－2000	难燃胶合板
107	GB 18580－2001	室内装饰装修材料 人造板及其制品中甲醛释放限量

（续）

序号	标准编号	标准名称
108	GB 19790.1 – 2005	一次性筷子 第1部分：木筷
109	GB 4814 – 1984	原木材积表
110	GB/T 12496.10 – 1999	木质活性炭试验方法 亚甲基蓝吸附值的测定
111	GB/T12496.11 – 1999	木质活性炭试验方法 硫酸奎宁吸附值的测定
112	GB/T 12496.1 – 1999	木质活性炭试验方法 表观密度的测定
113	GB/T 12496.12 – 1999	木质活性炭试验方法 苯酚吸附值的测定
114	GB/T 12496.13 – 1999	木质活性炭试验方法 未炭化物的测定
115	GB/T 12496.14 – 1999	木质活性炭试验方法 氰化物的测定
116	GB/T 12496.15 – 1999	木质活性炭试验方法 硫化物的测定
117	GB/T 12496.16 – 1999	木质活性炭试验方法 氯化物的测定
118	GB/T 12496.17 – 1999	木质活性炭试验方法 硫酸盐的测定
119	GB/T 12496.18 – 1999	木质活性炭试验方法 酸溶物的测定
120	GB/T 12496.19 – 1999	木质活性炭试验方法 铁含量的测定
121	GB/T 12496.20 – 1999	木质活性炭试验方法 锌含量的测定
122	GB/T 12496.21 – 1999	木质活性炭试验方法 钙镁含量的测定
123	GB/T 12496.2 – 1999	木质活性炭试验方法 粒度的测定
124	GB/T 12496.22 – 1999	木质活性炭试验方法 重金属的测定
125	GB/T 12496.3 – 1999	木质活性炭试验方法 灰分含量的测定
126	GB/T 12496.4 – 1999	木质活性炭试验方法 水分含量的测定
127	GB/T 12496.5 – 1999	木质活性炭试验方法 四氯化碳吸附率（活性）的测定
128	GB/T 12496.6 – 1999	木质活性炭试验方法 强度的测定
129	GB/T 12496.7 – 1999	木质活性炭试验方法 pH 值的测定
130	GB/T 12496.8 – 1999	木质活性炭试验方法 碘吸附值的测定
131	GB/T 12496.9 – 1999	木质活性炭试验方法 焦糖脱色率的测定
132	GB/T 12626.4 – 1990	硬质纤维板 检验规则
133	GB/T 12626.5 – 1990	硬质纤维板 产品的标志、包装、运输和贮存
134	GB/T 12626.6 – 1990	硬质纤维板 含水率的测定
135	GB/T 12626.7 – 1990	硬质纤维板 密度的测定
136	GB/T 12626.8 – 1990	硬质纤维板 吸水率的测定
137	GB/T 12626.9 – 1990	硬质纤维板 静曲强度的测定
138	GB/T 13123 – 2003	竹编胶合板
139	GB/T 13803.1 – 1999	木质味精精制用颗粒活性炭
140	GB/T 13803.2 – 1999	木质净水用活性炭
141	GB/T 13803.3 – 1999	糖液脱色用活性炭
142	GB/T 13803.4 – 1999	针剂用活性炭
143	GB/T 13803.5 – 1999	乙酸乙烯合成触媒载体活性炭
144	GB/T 15780 – 1995	竹材物理力学性质试验方法
145	GB/T 16734 – 1997	中国主要木材名称
146	GB/T 17658 – 1999	阻燃木材燃烧性能试验 火传播试验方法
147	GB/T 17659.1 – 1999	原木锯材批量检查抽样、判定方法 第1部分：原木批量检查抽样、判定方法
148	GB/T 17659.2 – 1999	原木锯材批量检查抽样、判定方法 第2部分：锯材批量检查抽样、判定方法

（续）

序号	标准编号	标准名称
149	GB/T 17660 – 1999	木材缓冲容量测定方法
150	GB/T 17664 – 1999	木炭和木炭试验方法
151	GB/T 17666 – 1999	黑荆树栲胶单宁快速测定方法
152	GB/T 18000 – 1999	木材缺陷图谱
153	GB/T 18001 – 1999	湿地松松脂
154	GB/T 18103 – 2000	实木复合地板
155	GB/T 18260 – 2000	木材防腐剂 对白蚁毒效实验室试验方法
156	GB/T 18261 – 2013	防霉剂对木材霉菌及变色菌防治效力的试验方法
157	GB/T 18264 – 2000	刨花板生产线验收通则
158	GB/T 18513 – 2001	中国主要进口木材名称
159	GB/T 18514 – 2001	人造板机械安全通则
160	GB/T 18959 – 2003	木材保管规程
161	GB/T 1926.2 – 1988	工业糠醛试验方法
162	GB/T 19536 – 2004	集装箱底板用胶合板
163	GB/T 4897.1 – 2003	刨花板 第 1 部分：对所有板型的共同要求
164	GB/T 4897.2 – 2003	刨花板 第 2 部分：在干燥状态下使用的普通用板要求
165	GB/T 4897.3 – 2003	刨花板 第 3 部分：在干燥状态下使用的家具及室内装修用板要求
166	GB/T 4897.4 – 2003	刨花板 第 4 部分：在干燥状态下使用的结构用板要求
167	GB/T 4897.5 – 2003	刨花板 第 5 部分：在潮湿状态下使用的结构用板要求
168	GB/T 4897.6 – 2003	刨花板 第 6 部分：在干燥状态下使用的增强结构用板要求
169	GB/T 4897.7 – 2003	刨花板 第 7 部分：在潮湿状态下使用的增强结构用板要求
170	GB/T 5039 – 1999	杉原条
171	GB/T 7909 – 1999	造纸木片
172	GB/T 8145 – 2003	脂松香
173	GB/T 8146 – 2003	松香试验方法
174	GB/T 9846.1 – 2004	胶合板 第 1 部分：分类
175	GB/T 9846.2 – 2004	胶合板 第 2 部分：尺寸公差
176	GB/T 9846.3 – 2004	胶合板 第 3 部分：普通胶合板通用技术条件
177	GB/T 9846.4 – 2004	胶合板 第 4 部分：普通胶合板外观分等技术条件
178	GB/T 9846.5 – 2004	胶合板 第 5 部分：普通胶合板检验规则
179	GB/T 9846.6 – 2004	胶合板 第 6 部分：普通胶合板标志、标签和包装
180	GB/T 9846.7 – 2004	胶合板 第 7 部分：试件的锯制
181	GB/T 9846.8 – 2004	胶合板 第 8 部分：试件尺寸的测量
182	LY/T 1055 – 2002	汽车车厢底板用竹材胶合板
183	LY/T 1057.1 – 1991	船用贴面刨花板 定义和分类
184	LY/T 1057.2 – 1991	船用贴面刨花板 技术要求
185	LY/T 1057.3 – 1991	船用贴面刨花板 检验规则
186	LY/T 1072 – 2002	竹篾层积材
187	LY/T 1124 – 1993	木材采运企业安全性评价
188	LY/T 1125 – 1993	提取黄金用颗粒活性炭
189	LY/T 1209 – 1998	营林产品分类与代码

（续）

序号	标准编号	标准名称
190	LY/T 1293 – 1999	原条材积表
191	LY/T 1318 – 1999	软木砖（低温隔热用）
192	LY/T 1319 – 1999	软木砖试验方法
193	LY/T 1353 – 1999	立木材积表
194	LY/T 1444.2 – 2005	林区木材生产能耗 第2部分：油锯燃料消耗量
195	LY/T 1444.3 – 2005	林区木材生产能耗 第3部分：集材机械燃料消耗量
196	LY/T 1444.4 – 2005	林区木材生产能耗 第4部分：绞盘机装车燃料消耗量
197	LY/T 1444.5 – 2005	林区木材生产能耗 第5部分：汽车运材燃料消耗量
198	LY/T 1444.6 – 2005	林区木材生产能耗 第6部分：贮木场生产能耗消耗量
199	LY/T 1510 – 1999	剖开材检验
200	LY/T 1511 – 2002	原木产品 标识 号印
201	LY/T 1526 – 1999	南方集体林区采伐更新调查设计规范
202	LY/T 1574 – 2000	混凝土模板用竹材胶合板
203	LY/T 1575 – 2000	汽车车厢底板用竹篾胶合板
204	LY/T 1581 – 2000	化学试剂用活性炭
205	LY/T 1582 – 2000	柠檬酸脱色用活性炭
206	LY/T 1613 – 2004	挤压木塑复合板材
207	LY/T 1615 – 2004	木质活性炭 术语
208	LY/T 1616 – 2004	活性炭水萃取液电导率测定方法
209	LY/T 1617 – 2004	双电层电容器专用活性炭
210	LY/T 1623 – 2004	木糖液脱色用活性炭
211	LY/T 1635 – 2005	木材防腐剂
212	LY/T 1636 – 2005	防腐木材的使用分类和要求
213	LY/T 1645 – 2005	日用樟脑
214	LY 1532 – 1999	油橄榄鲜果
215	LY 1533 – 1999	餐用油橄榄
216	LY/T 1327 – 2006	油桐栽培技术规程
217	LY/T 1329 – 1999	核桃丰产与坚果品质
218	LY/T 1558 – 2000	仁用杏丰产技术
219	LY/T 1629 – 2005	红松果林丰产技术规程
220	LY/T 1650 – 2005	榛子坚果 平榛、平欧杂种榛
221	LY/T 1651 – 2005	松口磨采收及保鲜技术规程
222	GB/T 18104 – 2000	魔芋精粉
223	GB/T 18672 – 2002	枸杞（枸杞子）
224	GB/T 19116 – 2003	枸杞栽培技术规程
225	LY/T 1081 – 1993	柿树优质丰产技术
226	LY/T 1122 – 1993	山楂丰产技术
227	LY/T 1649 – 2005	保鲜黑木耳
228	LY/T 1652 – 2005	花椒质量等级
229	LY/T 1316 – 1999	竹材加工机械型号编制方法
230	GB/T 16620 – 1996	林木育种及种子管理术语

（续）

序号	标准编号	标准名称
231	GB/T 18247.1－2000	主要花卉产品等级 第1部分：鲜切花
232	GB/T 18247.2－2000	主要花卉产品等级 第2部分：盆花
233	GB/T 18247.3－2000	主要花卉产品等级 第3部分：盆栽观叶植物
234	GB/T 18247.4－2000	主要花卉产品等级 第4部分：花卉种子
235	GB/T 18247.5－2000	主要花卉产品等级 第5部分：花卉种苗
236	GB/T 18247.6－2000	主要花卉产品等级 第6部分：花卉种球
237	GB/T 18247.7－2000	主要花卉产品等级 第7部分：草坪
238	GB/T 19368－2003	草坪草种子生产技术规程
239	GB/T 19369－2003	草皮生产技术规程
240	GB/T 19535.1－2004	城市绿地草坪建植与管理技术规程 第1部分：城市绿地草坪建植技术规程
241	GB/T 19535.2－2004	城市绿地草坪建植与管理技术规程 第2部分：城市绿地草坪管理技术规程
242	GB/T 6001－1985	育苗技术规程
243	LY/T 1576－2000	花卉名称
244	LY/T 1589－2000	花卉术语
245	LY/T 1631－2005	红花檵木苗木培育技术规程和质量分级
246	LY/T 1632－2005	人参榕生产技术规程和质量等级
247	LY/T 1633－2005	中国水仙种球生产技术规程和质量等级
248	LY/T 1066－1992	粉状强化松香施胶剂
249	LY/T 1067－1992	膏状强化松香施胶剂
250	LY/T 1087－1993	木麻黄栲胶
251	LY/T 1088－1993	槲树栲胶
252	LY/T 1090－1993	黑荆树栲胶
253	LY/T 1145－1993	松香包装桶
254	LY/T 1175－1995	粉状松针膏饲料添加剂
255	LY/T 1176－1995	粉状松针膏饲料添加剂试验方法
256	LY/T 1177－1995	松针叶绿素－胡萝卜素软膏
257	LY/T 1178－1995	松针叶绿素－胡萝卜素软膏试验方法
258	LY/T 1180－2006	脲醛预缩液
259	LY/T 1181－1995	苏云金芽孢杆菌制剂
260	LY/T 1208－1997	椴木栽培黑木耳技术
261	LY/T 1281－1998	味精用粉状活性炭
262	LY/T 1282－1998	针叶维生素粉
263	LY/T 1300－2005	工业单宁酸
264	LY/T 1301－2005	工业没食子酸
265	LY/T 1302－1999	五倍子
266	LY/T 1333－1999	合成革用微晶纤维素
267	LY/T 1393－1999	松焦油
268	LY/T 1394－1999	木焦油抗聚剂
269	LY/T 1452－1999	电缆松香
270	LY/T 1566－1999	杨树皮提取物饲料添加剂
271	LY/T 1637－2005	杨树皮类脂

（续）

序号	标准编号	标准名称
272	LY/T 1638 – 2005	针叶饲料粉
273	LY/T 1639 – 2005	铬皮粉
274	LY/T 1640 – 2005	药用单宁酸
275	LY/T 1641 – 2005	食用单宁酸
276	LY/T 1642 – 2005	单宁酸分析试验方法
277	LY/T 1643 – 2005	高纯没食子酸
278	LY/T 1644 – 2005	没食子酸分析试验方法
279	LY/T 1194 – 1996	林业资源分类与代码 陆栖野生脊椎动物
280	LY/T 1563 – 1999	陆生野生动物(兽类)饲养场通用技术条件
281	LY/T 1564 – 1999	陆生野生动物(鸟类)饲养场通用技术条件
282	LY/T 1565 – 1999	陆生野生动物(两栖爬行类)饲养场通用技术条件
283	LY/T 1634 – 2005	东北马鹿养殖技术规程
	林业管理与服务领域	
284	GB/T 14072 – 1993	林木种质资源保存原则与方法
285	GB/T 18005 – 1999	中国森林公园风景资源质量等级评定
286	GB/T 15163 – 2004	封山(沙)育林技术规程
287	GB/T 18337.1 – 2001	生态公益林建设 导则
288	GB/T 18337.2 – 2001	生态公益林建设 规划设计通则
289	GB/T 18337.3 – 2001	生态公益林建设 技术规程
290	LY/T 1119 – 1993	林业资源分类与代码 国营林场名称与代码
291	LY/T 1174 – 1995	西南西北林区采伐更新调查设计规范
292	LY/T 1439 – 1999	森林资源代码 树种
293	LY/T 1440 – 1999	森林资源代码 林业行政区划
294	LY/T 1441 – 1999	森林资源代码 林业区划
295	LY/T 1494 – 1999	东北内蒙古国有林区采伐更新调查设计规范
296	LY/T 1556 – 2000	公益林与商品林分类技术指标
297	LY/T 1557 – 2000	名特优经济林基地建设技术规程
298	LY/T 1560 – 1999	低产用材林改造技术规程
299	LY/T 1571 – 2000	国有林区营造林检查验收规则
300	LY/T 1607 – 2003	造林作业设计规程
301	LY/T 1647 – 2005	速生丰产用材林建设导则
302	LY/T 1648 – 2005	速生丰产用材林建设规划设计通则
303	GB/T 14071 – 1993	林木良种审定规范
304	LY/T 1078 – 1992	速生丰产用材林检验方法
305	LY/T 1340 – 1999	主要针叶造林树种优树子代遗传测定技术
306	LY/T 1627 – 2005	中国森林火灾编码
307	LY/T 1080 – 1992	林业档案分类与代码
308	LY/T 1438 – 1999	森林资源代码 森林调查
309	GB 10285 – 1999	油锯 使用安全规程
310	GB 10286 – 1999	割灌机 使用安全规程
311	GB 19724 – 2005	林业机械 便携式油锯和割灌机 易引起火险的排放系统

（续）

序号	标准编号	标准名称
312	GB 19725 – 2005	林业机械 便携式割灌机和割草机 安全要求
313	GB 19728 – 2005	林业机械 背负式割灌机和割草机 安全要求和试验
314	GB/T 15785 – 1995	旋切机刀片通用技术条件
315	GB/T 17661 – 1999	锯材干燥设备性能检测方法
316	GB/T 18003 – 1999	人造板机械设备型号编制方法
317	GB/T 18004 – 1999	辊式砂光机通用技术条件
318	GB/T 18262 – 2000	人造板机械通用技术条件
319	GB/T 18263 – 2000	人造板机械 热压机术语
320	GB/T 18515 – 2001	旋切机结构安全
321	GB/T 18516 – 2001	油锯 锯切试验方法 工程法
322	GB/T 19364 – 2003	轮式专用林业机械 制动系统的词汇、性能试验方法和技术条件
323	GB/T 19534 – 2004	园林机械 分类词汇
324	GB/T 19727 – 2005	林业机械 割灌机、割草机、杆式修枝锯和类似机具的背负式动力装置 安全要求和试验
325	GB/T 4269.5 – 2003	便携式林业机械 操作者控制符号和其他标记
326	GB/T 5051 – 2000	刨花铺装机通用技术条件
327	GB/T 5392 – 2004	林业机械 油锯 技术条件
328	GB/T 5394 – 1995	油锯 林区生产试验方法
329	GB/T 5856 – 1999	热压机通用技术条件
330	GB/T 6197 – 2000	辊筒式单板干燥机
331	GB/T 6199 – 2000	网带式单板干燥机
332	GB/T 6202 – 2000	宽带式砂光机通用技术条件
333	LY 1118 – 1993	绞盘机使用安全规程
334	LY 1129 – 1993	林用架空索道 型式与基本参数
335	LY 1130 – 1993	林用架空索道 导向滑车
336	LY 1131 – 1993	林用架空索道 复式滑车
337	LY 1132 – 1993	林用架空索道 钢丝绳的选择、检验与报废
338	LY 1133 – 1993	林用架空索道 安全规程
339	LY 1201 – 2008	后步进式草坪割草机 使用安全规程
340	LY 1289 – 2008	林业机械 车载式绞盘机 尺寸、性能和安全要求
341	LY/T 1005 – 1991	热磨机磨室体技术条件
342	LY/T 1006 – 2000	无垫板装卸机
343	LY/T 1011 – 2001	圆形摆动筛
344	LY/T 1017 – 1991	长网成型机 参数
345	LY/T 1018 – 1991	长网成型机 精度
346	LY/T 1019 – 1991	长网成型机 制造与验收技术条件
347	LY/T 1031 – 1991	螺旋输送机
348	LY/T 1035 – 2001	便携式割灌机 切割附件 单片金属刀片
349	LY/T 1036 – 2000	便携式割灌机和割草机 切割附件安全罩 尺寸
350	LY/T 1047 – 1991	轮胎式木材装载机
351	LY/T 1095 – 1993	木材生产机械设备配属规范

（续）

序号	标准编号	标准名称
352	LY/T 1096 – 2005	营林机械设备配属规范
353	LY/T 1097 – 1993	木材生产机械产品命名及型号编制规则
354	LY/T 1098 – 1993	网带式单板干燥机 网带
355	LY/T 1099 – 1993	链式刮板运输机 参数
356	LY/T 1100 – 1993	链式刮板运输机 制造与验收技术条件
357	LY/T 1101 – 1993	间歇式木材真空干燥机 参数
358	LY/T 1102 – 1993	间歇式木材真空干燥机 精度
359	LY/T 1103 – 1993	间歇式木材真空干燥机制造与验收技术条件
360	LY/T 1107 – 1993	热磨机机座技术条件
361	LY/T 1110 – 1993	镂铣机
362	LY/T 1111 – 1993	环式拌胶机 参数
363	LY/T 1112 – 1993	环式拌胶机 精度
364	LY/T 1113 – 1993	环式拌胶机 制造与验收技术条件
365	LY/T 1126 – 1993	筛环式打磨机通用技术条件
366	LY/T 1138 – 1993	运材挂车 承载装置型式和基本参数
367	LY/T 1139 – 1993	运材挂车 承载装置技术条件
368	LY/T 1141 – 1993	成叠单板剪板机
369	LY/T 1148 – 1993	装载机木材抓具
370	LY/T 1155 – 1994	油锯 橡胶把套
371	LY/T 1168 – 1995	辊筒运输机
372	LY/T 1169 – 1995	林用架空索道架设拆转 技术规范
373	LY/T 1189 – 1996	木片水洗机
374	LY/T 1190 – 1996	垫板回送机组
375	LY/T 1196.1 – 2004	便携式脉冲烟雾机 第 1 部分：技术条件
376	LY/T 1196.2 – 2004	便携式脉冲喷雾机 第 2 部分：试验方法
377	LY/T 1198 – 1996	油锯 锯切试验方法 简易法
378	LY/T 1199 – 2003	林业机械 油锯 台架试验方法
379	LY/T 1303 – 2002	鼓式削片机通用技术条件
380	LY/T 1313 – 2002	热磨机参数
381	LY/T 1314 – 2002	热磨机精度
382	LY/T 1315 – 2002	热磨机制造与验收技术条件
383	LY/T 1334 – 2002	磨刀机参数
384	LY/T 1335 – 2002	磨刀机精度
385	LY/T 1336 – 2002	磨刀机制造与验收技术条件
386	LY/T 1338 – 2004	盘式削片机
387	LY/T 1342 – 2002	热磨机主轴技术条件
388	LY/T 1347 – 1999	林业机械 油锯 手把强度的测定
389	LY/T 1349 – 2000	便携式割灌机和割草机 切割附件安全罩 强度
390	LY/T 1361 – 1999	单板挖孔机
391	LY/T 1362 – 2000	有垫板装卸机
392	LY/T 1367 – 1999	衬板抛光机

（续）

序号	标准编号	标准名称
393	LY/T 1370 – 2002	原条造材
394	LY/T 1373 – 1999	光环投影定心机
395	LY/T 1374 – 2004	升降台
396	LY/T 1377 – 1999	电磁振动器
397	LY/T 1378 – 2004	板坯横截锯
398	LY/T 1381 – 2001	板式家具机械型号编制方法
399	LY/T 1423 – 2002	旋风分离器 参数
400	LY/T 1424 – 2002	旋风分离器 制造与验收技术条件
401	LY/T 1425 – 2004	卷板运输机
402	LY/T 1427 – 1999	分板机
403	LY/T 1428 – 1999	加湿机
404	LY/T 1432 – 2001	起苗机
405	LY/T 1454 – 1999	人造板机械精度检验通则
406	LY/T 1455 – 1999	纵向拼缝机 参数
407	LY/T 1456 – 1999	纵向拼缝机 精度
408	LY/T 1457 – 1999	纵向拼缝机 制造与验收技术条件
409	LY/T 1458 – 1999	单板铣边机 参数
410	LY/T 1459 – 1999	单板铣边机 精度
411	LY/T 1460 – 1999	单板铣边机 制造与验收技术条件
412	LY/T 1467 – 2001	立式双排钻孔机
413	LY/T 1470 – 1999	纵向刨切机 参数
414	LY/T 1471 – 1999	纵向刨切机 精度
415	LY/T 1472 – 1999	纵向刨切机 制造与验收技术条件
416	LY/T 1478 – 1999	集材捆木索
417	LY/T 1484 – 1999	弯把锯
418	LY/T 1485 – 1999	挖坑机 型式与基本参数
419	LY/T 1567 – 1999	环式木材剥皮机
420	LY/T 1568 – 1999	指榫开榫机
421	LY/T 1570 – 1999	动力草坪和园林机械 控制符号及安全标志
422	LY/T 1578 – 2000	便携式链锯 止链销 尺寸和机械强度
423	LY/T 1587 – 2000	涂胶机
424	LY/T 1588 – 2000	气流分选机
425	LY/T 1593 – 2001	便携式油锯 发动机性能和燃油消耗
426	LY/T 1595 – 2002	芯板横向拼缝机 制造与验收技术条件
427	LY/T 1596 – 2002	芯板横向拼缝机 参数
428	LY/T 1597 – 2002	芯板横向拼缝机 精度
429	LY/T 1602 – 2002	无卡轴旋切机通用技术条件
430	LY/T 1603 – 2002	木材干燥室(机)型号编制方法
431	LY/T 1604 – 2002	容器苗栽植器
432	LY/T 1605 – 2002	随进式草坪打孔通气机
433	LY/T 1610.1 – 2003	水力喷射播种机 第1部分：型式与基本参数

（续）

序号	标准编号	标准名称
434	LY/T 1610.2－2003	水力喷射播种机 第2部分：射流搅拌式喷播机技术条件
435	LY/T 1610.3－2003	水力喷射播种机 第3部分：机械搅拌式喷播机技术条件
436	LY/T 1612－2004	甲醛释放量检测用1M3气候箱
437	LY/T 1618－2004	园林机械 便携式风力清扫机
438	LY/T 1619－2004	园林机械 便携式动力绿篱修剪机
439	LY/T 1621－2004	园林机械 型号编制方法
440	LY/T 1622－2004	牵引式深栽造林钻孔机
441	LY/T 1624－2004	刀轴式刨片机

资料来源：国家林业局. 林业标准化"十三五"发展规划（征求意见稿）. 2015年12月.

表4　中国森林（CFCC）认证标准体系（2014年9月16日）

序号	类型	标准名称	状态
1	国标	中国森林认证森林经营（编号：GB/T 28951—2012）	2012年12月1日实施
2	国标	中国森林认证产销监管链（编号：GB/T 28952—2012）	2012年12月1日实施
3	行标	森林生态环境服务	已发布实施
4	行标	森林生态环境服务审核导则	已发布实施
5	行标	森林经营认证审核导则	已发布
6	行标	森林经营认证操作指南	已发布
7	行标	产销监管链认证审核导则	已发布
8	行标	产销监管链认证操作指南	已发布
9	行标	竹林经营	已发布
10	行标	竹林经营认证审核导则	已发布
11	行标	人工林经营	已发布
12	行标	生产经营性珍贵濒危野生动物饲养管理	已发布
13	行标	非木质林产品经营	已发布
14	行标	非木质林产品经营认证审核导则	已发布
15	行标	森林公园生态环境服务	已报批
16	行标	森林公园生态环境服务认证审核导则	已报批
17	行标	竹林经营认证操作指南	编写中
18	行标	生产经营性珍贵濒危野生动物饲养管理认证审核导则	编写中
19	行标	生产经营性珍贵濒危野生动物饲养管理认证操作指南	编写中
20	行标	生产经营性珍贵濒危野生植物	编写中
21	行标	生产经营性珍贵濒危野生植物认证审核导则	编写中
22	行标	非木质林产品经营认证操作指南	编写中
23	行标	森林生态环境服务自然保护区认证操作指南	编写中
24	行标	森林公园生态环境服务认证操作指南	编写中
25	行标	联合认证审核导则	编写中
26	行标	联合认证操作指南	编写中
27	行标	森林消防队建设认证规则	编写中

资料来源：王伟. 森林认证国际研讨会讲稿：中国森林认证体系进展 ppt［C］. 北京，2014.

表5 在研人造板标准制修订项目情况(2014年9月22日)

序号	类别	标准名称	计划编号	阶段	标准类别
1		硬质纤维板 第4部分(修订)	20112211 – T – 432	报批阶段	产品标准
2		硬质纤维板 第5部分(修订)	20112212 – T – 432	报批阶段	产品标准
3		硬质纤维板 第6部分(修订)	20112213 – T – 432	报批阶段	产品标准
4		硬质纤维板 第7部分(修订)	20112214 – T – 432	报批阶段	产品标准
5	纤维板类	硬质纤维板 第8部分(修订)	20112215 – T – 432	报批阶段	产品标准
6		硬质纤维板 第9部分(修订)	20112216 – T – 432	报批阶段	产品标准
7		高密度纤维板	20100543 – T – 432	报批阶段	产品标准
8		木质门用纤维板	2012 – LY – 060	报批阶段	产品标准
9		轻质纤维板	2014 – LY – 065	起草阶段	产品标准
10	刨花板类	刨花板（修订）	20090411 – T – 432	报批阶段	产品标准
11		纤维刨花板	2012 – LY – 055	征求意见阶段	产品标准
12		集装箱底板用胶合板(修订)	20101557 – T – 432	报批阶段	产品标准
13		普通胶合板(修订)	20101558 – T – 432 20101559 – T – 432 20101560 – T – 432 20101561 – T – 432 20112209 – T – 432	报批阶段	产品标准
14	胶合板类	细木工板(修订)	20121517 – T – 432	起草阶段	产品标准
15		单板用湿粘性胶纸带(修订)	2013 – LY – 048	起草阶段	产品标准
16		成型的胶合板(修订)	20131298 – T – 432	起草阶段	产品标准
17		浸渍胶膜纸饰面胶合板	20131299 – T – 432	起草阶段	产品标准
18	木质层积材/	结构用集成材生产技术规程	20111719 – T – 432	起草阶段	基础标准
19	集成材类	顺向单板条层积材	2014 – LY – 067	起草阶段	产品标准
20		非结构用集成材	2013 – LY – 046	起草阶段	产品标准
21		预油漆装饰板	2012 – LY – 054	报批阶段	产品标准
22	人造板饰面	浸渍胶膜纸饰面人造板(修订)	20112210 – T – 432	征求意见阶段	产品标准
23	材料及饰面	直接印刷人造板(修订)	2013 – LY – 049	起草阶段	产品标准
24	人造板类	油漆饰面人造板	20131307 – T – 432	起草阶段	产品标准
25		装饰微薄木	2014 – LY – 069	起草阶段	产品标准
26	木材工业用 胶粘剂类	木材工业胶粘剂用脲醛、酚醛、三聚氰胺甲醛树脂(修订)	20131300 – T – 432	起草阶段	产品标准

（续）

序号	领域	项目名称		阶段	标准类别
27		体育馆用木质地板（修订）	20101562 - T - 432	报批阶段	产品标准
28		聚氯乙烯片材饰面复合地板	2014 - LY - 060	起草阶段	产品标准
29	木质（基）地板及其他制品类	木质门安装与验收规范	2011 - LY - 062	报批阶段	产品标准
30		木夹板门	2014 - LY - 061	起草阶段	产品标准
31		软木类地板（修订）	2013 - LY - 047	起草阶段	产品标准
32		以定向刨花板为基材的装饰单板饰面地板	2013 - LY - 050	起草阶段	产品标准
33		室内装饰装修材料 - 人造板及其制品中甲醛释放限量（修订）	20071668 - Q - 432	报批阶段	基础标准
34		废旧木质材料术语	20083174 - T - 432	报批阶段	基础标准
35		废旧人造板回收利用规范	20083175 - T - 432	报批阶段	基础标准
36	基础通用与综合类	室内装饰装修材料人造板及其制品中挥发性有机化合物释放限量	2009 - LY - 055	报批阶段	基础标准
37		人造板吸音性能测定	2012 - LY - 57	审查阶段	基础标准
38		人造板及其制品中苯酚释放量测定 - 小型气候箱法	20111720 - T - 432	报批阶段	方法标准
39		人造板工业清洁生产审核指南	2012 - LY - 56	起草阶段	基础标准
40		人造板包装通用技术要求	2013 - LY - 051	起草阶段	基础标准
41		以人造板为基材固定式衣柜技术规范	2013 - LY - 052	起草阶段	基础标准
42		人造板剖面密度测定方法	2013 - LY - 053	起草阶段	方法标准
43		绿色人造板通用技术要求	2013 - LY - 062	起草阶段	基础标准
44		不饱和聚酯树脂装饰人造板游离苯乙烯含量测定	20131297 - T - 432	起草阶段	基础标准
45		木材胶粘剂及其树脂检验方法（修订）	20131301 - T - 432	起草阶段	基础标准
46		木门门扇内部结构特征 X 射线检测方法	20131302 - T - 432	起草阶段	基础标准
47		木质地板表层中铅、隔、铬、汞重金属元素含量测定	20131303 - T - 432	起草阶段	基础标准
48		人造板甲醛释放量测定大气候箱法	20131304 - T - 432	起草阶段	基础标准
49		人造板甲醛吸附材料吸附能力的测试方法	20131305 - T - 432	起草阶段	基础标准
50		人造板用甲醛清除剂清除能力的测试方法	20131306 - T - 432	起草阶段	基础标准
51		木门表面漆膜有害物质检测方法	2014 - LY - 080	起草阶段	基础标准

资料来源：全国人造板标准化技术委员会. 国内标准化 > 标准制修订情况 > 在研人造板标准制修订项目情况 [EB/OL]. (2014a - 9 - 22). [2014 - 10 - 16]. http：//rbw. criwi. org. cn/internal/？pid = 50

表6　现行人造板标准情况(2014 年 9 月 22 日)

序号	类别	级别	标准名称	标准编号	标准类别
1	纤维板类	国标	难燃中密度纤维板	GB/T 18958 - 2013	产品标准
2			中密度纤维板	GB/T 11718 - 2009	产品标准
3			湿法硬质纤维板 第 1 部分: 定义和分类	GB/T 12626.1 - 2009	产品标准
4			湿法硬质纤维板 第 2 部分: 对所有板型的共同要求	GB/T 12626.2 - 2009	产品标准
5			湿法硬质纤维板 第 3 部分: 试件取样及测量	GB/T 12626.3 - 2009	产品标准
6		行标	浮雕纤维板	LY/T 1204 - 2013	产品标准
7			地板基材用纤维板	LY/T 1611 - 2011	产品标准
8			轻质纤维板	LY/T 1718 - 2007	产品标准
9	刨花板类	国标	刨花板(含修改单 - 2009)	GB/T 4897.1 - 2003	产品标准
10				GB/T 4897.2 - 2003	产品标准
11				GB/T 4897.3 - 2003	产品标准
12				GB/T 4897.4 - 2003	产品标准
13				GB/T 4897.5 - 2003	产品标准
14				GB/T 4897.6 - 2003	产品标准
15				GB/T 4897.7 - 2003	产品标准
16			模压刨花制品 第 1 部分: 室内用	GB/T 15105.1 - 2006	产品标准
17			水泥刨花板	GB/T 24312 - 2009	产品标准
18			涂装水泥刨花板	GB/T 28996 - 2012	产品标准
19		行标	船用贴面刨花板	LY/T 1057.1 - 1991	产品标准
20				LY/T 1057.2 - 1991	产品标准
21				LY/T 1057.3 - 1991	产品标准
22			挤压法空心刨花板	LY/T 1856 - 2009	产品标准
23			石膏刨花板	LY/T 1598 - 2011	产品标准
24			定向刨花板	LY/T 1580 - 2010	产品标准
25	胶合板类	国标	难燃胶合板	GB 18101 - 2013	产品标准
26			胶合板	GB/T 9846.1 - 2004	产品标准
27				GB/T 9846.2 - 2004	产品标准
28				GB/T 9846.3 - 2004	产品标准
29				GB/T 9846.4 - 2004	产品标准
30				GB/T 9846.5 - 2004	产品标准
31				GB/T 9846.6 - 2004	产品标准
32				GB/T 9846.7 - 2004	产品标准
33				GB/T 9846.8 - 2004	产品标准
34			集装箱底板用胶合板	GB/T 19536 - 2004	产品标准
35			细木工板(含修改单 - 2009)	GB/T 5849 - 2006	产品标准
36			成型胶合板	GB/T 22350 - 2008	产品标准
37			木结构覆板用胶合板	GB/T 22349 - 2008	产品标准
38			混凝土模板用胶合板	GB/T 17656 - 2008	产品标准
39			组合式包装箱用胶合板	GB/T 24311 - 2009	产品标准

（续）

序号	类别	级别	标准名称	标准编号	标准类别
40			茶叶包装箱用胶合板	LY/T 1170－2013	产品标准
41			铁路客车用胶合板	LY/T 1364－2006	产品标准
42			单板用湿粘性胶纸带	LY/T 1171－2006	产品标准
43			实木复合地板用胶合板	LY/T 1738－2008	产品标准
44	胶合板类	行标	非甲醛类热塑性树脂胶合板	LY/T 1860－2009	产品标准
45			木质板材用热熔胶线	LY/T 1977－2011	产品标准
46			航空用桦木胶合板	LY/T 1417－2011	产品标准
47			旋切单板	LY/T 1599－2011	产品标准
48			乒乓球拍用胶合板	LY/T 1115－2012	产品标准
49			防虫胶合板	LY/T 2062－2012	产品标准
50			单板层积材	GB/T 20241－2006	产品标准
51		国标	指接材 非结构用	GB/T 21140－2007	产品标准
52			结构用集成材	GB/T 26899－2011	产品标准
53	木质层积		重组装饰材	GB/T 28998－2012	产品标准
54	材/集成		木质层积塑料	LY/T 1401－2013	产品标准
55	材类		纺织用木质层压板	LY/T 1416－2013	产品标准
56		行标	集成材 非结构用	LY/T 1787－2008	产品标准
57			电工层压木板	LY/T 1278－2011	产品标准
58			轻型木结构－结构用指接规格材	LY/T 2228－2013	产品标准
59			热固性树脂浸渍纸高压装饰层积板（HPL）	GB/T 7911－2013	产品标准
60			浸渍胶膜纸饰面人造板（含修改单－2009）	GB/T 15102－2006	产品标准
61			装饰单板贴面人造板	GB/T 15104－2006	产品标准
62		国标	刨切单板	GB/T 13010－2006	产品标准
63			竹单板饰面人造板	GB/T 21129－2007	产品标准
64	人造板饰		浸渍胶膜纸饰面秸秆板（转生物质标委会）	GB/T 23472－2009	产品标准
65	面材料及		人造板饰面专用纸	GB/T 28995－2012	产品标准
66	饰面人造		重组装饰单板	GB/T 28999－2012	产品标准
67	板类		不饱和聚酯树脂装饰人造板	LY/T 1070－2013	产品标准
68			饰面用浸渍胶膜纸	LY/T 1143－2006	产品标准
69		行标	直接印刷人造板	LY/T 1658－2006	产品标准
70			聚氯乙烯薄膜饰面人造板	LY/T 1279－2008	产品标准
71			软木饰面板	LY/T 1857－2009	产品标准
72			铜箔、铝箔饰面人造板	LY/T 1983－2011	产品标准
73	木质（基）	国标	结构用竹木复合板	GB/T 21128－2007	产品标准
74	复合材类	行标	挤压木塑复合板材	LY/T 1613－2004	产品标准
75		国标	木材胶粘剂及其树脂检验方法	GB/T 14074－2006	方法标准
76			木材工业胶粘剂用脲醛、酚醛、三聚氰胺甲醛树脂	GB/T 14732－2006	产品标准
77	木材工业		水基聚合物－异氰酸酯木材胶粘剂	LY/T 1601－2011	产品标准
78	用胶粘剂		脲醛预缩液	LY/T 1180－2006	产品标准
79	类	行标	木工用氯丁橡胶胶粘剂	LY/T 1206－2008	产品标准
80			木器用不饱和聚酯漆	LY/T 1740－2008	产品标准
81			木材工业胶粘剂术语	LY/T 1280－2008	基础标准

（续）

序号	类别	级别	标准名称	标准编号	标准类别
82			实木复合地板	GB/T 18103－2013	产品标准
83			木质地板铺装、验收和使用规范	GB/T 20238－2006	方法标准
84			体育馆用木质地板	GB/T 20239－2006	产品标准
85			浸渍纸层压木质地板（含修改单－2009）	GB/T 18102－2007	产品标准
86			木塑地板	GB/T 24508－2009	产品标准
87		国标	阻燃木质复合地板	GB/T 24509－2009	产品标准
88			室内木质地板安装配套材料	GB/T 24599－2009	产品标准
89			浸渍纸层压板饰面多层实木复合地板	GB/T 24507－2009	产品标准
90			浸渍纸层压秸秆复合地板（转生物质标委会）	GB/T 23471－2009	产品标准
91			舞台用木质地板	GB/T 28997－2012	产品标准
92			木质楼梯安装、验收和使用规范	GB/T 30356－2013	产品标准
93	木质（基）		木质楼梯	GB/T 28994－2012	产品标准
94	地板及其		软木类地板	LY/T 1657－2006	产品标准
95	他制品类		饰面木质墙板	LY/T 1697－2007	产品标准
96			地采暖用木质地板	LY/T 1700－2007	产品标准
97			装饰单板层压木质地板	LY/T 1739－2008	产品标准
98			户外用木地板	LY/T 1861－2009	产品标准
99			仿古木质地板	LY/T 1859－2009	产品标准
100			涂饰浸渍纸层压木质地板	LY/T 1858－2009	产品标准
101			木制百叶窗帘和百叶窗用叶片	LY/T 1855－2009	产品标准
102			室内高湿场所用木质地板	LY/T 1854－2009	产品标准
103		行标	室内木质门	LY/T 1923－2010	产品标准
104			抗菌木（竹）质地板 抗菌性能检验方法与抗菌效果	LY/T 1926－2010	方法标准
105			木质踢脚线	LY/T 1987－2011	产品标准
106			实木集成地板	LY/T 1614－2011	产品标准
107			重组木地板	LY/T 1984－2011	产品标准
108			直接印刷木地板	LY/T 1986－2011	产品标准
109			楼梯用木质踏板	LY/T 1976－2011	产品标准
110			抗静电木质活动地板	LY/T 1330－2011	产品标准
111			室外用模压刨花制品	LY/T 2060－2012	产品标准
112			木质模压工业托盘	LY/T 2061－2012	产品标准
113			木质相框	LY/T 2229－2013	产品标准

（续）

序号	类别	级别	标准名称	标准编号	标准类别
114			人造板及饰面人造板理化性能试验方法	GB/T 17657 – 2013	方法标准
115			室内装饰装修材料 人造板及其制品中甲醛释放限量	GB 18580 – 2001	基础标准
116			人造板及其制品中挥发性有机化合物释放量的试验方法 – 小型释放舱法	GB/T 29899 – 2013	方法标准
117			人造板工业清洁生产技术要求	GB/T 29903 – 2013	基础标准
118		国标	人造板工业清洁生产评价指标体系	GB/T 29904 – 2013	基础标准
119			人造板及其表面装饰术语	GB/T 18259 – 2009	基础标准
120			人造板及其制品中甲醛释放量测定 – 气体分析法	GB/T 23825 – 2009	方法标准
121			人造板的尺寸测定	GB/T 19367 – 2009	方法标准
122	基础通用		木质平托盘用人造板	GB/T 23898 – 2009	产品标准
123	与综合类		单板干燥节能技术规范	GB/T 29000 – 2012	基础标准
124			甲醛释放量检测用 $1M^3$ 气候箱	LY/T 1612 – 2004	产品标准
125			人造板工业生产性粉尘控制技术规程	LY/T 1659 – 2006	基础标准
126			人造板抽样检验指导通则	LY/T 1717 – 2007	方法标准
127			木材工业气力运输与除尘系统节能技术规范	LY/T 1862 – 2009	基础标准
128			集成材理化性能试验方法	LY/T 1927 – 2010	方法标准
129		行标	人造板及其制品甲醛释放量检测用大气候室	LY/T 1982 – 2011	产品标准
130			甲醛释放量抽吸法测定	LY/T 1978 – 2011	方法标准
131			刨花板生产节材和减排技术规范	LY/T 1979 – 2011	基础标准
132			挥发性有机化合物及甲醛释放量检测箱	LY/T 1980 – 2011	产品标准
133			甲醛释放量气体分析法检测箱	LY/T 1981 – 2011	产品标准
134			防腐木材和人造板中五氯苯酚含量的测定方法	LY/T 1985 – 2011	方法标准
135			人造板防霉性能评价	LY/T 230 – 2013	基础标准

资料来源：全国人造板标准化技术委员会. 国内标准化 ＞ 标准制修订情况 ＞ 现行人造板标准情况［EB/OL］.（2014b-9-22）.［2014-10-16］. http：//rbw. criwi. org. cn/internal/？pid＝51

二、附件

（一）中国企业境外可持续森林培育指南①

国家林业局、商务部关于印发《中国企业境外可持续森林培育指南》的通知

林造发〔2007〕185 号

各省、自治区、直辖市林业厅（局）、商务主管部门，内蒙古、吉林、龙江、大兴安岭森工（林业）集团公司，新疆生产建设兵团林业局、商务局：

为贯彻落实《中共中央　国务院关于加快林业发展的决定》（中发〔2003〕9 号）和国务院鼓励和规范企业对外投资合作的有关精神，积极实施"走出去"战略，努力开展对外技术经济合作，鼓励和规范我国企业对外可持续森林培育工作，根据《中华人民共和国森林法》等法律法规，国家林业局、商务部联合制定了《中国企业境外可持续森林培育指南》。现予印发，请遵照执行，执行过程中如有问题和建议，请联系国家林业局（植树造林司）和商务部（对外经济合作司）。

　　电话：国家林业局植树造林司 010 – 842385080
　　　　　商务部对外经济合作司 010 – 65197143

附件：中国企业境外可持续森林培育指南

国家林业局
中华人民共和国商务部
二〇〇七年八月二十七日

中国企业境外可持续森林培育指南

1　范围

1.1　《指南》规定了可持续森林培育应遵循的基本原则，以及中国企业为实现可持续森林培育应达到的基本要求。

1.2　《指南》适用于规范和指导境外进行营造林的中国企业森林培育活动的全过程，适用于评估从事与森林培育相关的中国企业的活动，也可以用于指导提供非木质林产品及其他服务的中国企业，促进中国企业合理、有效、可持续地保护和发展全球森林资源。

2　定义

2.1　森林培育（Silviculture）

指从林木种子、苗木、造林到林木成林、成熟的整个培育过程中按既定培育目标和客

---

① 资料来源：商务部. 国家林业局、商务部关于印发《中国企业境外可持续森林培育指南》的通知（及附件）［EB/OL］.（2007 – 08 – 27）.［2014 – 10 – 13］. http：//www. mofcom. gov. cn/article/b/g/200712/20071205265858. shtml

观自然规律所进行的综合培育活动。

2.2 中国企业（Chinese Enterprises）

指具有法人资格的从事森林培育和相关活动的企业。

2.3 高保护价值森林（High Conservation Value Forest）

高保护价值森林是一片需要维持或提高其保护价值的具有以下特征的森林区域：

具有全球性、区域性或国家意义的生物多样性价值显著富集的森林区域；具有全球性、区域性或国家意义的大景观水平的森林区域；拥有珍稀、受危胁或濒危生态系统或者包含其中的森林区域；满足当地社区基本需求的重要森林区域；对当地传统社区文化特性有重要意义的森林区域。

2.4 森林监测（Forest Monitoring）

对森林状况、经营活动及其环境和社会影响进行持续不断或定期的测定与评估。

2.5 森林破碎化（Forest Fragmentation）

指任何导致连续的森林覆盖转化为被非林地分割的森林斑块的过程。

2.6 入侵物种（Invasive Species）

指同时具备下列条件的物种：①通过有意或无意的人类活动而被引入一个非本源地区域；②在当地的自然或人造生态系统中形成了自我再生能力；③给当地的生态系统或地理结构造成了明显的损害或影响。

3 法律法规框架

3.1 应遵守我国和所在国签署的相关国际公约和协议。

3.1.1 应遵守我国和所在国所签署的与森林培育有关的国际公约和协议的有关条款（见附录 A）。

3.2 应遵守我国政府主管部门制定的关于企业对外经济技术合作的有关法律、法规、部门规章和相关文件的规定。

3.3 应遵守所在国相关的法律、法规。

3.3.1 应备有所在国现行的与森林培育活动相关的法律、法规文本。

3.3.2 森林培育活动应符合所在国有关法律、法规的要求。

3.3.3 管理人员和职工应了解有关法律、法规的要求。

3.3.4 应了解所需缴纳的税费，并应依法按时缴纳税费。

3.3.5 应依法采伐，严禁毁林和其他未经许可的活动。

3.3.6 应依法保护林地，严格保护高保护价值森林，严禁非法转变林地用途。

4 营造林

4.1 应制定和执行森林培育方案，确定森林培育的目标和措施。

4.1.1 应根据当地林业主管部门制定的林业长远规划以及当地条件，制定和执行森林培育方案。

4.1.1.1 应具有适时、有效的森林培育方案。

4.1.1.2 应以本单位掌握的最新森林资源清查数据编制森林培育方案。

4.1.1.3 森林培育方案及其附属文件应包括以下内容：

（1）森林培育活动目标，包括调查资源结构和优化培育模式；

(2)自然社会经济状况，包括森林特别是高保护价值森林资源、环境限制因素、土地利用及所有权状况、社会经济条件、社会发展与主导需求、森林培育活动沿革，以及邻近土地的概况；

(3)林业生产的总体布局；

(4)森林培育体系和营林措施，包括种苗生产、更新造林、抚育间伐、林分改造等；

(5)森林采伐和更新规划，包括年采伐面积、采伐量、采伐强度、出材量、采伐方式、伐区配置和更新作业等；

(6)森林和环境保护规划，包括森林有害生物防治、森林防火、水土保持、化学制剂和有毒物质的控制，以及林地占用等；

(7)野生动植物保护规划，特别是珍稀、受威胁及濒危物种；

(8)多种经营和林产品加工规划设计；

(9)重要非木质林产品培育、保护与利用的经营规划和措施；

(10)基本建设和林道规划；

(11)森林培育活动效益和风险评估；

(12)森林生态系统的监测措施；

(13)与森林培育有关的必要图表；

(14)应符合所在国其他方面的具体要求。

4.1.1.4　应根据森林培育方案，制定年度作业计划。

4.1.2　应适时修订森林培育方案。

4.1.2.1　应及时了解与本地区森林培育相关的科学技术发展信息以及政策。

4.1.2.2　应根据森林资源的监测结果、新的科技信息和政策，以及环境、社会和经济条件的变化，适时修订森林培育方案。

4.1.3　森林作业与作业设计应保持一致。

4.1.3.1　应按作业设计开展森林培育活动。

4.1.3.2　在保证森林培育更有利于实现经营目标和保证森林生态完整性的前提下，可对作业设计做适当调整。

4.1.3.3　作业设计的调整内容应备案。

4.1.4　应对林业职工进行必要的培训和指导，使他们具备正确实施作业的能力。

4.1.4.1　应具有对职工进行培训和指导的机制。

4.1.4.2　应确保林业职工受到良好培训，了解并掌握作业技术。

4.1.4.3　应具有专业技术人员对职工的野外作业提供必要的技术指导。

4.1.5　应向当地社区或有关方面公告森林培育方案的主要内容。

4.2　应按照可持续发展的原则开展造林、营林生产活动，培育、保护和发展森林资源，开发多种林产品。

4.2.1　森林培育应力争实现稳定的经济效益，确保维持森林生态系统生产力的必要投入。

4.2.1.1　应充分考虑到森林培育成本和管理运行成本的承受能力，在经济上可行。

4.2.1.2　应保证对可持续森林培育的合理投资规模和投资结构。

4.2.2　鼓励开展林区多种经营，可持续利用木材和非木质林产品，如林果、油料、食品、饮料、药材和化工原料等，促进当地经济发展。

4.2.3 对种子苗木的引进、生产及经营应遵守所在国的相应法规，保证种子和苗木的质量。

4.2.3.1 林木种子、苗木的引进、生产及经营应符合所在国家相关法律法规的要求，如《中华人民共和国森林法》《中华人民共和国种子法》《中华人民共和国进口境动植物检疫法》等。

4.2.3.2 从事林木种苗生产、经营的单位，应按照当地林业行政主管部门的规定生产和经营。

4.2.3.3 在种苗调拨和出圃前，应按所在国有关技术标准进行质量检验。

4.2.3.4 引进林木种子、苗木和其他繁殖材料，应经所在国相应林业主管部门审批。

4.2.4 应按照经营目标因地制宜选择造林树种，优先考虑当地适生树种，特别是乡土树种，慎用外来树种。造林后应对其生长情况、有害生物和对生态环境产生的影响等进行监测。

4.2.4.1 应根据经营目标和适地适树的原则选择造林树种。

4.2.4.2 应优先选择乡土树种造林。

4.2.4.3 应监测外来物种成活率、保存率、有害生物和环境影响。

4.2.5 应在符合当地立地条件和经营目标的前提下，开展造林设计和作业。

4.2.5.1 造林设计应符合经营目标并规定合理的造林、抚育、疏伐、主伐和更新计划。

4.2.5.2 应严格按照造林设计进行施工作业并进行全过程监控。

4.2.5.3 宜采取下列一种或多种森林培育措施，促进林分结构多样化和加强林分的稳定性：

（1）使用多树种，合理营造混交林；

（2）经营设计避免短期内集中砍伐；

（3）多龄级或分期造林；

（4）合理配置林种比例；

（5）营造防护林带。

4.2.5.4 森林培育活动宜有利于景观和生境多样化。

4.2.5.5 森林培育布局和规划宜有利于维持自然景观的价值和特性。

4.2.5.6 森林培育宜促进同龄林逐步向异龄林和多种生境结构转化。

4.2.6 应依法进行森林采伐和更新，木材和非木质林产品消耗率不得高于再生能力。

4.2.6.1 应依据用材林年消耗量低于年生长量，以及合理经营和可持续利用的原则，制定年采伐计划和年采伐限额，报相应林业主管部门审批。

4.2.6.2 应具有年木材采伐量和采伐地点的记录。

4.2.6.3 对森林进行采伐和更新应符合所在国家有关森林采伐作业规程的要求。

4.2.6.4 对非木质林产品的利用不应超过其可持续利用所允许的水平。

4.2.7 应有利于天然林的保护与更新。

4.2.7.1 应采取有效措施促进恢复和保护天然林。

4.2.7.2 不宜将天然林转化为人工林经营。

4.2.8　应尽量提高对森林资源的有效利用。

4.2.8.1　应采用对环境影响有益的森林培育活动作业方式。

4.2.8.2　应提高木材采伐和造材过程中的综合利用率。

5　生态保护

5.1　生物多样性保护

5.1.1　应制定保护珍稀、受威胁和濒危动植物物种及其栖息地的措施。

5.1.1.1　应确定出森林培育范围内需要保护的珍稀、受威胁和濒危动植物物种及其栖息地，并在图上标注。

5.1.1.2　应根据具体情况，划出一定的保护区域，作为保护珍稀、受威胁和濒危动植物物种的栖息地。若不能明确地划出保护区域，则对每种森林类型应保留足够的面积。对上述区域的划分应考虑到野生动物在森林中的迁徙。

5.1.1.3　应制定被保护区域内的相应保护措施，对职工进行相关培训和教育。

5.1.1.4　必须保护所在国法律、法规和国际公约明令保护物种的栖息环境。

5.1.2　不得开展不适宜的采集活动。

5.1.2.1　采集活动应符合所在国有关野生动植物保护方面的法规。

5.1.2.2　采集活动应采用可持续利用资源的方法，最大限度地减少对当地资源的破坏。

5.1.3　应保护森林培育区域内典型的森林生态系统类型，维持其自然状态。

5.1.3.1　应通过调查，确定森林培育范围内典型的森林生态系统类型。

5.1.3.2　应制定出保护典型生态系统的措施。

5.1.3.3　应实施保护措施，保持典型生态系统的自然状态。

5.1.4　应采取有效措施恢复、保持和提高生物多样性。

5.2　环境影响

5.2.1　应考虑森林培育活动对环境的影响。

5.2.1.1　应根据森林培育的规模、强度及资源特性，对森林培育作业进行环境影响评估。

5.2.1.2　应根据评估的结果调整森林培育作业方式，减少采伐、集材、运输等活动对环境的影响。

5.2.2　应采取各种保护措施，维护林地的自然特性，避免地力衰退，保护水资源。

5.2.2.1　应采取有效措施最大限度地减少整地、造林、采伐、更新和道路建设等人为活动对林地的破坏，维护森林土壤的自然特性及其长期生产能力。

5.2.2.2　减少森林培育作业对水资源质量、数量的不良影响，控制水土流失，避免对森林集水区造成重大破坏。

5.2.2.3　宜在溪河岸边，建立足够宽的缓冲区，保持水土。

5.2.2.4　宜利用有机肥和生物肥料增加土壤肥力，减少化肥使用量。

5.2.3　应严格控制化学制剂的使用，减少因使用化学制剂造成的环境影响。

5.2.3.1　不得使用所在国法律、法规和国际公约明令禁止使用的农药。

5.2.3.2　应提供适当的设备和技术培训，减少使用化学制剂对环境的污染和对人类健康的危害。

5.2.3.3　应采用符合环保要求的方法处理化学制剂的废弃物和容器。

5.2.4　应严格控制和监测外来物种的引进和入侵，避免其造成不良的生态后果。

5.2.4.1　应在经过检疫，确保对环境和生物多样性不造成破坏的条件下引进外来物种。

5.2.4.2　应对外来物种的使用进行记录，监测其生态影响。

5.2.4.3　应制定并执行控制外来有害物种入侵的措施。

5.2.5　应维护森林生态服务功能。

5.2.5.1　应了解并确定森林培育区内森林的生态服务功能，如森林旅游、教育、科研、渔牧资源、水源涵养等。

5.2.5.2　应采取措施维护森林特别是高保护价值森林的相关价值和服务功能。

5.3　森林保护

5.3.1　应制定森林有害生物防治计划，以营林措施为基础，采取有利于环境的生物、化学、物理等措施，进行有害生物综合治理。

5.3.1.1　森林有害生物治理应符合所在国法律、法规的要求。

5.3.1.2　有条件时，应开展有害生物的预测预报，评估森林潜在的有害生物影响，制订相应的防治计划。

5.3.1.3　应采取营林措施为主，生物、化学、物理等防治相结合的有害生物综合治理措施。限制在森林中使用化学农药，避免或减少化学农药对环境的影响。

5.3.1.4　应采取有效措施，保护森林内的各种有益生物，提高森林健康水平。

5.3.2　应建立健全的森林防火制度，制定并实施防火措施。

5.3.2.1　应根据所在国的相关法律、法规，建立森林防火制度。

5.3.2.2　应对森林培育区域划定森林火险等级区。

5.3.2.3　应制定和实施森林火情监测和防火措施。

5.3.2.4　应建设森林防火设施，建立防火组织，负责本企业的森林防火和扑救工作。

5.3.2.5　应进行森林火灾统计，建立火灾档案。

5.4　森林监测

5.4.1　应建立适宜的森林监测制度和森林资源档案，对森林资源进行连续的或定期的监测。

5.4.1.1　应进行森林资源调查，建立森林资源档案制度。

5.4.1.2　应根据本单位的森林培育活动的规模和强度以及所在地区的条件，建立适宜的监测制度和监测程序，确定森林监测的方式、频度和强度。

5.4.1.3　应按监测制度连续或定期开展各项监测活动。

5.4.1.4　应对监测结果进行比较和评估。

5.4.1.5　应在制定或修订森林培育方案和作业计划中体现监测的结果。

5.4.2　森林监测应包括资源现状、森林培育状况及其社会环境影响监测等内容。

5.4.2.1　森林监测应包括以下内容：

（1）主要林产品的储量、产量和资源消耗量；

（2）森林结构、生长、更新及健康状况：

（3）动植物的种类及其变化趋势；

（4）采伐及其他经营活动对环境与社会的影响；

（5）森林培育的成本和效益；

（6）年度作业计划的执行情况。

6 社区发展

6.1 尽可能的为林区及周边地区的居民提供就业、培训及其他社会服务的机会。

6.2 应保障劳工合法权益，鼓励社区居民参与森林培育活动的决策。

6.3 不得侵犯当地居民对林木和其他资源所享有的法定权利。

6.3.1 应采取适当措施，防止森林培育活动直接或间接地威胁和削弱原住民的资源及使用权。

6.3.2 当地居民自愿把资源经营权委托给中国企业时，双方应签订协议或合同。

6.4 应建立与当地社区的协商机制。积极与原住民协商，划定和保护对原住民具有特定文化、生态、经济或宗教意义的林地，尤其是在多民族聚居区。

6.5 应根据需要，在信息保密的前提下，公布森林监测结果概要。

附录 A（资料性附录） 相关国际公约、协定和宣言

A.1 生物多样性公约

A.2 保护臭氧层维也纳公约

A.3 气候变化与生物多样性公约

A.4 联合国气候变化框架公约

A.5 国际植物新品种保护公约

A.6 保护野生动物迁徙物种公约

A.7 濒危野生动植物国际贸易公约

A.8 关于特别是作为水禽栖息地的国际重要湿地公约

A.9 国际鸟类保护公约

A.10 植物检疫及其虫害与疾病防护合作协定

A.11 保护候鸟及其栖息环境协定

A.12 国际热带木材协定

A.13 里约环发大会宣言

附录 B（规范性附录） 《指南》用词说明

为便于在执行《指南》条文时区别对待，对于要求严格程度不同的用词说明如下：

B.1 表示很严格，非这样做不可的：正面词采用"必须"；反面词采用"严禁"。

B.2 表示严格，在正常情况下均应这样做的：正面词采用"应"；反面词采用"不应"或"不得"。

B.3 表示允许稍有选择，在条件许可时首先应这样做的：正面词采用"宜"或"可"；反面词采用"不宜"。

（二）中国企业境外森林可持续经营利用指南[①]

国家林业局、商务部关于印发《中国企业境外森林可持续经营利用指南》的通知

林计发〔2009〕76 号

各省、自治区、直辖市林业厅（局）、商务主管部门，内蒙古、吉林、龙江、大兴安岭森工（林业）集团公司，新疆生产建设兵团林业局、商务局：

为贯彻落实《中共中央 国务院关于加快林业发展的决定》和国务院鼓励和规范企业对外投资合作的有关精神，积极实施"走出去"战略，努力开展对外技术经济合作，鼓励和规范我国企业对外森林可持续经营利用工作，根据《中华人民共和国森林法》等法律法规和相关国际公约、协定和宣言，国家林业局、商务部联合制定了《中国企业境外森林可持续经营利用指南》，现予印发，请遵照执行，执行过程中如有问题和建议，请联系国家林业局（发展计划与资金管理司）和商务部（对外投资和经济合作司）。

电话：国家林业局发展计划与资金管理司 010 - 84238428

商务部对外投资和经济合作司 010 - 65197143

特此通知。

附件：中国企业境外森林可持续经营利用指南

国家林业局

中华人民共和国商务部

二〇〇九年三月二十三日

中国企业境外森林可持续经营利用指南

国家林业局　商务部　编制

二〇〇九年三月

前　言

森林资源日益成为国际社会的焦点，中国作为国际上负责任的发展中大国，致力于全球森林资源保护、恢复和可持续发展。在保护和发展本国森林资源，为减缓全球森林面积减少、恢复森林方面作出重要贡献的同时，积极开展国际合作，与其他国家一起共同促进森林资源可持续发展和互惠互利合作。

为加强引导和规范中国企业境外森林资源经营利用行为，国家林业局、商务部组织制定了《中国企业境外森林可持续经营利用指南》（简称"指南"），为中国企业在境外的森林资源经营利用活动，提供行业经营准则和自律依据。

1.《指南》由目的、基本原则和适用范围、法律规范、森林经营利用、生态保护和社区发展及附录 A 等 7 个部分组成。附录 A 列出中国签署的具有约束力的相关国际公约。

[①]　资料来源：中国林业网．中国企业境外森林可持续经营利用指南［EB/OL］．（2010-05-08）．［2014-10-13］．ht-tp：//www. forestry. gov. cn/portal/main/s/224/content-401395. html

2.《指南》由中华人民共和国国家林业局、商务部提出，国家林业局发展计划与资金管理司、商务部对外投资和经济合作司负责解释。

3.《指南》起草单位：国家林业局林产工业规划设计院林业工程规划设计所；协作单位：世界自然基金会（WWF）、大自然保护协会（TNC）和世界自然保护联盟（IUCN）。

4.《指南》主要起草人：游应天、于宁楼、韩杏容、胡延杰、陈嘉文、陈勇、李婷、黄看看

5.《指南》参与讨论专家：张艳红、陈林、孙贺、刘道平、许传德、鲁德、胡元辉、郭瑜富、李智勇、陆文明、宋维明、翟洪波、薛树田、孙司衡、朱光前、林夏萍、朱长岭、张森林、安延、陈晓倩、孙秀芳、黎佳、金嘉满、王爱民

中国企业境外森林可持续经营利用指南

1 目的

指导中国企业合理开展境外森林经营、利用和保护，为全球森林资源可持续发展发挥积极作用。进一步规范中国企业在境外从事森林资源经营和木材加工利用行为，提高行业自律。促进全球森林资源的合法、可持续经营利用及相关贸易活动。

2 基本原则和适用范围

2.1 基本原则

2.1.1 国家主权原则：中国企业在境外进行森林资源经营利用活动时，应充分尊重所在国森林资源拥有权，严格遵守所在国法律法规和政策。

2.1.2 互利合作原则：中国企业在境外进行森林资源经营利用活动时，应积极促进当地经济和社区发展，在互利互惠的基础上开展合作。

2.1.3 生态、经济、社会效益统一原则：中国企业在境外进行森林资源经营利用活动时，应高度重视森林的生态效益，保证生态、经济、社会三大效益的统一。

2.1.4 政府指导与行业自律相结合原则：中国企业在境外进行森林资源经营利用活动时，应在政府引导和行业规范条件下进行。

2.1.5 森林可持续经营利用原则：中国企业在境外进行森林资源经营利用活动时，应有利于当地的森林可持续发展，维护当地生态和环境安全。

2.1.6 节约资源的原则：中国企业在境外进行森林资源经营利用活动时，应尽量节约使用森林资源、土地资源和能源。

2.2 适用范围

本指南适用于在境外开展森林资源采伐、木材加工利用等有关活动的中国企业。

3 法律规范

3.1 遵守中国和森林资源所在国签署的相关协议/协定和相关国际公约/协定。

遵守中国和所在国签署的各种具有约束力的协议/协定等法律文件，以及中国或森林资源所在国加入的国际公约和协定（见附录 A）。

3.2 遵守中国政府主管部门制定的关于中国企业对外投资和经济合作有关的法律、法规、部门规章和相关文件的规定。

3.3 遵守森林资源所在国相关的法律、法规。

3.2.1　遵守所在国有关对外国企业投资、劳务输入、承包工程等经营活动管理的法律、法规和相关文件的规定。

3.2.2　全面了解和熟悉所在国现行与森林资源相关的法律、法规文本，开展森林经营活动行为应符合所在国有关的林业法律法规要求，并承担和履行相应的责任与义务。

3.2.3　提高企业员工法律意识。避免和减少各种违法活动的出现，一旦发现违法行为，应及时采取措施依法纠正，并记录在案。

4　森林资源经营利用

4.1　基本要求

4.1.1　合法经营利用森林资源。参与境外投资有关经营利用森林资源的中国企业，应依法向所在国相关部门提出申请，取得有关部门批准的文件，严格按批准的经营地点、面积、数量、品种和经营内容等要求进行森林资源的经营利用和加工，不得超范围经营。与森林经营利用有关的承包工程、劳务合作、收购经营木材和木材产品等都应符合双边有关法律、法规的要求。

4.1.2　合理经营利用森林资源。充分利用伐区木材，合理造材，提高木材综合利用率。

4.1.3　注重生态环境保护。按所在国相关法律法规的要求，对涉及影响生态环境的作业采取规避或减缓措施，对高保护价值森林，注意采取相应的保护措施。

4.2　森林经营

4.2.1　按规定程序取得所在国批准获得长期使用或租赁林地的中国企业，应按照所在国有关森林资源利用法律法规的要求制定森林经营利用计划，并按规定程序报请所在国国家主管机关或地方政府主管机关核准。

4.2.2　按照企业在所在国的经营活动范围，根据所在国相关规定和要求，采伐后的森林恢复更新请参考《中国企业境外可持续森林培育指南》。

4.2.3　具备应有的森林防火、有害生物防控设施及措施。

4.2.4　森林经营利用计划的实施应符合已批准的森林资源经营利用的有效合法文件的要求。

4.3　木材加工与运输

4.3.1　木材加工利用项目应符合中国与所在国产业政策、相关投资要求和许可规定，且有利于双边互利合作，鼓励企业进行木材的深加工综合利用。

4.3.2　项目应贯彻合理利用森林资源、节约能源、保护资源和环境、实现可持续发展的方针。

4.3.3　木材运输应符合所在国运输和检验、检疫标准及要求，进行相关的文件备案。

4.4　人员培训与技术指导

4.4.1　鼓励企业建立培训制度，对相关员工进行必要的培训和指导。

4.4.2　确保相关员工掌握实施规划、采伐、造材、集运、更新、加工等相关作业技能。

4.4.3　由专业技术人员对野外作业相关人员提供必要的技术指导。

4.5　建立多利益方的公示和咨询制度

4.5.1　向当地社区或有关方面公告森林经营利用的有效合法文件主要内容。

4.5.2 根据当地政府要求建立森林采伐利用伐前公示咨询制度，明确公示的形式、内容、期限等。大面积采伐应在当地进行公示；采伐森林单位(个人)还应在伐区及其附近的交通要道设立公示牌，公示有关部门批准的合法采伐文件的主要内容以及作业期等。

5 生态环境保护

5.1 基本要求

5.1.1 因地制宜，采取科学合理的采伐方式和作业措施，尽量减少森林采伐对生物多样性、野生动植物生境、生态脆弱区、自然景观、森林流域水量与水质、林地土壤生态环境和更新幼苗幼树的影响，保证森林生态系统功能能得到快速恢复。

5.1.2 对森林特别是高保护价值森林应采取相应的保护措施。

5.2 环境保护

5.2.1 伐区设计应充分考虑森林采伐作业对地表降水和地下水资源的不良影响，减缓土壤侵蚀，控制水土流失，避免因采伐对森林集水区造成重大破坏。

5.2.2 在采伐、集材、更新和道路建设等作业过程中，采取合理、有效的措施最大限度地减缓人为活动对林地的破坏，防止地表破坏和土壤侵蚀，维护森林土壤的自然特性及其长期生产能力。

5.2.3 采取必要措施减缓采伐作业过程中机械噪声和机械尾气排放引起的空气污染等，及时、妥善处理生产建设废弃物和生活垃圾。

5.2.4 木材加工厂房和场地建设地点和用地应符合所在国有关规定的要求。木材加工项目所产生的固体、液体、气体废弃物和噪声等应达到当地环境保护部门所提出的排放标准和要求。

5.2.5 建立完善的森林防火、有害生物防治制度，制订和实施相关措施。按照所在国有关森林法规对森林防火安全和有害生物防治的要求，建设相应的防火和生物防治设施，并配备相应设备。

5.3 生物多样性保护

5.3.1 保护国际公约和所在国家法律法规明令保护的物种及其栖息环境。

5.3.2 根据所在国相关法律法规要求，确定森林经营利用区域及其周边需要保护的珍稀、受威胁和濒危动植物物种及其栖息地，并在相关图件上明确标注。

5.3.3 制订被保护区域内珍稀、受威胁和濒危动植物物种及其栖息地的相应保护措施，并对职工进行相关培训和教育。

5.3.4 采集野生动植物标本的活动应符合境外有关野生动植物保护方面的法规，并应采用可持续利用资源的采集方法，最大限度地减少对当地资源的破坏。

5.3.5 根据所在国相关法律法规要求，调查确定森林采伐区域及其周边需要保护的典型森林生态系统类型，制订保护典型生态系统的措施，维持其自然状态。

6 社区发展

6.1 尊重当地居民的合法权利

6.1.1 森林资源经营利用从长远上要有利于所在地森林的可持续经营，有利于当地经济的健康发展，实现经营企业与当地居民互利共赢。

6.1.2 进行森林经营利用相关活动时，充分考虑当地居民的利益，采取适当措施，避免森林经营利用活动直接或间接地侵犯、威胁和削弱当地居民的法定资源所有权或使用权。

6.2　促进社区发展

6.2.1　积极参与当地公益事业活动，尽可能为林区及周边地区的居民提供就业、培训与其他社会服务的机会。

6.2.2　鼓励、支持社区居民参与森林开发的重大决策。在森林经营的过程中，根据需要向当地居民公布经营利用内容、进展和经营活动情况，宣传企业，树立良好形象，提高信誉。

6.2.3　尊重当地群众的风俗习惯，建立与当地社区的协商机制，与当地居民友好相处。

6.2.4　积极与当地居民协商，划定和保护对当地居民具有特定文化、生态、经济或宗教意义的林地。

7　附录 A　相关国际公约、协定和宣言

A.1　生物多样性公约

A.2　保护臭氧层维也纳公约

A.3　气候变化与生物多样性公约

A.4　联合国气候变化框架公约

A.5　国际植物新品种保护公约

A.6　保护野生动物迁徙物种公约

A.7　濒危野生动植物种国际贸易公约

A.8　关于特别是作为水禽栖息地国际重要湿地公约

A.9　国际鸟类保护公约

A.10　植物检疫及其虫害与疾病防护合作协定

A.11　国际热带木材协定

A.12　里约环境与发展大会宣言

A.13　保护候鸟及其栖息环境协定

（三）中国贸易相关重要法规、条例及措施文献源

1. 中华人民共和国对外贸易法（1994 年 5 月 12 日第八届全国人民代表大会常务委员会第七次会议通过，2004 年 4 月 6 日第十届全国人民代表大会常务委员会第八次会议修订），资料来源：中央政府门户网站．http：//www.gov.cn/flfg/2005 - 06/27/content_9851.htm

2. 中华人民共和国进出口商品检验法（2013 年修正版），1989 年 2 月 21 日第七届全国人民代表大会常务委员会第六次会议通过根据 2002 年 4 月 28 日第九届全国人民代表大会常务委员会第二十七次会议《关于修改〈中华人民共和国进出口商品检验法〉的决定》修正根据 2013 年 6 月 29 日第十二届全国人民代表大会常务委员会第三次会议《关于修改〈中华人民共和国文物保护法〉等十二部法律的决定》修正，资料来源：中国人大网．http：//www.npc.gov.cn/wxzl/gongbao/2013 - 10/22/content_ 1811008.htm

3. 中华人民共和国濒危野生动植物进出口管理条例（2006.04.12），资料来源：中央政府门户网站．http：//www. gov. cn/flfg/2006 - 05/17/content_ 283018. htm

4. 中华人民共和国进出口商品检验法实施条例（2005.10.1），资料来源：国务院法制办公室．http：//www. chinalaw. gov. cn/article/fgkd/xfg/xzfg/200510/20051000055629. shtml

5. 关于公布促进外贸稳定增长的若干措施（2012.09.27），海关总署2012年第45号，资料来源：http：//www. customs. gov. cn/publish/portal0/tab399/info397840. htm

（四）中华人民共和国海关进出口货物报关单填制规范①

关于修订《中华人民共和国海关进出口货物报关单填制规范》的公告

海关总署公告2016年第20号

为规范进出口货物收发货人的申报行为，统一进出口货物报关单填制要求，海关总署对原《中华人民共和国海关进出口货物报关单填制规范》（海关总署2008年第52号公告）再次进行了修订。现将本次修订后的规范文本及有关内容公告如下：

1. 本次修订补充了2008年以来散落在相关文件中的关于报关单填制的内容。主要根据海关总署2010年第22号公告，海关总署2014年第15号公告，海关总署2014年第33号公告，海关总署、国家发展改革委、财政部、商务部联合令第125号，海关总署、国家发展改革委、财政部、商务部联合令第185号，海关总署令第213号，海关总署令第218号，海关总署令第219号等对《中华人民共和国海关进（出）口货物报关单》中的"合同协议号""申报单位""运输方式""提运单号""监管方式""备案号""许可证号""运费""保费""随附单证""标记唛码及备注""项号""商品编号""数量及单位""版本号""货号"和"海关批注及签章"等相关栏目的填制要求作了相应调整。

2. 新增"贸易国（地区）"出口"原产国（地区）"进口"最终目的国（地区）"的填制要求；为报关人员准确填写"其他说明事项"栏目，增加"特殊关系确认""价格影响确认""支付特许权使用费确认"等项目的填制规范。

3. 删除"结汇证号/批准文号"、出口"结汇方式""用途/生产厂家""税费征收情况""海关审单批注及放行日期""报关单打印日期/时间""报关员联系方式"等已失去法律依据或不具备监管意义的申报指标。

4. 为与相关法律表述一致，调整相关项栏目名称：将原"经营单位"改为"收发货人"，将原"收货单位"改为"消费使用单位"，将原"发货单位"修改为"生产销售单位"，将"贸易方式（监管方式）"改为"监管方式"，并对调整项目的填制要求进行规范。

5. 为解决部分因商品项数限制导致的物流凭证拆分问题，报关单商品项指标组上限由20调整为50。

6. 海关特殊监管区域（以下简称特殊区域）企业向海关申报货物进出境、进出区，以及在同一特殊区域内或者不同特殊区域之间流转货物的双方企业，应填制"中华人民共和

① 资料来源：中华人民共和国海关总署．海关总署公告2016年第20号［EB/OL］．（2016-03-28）．［2016-06-13］．http：//www. customs. gov. cn/publish/portal0/tab49564/info790113. htm。本规范于2008年8月4日生效，2016年3月24日修订

国海关进(出)境货物备案清单",特殊区域与境内(区外)之间进出的货物,区外企业应同时填制"中华人民共和国海关进(出)口货物报关单",向特殊区域主管海关办理进出口报关手续。货物流转应按照"先报进,后报出"的原则,在同一特殊区域企业之间、不同特殊区域企业之间流转的,先办理进境备案手续,后办理出境备案手续,在特殊区域与区外之间流转的,由区内企业、区外企业分别办理备案和报关手续。"中华人民共和国海关进(出)境货物备案清单"原则上按《中华人民共和国海关进出口货物报关单填制规范》的要求填制。

修订后的《中华人民共和国海关进出口货物报关单填制规范》(见附件)自 2016 年 3 月 30 日起执行,海关总署 2008 年第 52 号公告、2013 年第 30 号公告同时废止。纸质《中华人民共和国海关进(出)口货物报关单》也将调整,另行公告。

特此公告。

附件:中华人民共和国海关进出口货物报关单填制规范(略,可从提供的资料来源即海关总署网站查阅)。

海关总署

2016 年 3 月 24 日

三、缩略语

序号	英文缩略语	英文全称	中文含义
1	ACI	Advance Cargo Information	货物预报信息
2	AHFA	American Home Furnishings Alliance	美国家居用品联盟
3	AITC	The American Institute of Timber Construction	美国木结构建筑协会
4	ANSI	American National Standards Institute	美国标准学会
5	APA	The Engineered Wood Association (American Plywood and Engineered Wood Association)	美国工程木材协会
6	APEC	Asia – Pacific Economic Cooperation	亚太经合组织
7	APHIS	Animal and Plant Health Inspection Service	动植物卫生检验局
8	ASC	Aquaculture Stewardship Council	水产养殖管理委员会
9	ASI	Accreditation Services International	国际认可服务公司
10	ASTM	American Society for Testing and Materials	美国试验与材料学会
11	ATCM	Airborne Toxic Control Measure	空气中有毒物质的控制措施
12	BIFMA	The Business and Institutional Furniture Manufacture Association	美国办公家具协会
13	BSI	British Standards Institution	英国标准协会
14	CARB	California Air Resources Board	加州空气资源委员会
15	CASCO	Committee on Conformity Assessment	合格评定委员会
16	CBP	Custom and Border Protection	海关和边境保护局
17	CCA	Chromium Copper Arsenate	加铬砷酸铜
18	CCIC	China Certification & Inspection(Group)Co. , Ltd.	中国检验认证(集团)有限公司
19	CD	Committee Draft	委员会草案
20	CE	Communate Europpene(法语)	欧洲共同体
21	CENELEC	Comite Europeen de Normalisation Electrotechnique	欧洲电工标准化委员会
22	CERFLOR	Brazilian Forest Certification Programme	巴西森林认证体系
23	CERTICO	Certification Committee	认证委员会
24	CFCC	China Forest Certification Council	中国森林认证管理委员会
25	CFR	Code Of Federal Regulations	美国联邦法规
26	CIF	Cost Insurance and Freight	到岸价
27	CITES	Convention on International Trade in Endangered Species	濒危野生动植物国际贸易公约
28	CO	Central Secretariat Office	中央秘书处
29	CoC	Chain of Custody	产销监管链
30	COCC	Chain of Custody Criterion	产销监管链标准
31	COPOLCO	Committee on Consumer Policy	消费者政策委员会
32	CPSA	Consumer Product Safety Association	消费品安全协会
33	CPSC	Consumer Product Safety Commission	消费品安全委员会
34	CPSIA	Consumer Products Safety Improvement Act	消费品安全改进法案
35	CSA	Canadian Standards Association	加拿大标准化协会
36	CW	Controlled Wood	受控木材
37	DEVCO	Developing Countries Affairs Committee	发展中国家事务委员会
38	DIN	Deutsches Institut Fur Normung	德国标准化学会
39	DIS	Draft International Standard	国际标准草案
40	DOC	Department of Commerce	商务部
41	DOI	Department of the Interior	内政部

（续）

序号	英文缩略语	英文全称	中文含义
42	EA	Environmental Audit	环境审核
43	EC	European Community	欧共体
44	EEC	European Economic Community	欧洲经济共同体
45	EL	Environmental Logo	环境标志
46	EMAS	Eco Management and Audit Scheme	欧盟生态管理及审计体系
47	EMS	Environmental Management System	环境管理体系
48	EN	European Norm	欧洲标准
49	EOTC	European Organization For Testing And Certification	欧洲测试与认证组织
50	EPA	Environmental Protection Agency	环境保护署
51	EPE	Environmental Performance Revaluation	环境行为评价
52	EU	European Union	欧洲联盟
53	FAO	Food and Agriculture Organization	联合国粮农组织
54	FC	Forestry Commission	林业委员会
55	FDIS	Final Draft International Standard	最终国际标准草案
56	FLEGT	Forest Law Enforcement，Governance and Trade	森林执法、施政与贸易
57	FM	Forest Management	森林经营
58	FMC	Forest Management Certification	森林经营认证
59	FOB	Free On Board	离岸价
60	FPC	Production control system	生产控制体系
61	FPS	Forest Products Association of Canada	加拿大林产协会
62	FSC	Forest Stewardship Council	森林管理委员
63	FWS	Fish and Wildlife Service	鱼类和野生动物管理局
64	GATS	Global Agricultural Trade System	全球农业贸易系统
65	GDP	Gross Domestic Product	国内生产总值
66	GMTs	Genetically Modified Timber	转基因木材
67	GNP	Gross National Product	国民生产总值
68	GRIs	General Rules of Interpretation	一般性规定
69	GVA	Gross Value Added	总附加值
70	HCVs	High Conservation Value	高保护价值
71	HS	Harmonized System	协调制度
72	HTS	Harmonized Tariff Schedule of the United States	协调关税明细表
73	HWPW	Hardwood Plywood	硬木胶合板
74	ICS	International Classification for Standards	国际标准分类法
75	IEC	International Electrotechnical Commission	国际电工委员会
76	ILAC	International Laboratory Accreditation Cooperation	国际实验室认可合作组织
77	ILO	International Labor Organization	国际劳工组织
78	INFCO	Information systems and services committee	信息系统与服务委员会
79	IPI	Intelligence Performance Indicators	智能绩效管理
80	IPPC	International Plant Protection Convention	国际植物保护公约
81	ISA	International Standardization Association	国家标准化协会
82	ISCA	International Standard Committee on Consumer Affairs	消费者事务国际标准指导委员会
83	ISO	International Standards Organization	国际标准化组织
84	ITC	International Trade Commission	国际贸易委员会

序号	英文缩略语	英文全称	中文含义
85	ITTO	International Tropical Timber Organization	国际热带木材组织
86	JAS	Japanese Agricultural Standard	日本农业标准
87	JASC	Japanese Agricultural Standard committee	日本农业标准委员会
88	JIS	Japanese Industrial Standards	日本工业标准
89	JISC	Japanese industrial standards committee	日本工业标准委员会
90	JPIC	Japanese Plywood Inspection Committe	日本胶合板检查委员会
91	JSA	Japanese Standard Association	日本标准协会
92	LCA	Life Cycle Assessment	生命周期评估
93	LEI	Lembaga Ekolabel Indonesia	印度尼西亚生态标签研究所
94	MDF	Medium Density Fiberboard	中密度纤维板
95	MSC	Marine Stewardship Council	海洋管理委员会
96	MTCC	Malaysian Timber Certification Council	马来西亚木材认证委员会
97	NFPA	National Fire Protection Association	美国防火协会
98	NGO	Non – Governmental Organization	非政府组织
99	NOAA	National Oceanic and Atmospheric Administration	国家海洋和大气管理局
100	NOPR	Notice Of Proposed Rulemaking	建议制定规则通知
101	NP	New Proposal	新工作项目提案
102	ODA	Official Development Assistance	政府开发援助
103	OSB	Oriented Strand Board	定向刨花板
104	PAFC	Pan African Forest Certification	泛非森林认证体系
105	PB	Particle Board	刨花板
106	PBT	Polybutylene Terephthalate	聚对苯二甲酸丁二醇酯
107	PCA	Product Conformity Assessment	产品符合性评定
108	PCBs	Polychlorinated Biphenyls	多氯联苯
109	PCTs	Polychlorinated Triphenyls	多氯三联苯
110	PEFC	Programmme for the Endorsement of Forest Certification Schemes	森林认证认可计划体系
111	PEFC	The Pan – Euro Forest Certification Council	泛欧森林认证体系
112	PNI	Prepare New Interface	预备工作项目
113	PSC	Product Safety Consumer	消费者产品安全
114	PSI	Product Safety International	国际产品安全
115	REMCO	Reference Materials Committee	标准样品委员会
116	REMPA	Reference Materials Particular	标准样品特别工作组
117	RFCO	Foreign certification organization	外国认证机构
118	RSB	Roundtable on Sustainable Biomaterials	可持续生物材料圆桌会议
119	RSPO	Roundtable on Sustainable Palm Oil	可持续棕榈油圆桌会议
120	SA	Social Accountability	社会责任
121	SAC	Standardization Administration of the People's Republic of China	国家标准化管理委员会
122	SAI	Social Accountability International	社会责任国际组织
123	SBA	Structural Board Association	建筑板材协会
124	SC	Subcommittee	分技术委员会
125	SCO	Shanghai Cooperation Organization	上海合作组织
126	SDO	Standards Developing Organization	标准制定组织
127	SFA	State Forestry Administration	国家林业局

（续）

序号	英文缩略语	英文全称	中文含义
128	SFB	Sustainable Forestry Board	可持续林业理事会
129	SFI	Sustainable Forestry Initiative	可持续林业倡议
130	SFR	Sustainable Forest Roundtable	可持续林业圆桌会议
131	SG	Safety Goods	安全产品
132	SGS	Societe Generale de Surveillance S. A.	瑞士通用公证行
133	SIPA	Structural Insulated Panel Association	结构隔热板协会
134	SPS	Agreement on the Application of Sanitary and Phytosanitary Measures	实施卫生与植物卫生措施协议
135	SQI	Shanghai Institute of Quality Inspection and Technical Research	上海市质量监督检验技术研究院
136	SVHC	Substances of Very High Concern	高度关注物质
137	T&D	Terms and Definitions	术语和定义
138	TBT	Technical Barriers to Trade	技术性贸易壁垒
139	TC	Technical Committee	技术委员会
140	TCF	Technical Construction File	技术文件
141	TECO	Timber Engineering Company	木制品认证和测试公司
142	Thin MDF	Thin Medium Density Fiberboard	薄中密度纤维板
143	TMB	Technical Management Board	技术管理局
144	TRIPs	Agreement On Trade-Related Aspects of Intellectual Property Rights	与贸易有关的知识产权协定
145	TSCA	Toxic Substances Controls Act	有毒物质控制法
146	TTIP	Transatlantic Trade and Investment Partnership	跨大西洋贸易与投资伙伴
147	UKWAS	UK Woodland Assurance Scheme	英国森林保护计划
148	UL	Underwriters Laboratories Inc.	保险商实验所
149	UN	United Nations	联合国
150	UNECE	United Nations Economic Commission for Europe	联合国欧洲经济委员会
151	UNSCC	United Nations Standards Coordinating Committe	联合国标准协调委员会
152	USA	The United States of America	美国
153	USC	United States Code	美国法典
154	USDA	United States Department of Agriculture	美国农业部
155	USITC	United States International Trade Commission	美国国际贸易委员会
156	VOC	Volatile Organic Compounds	挥发性有机化合物
157	VPA	Voluntary Partnership Agreement	自愿伙伴关系协议
158	vPvB	Very Persistent And Very Bioaccumulative	高度持久性和高度生物富集型
159	WB	World Bank	世界银行
160	WD	Working Draft	工作草案
161	WG	Working Group	工作组
162	WPM	WOOD PACKAGING MATERIAL	木质包装材料
163	WTO	World Trade Organization	世界贸易组织
164	WWF	World Wildlife Fund	世界自然基金会
165	WWPA	Western Wood Products Association	西部木材产品协会
166	ZTFC	Zhonglin Tianhe Forest Certification Center	中林天合（北京）森林认证中心

参考文献*

REFERENCES

BEA. (Bureau of Economic Analysis). U. S. International Service Tables[DB/OL]. (2016-10-24). [2016-10-25]. http：//www. bea. gov/scb/pdf/2016/12％20December/1216 international services tables. pdf

Census. U. S. and World Population Clock [EB/OL]. (2016-6-12). [2016-06-13]. http：//www. census. gov/pop-clock

EU (European Union). EU member countries [EB/OL]. (Last update：19/04/2016). [2016b-06-12]. http：//europa. eu/about-eu/countries/member-countries/index_ en. htm

EU. From 6 to 28 members [EB/OL]. (Last update：19/04/2016). [2016a-06-12]. http：//ec. europa. eu/enlargement/policy/from-6-to-28-members/index_ en. htm

EU. The history of the European Union [EB/OL]. (Last update：19/04/2016). [2016c-06-12]. http：//europa. eu/about-eu/eu-history/index_ en. htm

EUROPA. Your Europe > Business > Environment > EU eco-label [EB/OL]. [2014-08-08]. http：//europa. eu/youreurope/business/environment/eco-label/index_ en. htm

FAO. FAOSTAT > Inputs > Inputs > Land [EB/OL]. (2013-05-09). [2014-07-24]. http：//faostat. fao. org/site/377/DesktopDefault. aspx？ PageID = 377#ancor

FAO. Forestry Production and Trade [EB/OL]. (Updated：31 July, 2016). [2016a-08-25]. http：//faostat3. fao. org/download/F/FO/E

FAO. Forestry Trade Flows [EB/OL]. (Updated：11 May 2016). [2016b-08-12]. http：//faostat3. fao. org/download/F/FT/E

FAO. Global Forest Resources Assessment 2015 Second edition [EB/OL]. (2016-07-31). [2016c-8-17]. http：//www. fao. org/forest-resources-assessment/en/

FAO. Global Forest Resources Assessment 2015 – Country Report, United States of America [DB/OL]. (2016-07-31). [2016d-8-17]. http：//www. fao. org/3/a-az367e. pdf

Forestry Commission (FC). Forestry Statistics 2013 [EB/OL]. (2013-09-26). [2016-05-05]. http：//www. forestry. gov. uk/pdf/ForestryStatistics2013. pdf

Forestry Commission (FC). Forestry Statistics 2015 [EB/OL]. (2015-09-24). [2016-07-07]. http：//www. forestry. gov. uk/pdf/ForestryStatistics2015. pdf

FSC. Conformity Assessment Bodies for FSC [EB/OL]. [2016b-8-10] http：//www. accreditation-services. com/archives/standards/fsc

FSC. Global FSC certificates：type and distribution[EB/OL]. [2016c-8-11] https：//ic. fsc. org/preview. facts-figures-august-2016. a-6110. pdf

FSC. Global Market Survey [EB/OL]. [2016d-8-12]. https：//ic. fsc. org/preview. fsc-global-market-survey-report-2014. a-6181. pdf

FSC. Some notes on the early years of FSC [EB/OL]. (2005-11-19). [2015-10-5] https：//ic. fsc. org/preview. notes-on-the-early-years-of-fsc. a-798. pdf

---

* 本书参考网站的最后一次登陆访问时间是在 2016 年 10 月。

FSC. Ten rules for responsible forest management［EB/OL］.［2015-10-15］https：//ic. fsc. org/the-ten-principles. 103. htm

FSC. Facts & Figures 2016［EB/OL］.（2016-07-06）.［2016a-07-20］https：//ic. fsc. org/en/facts-figures

Goncalves M P, Panjer M, Greenberg T S, et al. Justice for forests – improving criminal justice efforts to combat illegal logging［R］. Washington DC, USA：World Bank, 2012：76-80.

GOV. UK. Department and policy > policies > Trade and investment：Increasing the UK's exports and attracting inward investment［EB/OL］.（2013a-12-18）.［2015-08-03］. https：//www. gov. uk/government/policies/increasing-the-uk-s-exports-and-attracting-inward-investment

GOV. UK. Department and policy > policies > Trade and investment：Reducing barriers to international free trade ［EB/OL］.（2013b-08-23）.［2015-08-05］. https：//www. gov. uk/government/policies/reducing-barriers-to-international-free-trade-3

GOV. UK. Forestry trader registration（Northern Ireland）［EB/OL］.（2014-06-27）.［2015-08-12］. https：//www. gov. uk/forestry-trader-registration-northern-ireland

ISO . ISO member［EB/OL］.［2016b-06-30］. http：//www. ISO . org/ISO/home/store/catalogue_ tc/home/home/home/about/home/about/home/about/ISO _ members. htm

ISO . ISO/TC 136 Furniture［EB/OL］.［2016d-08-22］. http：//www. ISO . org/ISO/home/standards_ development/list_ of_ ISO _ technical_ committees/ISO _ technical_ committee. htm？ commid = 52448

ISO . Standards catalogue［EB/OL］.［2016c-08-11］. http：//www. ISO . org/ISO/home/store/catalogue_ ics. htm

ISO . The ISO story［EB/OL］.［2016a-06-08］. http：//www. ISO . org/ISO/home/store/catalogue_ tc/home/home/home/about/the_ ISO _ story. htm

ISO . Standards［EB/OL］.［2016e-08-11］. http：//www. ISO . org/ISO/home/standards. htm

ISO . What is conformity assessment.［2015-12-20］. http：//www. ISO . org/ISO/home/about/ISO _ members. html

Kristina Alexander. The Lacey Act：Protecting the Environment by Restricting Trade［J］. Congressional Research Service, 2014/1.

National Institute of Standards and Technology（NIST）. A Guide to United States FurnitureCompliance Requirements［Z］, U. S. Department of Commerce, 2013/8.

PEFC. PEFC Global Statistics：SFM & CoC Certification（2. 31 MB）［EB/OL］.（June, 2016）.［2016-08-11］. http：//www. pefc. org/about-pefc/who-we-are/facts-a-figures

Resosudarmo B P, Yusuf A. Is the Log Export Ban Effective？ Revisiting the Issue through the Case of Indonesia ［J］. Australian National University Economics and Environment Network Working Paper EEN0602, 2006/7.

SGS. our group profile［EB/OL］.［2016-8-6］. http：//www. sgs. com/en/our-company/about-sgs/sgs-in-brief

SGS 中国 . 关于 SGS 通标［EB/OL］.［2016a-8-8］. http：//www. sgsgroup. com. cn/

SGS 中国 . 货物预报信息（ACI）［EB/OL］.［2016b-8-12］. http：//www. sgsgroup. com. cn/zh-CN/Logistics/Transportation/Road/Advance-Cargo-Information-ACI. aspx

UN. TRADE STATISTICS［DB/OL］.［2016-8-26］. http：//comtrade. un. org/data/

United States Department of Agriculture（USDA）. Forest Inventory and Analysis Fiscal Year 2014 Business Report ［R］. Forest Service FS-1053, 2015/7.

United States Department of Agriculture（USDA）. Lacey Act：Frequently Asked Questions［DB/OL］.（April 28, 2016）.［2016-5-21］. https：//www. aphis. usda. gov/plant_ health/lacey_ act/downloads/faq. pdf

United States Department of Agriculture（USDA）. National Report on Sustainable Forests – 2010［DB/OL］.（2011/6/6）.［2014-12-15］. http：//www. fs. fed. us/research/sustain/docs/national-reports/2010/2010-sustainability-report. pdf

United States International Trade Commission（ITC）. Trade Shifts［EB/OL］.（June 2015）.［2016-7-3］. https：/
／www. usitc. gov／research_ and_ analysis/trade_ shifts. htm

United States International Trade Commission Publication（ITC）. Harmonized Tariff Schedule of the United States
（ 2014 ）［ DB/OL ］.［ 2016-7-2 ］. https：//www. usitc. gov/publications/docs/tata/hts/
bychapter/1400c90. pdf

William G. Luppold, Matthew S. Bamgardner, Thirty-nine Years of U. S. Wood Furniture Importing：Sources and
Products［J］. Bioresources, 2011, 6（4）：4895-4908.

World Bank（WB）. Data > Indicators［EB/OL］.［2016-08-12］. http：//data. worldbank. org/indicator

World Trade Organization（WTO）. International Trade Statistics［DA/OL］.（June 2016）.［2016-8-19］. http：//
stat. wto. org/Home/WSDBHome. aspx？Language = E

北京林业机械研究所. 全国人造板机械标准化技术委员会［EB/OL］.［2014-11-07］. http：//
www. bjljs. com. cn/service3. html

财政部. 关于开展 2012 年造林补贴试点工作的意见［EB/OL］.（2012-05-23）.［2014-09-03］. http：//
www. mof. gov. cn/zhengwuxinxi/caizhengwengao/2012wg/wg201207/201210/t20121022_ 689165. html

蔡衍山，陈德好，黄秀治. 香菇生产百问百答［M］. 北京：中国农业出版社. 2007.

曹熔珺，李秋娟，陆文明. 现行林产品政府绿色采购政策及借鉴［J］. 世界林业研究，2016，29（3）：7-11.

陈亮. 美国宣布对中国生产多层木地板征反倾销税［EB/OL］.（2011-10-13）.［2016-06-21］. http：//
news. qq. com/a/20111013/000620. htm

陈晓倩，宿海颖，王光忻. 中国主要林产品海外市场贸易政策变动分析［J］. 2013，26（5）：88-92.

楚杰，段新芳. 我国木材标准体系构建刍议［J］. 林产工业，2012，39（5）：3-7.

丛磊. 中国林产品出口面临的绿色贸易壁垒［EB/OL］.（2013-9-21）.［2016-06-25］. http：//
www. lunwendata. com/thesis/2013/24236. html

法制网. 美对我林业产品再发双反调查［EB/OL］.（2012/10/22）.［2016-06-21］. http：//
epaper. legaldaily. com. cn/fzrb/content/20121022/Articel06008GN. htm

郭兆军. 制药行业 ISO 14001 认证现状分析与对应策略［J］. 企业改革与管理，2015（3）：149-150

国家标准化管理委员会. 全国专业标准化技术委员会［EB/OL］.［2014-11-05］. http：//www. sac. gov. cn/
SACSearch/search？channelid = 61613

国家林业局. 2014 中国林业统计年鉴［M］. 北京：中国林业出版社，2015

国家林业局. LY/T 1068 -2012 锯材窑干工艺规程［S］. 中国标准出版社，2012.

国家林业局. LY/T 1717 -2007 人造板抽样检验指导通则［S］. 中国标准出版社，2007.

国家林业局. 中国林业产业与林产品年鉴 2013［M］. 中国林业出版社，2014.

国家林业局. 中国林业发展报告 2001 ~2016［M］. 中国林业出版社，2001 ~2016.

国家林业局科技司. 国家标准委同意筹建全国经济林产品标准化技术委员会和全国林化产品标准化技术
委员会［EB/OL］.（2013-12-26）.［2014-11-06］. http：//www. forestry. gov. cn/main/586/
content-649349. html

国家林业局林产品贸易研究中心. 欧盟：批准了关于授予木制家具生态标签的标准的决议［EB/OL］.
（2010-03-29）.［2014-07-08］. http：//www. rcetfor. org/show_ news. asp？id = 2517

国家林业局森林资源管理司. 第七次全国森林资源清查及森林资源状况［J］. 林业资源管理，2010，（1）：
1-8.

国家林业局调查规划设计院森林经营处. 全国营造林标准化技术委员会年会在京召开［EB/OL］.（2013-
05-28）.［2014-11-05］. http：//www. forestry. gov. cn/portal/ghy/s/587/content-604880. html

国家林业局网站. 全国森林消防和林业有害生物防治标委会成立［EB/OL］.（2012-07-17）.［2014-11-06］.
http：//www. gov. cn/gzdt/2012-07/17/content_ 2184863. htm

国家林业局信息办．全国林业专业标准化技术委员会成立大会在京召开［EB/OL］.（2009-04-14）.［2014-11-06］. http：//www. gov. cn/gzdt/2009-04/14/content_ 1284895. htm

国家认监委．中华人民共和国认证认可条例［EB/OL］.（2006-09-22）.［2014-8-25］. http：//www. cnca. gov. cn/cnca/rdht/qzxcprz/flfg/72306. shtml

国家统计局．季度数据＞简单查询：国内生产总值_ 当季值（亿元）：2015 年第四季度、2015 年第三季度、2015 年第二季度、2015 年第一季度［EB/OL］.［2016-06-29］. http：//data. stats. gov. cn/easyquery. htm？ cn = B01

国家统计局．年度数据＞简单查询：国内生产总值（亿元）：1999 - 2014 年［EB/OL］.［2016a - 06 - 28］. http：//data. stats. gov. cn/easyquery. htm？ cn = C01

国家质检总局．2015. 中国技术性贸易措施年度报告(2015)［M］. 北京：中国质检出版社．

国家质检总局．2016. 中国技术性贸易措施年度报告(2016)［M］. 北京：中国质检出版社．

国家质检总局．认证机构管理办法［EB/OL］.（2011-08-02）.［2013-03-12］. http：//www. aqsiq. gov. cn/xxgk _ 13386/jlgg_ 12538/zjl/2011/201210/t20121015_ 235117. htm

国土资源部．国际电工委员会（IEC）简介及组织机构［EB/OL］.（2013b-10-14）.［2016-07-25］ http：//www. mlr. gov. cn/kj/tzgg_ 8225/201310/t20131014_ 1281157. htm

国土资源部．标准化组织（ISO）简介及组织机构［EB/OL］.（2013a-10-14）.［2016-06-06］. http：//www. mlr. gov. cn/kj/tzgg_ 8225/201310/t20131014_ 1281153. htm.

国务院国有资产监督管理委员会研究中心．"做强做优，世界一流"百题问答［M］. 中国经济出版社，2012.

海关总署．海关总署 国家发展改革委公告 2015 年第 37 号（关于发布 58 项加工贸易单耗标准的公告）［EB/OL］.（2015-08-10）.［2016-1-13］. http：//www. customs. gov. cn/publish/portal0/tab65598/info769287. htm

海关总署．关于对原产与欧盟、美国和日本的进口相纸产品征收反倾销税（及附件）［EB/OL］.（2012C-03-21）.［2014-10-13］. http：//www. customs. gov. cn/publish/portal0/tab399/info363068. htm

海关总署．关于公布促进外贸稳定增长的若干措施［EB/OL］.（2012a-09-27）.［2014-10-11］. http：//www. customs. gov. cn/publish/portal0/tab399/info397840. htm

海关总署．海关总署公告 2014 年第 15 号（关于中华人民共和国海关进出口报关单填制规范的公告）［EB/OL］.（2014-02-10）.［2014-11-04］. http：//www. customs. gov. cn/publish/portal0/tab49659/info694442. htm

海关总署．海关总署国家发展改革委关于发布 27 项加工贸易单耗标准的公告（及附件 1、2）［EB/OL］.（2013-11-20）.［2014-10-13］. http：//www. mofcom. gov. cn/aarticle/b/g/201108/20110807720040. html

海关总署．进出口商品总值表（美元值）年度表［EB/OL］.（2016-1-21）.［2016-2-16］. http：//www. customs. gov. cn/publish/portal0/tab49667/info785157. htm.

海关总署．联合公告 2012 年第 113 号（关于取消部分商品进/出口检验检疫监管）（及附件）［EB/OL］.（2012b-07-30）.［2014-10-13］. http：//www. customs. gov. cn/publish/portal0/tab515/info396947. htm

河南省林业厅．全国植物检疫标准化技术委员会林业植物检疫分技术委员会成立大会暨第一次全体委员会议在沈阳召开［EB/OL］.（2005-7-14）.［2014-11-06］. http：//www. hnly. gov. cn/portal/lydt/hydt/gngj/webinfo/2005/07/1257325234509303. htm

胡玉华，郭彬．欧盟木制家具生态标签的建立及其对我国的影响［J］. 中国标准化，2011，(01)：54 ~ 58

黄灿艺．日本标准化管理体制对我国的启示［J］. 山东纺织经济，2009(4)：96 ~ 97.

吉林省商务厅．吉林省对外经贸重要市场面面观-英国［EB/OL］.（2011-08-12）.［2014-07-03］. http：//www. jldofcom. gov. cn/zssydw/jlsswwsfwzx/zxfw/201111/t20111114_ 1104375. html

李剑泉，陈绍志，陈洁．木材合法性认定与森林认证的比较优势及影响研究．林业经济，2013a（09）：47～54．

李剑泉，陈绍志．合法木材应遵循的基本原则及标准指标研究．浙江林业科技，2013b，33（06）：27～32．

李剑泉，田康，陈绍志．英国林业法规政策体系及启示．世界林业研究，2014a，27（02）：70～76．

李剑泉，田康，叶兵．我国林产品国际贸易争端案例分析及启示．林业经济，2014b，36（01）：46～54．

李思彤．国际森林认证简介［J］．认证技术，2013（08）：54－55

李婷．欧盟生态标签制度评析及启示［J］．海南大学学报人文社会科学版，2008，26（05）：507～511．

林宇洪，林森，邱荣祖．基于 RFID 的林产品原料追溯系统的设计［J］．森林工程，2011（4）：34～37．

木材网．中美合作打击非法采伐 促进木材合法贸易［EB/OL］．（2015-03-23）．［2016-3-22］．http：//www.mywood.cc/info/detail/53-31931.html

南方日报．13 个月内遭通报 27 次 出口货物木质包装违规频繁［EB/OL］．（2007-06-21）．［2016-01-20］．http：//www.wood168.net/woodnews/11889.html

農林水産省．JAS 規格一覧［EB/OL］．［2014-7-15］．http：//www.maff.go.jp/j/jas/jas_kikaku/kikaku_itiran.html

全国林业机械标准化技术委员会．秘书处简介［EB/OL］．（2009-07-10）．［2014-11-06］．http：//www.lyjxbz.org/ljs-jg-bwh-msc.htm

全国林业机械标准化技术委员会秘书处．我国林业机械国家标准目录［EB/OL］．（2016a-2-16）．［2016-8-6］．http：//www.lyjxbz.org/ljs-jg-bwh-gjml.htm

全国林业机械标准化技术委员会秘书处．我国林业机械行业标准目录［EB/OL］．（2016b-08-09）．［2016-8-10］．http：//www.lyjxbz.org/ljs-jg-bwh-hyml.htm

全国木材标准化技术委员会．委员会简介［EB/OL］．（2014b-05-15）．［2014-11-06］．http：//www.woodstd.com/committee/? pid＝49

全国木材标准化技术委员会．国内标准化＞标准制修订情况：现行的木材标准［EB/OL］．（2014a-01-21）．［2014-10-14］．http：//www.woodstd.com/internal/? pid＝45

全国木材标准化技术委员会．在研木材标准制修订计划项目［EB/OL］．（2014b-5-16）．［2014-8-1］．http：//www.woodstd.com/internal/? pid＝48

全国人标委秘书处．"全国人造板标准化技术委员会第三届二次委员会会议暨标准审查会议"在京召开．中国人造板，2014（01）：39

全国人造板标准化技术委员会．国内标准化 ＞ 标准制修订情况 ＞ 现行人造板标准情况［EB/OL］．（2014b-9-22）．［2014-10-16］．http：//rbw.criwi.org.cn/internal/? pid＝51

全国人造板标准化技术委员会．在研人造板标准制修订项目情况［EB/OL］．（2014a-9-22）．［2014-10-16］．http：//rbw.criwi.org.cn/internal/? pid＝50

全国拖拉机标准化技术委员会秘书处．全国拖拉机标准化技术委员会历年重要工作记事［EB/OL］．（2012.06）［2014-11-06］．http：//www.tractorinfo.com/BZH/jishi.html

厦门晚报．因未加贴 IPPC 标识 德国火烧厦门石材木包装［EB/OL］．（2006-05-11）．［2016-3-20］．http：//www.wood168.net/woodnews/8942.html

商务部．出口商品技术指南：木制品（2011 版）［EB/OL］．［2016-06-02］．http：//policy.mofcom.gov.cn/export/index.action

商务部．出口商品技术指南—欧盟 REACH 法规［EB/OL］．（2015-03-17）．［2016-03-25］．http：//www.mofcom.gov.cn/article/i/jyjl/m/201503/20150300912405.shtml

商务部．公布 2014 年出口许可证管理货物目录［EB/OL］．（2014-01-02）．［2014-09-18］．http：//www.mofcom.gov.cn/article/h/zongzhi/201401/20140100448641.shtml

商务部．公布关于禁止从索马里进口木炭的公告［EB/OL］．（2012-07-26）．［2014-10-13］．http：//www. mofcom. gov. cn/aarticle/b/g/201207/20120708252386. html

商务部．商务部、海关总署公告2009年第37号公布《2009年加工贸易禁止类商品目录》（及附件）［EB/OL］．（2009-06-03）．［2014-10-09］．http：//www. mofcom. gov. cn/aarticle/b/e/200906/20090606300-331. html

宋维明，印中华．应对国际林产品贸易面临的新挑战［J］．世界林业研究，2010，23（5）：1～5．

田明华，李朋，周小玲．中国林产品贸易政策演变及其评述［J］．对外经贸实务，2008，（10）：35～38．

（美）纽斯邦姆（Nussbaum R.），（芬）赛缪拉（Simula M.）2009．森林认证手册（第二版）［M］．王虹，等译．北京：中国林业出版社．

王伟．森林认证国际研讨会讲稿：中国森林认证体系进展 ppt［C］．北京，2014．

谢怡．中国林产品出口贸易摩擦对策及案例研究［D］．北京：中国林业科学研究院．2011．

新浪家居．美对华复合木地板采取双反调查 涉及169家企业［EB/OL］．（2010-12-10）．［2016-04-30］．http：//www. cqn. com. cn/news/xfpd/jjpd/jjhead/363983. html

徐宝根．出口蔬菜农药残留控制实用手册［M］．杭州：浙江科学技术出版社．2007．

燕丽慧．我国农产品出口退税政策调整及影响研究［D］．长沙：湖南农业大学，2011．

姚春花．欧盟技术性贸易壁垒对中国的影响及对策研究［D］．青岛：中国海洋大学，2006．

姚绍华．美国史［M］．岳麓书社，2011．

易海峰．国际贸易概论［M］．北京：中国金融出版社，2012．

印中华，宋维明，张英 等．中国林业产业应对国际贸易壁垒的策略研究［J］．世界林业研究，2011，24（6）：55～60．

余洁．SGS公司供应链管理研究［D］．武汉：华中科技大学，2011

虞华强，江泽慧，费本华 等．我国木材标准体系［J］．木材工业，2010，（1）：23～25．

张君安．SGS在华服务升级案例研究［D］．广州：华南理工大学，2011

张伟．SGS公司的ROHS业务差异化营销策略研究［D］．上海：华东理工大学，2012

张伟．关于中国药品标准化战略若干问题的思考［J］．中国药品标准，2014，15（1）：3～9

赵明霞．论国际贸易中的技术性壁垒与我国对外贸易的发展对策［J］．中国经贸，2011（10）：20．

赵铁珍，柯水发，韩菲．美国林业管理及林业资源保护政策演进分析和启示［J］．林业资源管理，2011（3）：115～120．

中国风景园林网．全国城镇风景园林标准化技委会15日在京成立［EB/OL］．（2009-10-16）［2014-11-06］．http：//www. chla. com. cn/html/c196/2009-10/43801. html

中国国情．中国入世承诺履行完成情况［EB/OL］．（2011-12-13）．［2014-09-18］．http：//www. china. com. cn/guoqing/2011-12/13/content_ 24140338. htm

中国海关资讯网．2014年海关税率税则/出口退税查询［EB/OL］．［2014-09-15］．http：//www. china-customs. com/customs-tax/

中国林业科技网．2015年现行林业标准目录汇编［EB/OL］．（2015a-10-10）．［2016-05-28］．http：//www. forestry. gov. cn/lykj/1716/content-806369. html

中国林业科技网．国家林业局公告（2016年第17号）：国家林业局批准发布《乡村绿化技术规程》等109项行业标准［EB/OL］．（2016b-08-08）．［2016-08-10］．http：//www. forestry. gov. cn/lykj/1716/content-895842. html

中国林业科技网．国家林业局公告（2016年第1号）：国家林业局批准发布《退耕还林工程生态效益监测与评估规范》等73项林业行业标准［EB/OL］．（2016a-01-29）．［2016-05-28］．http：//www. forestry. gov. cn/lykj/1716/content-840826. html

中国林业科技网．国家林业局批准实施103项林业行业标准［EB/OL］．（2015b-10-26）．［2016-05-28］．http：//www. forestry. gov. cn/lykj/1716/content-813528. html

中国林业科学研究院.《中国企业境外可持续林产品贸易与投资指南》编写启动会在京召开［EB/OL］.
　　（2013-07-02）.［2014-09-24］. http：//www. forestry. gov. cn/lky/2811/content-613184. html

中国林业科学研究院. 突破国际贸易壁垒的中国木材合法性认定标准体系研究通过结题验收［EB/OL］.
　　（2014-04-15）.［2014-10-15］. http：//www. forestry. gov. cn/main/586/content-670702. html

中国林业生物质能源网. 森林认证体系［EB/OL］.（2016-06-02）.［2016-7-20］. http：//www. forestry. gov. cn/
　　portal/swzny/s/775/content-876909. html

中国林业网. 国家林业局办公室关于开展林下经济（非木质林产品）认证试点工作的通知［EB/OL］.
　　（2014a-06-06）.［2014-10-15］. http：//www. forestry. gov. cn/main/72/content-681768. html

中国林业网. 国家林业局发布 183 项林业行业标准［EB/OL］.（2014b-09-02）.［2014-10-15］. http：//
　　xzzf. forestry. gov. cn/portal/zfs/s/3271/content-701259. html

中国林业网. 国家认证认可监督管理委员会 国家林业局关于发布《森林认证规则》的公告［EB/OL］.
　　（2015-06-30）.［2015-10-10］. http：//www. forestry. gov. cn/main/72/content-778925. html

中国林业网. 林业行业标准目录［EB/OL］.（2014d-03-12）.［2014-09-19］. http：//www. forestry. gov. cn//por-
　　tal/lykj/s/1716/content-663048. html

中国林业网. 现行林业国家标准目录［EB/OL］.（2014c-03-12）.［2014-09-19］. http：//
　　www. forestry. gov. cn//portal/lykj/s/1716/content-663050. html

中国贸易救济信息网. 出口应诉［EB/OL］.（2016-7-22）.［2016-7-22］. http：//www. cacs. mofcom. gov. cn/
　　cacs/newcs/specific_ list. aspx? navid = A06&id = 240

中国木业网. 美国是世界最大的林产品贸易国［EB/OL］.（2012-10-16）.［2016-07-20］. http：//
　　www. guangxilinwang. com/Item/998. aspx

中国人大网. 中华人民共和国进出口商品检验法（2013 年最新修订）［EB/OL］.（2013-6-29）.［2016-8-5］.
　　http：//www. npc. gov. cn/wxzl/gongbao/2013-10/22/content_ 1811008. htm

中国森林认证体系. 大事记［EB/OL］.［2016-7-20］. http：//www. cfcs. org. cn/zh/defined-view/10. action?
　　menuid = 797

中国森林认证网.FSC/FM 森林经营认证［EB/OL］.（2009-04-23）.［2016-7-28］ http：//
　　www. forestchina. org/Article/ShowArticle. asp? ArticleID = 17

中国森林认证委员会. 中国森林认证［M］. 中国森林认证委员会，2014.

中国卫生质量管理编辑部. ISO 9000 族标准［J］. 中国卫生质量管理，2014，21（3）：55

中国验厂网. ISO 9000 品质管理体系［EB/OL］.（2015-11-17）.［2016-08-07］. http：//www. sa8000cn. cn/Ar-
　　ticle/ISO 9001/201511/20151117095601_ 10343. html

中国造纸协会. 中国造纸工业 2015 年度报告［EB/OL］.（2016-05-10）.［2016-6-6］. http：//
　　www. chinappi. org/reps/20160510092325153367. html

中国质量报. 家具标准唱出"中国好声音"［EB/OL］.（2014-06-04）.［2016-6-28］. http：//epa-
　　per. cqn. com. cn/old/html/2014-06/04/content_ 206032. htm

中国质量新闻网. 全国技术性贸易措施部际联席会议第24 次联络员会议召开［EB/OL］.（2016－01－26）.
　　［2016-8-25］. http：//www. cqn. com. cn/news/zggmsb/diyi/1119598. html

中国质量新闻网. 全国花卉标准化技术委员会成立［EB/OL］.（2005-09-09）.［2014-11-06］. http：//
　　flower. aweb. com. cn/news/2005/9/9/9005639. shtml

中检通检测. ISO 9000 认证：2015 标准介绍［EB/OL］.［2016-07-06］. http：//www. setek. com. cn/newsshow
　　_ 246. html

中文导报. 中日经贸关系：2015 回顾与 2016 展望［EB/OL］.（2016-06-08）.［2016-06-25］. http：//
　　www. rbzwdb. com/hrxw/2016/06-08/9774. shtml

中央政府网．我国公布消费税税目税率调整细则［EB/OL］．（2006a-03-23）．［2014-10-09］．http：∥
　　www. gov. cn/fwxx/sh/2006-03/23/content_ 234293. htm

中央政府网．中华人民共和国国务院令（第 447 号）：中华人民共和国进出口商品检验法实施条例［EB/
　　OL］．（2005b-09-15）．［2014-10-11］．http：∥www. gov. cn/zwgk/2005-09/15/content_ 63637. htm

中央政府网．中华人民共和国国务院令（第 465 号）：中华人民共和国濒危野生动植物进出口管理条例
　　［EB/OL］．（2006b-05-17）．［2014-10-10］．http：∥www. gov. cn/flfg/2006-05/17/content_ 283018. htm

中央政府网．中华人民共和国主席令（第十五号）：中华人民共和国对外贸易法［EB/OL］．（2005a-06-27）．
　　［2014-09-22］．http：∥www. gov. cn/flfg/2005-06/27/content_ 9851. htm

朱江梅．基于绿色贸易壁垒视域的中国林产品出口贸易研究［D］．2012．东北林业大学，15～21，
　　84～107.

驻英国经商参处．英国概况［EB/OL］．（2015-08-18）．［2016-07-20］．http：∥gb. mofcom. gov. cn/article/k/
　　201508/20150801083368. shtml